陕西师范大学历史教育研究丛书

陕西师范大学一流学科建设项目资助出版

| 光明社科文库 |

历史·教育·人生

任鹏杰历史教育杂文

任鹏杰 ◎ 著

光明日报出版社

图书在版编目（CIP）数据

历史·教育·人生：任鹏杰历史教育杂文 / 任鹏杰
著 . -- 北京：光明日报出版社，2020.6
（光明社科文库）
ISBN 978 - 7 - 5194 - 5819 - 5

Ⅰ.①历…　Ⅱ.①任…　Ⅲ.①中学历史课—教学研究
—文集　Ⅳ.①G633.512 - 53

中国版本图书馆 CIP 数据核字（2020）第 105573 号

历史·教育·人生——任鹏杰历史教育杂文

LISHI·JIAOYU·RENSHENG——RENPENGJIE LISHI JIAOYU ZAWEN

著　　者：任鹏杰

责任编辑：郭思齐　　　　　　　责任校对：董小花
封面设计：中联学林　　　　　　特约编辑：万　胜
责任印制：曹　诤

出版发行：光明日报出版社
地　　址：北京市西城区永安路 106 号，100050
电　　话：010-63139890（咨询），63131930（邮购）
传　　真：010 - 63131930
网　　址：http：//book. gmw. cn
E - mail：guosiqi@ gmw. cn
法律顾问：北京德恒律师事务所龚柳方律师

印　　刷：三河市华东印刷有限公司
装　　订：三河市华东印刷有限公司
本书如有破损、缺页、装订错误，请与本社联系调换，电话：010 - 63131930

开　　本：170mm×240mm
字　　数：368 千字　　　　　　印　　张：20.5
版　　次：2020 年 6 月第 1 版　　印　　次：2020 年 6 月第 1 次印刷
书　　号：ISBN 978 - 7 - 5194 - 5819 - 5
定　　价：98.00 元

大力加强高师院校历史教育研究和课程建设

　　我国是历史悠久的国度,历朝历代都十分重视历史的"资鉴"功能,善于从历史中汲取经验智慧。正是因为重视历史的"资鉴"和教育价值,历史学在我国才成为"显学"而绵延不绝、源远流长且成果丰硕。但是,在我们重视历史和历史学研究,重视从历史中获得营养和教育的过程中,对如何从历史中获得积极的"资鉴"和教育,如何正确、科学、理性、批判性地研究历史、理解历史,进而从中获得历史的滋养,即如何运用历史学研究取得的理论成果为人民大众的文化素质提高服务,在相当长的时间里不为史家所重。概言之,我们有发达的历史学,却没有发达的历史教育。这不能不说一种憾事。

　　近代以来,随着国势颓萎和民族危难的加剧,大批有识之士逐渐从技艺、制度、思想文化,进而深刻认识到教育在国家振兴、民族复兴中的基础性作用。其中,怎样用鲜活丰富的历史塑造现代国民的民族精神、国家意识和文化认同观念,怎样发挥历史教育在国民素质提高中的重要作用,成为近代史家治史的基本出发点。"史学革命"应运而生,"新史学"成果推陈出新,史学理论不断受到重视。在此基础上,马克思主义史学诞生并获得快速发展,史学成果蔚为大观,历史教育逐渐从史学一般性育人功能中独立出来,成为历史学的一个研究方向,成为高师院校历史学科历史学师范专业的基本专业设置。

　　但是,由于历史教育研究的特殊性和高等师范教育发展的选择性,历史教师教育及历史教育研究始终没有得到真正的重视,甚至一直没有被作为学术研究的一个方向来看待,致使在高师院校从事"历史教学法"(历史教育)工作的教师总是千方百计地转行,少数坚守岗位者由于势单力薄、缺少平台和机会,也难以获得真正的发展,久而久之就失去的学术信心和勇气,致使历史教育研究处在恶性循环的发展态势之中。

陕西师范大学自1944年建校伊始就设置有史地系,以培养中小学师资为基本任务,历史教师教育研究与实践一直是我院历史学研究和发展的基本方向和着力点。著名史学家史念海先生主持我院发展时期,他以如炬之目光规划历史系的学术研究框架,历史教育得以入其法眼并纳入发展规划。在史先生执掌历史学科发展期间,至少有两件事使我院的历史教育地位得以提高:一是1956年提请陕西省教育厅将杨育坤老师调入陕西师范大学,执教历史教学法课程并负责学生实习工作,尽管日后杨老师转入中国古代史教研室,主要承担中国古代史、秦汉史、史学概论等课程的教学工作,但杨老师曾长期担任全国和陕西省中小学教材评审专家,并主编多部陕西地方史教材,在历史教育方面的作用和影响是深远的。二是倡议并筹创了《中学历史教学参考》杂志,并出任首任主编。该刊1979年创刊时由陕西师范大学历史系和陕西省历史学会联合办刊,陕西师范大学教材出版科出版发行。开始几年完全是出于公益需要,杂志出版后免费赠送给中学历史教师,旨在解决中学历史教材不足之困难,以此实际行动服务和指导中学历史教学实践。刊物当时所需稿件也主要依靠历史系各教研室来组织,每一期稿件的组织基本上做到了有策划、有目的、有质量。可以说,《中学历史教学参考》的创办是我院重视历史教育的一种具体行动和成果。此后历史系历届领导班子皆全力支持办刊,并形成由历史系主要领导兼任《中学历史教学参考》主编的惯例,在史先生之后,1981—1987年由历史系党总支书记、系常务副主任上官鸿南教授兼任主编,1988—1993年由历史系主任郑庆云教授兼任主编。

1994年,赵克礼老师作为"历史教学法"专任教师调入历史系工作,我院历史教育教学研究工作随之进入第二个高速发展阶段。如果说前一个阶段是在学科发展平台建设上有了起色,第二个高速发展阶段则主要在历史教育课程建设上取得突破。赵克礼老师在系统设计历史教师教育课程体系的基础上,重点在教材建设和教学实施两个方面着力。在教材建设上,赵克礼老师主编了《历史教学论》《历史学科教材分析与教学设计》《中学历史教师职业技能》和《历史教育实习》等通用教材,其中《历史教学论》作为"21世纪高等师范院校学科教学论教材"获得教育部二等奖。在课程实施上,赵克礼老师率先邀请中学一线名师到学院为师范生开设一门或多门完整的课程。至此,我院第一次有了比较完整的、富有特色的历史教育课程体系、教材体系和教学体系,从而为作为学科方向的"历史教育学"建设奠定了坚实的基础。今后的任务就是要在优化调整完善课程结构的过程中,形成具有学校和我院特色的"历史教育学"课程和学术研究方向,依此推进学科建设,完善我院历史学课程体系。

党的十八大以来,党和国家高度重视教师教育和教师队伍建设。党的十九大强调,必须把教育事业放在优先发展的位置。全国教育大会进一步指出,教育是国之大计、党之大计,要坚持把优先发展教育事业作为推动党和国家各项事业发展的重要先手棋。目前,全校上下正在开展教育教学思想观念大讨论,深入学习理解全国教育大会、本科教育工作(成都)会议精神,以及中共中央、国务院《关于新时代教师队伍改革的意见》,教育部等五部委《教师教育振兴行动计划(2018—2022年)》等文件,特别是习近平总书记在全国教育大会、在学校思想政治理论课教师座谈会、在纪念五四运动100周年大会上的重要讲话精神,并采取积极措施将"四有"好老师标准、四个"引路人"、四个"相统一"和"四个服务"等要求细化落实到国家公费师范生培养全过程。

高师院校历史学教师教育本科专业承担着培养合格中小学历史教师的重要任务,其培养水准对中小学历史课程改革实践和教育教学质量具有基础性作用,并从根本上影响着"培养什么人"和"怎样培养人"等决定人才培养质量基本问题的实践回答。2018年5月2日,习近平在北京大学师生座谈会上的讲话时强调指出,"学生在大学里学什么、能学到什么、学得怎么样,同大学人才培养体系密切相关。目前,我国大学……关键是要形成更高水平的人才培养体系……人才培养体系涉及学科体系、教学体系、教材体系、管理体系等,而贯通其中的是思想政治工作体系"。在"高教大计,本科为本"的时代要求下,重新审视和研究高师院校历史学教师教育本科专业课程设置、实施及其质量问题至关重要。值此教师教育大发展的新时代,加强高师院校历史教育类课程研究与建设,既是重要的时代任务,更是学科建设难得的重大机遇。

习近平总书记说得好,"历史是最好的教科书,也是最好的清醒剂","历史研究是一切社会学科的基础","对历史文化特别是先人传承下来的价值理念和道德规范,要坚持古为今用、推陈出新,有鉴别地加以对待,有扬弃地予以继承,努力用中华民族创造的一切精神财富来以文化人、以文育人。"在中国特色社会主义建设的新时代,在高度重视教师教育、历史教育和传统文化教育的背景下,大力加强高师院校历史教育类课程研究与建设,既是我院学科建设积极适应国家教育发展战略的时代选择,更是我院学科发展的历史选择。为此,我们启动"陕西师范大学历史教育研究丛书"系列建设项目,是希望为我院"历史教育学"学科建设做些基础性工作积累,也是为了集中体现我院学科建设的新进展,更是对我院教师教育特色和成果的一个总结,同时也是对"历史教育学"方向教学人员的一种激励。

这次由徐赐成博士策划、光明日报出版社出版的四部著作,是我院近年来孕育孵化的历史教育学领域首批成果。我们有理由相信,在教育发展改革的新时代,我院的历史教师教育研究和教学工作、历史教育学学科建设将在此基础上继续健康发展,不断取得更多更大成果,为我国历史教育研究作出应有的贡献。

是为序。

何志龙

陕西师范大学长安校区文汇楼

2019 年 6 月 18 日

目 录
CONTENTS

第一章

历史教育要讲理

一、服务人生:历史教育的终极取向①

人生之复杂和嬗变不居,让我们深感认识自己、做好自己,是人生最难之事。历史教育的终极取向恰在于此——用"整体"历史观帮助学生认识自己、做好自己。简言之,就是"服务人生"。应该说,历史课程改革的必然取向也在于此。在"应试"之风欲静不能的当今,这或许有点苛求历史专业的教师,但当从根本上追问什么才是有效的历史教学时,恐怕大家都会回眸于此。历史教学不扎根于人性沃壤、紧密关切学生人生,欲走出教而无育(学而不悟)、不受欢迎的窘境,岂有他途? 惟其如此,我们才需要课改,才需要创新。创新绝非阿世媚俗、立异标新,创新的真谛乃是把未做好的事,做得恰到好处。历史教学"恰到好处"的境界,就在于把"教学"升华为服务人生的"教育"。

(一)"现在"和"思想":人生必备的坐标与准据

历史教育有效服务人生,当务之急是"返魅",至少有两个要素不能缺席:一是"现在";二是"思想"。

"现在"本是不存在的(如这些文字才刚写下,它们便已经成为过去),"现在"仅仅是"过去"走向"未来"的一瞬,但人们可以把可感触的每一个"今天"界定为"现在",它是实在的人生坐标,又是彰"往"察"来"必须站上去的顶峰,历史教育有效服务人生的前提恰是落脚于"现在"。忽略了"现在",就会犯鲁迅批评过的痼疾,即一味回顾悠悠过去、展望渺渺未来,唯独对"现在"的问题交了白卷。教育无"现在",断无生命力可言!

---

① 原载:中国教育报,2007 - 03 - 23(6);中学历史教学参考,2007(3).

"思想"之于人生的关键意义在于追问和思考人为什么活着、应该怎样活着，它显然是历史教育服务"现在"人生的根本落脚点。人生，本来就是一个不断判断和选择的过程，正确的判断和选择，来自正确的思想。克罗齐（Bendetto Croce）直言"历史就是思想"，李大钊则把历史思想、历史观与人生观等同，说"历史观者，实为人生的准据"，夸美纽斯（Comenius, J. A.）亦谓熟悉历史是人生"终身的眼目"，尼采（F. Nietzsche）把历史分为纪念的、好古的、批判的三种，认为只有批判的历史才对人生有益。这些无不表明，历史教育以思想见境界。

"一切历史都是思想史""一切真历史都是当代史"的著名论断早就告诫世人，有生命力从而有魅力的历史教育，"思想"和"现在"是万万不能缺席的。

（二）没有"整体"历史观人类就会失明并陷于迷茫

小到个人的人生方向，大到民族和整个人类的走向，凭依"整体"历史观才可显现，否则就会遮蔽。因此本文把建构"整体"历史观，视为历史教育造福人生和人类的己任。

"整体"历史观是指，历史教育必须同时具备相互关联的三个维度，即"完整的世界观、公正的价值观、健全的人生观"。通俗地说，其相对应的取向应该是："敬天、尊理、爱人"。"敬天"是世界观的维度，核心是完整地反映世界，以一颗敬畏之心对待万物；"尊理"是价值观的维度，核心是公正地判断善恶，秉持理据正确地认识历史；"爱人"是人生观的维度，核心是健全地塑造人性，坚守爱心，善待自己、他人和社会。

偏离这个"三面一体"的整体历史观，人类看事物的眼目就会短浅、片面乃至失明，从而陷于苦闷彷徨。譬如，人们津津乐道"以人为本"，它在社会观即人与人关系的层面，确是必须秉持的真理，不过在世界观上深究，就颇值得怀疑。至少从人与自然的关系看，文艺复兴运动之前，人类所经历的"万物有灵论"和"万物有机论"两个时代，人与自然是和谐的，然而此后被复兴了的"人是万物的尺度"论调泛滥后，整个世界逐渐被拖入僵死的"机械论"时代，"对自然的征服与统治"成了现代世界的核心观念，人类由此走上了并非耸人听闻的"自绝"之路。

现在流行的很多谬见割裂了整体历史观。譬如，欧洲"新航路开辟"者，其信念本来根源于资本价值观，他们最新的"发现"，实以搜掠世界资源（包括劳动力）为目的，然而人们评价其行迹时，却忘了其"海盗"本质，而褒以"英雄""高尚"等词汇，殊不知世界日趋"凶多吉少"，恰恰由此开始。同样，倘若局促于单一狭隘的经济价值观看历史，就不难理解有人为什么对以和平交往（最多不过宣扬国威）为主旨的"郑和下西洋"也要横加指责了。

作为"整体"的历史观被割裂了,思想就会谬误,且习焉不察。欲走出误区,就必须建构"整体"历史观。

(三)历史教育必须助人认识自己、做好自己

服务人生,最终要靠正确思想的引领。用后现代学者海德格尔(Heidegger,M.)的说法,"遗忘"历史即是一种"遮蔽",思想的责任就是返回历史本身来"解蔽",助人独立地认识自己,从而做好自己。对学生来说,主要的人生任务,无非是完善这样的"一体两面":一面做好自己;一面做好公民。服务于这个任务,就得在具体的历史教学中,贯穿如下一些历史意识(不很全面,暂举这些)。

一是天地人合一克己意识。人是"小宇宙",本与"大宇宙"(天地)一体,人首先是自然的人,呼吸、吃饭、穿衣……无不仰赖大自然的恩赐,但资源"有限论"警告人们,只有摒弃"人是万物的尺度"世界观,在索取大自然的欲望上"克己"(敬畏、珍惜、节约、保护),世界才有持续"光明"的可能。

二是自由即自我控制意识。自由是生命的奇葩,人生之至求,但应理解人并非"是生而自由的",其实"无往不在枷锁中",自由的先决条件是适应自然的和社会的环境,自由不是放纵,自由的真谛是自控,即做好自己,自由抉择意味着对选择结果的敢于担当。

三是个性与社会性和谐意识。教育的本质是社会化,即帮助学生获得和发展社会知识和社会情感,保持互敬互爱互助的态度,开放地与他人交往沟通,理解人与人的差异和社会的多态性,知道首先个人(小我)与社会(大我)关系和谐了,做一个有益于他人和社会的好公民,个人才有可能获得充分发展。

四是独立自主的个性人格意识。个性人格是指个人性格修养所表现出的独立判断和选择的能力,亦即能够控制自己、做好自己,它是"多"中的"一","变"中的"不变"。个性人格不是个人主义、不能社会化、不能"墙头草,随风倒"。社会进步取决于每一个人的个性人格,教育的最高目的便是发展每一个人的个性人格。

五是独立判断舆论、共识的意识。借助"历史"与"现在"互动,正确辨析舆论和共识,既善于回归"常识",又不囿于"常识"偏见,学生才能获得更加准确和有效的概念知识、程序知识、态度信念知识。这一意识(又称媒体素养)在讯息芜杂不堪的时代,是学生趋向知识渊博、情感丰富、意志自由,进而养成个性人格所不可或缺的。

六是淡泊名利,选择更好的人生目标的意识。亚当·斯密(Smith A.)认为,"利己"与"利他"其实是同时伴随每个人的"看不见的手",出"手"不当,害人害

己。换言之，人"幸福"与否取决于内在的精神感受而非名利，关键在于如何"自控"，处理好名利与道德的关系。人是要有点精神的，实现真正的人生价值，最终靠个性人格。它本质上是利他、利民、利国、利人类的。我们应该选择的最好人生目标，就在这里！

认识自己、做好自己，对个人的人生是重要的，对民族、国家、世界的命运也同样是重要的。因为，无论是个人，还是民族、国家和世界，只有认识自己，才能真正做好自己。它是整个世界的和平幸福之基，也正是历史教育的终极取向和责任所在。

二、思想何以敢入地狱窥视①

伯特兰·罗素（Russell B.）的《论教育》②洋洋万言，本刊"海外文摘"专栏予以转载，实因它太值得所有希望过一种好生活的人一读，至于涉身新课程改革者，就更不应轻易放过。我的同事说它洞见迭出、字字珠玑，慨叹其某些理念比新课程还新课程呢，而且正在困惑着我们的很多问题，罗素也遭遇了思考了。个中况味究竟如何，读者朋友可自去文中体会。这里拣说感受一二，聊作思考的引子，漏万挂一和不成熟都似无妨。

（一）是否真正地想到了孩子

面向孩子的教育，哪能不想到孩子？孩子，是教育对象，更是教育根源。一切教育的内在主导思想应是从孩子来、到孩子去，一切教育行为的主导更应是从孩子意愿和需要出发、帮促他们健康成长。撇开"为孩子好"，就是拔掉教育的根。伤根之害，可不惧乎？

教育上的所有缺憾，可能都缘自"并没有在心里想到孩子"。罗素的担忧警示我们，课程标准、教科书、教学预设、教学实践、考试测量、综合评价等教育的一切环节，都须以孩子的自然成长天性和健康成长需要为依归。我们正在努力这样做，成绩有目共睹，但也颇有一些难臻有效之处。症结可能恰在，我们没有真心实意地"想到孩子"，要么把小孩大人化，按大人的标准要求小孩，要么漠视孩子成长

---

① 原文题目为《思想何以敢入地狱窥视——读罗素〈论教育〉》。原载：中学历史教学参考，2008（12）.

② 伯特兰·罗素.论教育［M］//罗素自选文集.戴玉庆，译.北京：商务印书馆，2006：77－94.

的内在需要,盲目蛮干,自以为是。

人们站在各自立场争论教育,有些观点看上去振振有词、貌似有理、不容批评,但一旦回到"为孩子好"这个根源上去审察,却显得很无理,甚至有些丑陋,因为看似什么都没落下,唯独撇开了孩子。假如课程标准的修订只是增加知识点,假如高考试题命题人只顾要自己的学科专长威权,假如教师也据此依法炮制亦步亦趋,而从没有人考虑这些所作所为对孩子们的健康成长究竟有何帮助,那么,除了徒增学生负担,尚有何益? 这只是假设,但愿不是现实。不过,罗素之忧,浅显中深蕴着痛切。参与教育工作的所有人士,岂可不为罗素之忧而忧?

(二)"塑造"观念另一面是残酷

心里没想到孩子,怎能真正"为孩子好"? 在罗素看来,那种把服从和纪律当作精神习惯来培养的教师,就是如此。他们犯了一个根本性错误,那就是不尊重学生,动辄蔑视学生,把教师的权威性变成了一种残酷的恶行。虽是恶行,教师却用"塑造孩子是他的责任"这个冠冕堂皇的借口作支撑。他把自己想象为"一个拿着泥土的陶器匠",去随意"把孩子捏成某种不自然的形状",孩子随着年龄增长,被塑造的形状会固化,由于天性被摧残、人性被扭曲,而日渐滋生紧张、愤懑、残忍、嫉妒、报复的心理,长大后甚至认为"必须强迫其他人也要经受同样的扭曲"。一批批"水平完全一致的能说会道的庸才"就是这么来的。庸才,就免不了做蠢事。明明错在教师,"却会反过来责备学生",恰证明"塑造责任"云云,只是掩盖责任缺位的幌子。没有爱心的教师,必致责任缺位。惟因不懂得"越是不容回避权威性,就越是需要尊重他人",他们对如何指导学生就极乏想象力和热情,甚至于对工作心怀恐惧、害怕付出巨大努力,也很容易滋生一种不耐烦情绪,愈如此就愈死抱住"塑造"观念畏缩不前,其结果只能是"堕落得又懒又笨"。

其实,应试教学模式中的教师,或多或少也会同样以"塑造责任"为托词,掩盖自己的心虚和不求上进——考试成绩就足够,何必宇宙人生!"塑造"观念在中国尚有不小市场,一些教师就以"教书匠"自称,而忘记了自己其实应该是教育家。罗素激烈反对"塑造"说,我想其深刻用意,最好能深刻启示我们,而不是被我们误解。

(三)权威效应来自人的内心

放弃"塑造"观念,就是放任学生、放弃教师权威吗? 不是。罗素认为,教师的权威性也许不可回避,因为孩子是弱者,且往往有些肤浅愚笨,教师负有监护责任,"不能由他们自己随着兴趣来",还因为教师在各方面都比孩子更聪明,显然就是强者就有权威性。教师的权威性本来是无害的,但借此动辄蔑视孩子,"塑造"学生,蛮干蛮干,就有害无益了。

权威性要求教育纪律,倘无恶行之嫌,当予肯定。罗素指出,高明的教师知道,有一种纪律——"来自人们的内心"的纪律,亦即精神纪律,不但"与恶行无缘",而且能产生真正的权威效应。为什么?因为它不是来自外部强加的服从,而是来自学生精神内部的约束。具体地说就是,学生在教师富有成效的教育中,探寻并确定了人生的远大目标,亦即知道真善美的"北斗星"何所在,这样就足以"导致一种指导力量"——学生自己依靠具有创造力的追求去指导行动,依靠内在意志去控制冲动,纵使这种追求尚不那么生动清晰,纵使目标尚感遥远、征途或多磨难,却可以雄心不移、毅力不减,却可以终极追求不变、目标始终如一。窥其堂奥,关键在于精神纪律的原动性,从根本上看,它的性质是自由的——知识、情感、意志的选择和习得,均发乎学生的自觉、自愿、自主。引申说,内在的心悦诚服,让自由自在与自律自控变成了精神纪律的一体两面。这就揭示了自由即自控的真谛,也让教育自由的最高境界实即学生自控的内涵变得清晰起来。

精神纪律如此重要,用什么办法促成呢?罗素一语破的——"呼吁学生提高自我需求意识"。提高自我需求意识,教师必须在学生的动机和自尊上做足功夫,更要在切近目标和远大目标上为如何服务学生的生活动脑筋,变外在的教条僵化强迫为生动丰富的内在诱导,激发学生的原动性。这是颇具挑战性、也很有诗意的工作,需要教师有充分的"想象力"和"热情",而真正"为孩子好"才是想象力和热情的源泉,必须建基于对学生深入的研究、了解和尊重。

一言以蔽之,只要把教育目标转化成学生内在的一种对人生根本性的建设,就能够实现"权威性同自由的精神并行不悖"。这是教育的一大难题,我们最好像罗素一样,对这一难题给予深度思考,以便教育行动更趋适切。

(四)善待生命给师生以闲暇

无"虚"则"实"无所存,无"无"则"有"无所依。生命便是"虚实相生""有无相生"的动态新陈代谢过程。看看现在的教师和学生,他们的时空大都被教与学"填满塞实"了,日子过得过于"充实",除了刻板机械的讲练,几无自我生活,莫说无闲修心更无暇思考,只看生物身体状况就颇让人生忧,至于精神生活则事实上"往往已经萎缩枯败"。罗素对此耿耿于怀。他说,班级庞大、训导授课、经济窘迫、重复劳动等,造成教师工作负担过重,一些学校竟视教师"就像银行出纳员"一样让他干许多钟头的活儿,至于现在动辄削减教师法定节假日的做法就更为可悲,这样做的结果,就不可避免地"导致了极度的疲乏和易怒的神经",教师难以自顾时也只好"不得不机械地应付日常工作",有时可能严重到"不强行让学生服从，机械性的工作就无法进行"的程度。庸才，就是这么来的。怪谁？

学生处境的好坏，很大程度上系乎教师的精神状态，教师不得好过，焉来学生欢愉？故此，要解放学生，就必先解放教师。道理很简单，教师享有充分的闲暇，才有可能从心底里热爱教育工作，上进心强的教师有了闲暇也才能自修提升自己，他们保持神清气爽、思想活跃的精神状态，且能够"想到孩子"、善待学生精神需求，就有可能改变僵化教条的训导授课方式，而大大增加"讨论和鼓励学生表达个人意见的机会"。这恰是目前我们新课程所提倡的理念——参与、互动、协商。它本质上就是培养学生日后如何生活的一种方式。一旦"多数学生将认识到，教育能够为改善他们的生活提供服务"，而不是仅仅作为外部强制力量干扰他们玩耍、硬要他们一动不动地坐上几个小时的，那么不仅"学生们不用纪律的约束也会乐于学习"，而且师生之间的尊重和友谊将取代彼此的敌意。

说到底，谁也逃不脱人生最大的难题——生存、生活、生命。关注教育者和学生的人生难题，不仅是他们自己的事，更是政府官员和全社会的责任。罗素的呼吁，几乎隐喻着善待师生的一场誓死抗争，他的声音在我们这个时代或许应该更大一些。

（五）鼓励思考而非制造信仰

教育绝不是宣传，不是制造信仰，不是"强迫青年对于可疑之事抱定无疑之见"，不是"认定某些特殊的信条就是真理"，而是鼓励学生思考、树立独立见解、培育追求真理的希望。罗素远远超出教育本身在更大范围关注思想，恰恰说明了他对思想在教育中的重要地位的高度关注。试举几端：

一是被动接受教师智慧的危害。他说，大多数男孩女孩都容易这样做，因为它可免独立思考的辛劳，也因习惯上认定教师总是比学生知道得多，何况这样做更能讨老师的欢喜。然而，把在教育上被动接受的习惯带到日后的生活中却十分危险。因为，凡事总爱请示上司，不管上司是谁，他都乐于接受。这就等于委身于人，自己的人生境况如何，得看他人脸色。殊不知，思想是人格的骨头，人生幸福靠思想支撑。罗素的话虽未明言这一点，但却已经暗喻被动接受是人格的一大缺陷，因为放弃思考而致人生平庸倒不要紧，可怕的是没有思想，就容易被人导入歧途。正是基于此，罗素才强调了教学中增加互动讨论、表达个人意见的重要性，帮促学生既会思考，又会表达并行动，这样就有望避免形成"被动接受"的习惯。

二是人类何以恐惧思想解放。罗素指出，这是因为人们突出了思想冷酷无情的一面，而忘记了由此而来的另一面，即精神探索的欢愉。的确，"思想意味着颠覆和革命",对于特权、传统的社会势力和养尊处优的习惯来说,思想是残酷无情的,思想无法无天、独往独来,漠然冷视着权威,因而"人类对于思想的恐惧超过了害怕其他任何事物"。然而,正是凭借被人所恐惧的思想,人们才可以最终消除思想恐惧,达到"思想深入地狱的巢穴中窥视,并且竟无恐惧之感"的境界。没有公正思想,无论世界抑或个人,都难以避免愚昧无知或招致灾难。这么说来,只有那些包藏着祸心和阴谋的个人和团体,才宁愿让人类变得愚蠢、懒惰、压抑而拼命阻止思想获得自由,因为一旦解放了思想,人们"就可能不再按照我们的意愿行事"。

三是人类为何必须解放思想。罗素超越教育视野深邃地看到,人类,不过是一粒虚弱的砂尘,身陷于冷寂的万丈深渊。渺茫如此,何以成就人生?他称,只有使心灵超越了物质浮华的日常束缚,只有逃避开平淡无味的琐碎公务,思想的伟力才降赐于人,生命才充溢着盎然的趣味,才不致被平庸世界的大墙压垮。人生,靠思想成就,靠思想撑起。思想"能骄傲地独自承受一切,仿佛它就是万物之主,竟自岿然不动"。罗素如此热情地讴歌思想:"伟大、敏捷、自由的思想,你就是世界的灯塔,是人类最高的荣耀。"他认真地指出,倘若思想为许多人逐渐拥有,而不再是极少数人的特权,我们就不再恐惧。毫无疑问,思想的恐惧必靠解放思想来解除,人类只有仰赖思想,才能获得光明。反而顾之,"正是恐惧使人类踌躇不前——他们害怕心中的信仰,乃是担心信仰会被证明是一种妄想;他们害怕人类生活于其间的社会制度,乃是担心社会制度会被证明是一种危害力量;他们害怕他们自己,乃是担心自己会被证明并不像所期望的那样如此值得尊敬"。然而,人类绝不能因此惧怕和拒绝思想。因为人被恐惧所左右,生活就无法得以改善,也因为"人类生活中具有创造力的因素是希望,而不是恐惧"。

四是怎样唤醒和激发学生的思想。教育于思想何为?罗素认为,比起成年男女,"精神探索的欢乐"本来"在孩子中间远非罕见",只是随着岁月的推移,这种欢愉反而被失败的教育扼杀了。我们在教育中最需要努力做的,就是唤醒和激发学生对精神发展本来就有的热爱,鼓励他们对生活于其中的世界上的真假、善恶、美丑做出独立的思考、判断和选择,知所以避,亦知所以趋,而不是压制思想自由,更不是用宣传制造偏见和信仰。罗素深切地说,其实思想"既不会浪费人类的情感,也不会用冷酷取代爱心",思想反而用情感和爱心去构筑世界,思想充当了人类热情不可缺少的渲泄口。毋庸置疑,把这份精神欢愉带给所有具备独立思考能力的人们,就成为精神教育的可贵的最高宗旨。它对世界是重要的,对个人更是重要的。因为,能够"从未知领域中掬起一捧金辉,洒落在生命的肉体上,使生活闪烁出耀眼的光芒"的,正是这种精神教育,正是思想。有思想的教育,必然需要有思想的教师,只有有思想的教师,才会有有思想的教育,才会让思想在学生那里变得"伟大、敏捷、自由"起来,才会有效帮助学生认识世界、认识自己,从而显示教育"服务人生"的价值。也只有这样,真正"为孩子好"才算有了着落。

说了这么多,还仅是罗素观点的几个侧面,或许难免有偏离原意之处。罗素探索教育的文字很多,《论教育》乃其中之一,罗素自选于1915年第一次世界大战中所著《社会重建原理》(或称《人类为何战斗》),显然是在特殊战争环境中深刻反思的结果,1926年他又出版了专著《教育与幸福生活》,在人生维度上更进一步探讨教育问题。他的哲学著作,其实不少地方也涉及了他的教育思想。

罗素的教育思想是丰富而深刻的,却以哲学家、数学家闻名,然而他并不认为哲学或数学可以挽救世界,而是断言:"教育是创造新世界的关键。"这一断言显然是他用哲学家特有的深邃眼光回归源头看问题的结果。我们现在的问题是,如何回到源头看教育,怎样创造新教育。只要有思想,我们就好办。思想以真理为圭臬,思想敢于深入地狱的巢穴中窥视,并且竟无恐惧之感,靠的就是这个。

【附记】罗素《论教育》中涉及了对一些史观的尖锐批评,发人深省,由于篇幅所限,这里略去了,敬请读者朋友阅读时特别予以关注。

三、当代历史教育必须关心哪些价值问题①

(一)严重诘问:历史教育何以应史实与价值并重

提出这样的诘问,持专业史学立场者也许觉得荒唐,不过如果你是基础教育工作者,则可能会有别种感觉,他们本来就是这一问题的提出者。近几年来,一些历史学家受邀出席各种有关中学历史教育的学术研讨会,在互动交流场合,在被中学历史教师问及"我们在课堂上应该怎么做才好"时,这些历史学家十有八九会异口同声用"把真相告诉学生就行了"一句话来回答。言下之意是,只要学生在课堂上了解了历史真相、学到了史实性知识就可以了。这是历史学家对中学历史教育普遍所持的较有倾向性的看法。或许其来有自,比如以兰克(Leopold von Ranke)为典型代表的"史实派"就固守此见,深深影响了中外近代以来历史学的发展,也影响了中外历史教育,近些年在中国中学历史教育界较为流行的"求真求实论"就是一例。

---

① 原文题目为《价值争协商与价值共享:当代历史教育的重大课题》。原载:中学历史教学参考,2014(1/2).

　　毫无疑问历史学的第一要务是求真求实,我也无意指摘求真求实论对于所谓纯粹史学本身有何不妥。只是想借此指出,倘将此论直接套用在历史教育上,其结果是令人生疑和不安的。至少,让历史教育止步于求真求实即局促于史实性知识,这样的历史教育很难称得上是完整的历史教育。为什么? 因为教育是问目的、问价值的,在这一点上,求真求实论的指向是不明确的,甚至是没有指向的,深而察之,它既缺失了教育的"目的"要素,更缺失了教育的"价值"要素。

　　在教育上,不啻历史教育,价值(价值观和价值体系)是最重要、最关键的要素。价值关乎对真假、善恶、美丑的综合判断,它引领教育方向,观照教育目的,也达成教育目的,生成教育意义。无疑,价值之于教育是须臾不可或缺的。价值如此重要,却常常被人忽略。这或许因为人们对"价值"的概念和内涵不甚了了或有误解所致。

　　那么,究竟什么是"价值"("价值观")呢? 我想,抓住核心关联词"应该"或"应当"来解读,无论说得复杂还是简单,都不会太过离谱。

　　复杂一些说,"作为一般概念,'价值'包括有意识的主体视为'应当'的一切态度、判断、影响与行为偏好"。①

　　一言以蔽之,"价值观是指什么是人们认为应该的"。②

　　为什么在历史教育中,我要强调价值观很重要,甚至与史实具有同等重要的地位呢? 至少有如下几个理由。

　　第一,教育的对象是"人",学习者作为"人",其健全成长才是教育的终极目的,知识等其他一切都只是手段。历史教育并不例外于这个教育的真义。史实若是纯粹的事实性知识,它就只关乎"是"的判断,而不以"应该"判断做引领,学习者面对的历史无疑是善恶、美丑、对错、是非混杂不堪的"一堆乱麻",究竟什么"应该"、什么"不应该",是无从分辨的。果真止步于此,放弃对历史的价值观照,那就无异于放弃引领、帮助和促进学习者健全成长的责任。

　　第二,无论是历史教师还是学生,世间一切人要更好地生活,价值观是如影随形的必备要素,何况"人"的教育? 正如英国著名学者怀特海(Whitehead, A. N.)所言,"教育只有一个主题,那就是五彩缤纷的生活",而教育"根本的动力是对价

　①　德尼·古莱.残酷的选择:发展理念与伦理价值[M].高铦,高戈,译.北京:社会科学文献出版社,2008:331.学者关于价值概念的论述可引的很多,引此条乃因其重点突出、简明易懂。

　②　乔安娜·勒梅泰.课程与评估架构中的价值观和宗旨:对十六国的考察[M]//环境与课程.Bob Moon,Patricia Murphy,编.陈耀辉,冯施钰珩,陈瑞坚,译.香港:香港公开大学出版社,2003:152.

值的鉴赏,是对重要性的认识",并且强调说"这在科学、道德和宗教中都是一样的"。① 由此不难发现,对生活做价值观照,乃是教育的内在诉求,也是生活在理论上和实践上"配合"的一种天然需要。试想,谁不期望在生活上拥有一种很好的价值鉴赏能力呢?

第三,服务现实"人生",不止是历史教育的核心,其实也是历史学在更高层次上的核心主题,两者都因此而无法抹杀价值观对历史和人生的帮助。苏格拉底说"未经省察的人生不值得过",就是指人活着必须反思、判断生活中什么是"应该"的、什么是"不应该"的,从而更好地认识自己、认识世界。

综而观之,历史教育与历史学,完全因为服务"人生"的一致宗旨,而在"事实"判断与"价值"判断并重、"是"与"应该"相得益彰这一点上交汇了,两者都是既要"是"(事实),又要"应该"(价值)。

法国历史学家布洛赫(Marc Bloch)将优秀的历史学家比喻为神话中善于捕捉人肉气味的巨人(妖怪),他闻到哪里有人肉,就出现在哪里,"人才是他追寻的目标"。② 余英时综合考察了中外史学家的观点后也说:"真正的史学,必须是以人生为中心的,里面跳动着现实的生命。"③余英时提醒"应该有人随时做这类工作。"其实,历史教育工作者所做的工作,正是"这类工作"。

有学者更是在历史价值责任的意味上,用"认识人心"一词来强调历史教育的重要性,指出"要认识人心,我们所能做的不外乎带着生命体验去研究历史,使它们相互朗照。我们有责任向青少年和人们的精神提供这一营养",甚至认为没有历史教育,"那可真是灾难"。④

"应该"先于"是"则是更彻底的价值责任主张。美国学者赫舍尔(A. J. Heschel)在《人是谁》一书里认为,做人首要的是价值观,说"我们的存在不仅仅是存在,我们的存在是被创造……被创造,意味着'应该'先于'是'",这是因为"世界是这样的:你在意识到世界存在时,必须作出回答,同时也必须承担责任"。⑤

尽管,历史教育可以不遵从"应该"先于"是"的极端观点,历史教育甚至可以对此做相反的处理,即由"是"到"应该"。然而我想,有一点是可以肯定的,那就

---

① 怀特海.教育的目的[M].徐汝舟,译.北京:生活·读书·新知三联书店,2002:12,71.

② 马克·布洛赫.为历史学辩护[M].张和声,程郁,译.北京:中国人民大学出版社,2006:21.

③ 何俊,编.余英时学术思想文选[M].上海:上海古籍出版社,2010:278;又见:余英时.史学、史家与时代[M]//余英时文集:第一卷.桂林:广西师范大学出版社,2004:90.

④ 西蒙娜·薇依.扎根:人类责任宣言绪论[M].徐卫翔,译.北京:生活·读书·新知三联书店,2003:200-201.

⑤ 赫舍尔.人是谁[M].隗莲仁,译.贵阳:贵州人民出版社,1994:110.

是"应该"与"是"并重是历史教育必须担当的责任。

良好的历史教育,应该让人学会做人——既不人云亦云、无根基、无方向如"飘动的浮萍",也不顽固不化、无头脑、无思想如"走动的书橱"。历史教育价值引领的责任,就是要促成这样的教育实践。舍此,历史教育断无前途可言。

(二)归本反思:历史价值内容本身也是重要史实

如果人们承认,在现实生活中,人们所持的各种各样的情感、态度、信念、思想、立场等表面看似主观的东西,亦即好像与经济、技术、市场等有硬性指标作支撑的客观"事实"不同的东西,同样是深刻影响现实生活的因素,如果认可它们也是重要的"事实",那么整个历史发展过程始终伴生着的历史价值观的内容本身,就一定也是重要的历史事实。

很多人习惯于二元思维,往往硬生生把"事实"与"价值"割裂开来,或者把"客观"与"主观"割裂开来,刻意区分"是"与"应该",将两者视为互不相干甚至对立的关系,往往陷入非此即彼、非黑即白的误区。人文社科不少学术界都深受其影响,历史教育和历史学或多或少也是其受害者。

休谟(David Hume)从"是"推不出"应该"的著名论断,被康德(Immanuel Kant)称为"休谟律"或"休谟法则"。在分析历史上道德学体系学说时,休谟"大吃一惊地发现,我所遇到的不再是命题中通常的'**是**'与'**不是**'等连系词,而是没有一个命题不是由一个'**应该**'或一个'**不应该**'联系起来的"。休谟说,这个变化虽是不知不觉的,但"这个**应该或不应该**"却表示了"一种新的关系或肯定",让他不可思议的事情是,"这个新关系如何能由完全不同的另外一些关系推出来",很值得举出理由加以深究。① 这个"是"与"应该"的二元对立论后来被广泛传播,影响是非常深远的。

其实,二元论是一种错觉。休谟忘了,"是"与"应该"犹如硬币的两面,其实是一体的,诸多"是"由"应该"左右着,而诸多"应该"也受制于"是"。如此就不难理解,何以希拉里·普特南(Hilary Putnam)的《事实与价值二分法的崩溃》力作问世后,二元论在很多学术领域就几乎被瓦解了。

就历史教育来说,事实上,只要把"是"和"应该"置于历史时空坐标上看,"应该"是可以从"是"推出的,而反过来,好多"是"也可以从"应该"推出,两者在历史教育上的关系是互彰的,而非对立的。

---

① 休谟.人性论[M].关文运,译.郑之骧,校.北京:商务印书馆,1980:509－510.注意:文中黑体字原为字下加着重号。

举例言之,杰佛逊(Thomas Jefferson)起草《独立宣言》,在第一稿中曾写入了一份对人类奴隶制的责难书,但南方代表团不接受这个"责难",定稿时被删掉了。尽管赞许奴隶制在当时很多美国人眼里是不道德的,但它居然存在下来了,因为南方现实中的"是"表明,奴隶制是"有利可图"的。① 导致这种"致命的偏见"存留下来的,正是严酷的历史"现实",是历史现实决定了价值观。但由此你也绝对不能说当时很多人反对奴隶制、想废除奴隶制的价值奋争本身不是客观存在过的历史事实。

价值偏见的形成,往往与历史信息的匮乏、易被阴谋家蛊惑有关。比如,希特勒为了达到灭绝犹太人的目的,就设计了强有力的宣传系统,通过公开集会、电影、书刊、歌曲和广告传单,非常恶毒地制造偏见,甚至以特殊的教材像漫画书(要求所有在校学生必读)形式,用消极的刻板印象来描绘犹太人。其结果是,在后来成千上万的犹太人被围起来并驱逐到集中营去做奴隶以及被毒气杀害时,"已经没有必要去证明这种对人类价值的剥夺是否合理了;在德国民众的思想里这些'敌人'已经被去人性化了"。② 这是一个价值观深刻影响历史事实非常极端的事例,本身说明价值观就是历史事实的另一种活生生的有机构成。

有著名学者认为"文化就是一套价值观",这是很有见地的。其实,毋宁说价值是文化之根,是文化的精髓所在。印度文化泰斗普莱姆·克颇拉(Prem Kirpal)指出,"一般来说,一个特定社会的文化是由三个不同的要素构成的:理念、审美方式和价值……在文化的这三个要素中,价值是最重要的"。③ 深而察之,每一种文化,不正是告诉人们什么"应该"、什么"不应该"的吗? 每一种文化称道或批评的那些态度、信念、偏好、行为规范,其核心不正是价值主张的表达吗? 据此,你就不能否认每一种文化的历史内容,的的确确是历史"事实"。

归诸根本,无论"是"抑或"应该",凡是历史上存在过的,无疑都是历史事实。坚持这一观点,不仅会大大丰富历史教育的内涵,而且会促使历史教育在事实与价值的交互观照中产生更多智慧。这一点,充满挑战性,也极富吸引力。

(三)意义定向:历史课的活力灵魂重在价值引领

中国新一轮基础教育课程改革推进十几年来,历史教育界的变化不可谓不

---

① 津巴多,利佩.态度改变与社会影响[M].邓羽等,译.北京:人民邮电出版社,2007:210.
② 津巴多,利佩.态度改变与社会影响[M].邓羽等,译.北京:人民邮电出版社,2007:211.
③ D.保罗·谢弗.文化引导未来[M].许春山,朱邦俊,译.北京:社会科学文献出版社,2008:65.

大,非常可喜的进步是在观课、评课时,很多同人开始关注"课堂的灵魂",也就是说有了非常强的教学目标意识。不过,在"灵魂"目标的定位上,人们是有分歧的。这也难怪,对于课堂灵魂究竟是何物都弄不明白,就只能各说各的、莫衷一是。

那么,历史课堂的"灵魂"究竟是什么呢? 不是别的,恰恰是价值引领,恰恰是对价值的争鸣、协商和共享。教育的四大支柱"学会求知、学会做事、学会做人、学习共处"理念(后来又加了一个"学会改变"就成了五大支柱),其实也为此次课程改革所追求。新课程倡导互动探究合作学习,不正是要以历史事实为前提协商价值? 倘若不是,那学习就局限在史料和史实等知识性的层面了。如此"死"学,则历史教育还有什么活力可言?

于此,皮亚杰(Jean Piaget)的观点一针见血。什么是教育呢? 在皮亚杰看来,教育就是连接"学生"和"价值"双方的关系——"一方是成长中的个人,另一方是社会的、智慧的和道德的价值,教师要负责把由他启蒙的那个个体带进这些价值中"。①

细心睿智的人或许还发现,价值其实就蕴蓄在事物本身,只是需要"发现的眼睛"去发现它们,并且比较它们,从中分出个轻重缓急来,目的就是更好地指引人们的行动。问题是,"支离破碎的价值无法给世界一个方向"!② 人为地故意对价值熟视无睹,或企图湮没价值,最终必会受到来自价值法则的惩罚。

众所周知,现实生活与历史生活一样,充满着价值争鸣、对立和冲突。历史教育有效连接"学生"与"价值",就是在尽责任。这虽然有难度,却很值得探索。

且不说历史上曾经存在的价值观有多么多元、有多大争议,但有种事实是不争的,那就是历史价值观中有些是谬误了、有些是错位了、有些是颠倒了。单看全球化的今日世界,亨廷顿(Samuel P. Huntington)《文明的冲突与世界秩序的重建》一书关于文明冲突的观点,常常被许多国家的媒体作为新闻反复展现在人们眼前,足见整个世界对冲突的忧虑和恐惧,况且就芸芸众生的现实生活来说,也因世界将物质发展放在首位、牺牲了诸多道德和精神价值,生活的意义也空前地成为重大问题。

问题恰恰在于,"意义缺失是我们今天所面临的诸多问题的当前背景"。③"今天价值遭遇四面楚歌:价值发现自己失去了神秘化、变得相对化、受到轻视,最

---

① 乔伊・帕尔默,编.教育究竟是什么? [M].任钟印,诸惠芳,译.北京:北京大学出版社,2008:373.

② 热罗姆・班德,主编.价值的未来[G].周云帆,泽.北京:社会科学文献出版社,2006:90.

③ 热罗姆・班德,主编.价值的未来[G].周云帆,译.北京:社会科学文献出版社,2006:前言.

重要的是被指责为是偶然的、易变的、甚至是无关紧要的。"①

一切症结似乎都不在"是"什么,而在什么是人们共同认为"应该"而值得去遵从的。马克斯·韦伯(Max Weber)在慕尼黑大学以《以学术为业》为题做演讲时恐怕没有预料到,他所提出社会学研究应该以"价值中立"作为方法论准则,在他身后几乎没有多少响应者,况且韦伯也无法处理好自己设定的"价值无涉"与"价值关联"之间的关系。事实上,时势在全球化的当今变得更难捉摸了,面对多元价值纷争,谁都无法置身事外,因为人类更需要对"共同的人性、地球和命运"的问题达成共识。

阿齐扎·贝纳尼(Aziza Bennani)就此敏锐地指出,"我们今天所面临的危险并不像有人宣称的那样是文明的冲突,而是缺乏共享的价值。"②这就是价值引领作为历史课堂的灵魂定位的奥秘所在:多一些共享价值,人类就多一些和谐和福祉,历史教育为协商更多共享价值做贡献,就是在增加人类的和谐与福祉。责任光荣,也不可旁贷。

用皮亚杰的观点来说,"教育是个体与价值之间的一种规范性关系"。据此,教育涵盖着所有各种类型的价值。"这就意味着,在学校学习期间的智慧价值与整个人生中的道德价值是同舟共济的。"③

由此看,将历史课堂之魂定位于价值引领是恰当的。价值引领的重点就是皮亚杰所谓价值成就的交换、价值的传递和价值的转换。

(四)协商价值:用历史证据增强共享价值说服力

通过协商来实现价值共享,意味着价值应该被"转化"成为参与协商一切成员的权利和义务,否则这种价值就"无意义"。④ 如此高的目标,显然无法单靠教育来实现,不过,对于历史教育而言,为此做一些准备性、基础性的贡献,还是非常有可能的。

历史教学中的价值协商,可能依据不同价值类型来有针对性地进行,效果更好一些。价值有许多种类,但主要有两类:"意义性价值"(又叫基本价值或终极价值)与"规范性价值"(又叫操作性价值、工具性价值)。

---

① 热罗姆·班德,主编. 价值的未来[G]. 周云帆,译. 北京:社会科学文献出版社,2006:50.
② 热罗姆·班德,主编. 价值的未来[G]. 周云帆,译. 北京:社会科学文献出版社,2006:3.
③ 乔伊·帕尔默,编. 教育究竟是什么?[M]. 任钟印,诸惠芳,译. 北京:北京大学出版社, 2008:373.
④ 德尼·古莱. 残酷的选择:发展理念与伦理价值[M]. 高铦,高戈,译. 北京:社会科学文献出版社,2008:114.

"意义性价值"并不"具体"指导人的具体行动,它侧重于追问生与死、痛苦、命运与自然的深刻意义和人类对真善美等普世价值发出的呼求和邀请。意义性价值只提出"值得去做""值得追求"的行动,关乎大的方向、意义和智慧。

意义性价值观,如真善美,应是人类永恒守望的价值,是不可以随便与时俱进的。"基本价值观虽然不会因为时间推移而有很大转变,但是政治变迁通常会刺激价值观去作出重大的转变。这种转变可能涉及所表达的价值观本身,也可能牵涉到用以表达价值观的方式。另外,转变的本质亦不尽相同。转变可能与追求国民身份认同有关,也可能是为了要告别过去。"[1]

"规范性价值"则是"具体"到了人的具体行动,侧重于人"应做"或"不应做"的行为,既关乎知道"值得去做"的偏好道理,更关乎懂得"怎样去做"的要求、方法和策略。[2]

无论哪类价值,至少都有知识功能、社会适应功能和态度信念表达功能。仅就价值的知识功能讲,辨别、选择什么样的"史实"才是好的、值得学习的知识,本身就是一种"应该"意义上的价值思考和价值行动。比如人有"偏见",并因此而使"态度变得毫无根据和非理性",往往是"基于有限信息"的"预先判断"导致的。[3] 历史教学无疑要面对来自历史和现实的种种偏见,置之不理就是放任价值偏见去伤害学生,但要克服偏见,就得"对影响施加影响",不仅所选"史实"要能助人开阔视野、增长见识、增加智慧,而且教学中一定要形成一种批判性思考和互动协商的课堂文化,以便澄清价值偏见。

尤值一提的是,寻求新价值,意味着创造价值。而寻求和创造新的共享价值,则是历史教育最大魅力之所在。就拿资源和环境等问题来看,"越来越明显的是,不创造价值和价值体系就不能有效地应付世界上许多最起码的问题,因为价值和价值体系能在更为平等的基础上重新分配财富,保存和保护自然环境,减少世界上可再生和不可再生资源的消耗以及重申人的因素在发展中的重要性"。虽然许多人坚持认为通过环境清理就能有效解决当代的生态问题,"但是事实十分清楚:真正的解决办法在于创造一种对匮乏的环境资源索取得更少的价值和价值体

① 乔安娜·勒梅泰.课程与评估架构中的价值观和宗旨:对十六国的考察[M]//环境与课程. Bob Moon,Patricia Murphy,编.陈耀辉,冯施钰珩,陈瑞坚,译.香港:香港公开大学出版社,2003:161.

② 德尼·古莱.残酷的选择:发展理念与伦理价值[M].高铦,高戈,译.北京:社会科学文献出版社,2008:76-77.

③ 津巴多,利佩.态度改变与社会影响[M].邓羽等,译.北京:人民邮电出版社,2007:212.

系"。① 发现、创造、引领新的共享价值,是困难的,也是迷人的。要对人类发展走向负责,历史教育就必须担当起这种价值责任,况且历史教育对此的确是可以有为的。

对价值的认识,太富有挑战性了。历史教师要做好价值协商教学,我以为应该:第一,寻找价值(鉴赏价值)——定好课程和教学的价值目标,学生知道应该学到的;第二,传承价值(守望价值)——守望人类善美真等永恒价值,学生懂得必须坚守的;第三,转换价值(创造价值)——诊断价值健全与不健全状况,学生明白应该改变的;第四,均衡价值(兼容价值)——比较多元价值从中汰劣择优,学生确知必须兼容的;第五,协商价值(共享价值)——讨论价值认同与认异的可能,学生明白可以共享的。

历史价值是随历史事实而伴生的,历史价值与历史本身一样,惊人地多元、多样、多态。因此,对历史价值的理解,若没有历史意识和正确史观做指引,就很容易出错。这就要求价值协商绝不可以主观臆断、自以为是。以下举一些历史上存在价值认识差异和主观风险的例子,以为历史课堂教学的借鉴。

有些价值风险是因历史文化和社会根源导致的。比如,哥伦布发现所谓"新大陆",西方世界普遍赞之为英雄壮举,但这对美洲大陆印第安人来说却意味着毁灭性灾难的开始,两个世界的价值紧张状态至今犹存。类似的还如明清之际西方传教士在中国引起的"礼仪之争",晚晴以来因"师夷"激发的中西文化"体用"大辩论,殖民地人民因殖民者文化侵蚀而出现的文化价值认同危机,伊斯兰世界与西方世界愈演愈烈的信念信仰对抗等。这些价值之争大多是若干年前或若干世纪前,某一特定历史时期,由于某些历史原因,而形成的价值观的延续。

有些价值风险则是因对历史的误读、误解而导致的。比如很多人认为古希腊人缺乏技术文明,殊不知之所以缺乏技术文明,并非因为古希腊人做不出或"尚不能"做出技术文明,而是因为他们没有做技术文明的意愿,在价值优先法则的精神中这种文明还无一席之地。无独有偶,所谓"李约瑟之谜"无解,也可能是一个重大误会。古代发明成果累累,证明中国人不是缺乏技术发明能力,中国后来与西方相比在技术发明上落后了,是因为技术不仅不在后来中国人"价值优先"序列里边,而且技术被视为"奇技淫巧"加以排斥。还如中国的思想文化传统也往往被人误读为以儒家思想为中心,刘梦溪在《传统的误读》里指出,先秦时代,春秋战国时期,是诸子百家争鸣竞放的时代,儒家只不过是诸子百家中的一家,无所谓儒家中

---

① D. 保罗·谢弗. 文化引导未来[M]. 许春山,朱邦俊,译. 北京:社会科学文献出版社,2008:66.

心。秦朝,法家地位显赫,因此才有焚书坑儒,更谈不上儒家中心。西汉,西汉前期倡黄老之术,"王霸道杂之";至汉武帝独尊儒术,儒家地位始有所改变。但董仲舒试图用阴阳五行的观点诠释儒家,实际上是变了味的儒学。东汉,佛教传入,道教始兴,刚刚确立但还没有真正确立起来的儒家地位,遇到了异教旁门的挑战。魏晋时期,那是玄学的时代。南北朝,佛教大盛,道教方炽,儒家退为守势。隋朝和唐朝,特别是唐朝,那是个大文化的时代,兼容并蓄,无所不包,但思想文化方面居优胜的是佛家和道家,不是儒家。宋、明出现理学和心学,既是传统儒家思想的发展,又是儒家思想的转型。准确地说,是儒、道、释、庄、玄、禅各种思想彼此交融、互相吸纳的结果。清朝,一开始打乱了传统,后来又修补传统,既尊儒,又奴儒、坑儒。即使是号称盛世的康、乾时期,在经济上、军事上、版图上,是世界一流大国;文化上,也是十足的小国心态。反儒学潮流,在清一代,始终没有停止过。①

有些价值风险的确是价值认知偏好偏差(包括历史观)导致的。宋辽、宋金之间的和平盟约,由于送"岁币"等原因而往往被斥为屈辱求和,却不论其换得了近百年的和平发展局面,保护了多少生命财产的安全,何况北宋经济繁荣,所谓"三冗"反着看不正是"繁荣"的反映? 用钱换生命、换来和平,是不是应该给予较高的评价? 朱熹力主"存天理,灭人欲",个中有一个价值限度原则,朱熹说"人生都是天理,人欲却是后来没巴鼻生底",被问及"饮食之间,孰为天理,孰为人欲?"朱熹的回答是:"饮食者,天理也;要求美味,人欲也。"总体上,"不为物欲所昏,则浑然天理矣"。② 朱熹的观点,是颇富人生哲理的,但我们只给其戴一顶"客观唯心主义"帽子了事,从而造成价值湮没。再如,"科技是第一生产力"乃是特定环境下对科技价值优先支持的观点,将之泛化为普遍价值可能就不太恰当,因为至少在认知上,其对立面就是"科技也是第一破坏力",科技是福是祸,取决于人们掌控科技的价值指向。还如,常见历史课堂上老师讲民主就"人民当家作主"一个意思翻来覆去、举一些所谓"正面"事例了之,殊不知民主是要制度亦即要用一套规则和法律做保障的,民主的关键是要把官员关进"笼子"里限制其为非作歹而把民众解放出来,专制制度则相反是要把民众关起来。显然,一切价值的协商都应基于人性,民主价值的协商更是如此。人一半是野兽,一半是天使。有道是,"因为人性是邪恶的,所有法治是必须的","因为人性是善良的,所以法治是可能的"。仅此而言,我们历史教育中的一些"民主课"是应该反思改进的。

历史一再表明,价值引领是有"主观性"风险的。马克斯·舍勒(Max Scheler)

---

① 刘梦溪. 传统的误读[M].石家庄:河北教育出版社,1996:18 – 21.

② 黎靖德,编.朱子语类:卷13[M].北京:中华书局,1986.

在《价值的颠覆》一书里说，价值是主体化的，因此"一切价值都是主观的"。这个观点隐含着二分法，因而只说对了一半，还有一半则是——很多价值是基于客观事实的，不能因为一切价值表面看上去都是态度、信念、思想等形态，就抹杀价值的客观性。由此，我当然不赞同"价值观只是一种信念，并不需要建基于事实和证据"的观点。①

不过，人们的确常犯"主观性"错误，价值的主观臆断危害在历史和现实中也始终是一个严重的存在，因此我还是要不厌其烦地特别提出警示，对于历史教育实践中的任何价值引领，每个参与者都必须有强烈的风险意识。价值协商要减少臆断嫌疑，增强价值的现实说服力，唯有仰赖可靠的证据亦即历史事实，让"事实"（史）与"价值"（论）走到一起、合而为一。

四、历史观念：能救人也能杀人②

教育有两面性，可悄然助人成长，亦可慢性害人生命，乃至毁灭世界。趋向哪一面，取决于教育导向。

一本中学历史教科书，一种中学历史教育，就曾"搅得世界惶惶不可终日"，把世界引向毁灭之途。历史教科书有这么大能耐？历史教育有这么大作用？有。有凿凿事实在，绝非故作危言。听听 1939 年第二次世界大战爆发前，茨威格（Stefan Zweig）在美国的演讲《明天该怎样编写历史》③，就不难明白个中究竟：史观可以救人，但史观也能杀人。

茨威格深知史观的重要性，认为"形成年轻人对生活的看法——政治的、道德的和个人特有的看法，有决定意义的，莫过于他们学习历史和理解历史的方式"。茨威格说，恰恰是他在奥地利上高中时的历史教科书，恰恰是在中学教育中形成的错误史观，"教会我们这一代人走向世界大战的"。因为在这种历史教科书里，"能促使年轻人向往崇高、遵循人道的东西，我一丝一毫也找不到。找到的只是一

---

① 乔安娜·勒梅泰. 课程与评估架构中的价值观和宗旨：对十六国的考察［M］//环境与课程. Bob Moon，Patricia Murphy，编. 陈耀辉，冯施钰珩，陈瑞坚，译. 香港：香港公开大学出版社，2003：152.

② 原文题目为《史观：能救人也能杀人——茨威格〈明天该怎样编写历史〉的启示》. 原载：中学历史教学参考，2009（5）.

③ 茨威格. 明天该怎样编写历史［M］//高中甫，主编. 茨威格文集：第六册·散文卷. 西安：陕西人民出版社，1998：263－281.

些恶劣的例证,证明我们总是在退回到古代的野蛮中去"。

可怕的是,中学历史教科书是"启蒙读本",面对的是不谙世事、心灵"还像蜡一样可塑"的年轻人,其心灵的"白纸"上无论被画上什么,或许都自以为不错,甚至很美好。然而,这"启蒙读本"究竟启蒙(或诱发)了一些什么呢?正如茨威格所说,是"诱发一切危险恶劣、毒害时代的本能"。而且,这种启蒙借用了"别有用心"且经过了"深思熟虑"的史观。懵懂孩儿们的灵魂,就是这样在不知不觉中被毒害的。

更可怕的是,这种作为"启蒙读本"的历史教科书,还以大张旗鼓的"爱国"名义,行狭隘民族主义之实,把历史变成了纯粹的民族史和战争史,把历史教育变作战争恶魔的帮凶,成为"一种可怕的学问,也就是所谓的宣传",有组织地"抓住扩音器"向世界喧嚣仇视、谋杀、发疯。那些懵懂的孩儿们,就被这样的"历史"生动地、同时又是不动声色地引向了歧途,竟至长大后用实际行动把"爱国主义"变成了"害国主义",还浑然不知有什么错。

何以见得?茨威格根据中学所受历史教育经历说,"还在正确地认识世界之前,我们就已经被戴上有色眼镜了……从一开头起,对世界,我们就只能从民族利益的视角去看,而不能用自由的、合情合理的眼光去看"。本来,"只有完全客观才有意义的历史,被勺子乱搅着,剩下唯一的目的,就是要把我们造成爱国公民,造成未来的士兵,造成没有意志的奴才"。于是"自己的民族一向都是对的",对其他一切国家、民族和种族,"则应当鄙视,同时不信任",这一切就成了"爱国"史观的主要内涵,颇富煽动性,也很有欺骗性,因为"不管怎么说,祖国总是祖国"嘛。

其实,祖国可以爱,却不可以狭隘。狭隘视野和导向中的"爱国"史观,极有可能变为"害国"史观。历史表明,致命的导向性错误就深藏在种种恶性的狭隘民族史观和狭隘"爱国"史观里,恰恰是这些史观误导和毁灭了"茨威格们",也误导和毁灭了自己的国家,进而毁灭了整个世界。无疑,视野和导向,是史观的第一要务,也是历史教育的首务。由此审视人们热议的历史有效教学,故事和细节固然是重要的,方法固然是重要的,但从根本上讲,视野和导向更为重要。视野偏狭,导向错误,故事愈生动,细节愈诱人,方法愈有效,历史教学的结果可能愈有害。视野偏狭,导向错误,教学无效反而是值得庆幸的事。此中深意,不可不察!

茨威格用血的教训现身说法,就视野和导向进一步强调指出:"我们所要求的历史书,再不会是为赞美个别民族,而是为友好地赞誉全人类服务的。如果想准确地观察世界的全貌,我们就必须变换视角,必须更上一层楼,这样做,就像看风景一样,有的细部漏了,看到的却是重要的全景。"这样做了,就不致陷人于偏狭,而是知道自己活,他人也得活。茨威格还以《互助论》《宽容》等书为例,从动物本能的互助,到人类有意识的互助,阐发人性中的另一面即良心、友善、互助等精神方面的文明进步。他说,我们需要的历史教科书,恰恰要重点关注文明、进步,重点关注文化史。因为文化史与战争史相反,文化史要说的"不是一个民族归咎另一个民族,而是一个民族感谢另一个民族。它会说明,几乎所有的一切,我们发明的、设计的、发现的、创作的、信仰的,都是共同的成就"。由此,茨威格充满期待地总结说:"明天的历史必须用这种精神编写,写成人类进步的历史,好推动我们自己前进。"

史观能救人,史观也能杀人。这或许就是茨威格的演讲给我们的最大启示。记得尼采(F. Nietzsche)说,"伟大"的含义:指明方向。茨威格是伟大的,他洞察了他中学时代历史教育的错误导向后,给历史教育指明了一个方向。他指明的历史教育方向,无疑是引人深省的,不容忽视的。恰如茨威格自己所言:"如果说历史应当有点儿什么意义,其意义就应当在于使我们认识错误,克服错误。"说穿了,个人的内在和谐需要良好的历史教育,整个人类的和平、进步,也无疑要指望良好的历史教育。

何况,历史本身一再表明,一个没有正确史观导向的世界,休想有安宁日子过。人类吃够了这个苦头,究竟伊于胡底?

五、"人"才是历史教育追寻的目标①

亲爱的各位老师,尊敬的沈局长、李校长:

今天是一个很平凡的日子,但是这个日子将在中国历史教育发展史上变得不平庸。就像尼采(F. Nietzsche)的作品里面描写的一个疯子,大白天打着灯笼找上帝,结果发现上帝找不着、"上帝死了"一样,今天我们大白天灯火辉煌,我们也在找,我们在找"人"——"人"怎么不见了?"人"怎么丢失了?这个话让我想到,我姓任,有时喜欢把自己叫一个不好听的名字,"人妖"。布洛赫(Marc Bloch)因为小儿子问了一个小问题,他就被逼得变成史学家了。他在他的作品《为历史学辩护》里面用了一个神话,这个神话里面有一个角色就是妖怪,是一个巨人,我把他叫做"人妖"。这个"人妖"有一个特点,就是哪里有人肉香,他就往哪里扑。布洛

---

① 原文题目为《"人"才是历史教育追寻的目标——在中国历史教育期刊联席会暨戴加平、唐秦名师工作室"问史"论坛开幕式上的讲话》(2015 - 12 - 11)。原载:中学历史教学参考,2016(2).

赫的意思是,人才是"人妖"追逐的目标。"人妖"等于史学家,就是说,史学的目标是"人"。余英时综合考察了中外历史学家对于历史学的观点之后说了这样一句话:"史学必须是以人生为中心的,里边跳动着现实的生命。"那么,我就想,由疯子找上帝,到"人妖"找人,到我们历史教师找现实中跳动的生命,这整个贯穿了一个字,就是"人"。

今天我们论坛的主题是"历史教育,'人'不能缺席",但是恰恰在历史教育的好多个场合,我们真的是找不着"人"。历史中的"人"好像地位不太突出,现实生活中的"人"好像往往被淹没了,特别是我们的孩子们,他们的地位、他们的场地在哪里呢? 不明晰。我很高兴的是,今天我们能够聚集到一起,探讨"人"怎么不见的、怎么丢失的,探讨历史中的"人"为什么跟现实中的"人"不能发生思想的联系、发生智慧的沟通、产生对整个人类社会和世界的正面的影响,我觉得非常有意义。为此,唐秦和戴加平两个工作室团队行动起来了,苏、浙、沪、皖四个省市的名特教师、青年骨干教师行动起来了,所以我特别对你们表示敬意。搭这个平台的是唐秦工作室和吴江高级中学,所以我特别要对吴江高级中学李雪林校长和唐秦工作室领衔人唐琴老师表达谢意,谢谢你们!

其实,不光我要感谢历史教师,我觉得整个中国和这个世界要谢谢你们。因为你们死死地拽着"人"不放,所以我们这个社会和世界才能够感到人性的存在、人心的存在和人文的存在,特别是人格的存在。凡是有历史教师的地方,你就发现那里往往有正气、有思想、有智慧。我觉得这是我们这个社会的福音,是中国的福音,是世界的福音。所以,赢得尊敬是理所当然的。

当然,这十几年来,伴随着课程改革,我们对"人"这个字的探讨发生了很多的变化。比如说,我们围绕课程改革推出了一系列呈批发状态的教学模式,在批发到我们老师头脑中的时候,我们迷失了方向,丧失了自主性,丧失了判断力,以至于自己是不是非常健全的、作为老师的"人",也成了问题。在这个时候,我们围绕这样一个主题,深挖历史教育的意义,特别要在路标、方向上,围绕核心问题探讨如何做出课程内容的选择,做出教学方法的选择。我们千万不要忘记了,我们的一切选择,出发点是孩子们,落脚点也是孩子们。他们是活生生的人,是为了他们。

我们的努力有目共睹,但存在的问题也不少。我举几个例子。比如说"求真求实"这样一个观点弥漫整个中国大陆已经近十年了。好多老师把"求真求实"误解为历史教育的目的,我很忧心啊,只用知识作为目的,"人"被放一边了。所以,我也提出了四个字,叫"服务人生"。因为"求真求实"观点有意无意地在淡化或者排斥价值审判。价值审判被淡化、被排斥了,我们的方向感就没了,关于应该不应该的判断就没了,而应该不应该不判断了,善恶不分了,美丑不辨了,我们作为"人"的根基,可以挂念的核心就没了。所以这是非常叫人忧心的地方。后来,又有一个很让我忧心的,是这几年流行起来的"史料教学"的提法。"史料教学"提法的初衷或许是好的,但是现在我们好多老师钻到"史料教学"胡同里面,忘记了教育的目标,忘记了选择的标准,导致的结果就是像李惠军老师所说的,课堂变成了史料堆积成的思想的"堰塞湖"。臃肿的课堂,思想是不是能够打通?不清楚。所以作为主体的"人"、活生生的"人",思想才是他的血液。课堂的血液是思想,而价值审判是课堂的灵魂。这些根本的东西没了,这是非常可怕的一点。我在这里还想提到一个关键词,就是"教师主导",排斥对话互动。课堂上我们很少给孩子们留机会,孩子们是否听懂了,老师不给他们说话的机会。检验老师教学好坏的最好的办法,除了纸笔考试之外,还有一个,就是对话,叫孩子们说出来。他说不出来,不能说明他理解了、明白了、懂得了。但是说出来有不一样,甚至说错了,说错了都是值得研究的,他为什么会说错,难道跟教师没关系? 这是一个非常重要的问题。"以教师为主导,以学生为主体"这个观点中的"教师主导"是一个非常荒唐的说法。我建议大家改一个字,变"主导"为"指导"。指导意味着你要针对历史教育的目标,根据目标来选择内容,根据目标、内容和孩子们的特点来选择方法。出发点、落脚点都在孩子们。其实,我们在座的这些成人们所做的事情,所服务的对象,出发点、落脚点,现在都不在这个场内,就是孩子们,我们的一切都是为了他们!

今天我们要试验一种评课的办法,就是上完课后留10分钟让学生来评课。这样一个评课办法我已经呼吁了近十年,但是效果不佳,所以我自己开始试验。我已经在几个全国性课堂教学活动上,上课一结束,就主动冲上前去,像记者一样穿插在学生中间,让学生来说话,表达他们对课堂的感受,理解或者不理解,明白或者不明白,懂得或者不懂得。这反而让现场观摩者的收获,比仅仅由名师同行评课的收获要多得多,因为孩子们的好多说法我们连想都想不到。况且,"主体"被清场了,学生被撵出评课现场了,我们所谓专家、名师、同行说的话有几句是可靠的? 今天我们要做的是颠覆这种评价活动、评价模式,要回到根上去! 由"人"出发,到"人"落脚,"人"不能缺席!

最后,我特别想说,我们四个期刊为了找回"人",为了发展"人",为了提升"人",也终于走到了一起。我们是服务者,是老师们的直接服务者,当然最终的服务目的(对象)还不是老师们,而是通过对老师们的改进,来服务孩子们。有一句话我反复在强调,就是我们不要再说"我改变不了世界,我可以改变我的课堂"了。我们是要反过来说:"我就是世界,改变我就是改变世界,改变课堂就是改变世界!"希望我们找回"人",把每个孩子培养成健全发展的人,让这个世界间接地变得好起来。

谢谢各位!

六、不关切"生命意义"何来更好的历史教育①

人生最大的难题,莫过于认识自己。正是生命——你的自然生命、社会生命、精神生命,逼着你自寻生命意义。你难逃这责任,实因"负责任就是人类存在之本质"。② 而帮人认识自己,正是历史教育要旨所在。

人人有"生命意志"。但要活着、活得更好,必靠伦理价值来支持。"生命意志"与"道德需求"原本就是不可分割的。把关怀圈扩至一切生物,尊重、爱护所有生命,无疑是人应有的良心。"敬畏生命"新伦理观也声明,"伦理是胶水,把文化黏一起"。人与世界靠文化来连接,生命意义靠伦理来肯定。③"共命"才是生命意义之核。身、家、国、世界的命运,本来就休戚与共、意义互联。天下兴亡,匹夫有责。而匹夫苦乐,天下亦有责焉。相互负责,这就是关键!

"敬畏生命",责之历史教育当何为? 无疑应教人用历史"事实"与"价值"的长视角,引人看清自己:我是谁? 从哪里来? 到哪里去? 怎样去? 为什么?

生命意义随思考而生,人生结果随决定而来。历史是人类的集体生命,个人生命与之根连根,意义也同构。"生产一种人文知识就是策划一种生活。"④历史教育的本分正是提供关于人类命运的知识,启迪指导人的生活。历史虽逝,当事人已死,但必须承认它曾经是生活。历史课堂应有能耐使历史生活"死去活来",学生身处课堂中,历史当事人所想、所说、所做的利弊得失,皆可知、可思、可论、可鉴。能启人学会思考和选择,这就是大能耐。齐健先生主张历史教育应"教给学生有生命的历史",可谓触根之论。

历史学与历史教育,于"人学"本是同根同源,责任均在"导人以合人格"。亚夫先生因此才说历史学是历史教育的学科原动力,我也认为历史教育"体在史

---

① 原载:中学历史教学参考,2018(9).
② 维克多·弗兰克尔. 活出生命的意义[M]. 吕娜,译. 北京:华夏出版社,2014:133.
③ 詹姆斯·克里斯蒂安. 像哲学家一样思考[M]. 郝忠慧,译. 北京:北京大学出版社,2013:531-533.
④ 赵汀阳. 没有世界观的世界——政治哲学和文化哲学文集[M]. 2版. 北京:中国人民大学出版社,2015:156.

学",当然更应该说历史教育"体在生活"。因为历史知识源于生活(过去的),习得后又还原生活(现在的),还原生活就得高于生活(有智慧),为的是指导生活。史学于此,本应也有大贡献。

历史教育绝不能等同于"历史学的教育"。当今史学睽于人学已久,史家虽"博学"者,也多数"没有成为教育者,而始终只是学者而已"。① 中学历史教师中反倒不乏执念于走史学路子者,他们在教学上有"史学"意识难能可贵,然而欠缺了"教育"意识就无法走远。历史教师必须聚焦学习者如何学习及其学习历史的意义,显然既要仰赖史学,却又不能完全依赖史学。历史教育所需要的史学,不是"学问式"史学,而是一种在教学上包含着教育学、心理学、哲学等跨学科素养并且对学习者成长有推动力意义、值得教(有教育意义)和学(有学习意义)的史学。关键因为,历史教育虽须借力史学看"过去",而落脚点却是"现在"和"未来",目的不是培养具有专业素养的史学家,而是指导学生养成健全的历史意识,认识和反思自己如何健全成长,成为合格的现代公民。

是的,历史教育应该成为公民教育。亚夫先生在大会讲座中明确地将历史教育定位为公民教育。有老师问其内涵是什么,我代为答之曰人格。因为公民教育的背面正是人格教育。"公民教育"与"人格教育"本就是人健全成长所需而且不可分割的一体两面。我主张历史教育"根在人格",理亦在此。我将健全人格通俗地说成"三个皆对得起"——对得起自我、对得起他者、对得起自然。有与会教师将之解读为"对得起小我(个体的生命与价值)、对得起大我(社会、国家与民族的认知)、对得起大自然(一切生命万物、宇宙哲思的吐纳)",很合本意。"三个皆对得起"表达了现代公民应担之责任,实亦新时代公民素养重要的应有之义。

健全人格公民取向的历史教育,在教学上更看重学生的表现。套用司马迁的话说,就是更重视指导学生通过"究天人之际"和"通古今之变"来"成一家之言"。"言",绝非自以为是、随意说写,乃指有效表达自己对"历史"的理解和感悟。兼顾"个体表达、文化表达、系统表达"②才叫有效表达:反映自己有意义的独特见解;指明社会文化价值的共识与分歧;多角度阐述以责全面系统。"三个兼顾"要求高,须课堂持续培养,不可责之一时。但"三个兼顾"对历史教育的一大应然诉求,却须时时加以责问,那就是"有意义"比"有意思"更重要。杜威(John Dewey)曾一针见血地说:"教学只是事件,并不具有教育意义","学习,它的正确含义不是

---

① 阿尔贝特·施韦泽. 文化哲学[M]. 陈泽环,译. 上海:上海人民出版社,2008:66-67.
② 杰罗姆·布鲁纳. 有意义的行为[M]. 魏志敏,译. 长春:吉林人民出版社,2008:67.

学习事物,而是学习事物的意义"。① 明乎此,就不难理解亚夫先生为何要反复强调历史教学内容应该"意义化"的深意了。

布鲁纳(J. S. Bruner)也特别强调"建立意义"。"建立意义"的意思有两面:一面指事实判断,把事物置于合适的文化背景来理解,彻知"究竟是怎么一回事";一面则指价值判断,旨在理解事物背后人的信念、期望、意图和承诺。"意义是由文化所创造的","意义存在于思想当中",因而意义既可协商,也可交流传递。② 其好处是,人们彼此之间可据"价值倾向"对怎样为人做事,相互做出判断和推测。③历史教育要做到"有意义",至少应将"是"(事实判断)与"应该"(价值判断)的双重责任都担起来,并且把意义的协商与交流做到位,这样才可切实而有效地帮助学生正确地理解生命意义、探究生活真谛、领悟人生智慧。

关切"生命意义",是历史教育走向更好的第一步,也是最为重要的一步。我们要走的路还很长,但要追求更好的历史教育,就值得勇敢地走下去!

七、历史教育中哪些知识有价值且值得学习④

毫无疑问,以评鉴反思为主要特征的"后设认知"知识,最能反映历史教育独具的特质,因为历史本身是人类已经过往了的实践后的生活,历史教育借"后"启"前"的鲜明色彩,正是评鉴反思,亦即后设认知。后设认知如此重要,尤需深入研究。不过,这里只简论历史教育中需要关注的另外三种知识类型——概念知识、方法论知识、态度与信念知识,供读者们批判。

(一)概念知识:真实准确的历史知识,有价值且值得学习

概念知识,也即定义知识,或曰陈述性知识,它指向"是什么"。比如孔子、苏格拉底、康德、王阳明、百年战争、雅各宾派专政、斯大林模式……确指的历史究竟是什么,就是概念(定义)知识。

弄清历史知识"是"的过程,就是准确建构历史概念(定义)知识的过程,就是"回到历史事实本身"的过程。

---

① 约翰·杜威.我们如何思考[M].伍中友,译.2版.北京:新华出版社,2015:198.
② 杰罗姆·布鲁纳.文化、思想与教育[M]//Bob moon, Patricia Murphy.环境与课程.陈耀辉,冯施钰珩,陈瑞坚,译.香港:香港公开大学出版社,2003:284.
③ 杰罗姆·布鲁纳.有意义的行为[M].魏志敏,译.长春:吉林人民出版社,2008:12.
④ 原载:中学历史教学参考,2009(11).

不过,一些历史,因人为等缘故,已因离"是"渐远而莫衷一"是",甚而备受聚讼,本身说明求"是"多么重要。历史有价值且值得学习,其前提恰在真实。准确建构历史概念知识,是历史教育的价值之基,据真,方可言善言美,拓展更多价值。那种风行一时的对历史的捏造或戏说,不能不说是一种坏基之举。

真切,才动人。尼采(F. Nietzsche)说:"历史最重要的是鼓励人诚实。"斯汤达(Stendhal)亦谓:"历史学家的第一先决条件就是没有发明能力。"试想,历史教师何尝不以此为第一要务? 由此联想,深感虚拟教学法的偏向(我并不反对虚拟教学法),是值得注意和警惕的。

历史教学中,为准确地建构或理解概念(定义)知识,可以借助假设推论,但推论乃是对历史的发现而非发明。假设的界限就在于,由历史出发,又回到历史,返回比出发更真切可信。

细察这两种假设:"如果你是秦始皇,你将怎么做?""假如你是秦始皇,你曾做了哪些事,有无别的选择?"指向不同,结果异趣。我的意思是方法要服从真理,假设应有助于聚焦历史真相、诠释历史意义,而非罔顾史实任意想象、随意建构解构。

(二)方法论知识:程序与策略知识,有价值且值得学习

或许有人会想,方法论知识有什么好说的? 其实里边学问不小。埃德加·莫兰(Edgar Morin)等学者在谈及教育问题时,对"策略"与"程序"的异同喋喋不休,一方面因为不少人把程序知识、方法论知识、策略知识混为一谈,另一方面因为简单对待方法论知识会贻害无穷。

程序——是为实现一个目标预先决定的行动的序列,亦即"问题解决"的过程与方法,知道怎样做一件事。程序容不得变化,稍有扰动都可能失常。比如教学设计、教学行为,总有一些基本的程序需要遵守,否则就事与愿违。

策略——像程序一样,是为实现一个目标而建立的,同样指"问题解决"的过程与方法,但它会建立若干可能的行动方案(过程与方法),然后根据不确定的环境而选择实现其中之一,目的是知道怎样更好地做一件事。比如教学设计,不能只有单一预案,它应该有应对若干可能性的方案,目的是可以根据变化了的教学境况,选用已准备好的教学策略当中的一种来调整教学。当然,超出预设的偶然事变所需要的教学机智,更是策略。

值得深省的是,几乎所有教育都导向程序,而生活向我们要求的是策略。所以,历史教师千万不能忘记借助程序或策略,把历史价值与学生的生活加以连接,以便更好地服务学生的人生。

程序更多地指向知识(关乎事物),而策略更多地指向智慧(关乎人生)。历史智慧,来自知识,更来自策略。比如,商鞅变法"徙木为信"的意蕴,光荣革命与陈桥驿兵变的和平意味,文艺复兴与康有为都用托古办法宣扬变革,诸如此类的历史本身,就蕴涵着大量的策略或智慧。由此足见,"怎么做"的知识——方法论知识,自然是很有价值且值得学习的知识。

有效的历史教学方法,既要讲程序,更要讲策略,绝不可随意为之。比如,真正好的"共识"应该来自对"共识"质疑之后得出的共同认识,而不是盲从。这其实是批判性思维能力,在历史教学中,可用如下办法来培养:第一,定义并澄清历史概念,包括辨别因果,发现相似点和不同点;第二,提出恰当的历史问题挑战学生,澄清学生的历史思维;第三,判断史料(证据)的可信度;第四,解决历史问题和得出历史结论(结论可能是更多的角度和问题)。

殊不知,无论在学术上,还是在生活中,某些"关系"性程序和策略,缺了不行,扭曲了也不行。何况历史教育?

(三)态度与信念知识:价值观知识,有价值且值得学习

历史有复杂的多面性,教育亦然。至少我们在比较好区分的正反两面上,应该清楚历史与教育是怎么一回事——可悄然助人成长(利),亦可慢性害人性命(弊)。关键,取决于价值观。

关于价值观,有一个通俗解释:所谓价值观,就是指"什么是人们认为应该的"(其隐含的反命题是"什么是人们认为不应该的")。价值观知识诠释"为什么",它会直接影响人们的情感、态度、信念和行动,谁敢说它没有价值、不值得学习?

有一个区别值得注意,即基本价值观与操作价值观的区别。

基本价值观,是指不会因为时间推移而有很大转变的价值观,比如自古及今人们对真善美价值的态度。不过,受认识偏差或政治等重大变迁的刺激,基本价值观也有可能出现一些改变。

操作价值观,则是实践层面的具体价值观,指根据基本价值观在行动上做出选择、付诸实施。操作价值观往往可以灵活多变,它的转变远多于基本价值观。转变较多的,可能是价值观本身,也可能是表达价值观的方式。转变的本质亦不尽相同:可能与追求认同有关,也可能是为了与过去告别。

价值观在历史教育中,直接涉及史观,甚至历史价值观本身就是史观。历史价值观知识无处不在,正确的历史价值观知识可以转化为人生观知识,人们通过洞察历史获知什么应该、什么不应该,直接指导人生的选择和方向,知识由此悄然升华为智慧。

舒尔曼(LeeS. Shulman)等教育家认为,教师对"价值"的传递和转换负起责任,颇显重要。这意味着,教学必须从教师本身对"要教些什么"以及"怎样去教"这两方面的理解开始。就教学能力来说,教师知道一些学生不知道的东西,他把自己的理解感悟、表达技巧、理想态度或者价值观,转化为一些表象和行动(便于理解的话语或其他实现和表达观点的方式),使那些不懂的人能够懂,不理解的人能够理解,没有技能的人能够有技能。我再加一句:使没有志向(意志和方向)的人能够有志向。

世界观探察"是什么",注重概念和方法;价值观追问"什么应该",提供人生准据;人生观感悟"怎么做",生活智慧是核心。人生重任在于认识自己、做好自己,能否胜任,关键看人格。人格是行为倾向,更是行动本身,却深受认知、态度和信念的影响。历史教育倘若帮了这个忙,那无疑就是服务了人生。

丰子恺先生说得好:教育是教人以真善美的理想,使其窥见崇高更大的人世。在心理学上说,真、善、美就是科学(真的、知的)、道德(善的、意的)、艺术(美的、情的),就是知、情、意。知情意,三面齐发育,造成崇高的人格,就是教育的完全的奏效。倘有一面偏废,就不是健全的教育。①

历史也反复昭示人们,圆满就是复杂的和谐统一,做人也如此。无论何等善良的人,倘过于率直或过于曲折,绝不能有圆满的人格。只有有丰富的知识与情感,又有正确价值观、信念和态度的人,才能具有圆满的人格。用意志力来求圆满,就是善;用理智来认识这圆满,就是真;用情感来感到这圆满,就是美。故真、善、美,是同一物。不过或诉于意志,或诉于理智,或诉于情感而已。② 或许人们忘了,历史教育原本就是无所不诉的!

至此,新课程何以要有个完整的"三维目标",其深义就不再难以玩味。概念知识、方法论知识、态度信念知识之于历史教育的价值何等地重,我们也当胸中有数,而不能有丝毫马虎了。

① 参阅:丰子恺.丰子恺文集:艺术卷二[M].杭州:浙江文艺出版社、浙江教育出版社,1990:224-225.
② 参阅:丰子恺.丰子恺文集:艺术卷二[M].杭州:浙江文艺出版社、浙江教育出版社,1990:561.

八、历史教育为什么要讲好常识①

让历史教育回归常识！赵亚夫先生为此呼吁了二十多年，应之者不乏其人，但总体上看，尚未变成更多人的共识。看来，常识怎样转化为共识，是个问题。

常识是什么？或以为"常识"嘛，谁不知道呀，何足挂齿？然而事实上，于今，得一"常识"已变得很困难。什么是历史，什么是历史学，什么是历史教育，它们之间有何关联和区别，目标和功能有何不同，这些本系常识应该为人所熟知的东西，却已被严重混淆、莫辨究竟。常识丧失了不是最可怕的，怕就怕可能会走偏。

教育的主题是生活。教孩子们学历史是基于"教育"的一个常识性目的——促使孩子们健全发展（学会怎样去做人），亦基于"历史"的一个常识性特点——历史来源于生活（能学到做人常识）。使人更懂生活（认识自己）进而更爱生活（做好自己），亦即学习者由"健全人格"进而成为"合格公民"，不正是历史教育的崇高使命和最大责任吗?!

遗憾的是，很多人忘记了或并不清楚历史教育的主题何在，意识不到历史来源于生活（人类业已经历过了的生活），学历史是为了领悟人生真谛（过好自己现在和将来的生活）。历史教育在目标定向、内容选择、方法设计等诸多方面，人们对究竟什么才是"应该"的越是缺乏常识性判断，就越是容易走入悖逆"常识"的窘境，屡屡出现偏误。常识一旦丧失，对何为真常识就更加习焉不察。

问题不止于此。常识多死于自以为是！包括深涉历史教育的历史学家在内，不少人不仅不以实践上的这些偏误为偏误，反而把一些偏误当作创新之举予以倡导推进，以至到了执意罔顾常识的地步。正如法国学者施韦泽（Albert Schweitzer）在《文化哲学》中所言，"在我们博学的历史知识的目光下"，必然出现"对历史的滥用"，根由在于"历史学家没有成为教育者"。实是指，博学历史，不等于历史教育。很可惜，此一常识在现实里总是死得很惨。

常识正在萧条。常识在历史教育界的萧条，与整个教育界思想的萧条，实属一类。问题是，人们的感觉，可能恰好相反。我们身处"发表狂"的时代，连篇累牍的作品，裹挟着层出不穷的新词、热词，造出大量常识泡沫，很多人感到的反而是繁荣而非萧条，原因无非是对常识的敏感神经已经变得麻木了。人愈不敏，就愈

---

① 原文题目为《主题征稿："历史教育需要常识"——赵亚夫〈"教好"常识是中学历史教师的基本任务〉编者按》。原载:中学历史教学参考,2016(7).

不善辨常识之真伪。常识萧条甚可悲,常识的萧条多缘于世人心智麻木。难道需要用锤子敲打,我们才能清醒?

发现常识,提炼常识,看似容易,其实很难。常识应该是具有永恒性生命力的公正或正确的见识,是人们"共同"认可且有义务坚持和捍卫的见识——人类共识。常识并非不言自明,并非总是显而易见。相反,常识往往被偏见湮没,甚至总是被刻意埋葬。福柯(Michel Foucault)说"权力和知识是一体两面",其实常识亦然。由此也可说,人类历史不正是寻求常识、捍卫常识尊严的历史吗? 人类的优秀分子,愿意为此付出惨重代价。

历史教育要回归常识,就得深究何为常识。必须关注的重点是,历史上形成了哪些有益的常识,历史教育应该(从中)选择哪些常识作为知识进行教学,同时应该选择(设计)怎样的方法教学生学习。这些事无不涉及常识,是课程标准、教科书、教师教学、学生学习、教学评价等多方参与者不能不认真考虑的问题。

强调回归常识,还因一个现实问题,那就是流行的"常识"不一定是真正的常识。有些被人们视为常识的东西其实恰恰是"伪常识",里面或多或少总是充斥着谬误和偏见,而真正的常识则无人问津、被弃一旁。历史告知人们,常识不是一成不变的,常识有时会被掩盖,会被扭曲,甚至会被颠覆,因此,有好"常识",也有坏"常识"。惟其有好有坏,故而,究竟什么是常识——正确的人类共识,才更值得努力探问和学习。

必须关注常识,必须警惕常识。对常识的关注和警惕,就像是飞翔于历史教育天空之上的两个天使,我们应该设法壮大两个天使的翅膀,创造无害的广阔天空,让她们自由翱翔,而不是让她们停止工作,任由谬误性"常识"横行。说穿了,这天使就是历史教师,常识即翅膀,思想即飞翔,价值(意义)即方向。

历史教育回归常识,重在回归"人"的常识。横向看"人"即世界,纵向看"人"即历史,纵横交错点恰是"人"的现在生活坐标。让"人"在过去、现在和将来深刻"交会",懂得"我"从哪里来、现在何处境、将向哪里去和为什么去以及怎样去,这是历史教育的重任所在,亦是历史教育的关键所在。

历史教育回归"人"的常识,需要有深刻的思想和正确的价值观。深刻的思想和正确的价值观并不总是用大喊大叫的方式表达出来才好,它有时应该"只是耳语"。"耳语",基于真诚和爱,深蕴着对个人、社会、国家和世界之命运的关切。"耳语"里有信任和态度,"耳语"里有坚守和期待。

亚夫先生的《"教好"常识是中学历史教师的基本任务》一文(见本期),酷似"耳语",饱含着对历史教育的真诚和爱。唯愿,我们细"听"了这耳语后,也想给亚夫先生"耳语"些什么,给同人们"耳语"些什么,更重要的是给自己的学生"耳语"些什么。

九、再谈历史教育回归常识的必须性①

亲爱的各位老师：

两天的会议非常紧张，都是从早上八点开始，下午六点才结束。主会场、分会场均座无虚席，即便现在到了要闭幕的时候，大家往后看看坐了多少人（基本上坐满了）。老师们的这种学习态度，实在令人感动。大家用良好的参会学习行动，高度评价了这次大会的质量，包括大会专题学术报告和各分会场微讲座二十几位专家的优秀表现。

很遗憾的是，这么多朋友，大多都交往了好多年，可是我几乎没顾上照顾任何一位，包括我们的专家郝瑞庭教授今天几点走的我都不知道。我真的感到很抱歉，但我相信大家是理解的。

我们更深刻的交往是用期刊，用期刊跟全国、全世界的同行沟通。因此，搭好平台是我们期刊的责任。各位老师或许已经发现，这个平台实际上是你们自己搭起来的。期刊不是编辑在写文章，写文章的是老师们，大家借助期刊互相了解、相互认可，这次会议可能正是因为你们彼此欣赏的同行要来，你们就来了。衷心感谢大家！好事大家一起做，《中史参》是大家的，历史教育研究平台靠大家共同建设。

最后，我想就中国的历史教育说一些想法。

老师们可能看到会议资料袋里有 2016 年第 7 期②（《中学历史教学参考》），卷首语是我关于赵亚夫先生一篇文章而写的"编者按"，我呼应了亚夫先生提到的"常识"话题，我们共同呼吁回归常识。历史教育要回归常识，中国整个教育都要回归常识。

人们如果冷静地去判断，当今"发表狂"式学术表面繁荣的背后，常识反而是萧条的，这跟整个教育界思想的萧条有关。其实，令人担忧的更大问题在于，我们背离了常识，很多做法也会随着走偏。

远的不提，就说我们生活中与历史教育有关的流行着的观念吧。比如"落后

---

① 原文题目为《呼吁历史教育回归常识——全国历史教师学科素养与高考教学胜任力研讨会闭幕总结演讲》。原载：中学历史教学参考,2016(9).
② 中学历史教学参考,2016(7).

就要挨打"在中国几乎无人不说。可是,一旦大家回到常识里去看,就不由得要问,落后真的会挨打吗?那些挨过打的国家,或挨过打的人,到底是什么状况?真的是因为落后吗?孟加拉国挨过打吗?毛里求斯挨过打吗?街上的乞丐挨过打吗?当然,不排除他们会挨打。但是,更多的事实证明,挨打最多的往往并不是落后的。常说这样一句话,是基于怎样的背景呢?我们实际上是认为中国自近代以来落后了,也的确挨打了,可能主要因为这个,才说"落后就要挨打"。但历史是要讲实证的,倘若有一项证据不支持完全"落后"的结论,或者根据事实不足以做出这种判断,那你这么说就有问题了。至少,近代以来,从 GDP 数量看,还无法认定中国已经落后了。史学家提供的大量历史数据虽亦遭人质疑,但也不无参考价值。有人(麦迪森)统计,1820 年中国 GDP 占世界的比重为 32.9%(贝洛赫认为比这个更高),学者普遍认为这个估算偏高了,不过那个时候中国经济总量居世界前列,恐怕是毋庸置疑的。① 仅凭 GDP 数量这一条,哪怕是"虚胖"数字,你也就不能轻易说近代以来中国完全落后了,更不能不假思索地总是说"落后就要挨打"。但对于历史教师而言,问题不可以到此为止,历史教师绝对不能这么浅薄,只是指出"落后就要挨打"一语存在的常识性问题了事,历史教师一定要引导学生走向深刻——洞察我们数量占优的 GDP 究竟是怎样的 GDP,以此为基础追问到底,进而老老实实地承认我们真的是落后了,并且清楚地知道落后在哪些方面,这才是一种理性的态度。我们真正落后了的,不是 GDP 数量,而是 GDP 质量。西方靠大机器能量生产已几百年,而我们靠的还是肌肉能量,在生产力效能上,我们无疑是落后了。不止于此,进一步追问,还有比这更落后的,那就是我们的视野、思想和观念。罔顾事实说我们完全"落后"是草率的,罔顾大势说我们"不落后"更是非理性的。这是应有的常识,这种常识是由历史意识而生成的。历史学科教学最缺憾的事情,似乎莫过于在判断历史时匮乏这种历史意识。

再看人们时常挂在嘴边的"一分为二",也已俨然成为常识,却很少有人发现,这个貌似有辩证意味的常识,用得不当就会滑向蛮不讲理,既说这也好,又说那也对,不是整体关照是非、善恶、美丑。历史课上有不少这样的例子,或多或少会影响学生的思维习惯和做人态度。特别值得警惕的是,有些影响很负面。如对"殖

① 参阅:麦迪森(Angus Maddison).世界经济千年史[M].伍晓鹰,等译.北京:北京大学出版社,2003;麦迪森(Angus Maddison).中国经济的长期表现:公元 960—2030[M].伍晓鹰,等译.上海:上海人民出版社,2011;刘逖.前近代中国总量经济研究(1600—1840)——兼论安格斯·麦迪森对明清 GDP 的估算[M].上海:上海人民出版社,2010;倪玉平.评《前近代中国总量经济研究(1600—1840)——兼论安格斯·麦迪森对明清 GDP 的估算》[J].中国史研究,2013(1).

民后果"的评价,就经常被人们用客观主观来"一分为二",并且只局限于经济后果一隅:既讲所谓灾难性后果,又讲所谓进步作用。试问,这样"一分为二"评价历史,究竟要把人引向哪里去,要把世界引向哪里去,学生能看得出来吗?根本看不出。如此,教育导向就难保没有不测风险之虞。现在有一些学者,如东方学著名学者萨义德(Edward W. Said)等,已经在深切关注这个问题,认为这样"一分为二"评价,不仅把殖民历史片面化、简单化,而且掩盖了更重要的问题。那么,究竟怎样评价殖民后果呢?

第一是主权后果。这些学者告诉我们,最重要的殖民后果,全世界的历史课堂和史学研究领域,都忽视了。萨义德(Edward W. Said)说,殖民地居民丧失了对家园的主权,这才是最重要的殖民后果!这本来是个常识,后面的一系列殖民后果不都是因为主权的丧失而导致的吗?遗憾的是,这一最重要的殖民后果,我们在课堂上几乎不讲。

第二是文化后果。在殖民后果中,导致殖民地居民痛苦的,文化层面的后果要比经济层面严重得多。全世界的历史课堂长期以来在评价殖民后果时,基本上只侧重于经济,且在经济层面又只侧重于"剥削"或"进步"。著名经济史学家波兰尼(Karl Polanyi)认为,殖民地老百姓最痛苦的不是经济上的压榨,包括资源被掠夺,他们最痛苦的是文化被"连根拔起"。文化被"连根拔起"意味着什么呢?举个例子,我在全国一些历史公开课上评课时,课后把学生留下来,我问学生"你们的父母曾经在乡下的请举手"(学生举手),"你们的父母把他们的父母从乡下带到城里的请举手"(学生举手),"你们知道你们父母的父母住在城里面,跟住在乡下比,感觉哪边更好吗?"这些学生说,他们住在城里,有子孙们照顾着(不像殖民地那么残酷),不愁吃,不愁穿,但总是感觉孤独,经常愁眉苦脸,老是闹着要回老家去,其实并不是太开心,可是一旦他们回到乡下,就焕发了活力,和人说话的眼神都会放光。这是为什么呢?因为他们离开了熟悉的人际文化环境。人是社会动物、文化动物,是需要活在人际文化关系里的,所以这一条比经济上遭遇的痛苦更痛苦——需要做什么总被人牵制着,他想去做的你却不让他做,他自己认同原有的价值观,但是你并没有照顾到他的价值观。至于殖民地,境况要比"家庭"惨得多,原有文化被殖民者毁坏了("连根拔起"),这个给殖民地居民造成的痛苦,确比经济上遭受的痛苦更冷酷、更无情、更让人难过。

第三是制度后果。殖民地社会制度被毁坏,同样比经济后果严重。制度的毁坏与文化的毁坏可谓一体两面。制度毁坏了,文化就失去了保障,就免不了被"连根拔起"的悲剧;而文化毁坏了,制度也就失去了赖以扎根的土壤。制度与文化的毁坏,皆根源于一个总的毁坏,即主权被摧毁,自主性彻底丧失。主权丧失了,一切皆有可能被毁坏,是死是活,前程未卜,命运难测。因此,主权、制度、文化,这些方面的殖民后果,比之经济方面的后果,孰轻孰重,不言而喻。

第四是经济后果。它被萨义德(Edward W. Said)、波兰尼(Karl Polanyi)等学者排在主权、制度、文化等殖民后果之后,其实是想提醒人们,经济后果只是这些更严重殖民后果在经济层面不同方式的表现而已,并不是最根本的,也不可以一分为二,纵使经济上表现出一些所谓"进步",也无疑是伴随着主权、文化、制度的毁坏而来的结果,就性质而言,仍然是丑恶的,因此在评价后果时,不可以混淆黑白、颠倒轻重。

第五是价值后果。萨义德(Edward W. Said)、波兰尼(Karl Polanyi)、西蒙娜·薇依(Simone Weil)等学者尖锐地指出,全世界对殖民后果的评价,似乎都犯了同一种病——被殖民者逃离了视野,善恶逃离了视野,美丑逃离了视野。由此产生的问题是,价值判断、价值取向、价值引领,要么是缺失的,要么是扭曲的。事实上,全世界的历史教学在这一点上也都做得很势利,普遍采用只在经济方面一分为二评价殖民后果的方法,几乎不关注被殖民者的处境,是非、善恶、美丑也随之逃离了课堂视野,岂不有"丧良知"之嫌?!①

总括起来,又回到这个问题上了——究竟要把人引向哪里去,要把世界引向哪里去。说穿了,这是灵魂问题。教育的灵魂在于价值"引领"。也就是说,从根本上看,教育应能帮助人明辨"应该"和"不应该",学会做出正确的判断和选择,最终能够促成人们(进而世界)的良心、良知、良行。历史课堂若只重知识而轻忽价值,不仅可能会导致事实性知识的选择出现偏颇片面,而且会导致对善恶美丑等价值的判断,不是缺失的,就是混乱的。大家认为,这样的课是有良心的课吗?现在已有人指出,西方学者不推进殖民后果研究,是因为殖民灾难对他们标榜的"文明"来说是一种耻辱,打了自己的脸,因而会有意无意回避。然而无论如何,怎样评价殖民后果,绝对关乎人类有无良心。回归常识看,不正是如此吗?有了这样的觉察,我们以后再讲这种课,是不是应该增加更多角度?

张汉林先生昨天在讲座里强调,我们理解历史,最终是为了理解人性,为了人类认识自己。所以,为什么我们说素养是关于人的。这次大会主题关键词之一是"历史教师学科素养"(关乎人),而不是"历史学科素养"。这里,我刻意没有提

———————

① 参阅:萨义德.文化与帝国主义[M].李琨,译.北京:生活·读书·新知三联书店,2003;波兰尼.大转型:我们时代的政治与经济起源[M].冯钢,刘阳,译.杭州:浙江人民出版社,2007;西蒙娜·薇依.扎根:人类责任宣言绪论[M].徐卫翔,译.北京:生活·读书·新知三联书店,2003.

"核心素养"这个词。小学语文常识告诉我们,"核心"应该只有一个。我最近在一些讲座里面,从哲学层面追问教育的根本何在,最后追到根上,逼出的一个常识,恰恰是人格。人格,这就是教育的核心。培养人格健全的合格公民应是我们教育的唯一目的,其他皆为手段。惟其如此,我在开幕词里才引用了阿里斯托芬(Aristophanes)所讲"半个人"的故事,就是为了说明,如果不去关注人性的善恶美丑,而是把人性从课堂上撵走,大家有没有担忧,这样将会把人带到哪里去?能带人找到他的"另一半"(家国天下等)吗?答案或许是,不仅不能找到"另一半",甚至连自己这"半个人"也丢了,"另一半"的处境因此可能会变得更惨。我们的课堂,是不是关注到了这些要害问题,是值得深究的。

　　常识不到位的历史课例中,价值常识的匮缺,既普遍,又严重,且大多为人所不察。比如,南京有一年轻教师执教一节"抗日战争"公开课,采用法庭辩论方式,学生被分为原告中国、被告日本等组,被告当然要绞尽脑汁举证为自己减轻罪过,于是举了伪"满洲国"治理成果为证,什么经济发达、社会安定、人民安居,等等。有同行埋怨这位老师没有勇气呈现伪"满洲国"治理成果的史料。我了解到这一点,就问一些老师,如果这位老师在课堂上大量呈现了这类史料,你有没有给他下一步的建议?我的期待是,有善恶美丑判断,亦即有价值省察的课,摆出多少史料都不怕,但倘若没有价值判断这一关键环节,那么与其多讲,不如少讲不讲。否则,讲多了伪"满"治理成果,学生会做出怎样的反应?学生的反应或许,一是"日本人好厉害",二是"中国人很无能",三是"我们应该学习日本",四是"日本人把东北治理得很好,不如把全中国都交给他们来管",五是"欢迎侵略"。如此等等,最终结果无疑是倾覆人类良知的。何以至此?根由恰在于,你只关注事实性知识,而不关注价值常识,不去"事实"背后看善恶美丑。何况,仅就事实性知识看,没有批判性思维,或者缺了价值省察,这样的知识本身,可能就隐藏着误导人认知的致命缺陷。

　　做教育就是教人做人,一个最基本的常识就是要有良心。人不能没有良心,课堂也不能没有良心。良心连着责任,意味着我们要对孩子们的成长负责。人生下来都不健全,所以才有"半个人"的比喻,所以才需要教育来成全。历史教育若能引领孩子们有意识地寻找自己的"另一半",自觉努力追求健全成长,那就算已在成功之路上了。

　　再说一个常识问题,有句话很多人乐于套用、颇有风靡之势,这句话是"我改变不了世界,但是我可以改变我的课堂"。殊不知,此话背离了人格常识,割裂了人与世界的关系。人格的奥秘是,人本身就是"小宇宙"。"你就是世界",这才是完整的人格概念。大家读读别尔嘉耶夫(Nicolas Berdyaev)、克里希那穆提(Jiddu

Krishnamurti)等人的论著就明白了。① 人格哲学认为,从空间上看"你就是世界",从时间上看"你就是未来"。换言之,好的世界,好的未来,全因一个一个的人做好了自己。我们成天说爱国家、爱世界。国家在哪里? 世界在哪里? 回到常识看,我自己、我的家人、我的同事、我的学生,等等,这些与我们关联着的一切,不就是鲜活的国家、鲜活的世界吗? 因此说"我可以改变世界,通过改变我自己,通过改变我的课堂",就无甚大错了。有些东西,是值得我们追根究底的。追到根子上、整体地看问题,这是一种哲学思维习惯,但哲学思维最后逼出来的东西,其实正是常识。

因此,我们呼吁历史教育回归常识。关注被掩盖、忽略了的"真常识",警惕充斥着谬误的"伪常识",是回归常识必须要做的事情。常识是重要的,回归常识并不容易,让我们为回归常识而不懈努力!

特别提示各位老师,本次活动的主题只是提出了应该思考研究的问题——"素养"与"胜任力"。解决问题是思考的目的,目的决定着思考的过程和结果。我想,对热点问题进行冷思考,是历史老师应有的特殊气质。我们真正的重任在于会议结束之后,大家把各自的思考用书面表达出来,投给期刊,不只是投给《中史参》,投到哪里都可以,只要你的思想是好的,有利于历史教育和中国教育的发展,发表在哪里都没有关系。

特别感谢各位专家和老师! 我想我们这样的活动,每年至少办一次,而且可以换不同的地方举办。我们来年再会!

【附记】这篇演讲稿内容,根据录音整理而成,发表前做了一些修改和校正工作。不当之处,敬请读者朋友指正。

十、教学的转变:历史教育如何趋近理想境界②

历史教育把重心定格在怎样用"人"这个最关键的价值观去塑造学习者的"身份"即"习得人性"的关怀上,尽可能地采用极具布鲁纳(J. S. Bruner)"原动性、反

---

① 参阅:别尔嘉耶夫. 人的奴役与自由[M]. 徐黎明,译. 贵阳:贵州人民出版社,1994;雷蒙·潘尼卡. 人的圆满[M]. 王志成,译. 北京:宗教文化出版社,2006;克里希那穆提. 你就是世界[M]. 赵娟娟,译. 海口:海南出版社,2007;克里希那穆提. 世界在你心中[M]. 胡因梦,译. 深圳:深圳报业集团出版社,2007.

② 此文是笔者读香港公开大学教育硕士课程时所写的作业之一(2013. 10)。原载:现代教育管理跨文化研究:上卷[M]. 西安:陕西师范大学出版社,2005:1 - 11.

思、协作和文化"四原则特性的"学习型课程",充分彰显"知识是互动建构的"、"其意义是可以协商的"、在互动中学习者互相把"他者"的理解"据为己有"的知识观和学习观,同时对学习者学习表现的多元多样性进行评估反思或者说"后设认知"更能有效促进新学习发生和教学的持续转变,从而使历史教育渐入佳境。历史教育正是借助这样的"转变"让自身"返魅",从而变得活生生、有生命力、受人喜爱了,历史学习不再仅仅是教师的责任,学生也得承担,社会上的人士亦不再等闲视之了。索性可以说,凡关怀"人""人性""人文"者,无不关注历史教育!

——这便是我在《2018年:梦中理想的历史教学安排》(作业四)一文里,满含激情地所勾画的未来(即15年后)历史教育的美好"愿景"。

之所以勾画这样的"愿景"或者说做这样的"美梦",无疑是基于我对历史教育现状的不满,是因为我们对现在的历史教育有很多的叹息、困惑、悲哀甚至愤怒。这作业五所要解决的,正是要看我们现在怎样做才能趋近理想的历史教育境界,其实,主题当然是不言自明的,就是要看我们如何进行"教学转变"。转变,正是作业五的灵魂,即学习活动和评估活动的设计如何转变;教学实践如何转变;环境还需要哪些转变。兹逐个展开来论析。

(一)两个互有关联的学习与评估活动:"人咬狗"与"电子人"

两个活动,都是针对初中一年级学生而设计的,由于学习者刚刚开始全面接触历史学习,所以"究竟怎样看待历史""为什么学习历史"就成了活动最为突出且互有关联的主题,这对初学历史的人来说,的确太重要了。在课程范畴的层面来看,这两个活动对学习者而言,我以为有几个重要的元素绝对不可轻觑:一是知识的选择和呈现方式(教学内容的选择和改组、课程编排、课堂文化);二是知识及其学习意义的建构(个人建构与群性互动协商建构);三是评估反思(后设认知:寻求改进的必须环节)。这两个互有关联的学习与评估活动,正是各有侧重地渗进了对课程元素要害的把握。

1. "人咬狗"学习与评估活动

首先,其学习目标——让学习者初步懂得怎样看待历史。

其次,内容和程序——围绕"人咬狗"历史现象这一形散神聚的内容,采用全班圆桌专题互动讨论形式,邀请班主任老师、学生家长和社区代表参与,在"互动建构""意义协商"情境里,升华学习者对历史信念、态度和价值观的感悟,帮助学习者学会学习和探究历史的方法。因为"知识是散布于物质、心理和社会环境里的",所以"这样的知识是经协作而建构成的"。①

第三,其涉及的人际——由于评估采用了让学习者以"我的家:历史与未来"为题写历史作文的开放形式,所以学习者、教师和学生家长乃至社区成员,就很自然并且深刻地发生了"互动"。以下稍微展开来探讨"人咬狗"现象究竟能够给学习者什么启示。

"人咬狗"是人间罕事,听这三个字,学生无疑会"来兴趣",表面看似素白,可是一旦与历史"挂上钩",从与它相反的角度去群性互动讨论究竟什么是历史,就有浓浓的味道。弗雷勒(Paulo Freire,或译作保罗·弗莱雷)、马塞多(Donaldo Macedo)说"对话是一种求知的方式",②唤醒对话好奇心(欲望)的重要性,不可或缺的正是价值观的交流和指引。我们都知道,培根有句名言"读史使人明智"。实际上,很多人对此疑惑不解——"我读了历史,怎么就没有明智起来?"我以为,这正反映了同一个问题的两面:一个是知识的选择,看你读了什么历史;一个是知识及其意义的建构,看你怎样学习历史知识、怎样领悟历史知识的意义。所以,我让学习者反其道而行之——"要明智地读史"。只有这样的"转变",才可臻于"读史使人明智"。否则,我们读历史愈多,就愈是糊涂。

要学习者"明智"地读史,就意味着老师要帮助学生:一方面要正确地"选择"历史知识内容,一方面要掌握正确地认识历史知识的"方法"(亦即"程序知识"),绝不能把历史当作一堆"乱麻"。为什么应该这样呢?无非因为历史事件发生在前,历史文本编写在后,这就是"历史文本"(包括教科书等教材在内)最独特的建构特点,正由于我们所据的历史文本都是"人"写的,知识的选择、知识意义的建构都带上了个人的、社会的、权力的价值取向,如果不去"明智"地读,就会误入歧途。

"人咬狗"这三个字,就很能说明历史文本的这一实质。古今文本的通例(毋宁说通病)是都喜欢猎奇,比如对"狗咬人"这样常见的事就不大声张,而相反地对"人咬狗"这种罕事则大加宣扬,因为"人咬狗"确实稀奇。于是,我们学习历史知识最大的缺憾便是,我们最需要的,恰恰可能是历史文本里最缺的,正如人都要吃喝拉撒,天天如此,溺于习见,史家也就疏于留意。我们在生活中也可以看到,人们时常标榜什么,并不见得全然做到了什么,历史亦然;屡屡禁止什么,恰恰意味着现实里边已然不断发生着什么,历史亦然;反复提倡什么,恰恰反照出实际里边

---

① 沃尔夫-迈克尔·罗思:真正的学校科学:知识界的传统[M]//Robert McCormick,Carrie Paechter编.学习与知识.冯施玉珩,陈垄,译.香港:香港公开大学出版社,2003:25.

② 包鲁·弗雷勒,多纳多·马塞多.有关教学论、文化、语言和种族问题的一次对话[M]//Jenny Leach,Bob Moon编.学习者与教学.陈耀辉,冯施玉珩,陈垄,译.香港:香港公开大学出版社,2003:75.

总是缺少着什么,历史亦然。借助参与对"人咬狗"现象的分析,显然颇利于帮助学习者学会"透过现象看本质",建构"究竟什么是历史"的概念,探讨历史学习的意义。

当然,必须指出,这一活动之所以邀请家长、社区代表等社会人士参与,主要是为了借助"长者"的经验"帮助"学习者(老师的作用亦然),换言之,在活动中朋辈互动虽然也受到了充分重视,但最为突出的作用则来自长幼辈和师生之间的"不对称互动",尤其要求学习者以"我的家:历史与未来"为题写历史作文(文体不限,要求写出至少三辈人的经历和所见所闻所想)的评估方式,也进一步加深了活动的"社会建构"意义。

2."电子人"学习与评估活动

学习目标——从另一个角度即信念、态度、价值观的角度配合前一个"人咬狗"分析活动中怎样看待历史的认识,进一步把目标升华到"为什么学习历史"的高度,其关键无疑是帮助学习者从历史知识里怎样"习得人性",因为"人性的习得"是历史教育理所当然的重任。①

内容和程序——采取了历史与现实挂钩的办法,让学习者在利用电子技术时充分认识"电子人"现实现象,尤其深刻认识其淡漠、削弱、隔绝人际的"现代版人文社会历史悲剧",警惕和防止"人性异化",习得真正的人性知识,领悟人生真谛。

所涉及的人士——由于学习和评估采用了给学习者 1 个月课外时间在学校和家中自由利用互连网感受电子学习,并在调查包括家长在内的社会上任何可以调查的对象(至少 10 位)对"电子人"现象的看法后,写出个人对"人性、历史与现实"的感悟,然后在全班交流,并由小组成员互相给出评断(可以写出评语),所以这一活动更具"社会互动建构"的性质。以下对"电子人"活动的思路稍加说明。

从"电子人"这个现实角度去看历史,显得很"另类",也是学生感兴趣的。我以为,"电子人"是现代科技的杰作,电子技术把世界变成了我们可以任意把握的"地球村",但却把我们人类变成了四不像:半生物、半机器、身体基本上是自己的,头脑基本上是别人的。这样的四不像人,其严重者我称之为"电子人"。这类人学习历史的条件异常优厚,键盘一敲,鼠标一点,历史的任何时空都可以去,其学习历史的优势在于很善于"联想",多个中心、没有权威、甚少条条框框、自由自在、随心所欲、很个性很独特,这符合后现代理念。但最大的缺陷则是因浮躁而不善于

---

① 彼得·门克.以讲授式教学来建构内容[M]//Jenny Leach,Bob Moon 编.学习者与教学.陈耀辉,冯施玉珩,陈垄,译.香港:香港公开大学出版社,2003:190.

"冷静地理解",尤其弱化了逻辑思维能力。① 沉湎于花花绿绿的界面,陶醉于心潮澎湃的声色,但这一切无不是机器给定的,既极度冷漠了人际关系,更谈不上知识的实践社群互动建构,既谈不上回归人性,更无助于人的身心健康和思考创造。布鲁纳(J. S. Bruner)一针见血地指出:"科学"似乎是"非人性""冷漠"和"拒人的",这已是不争的事实。② 所以,我设计这一活动的目的,很明显是提醒学习者切勿被任意泛滥着的"超媒体"伤害了本可以健全的"人性",防止"电子人"悲剧的蔓延,也就是说我主张"超媒体"教育有限论,反对滥用"超媒体"于教育,而是要把思考的原动性、时间和空间还给学习者。因为,我不希望我们的教育在科技的前进中反而导致历史的倒退,这种倒退的端倪已经隐藏在互联网背后的"人性—人际"危险中。世界表面上被连成一体的背面,其实恰恰是支离破碎的社会和把亲切的人际关系转变为冷漠的人机关系的悲剧,"声色相闻,老死不相往来,往来处处多陷阱",反映在教育上,便是学习氛围"朝深刻的肤浅发展","教学无深度的深度",因为这是"一种满足于忘掉事关自身存亡的那些深刻问题的行事方式"。③ 在作业四里,我之所以梦想着我们又回到了"印刷文本"时代,找回了本该属于我们人类必需的休闲和思考的时间和空间,缘由正在于此! 我想,我的看法也许是错误的,但我坚信终于有一天学习者会认识到"人们没有充分吸取教训是最重要的历史教训"。真是人际人性莫等闲,"电子人"历史悲剧在眼前啊。

班克斯(Frank Banks)等认为"教学变换是一个把学科知识转化成学校知识的过程"。④ 我所设计的"人咬狗"和"电子人"这两个活动,其学习与评估内容,正是从更广阔的知识领域中挑选、转化出来的知识(即我所认为的学校知识),而寓于当中的教学法和个人构念,则都具备了"学习型课程"情境开放互动建构的特点,我以为教学在这些活动中,至少还会出现另外两大"转变":一是广阔的知识视野,使学习者在社群互动建构历史知识和协商意义的过程中,每个人都会深切意识到"自己"与"他者"都活在历史中,对未来的拓展和创造无论谁都离不开历史,同时也会意识到个人的行动怎样受到了历史的推动,又怎样受到了历史的限制,换言之,"讨论我们对历史的不同理解,使我们得以创造历史,而历史又反过来塑造了

---

① 温迪·摩根. 位于边界的后现代课堂? [M]//Jenny Leach, Bob Moon 编. 学习者与教学. 陈耀辉,冯施玉珩,陈垄,译. 香港:香港公开大学出版社,2003:403,408.

② 杰罗姆·布鲁纳. 文化、思想与教育[M]//Bob Moon, Patricia Murphy. 环境与课程. 陈耀辉,冯施玉珩,陈端坚,译. 香港:香港公开大学出版社,2003:284.

③ 大卫·杰弗里·史密斯. 全球化与后现代教育学[M]. 郭洋生,译. 北京:教育科学出版社,2000:225,226.

④ 弗兰克·班克斯等. 对教师的教学法知识的新理解[M]//Jenny Leach, Bob Moon 编. 学习者与教学. 陈耀辉,冯施玉珩,陈垄,译. 香港:香港公开大学出版社,2003:148.

我们"，①所以学习历史便是去关怀我们的价值观和人生观，"正是在这个意义上，关心身份便是关心行为"；②二是在过程与结果并重的两种学习与评估活动中，教师既可以比较明晰地看出"多元历史背景"下或者"多元智能"下每个学生的历史知识差异，又可以觅得他们对历史认识的共性所在，这非常有利于帮助教师和学生反思各自的教、学得失，充分发挥"后设认知"在寻求教与学的转变和促进新学习发生等方面的作用。

因为，在理想的历史教育中，我对学习者、学习、知识与评估所持的观点是，设法让学习者从"周边参与"向"全面参与"及"向心式参与"迈进，因为"学习是通过参与社群的学习型课程而发生的"，③莱夫（Jean Lave）和温雅（Etienne Wenger）说，在任何具备知识的文化实践中，"参与就是学习"；④这样做，还能够激活学习者的原动性，激活学习者的差异，让学习者在开放对话的基础上通过朋辈的"对称互动"和师生（乃至与社会其他人士）的"不对称互动"，实现对历史知识学习的"互相建构"，并把评估视为更高级的"学习"。这种过程与结果并重、多元多样的评估的目的，就是为了在准确反思诊断的基础上寻求教学"新的转变"。我所设计的两个活动的意义，恰在于此。

（二）在实践中寻求历史教育的"返魅"，得先走出"老姑娘"式自卑自贱梦魇

我们经常说，看法决定办法，思路决定出路。历史教育，目前的处境很尴尬，在中学里多被打入"副科"冷宫，教者劳而不受重视，学习者学而没有兴趣，真是像"老姑娘"一样自卑自贱没人爱。后现代有个概念，叫作"返魅"，其实正是指本书所说的"转变"，此即一种更有效的转变——建基于视教学为"艺术"的构念之上的转变。其实，就像人一样，每个人都有其独特的吸引人的地方，如何展示这独特之处让人喜爱，也便可以称之为"返魅"。说到这一点，就必须对"教学论"有自己的深刻理解，并把这种理解付诸实践。那么，最重要的是什么呢？我觉得是，找出现今教学的弊端何在，然后对症下药，而这药引子就是思路，就是理据，找充分的

① 包鲁·弗雷勒，多纳多·马塞多.有关教学论、文化、语言和种族问题的一次对话[M]//Jenny Leach，Bob Moon 编.学习者与教学.陈耀辉，冯施玉珩，陈垒，译.香港：香港公开大学出版社，2003：86.
② 大卫·杰弗里·史密斯.全球化与后现代教育学[M].郭洋生，译.北京：教育科学出版社，2000：259.
③ 琼·莱夫，艾蒂安·温雅.实践社群的学习与教学[M]//Jenny Leach，Bob Moon 编.学习者与教学.陈耀辉，冯施玉珩，陈垒，译.香港：香港公开大学出版社，2003：40.
④ 琼·莱夫，艾蒂安·温雅.实践社群中合法理的周边参与[M]//Robert McCormick，Carrie Paechter 编.学习与知识.冯施玉珩，陈垒，译.香港：香港公开大学出版社，2003：35.

理据支持是必须的。

历史教育,是我五篇作业所选的一以贯之加以探究的学科,作业一用"亚历山大框架"对历史课改的利弊做了言辞激烈的批判性分析,作业二在实践层面反思了自己对学习与评估的认识,作业三用知识观点作了进一步缕析,作业四把我对现实的不满转变为对未来的憧憬,现在轮到作业五全面总结的时候,综览 E817C 关于"学习、课程与评估"尤其"教学论"的诸多新理据,真是百感交集,思考如何在教学实践中实现历史教育的"返魅",就不能不进一步思考不断思考着的"教学转变"问题。如何把对学习与评估的认识思考从理念化为实践? 如何实现"交互主体性"与"实践社群互动建构"? 怎样从"阐明的课程""体现的课程""经历的课程"多方面去设法改善话语形式与课堂文化? 如何机智地应变教学"安排"与"场所"的交接所创造的复杂"环境"?① 就历史教育地位等维度考虑,如何争得测验、考试等评估的机会,借助提高"后设认知"作用来实现"转变"? 如此等等,均不容漠视。

"人咬狗"与"电子人"两个活动的愿景要真正化为现实,在实践上求得高效能,谈何容易。当然,转变教学实践、接近愿景的可能性是存在的,我的看法是必须注意以下环节:

其一,我所设计的活动愿景,或者转变,对学习和知识的影响,很有可能出现不可确定的两面性,如何趋利避害,是当务之急。莱夫(Jean Lave)和温雅(Etienne Wenger)指出"学习是通过参与社群的学习型课程而发生的",然而既然有实践社群,就必然存在"矛盾与转变,这是一个无休止的递进循环过程,矛盾引发转变,转变化解矛盾,同时又引起新矛盾,又需要新的转变,如此不断往复"。一言以蔽之,"转变"必须持续进行。比如从"人咬狗"现象,学习者容易领悟什么是真正的历史,但也有一些学生可能由此走向历史虚无主义,错误地认为历史知识全是假的、骗人的东西,学习历史也就没有了意义。这就引发了一个更大的矛盾。我之所以邀请家长和社区代表参与,就是想借他们丰富的人生阅历和对历史的感悟,用"不对称互动"的方式帮助学习者首先转变,避免掉入"非此即彼""非有即无"的陷阱。正如戴蒙(Damon)认为的那样"不同的互动带来不同的好处,与专家伙伴互动的重点在于指导,与平等地位的朋辈伙伴互动的重点则是协作",②这也与孔子

---

① 香港公开大学教育硕士课程教材,E817C 学习指引[M]. 第四部分(内部资料).2003:48.
② 巴巴拉・罗戈夫.通过社会互动达致认知发展:维果茨基与皮亚杰[M]//Patricia Murphy,编.学习者、学习与评估.冯施玉珩,陈瑞坚,陈垄,译.香港:香港公开大学出版社,2003:125.

所谓"三人行"的理念是一个道理。即使这样做了,还可能会发生这样那样的意外,那有可能是这些被邀请参与的"长辈"里的一些人本身就对历史有误解,这反而会加深学习者对历史的错误认知,前认知的错误未得到纠正,又重新建构了新的错误认知,惹更大的麻烦。我知道,作为艺术的教学,自然应该有策略应对这些麻烦。不管发生哪种情况,作为教师,在这个活动中,绝不会撒手不管让学习者去"放羊",虽然会摒弃耍"权威"的陋习,但正如弗雷勒(Paulo Freire)等人所说"树立教师的权威,指导实践"是必要的,所以我绝对会做一个"平等者中的首席",发挥"专长"做一个出色的知识学习、知识意义建构的引导者、促进者、帮助者,尽可能保证活动的有效开展,增加知识社群建构的"透明度"("黑箱是可以打开的"),让多元开放的"话语与实践"能够充分展示"着重理解的教学"特性,一句话就是要"以理解为己任""为理解而学习",①从而让学习者(包括家长等人士)知道历史知识一方面有虚假的成分,所以才需要选择、甄别,需要"明智地读史";另一方面真实的历史也是不容否认的客观存在,只是同样需要选择、甄别,同样需要"明智"地去读。而开放性的评估,则是旨在从另一维度促使学习者获得"读史使人明智"的效果。像戴维斯(Davis)指出的那样,"理解是学生在解决问题后留下的剩余物",②剩余物愈多,意味着理解愈深。正是从这个意义上我们才说,"理解就是参与","知不是一项局外观众的活动,而是参与者的活动"。③

其二,需要建立的教师、学习者与社会人士的关系,也可能会面临两难困局,如何走出尴尬局面,不能不对"社群""情境""活动"的特点多加留意。威廉斯(Steven R Williams)指出,"教学需要管理一些两难困局,而教学方面的变革会带出更多新的两难困局,需要我们去管理。"④人非孤岛,学习便是"自己"与更多"他者"(社群)所构成的环境(情境)"共舞"所发生的。显然,在全球一体化和互联网普及的时代,要把教学像以前一样封闭起来,把教育作为学校的专利,无疑是不可

① 霍华德·格敦纳等. 着重理解的教学(以及跨学科的教学)[M]//Jenny Leach,Bob Moon 编. 学习者与教学. 陈耀辉,冯施玉珩,陈垄,译. 香港:香港公开大学出版社,2003:132,134,141.

② 詹姆斯·希伯特等. "问题解决"作为课程和教学改革的基础:以数学科作为实例[M]// Patricia Murphy,编. 学习者、学习与评估. 冯施玉珩,陈瑞坚,陈垄,译. 香港:香港公开大学出版社,2003:247.

③ 詹姆斯·希伯特等. "问题解决"作为课程和教学改革的基础:以数学科作为实例[M]// Patricia Murphy,编. 学习者、学习与评估. 冯施玉珩,陈瑞坚,陈垄,译. 香港:香港公开大学出版社,2003:244.

④ 史蒂文·R. 威廉斯. 数学(第七至十二班)[M]//Robert McCormick,Carrie Paechter 编. 学习与知识. 冯施玉珩,陈垄,译. 香港:香港公开大学出版社,2003:327.

能的,也是不需要的。我设计的两个活动,把所有的参与者(教师、学生和社会其他人士)都视为学习者,他们之间是"群性互动建构"的关系,更重要的是,这个社群本身就被视为"学习资源",可以更好地体现知识及其学习的社会意义,让学习者在建构知识的同时,学会与世界和谐相处。说穿了,教育的本质是使学习者逐渐社会化的过程,只是这里面千百年来本身就存在着一个难以化解的矛盾(两难困局):怎样使学习者既能够顺利走向社会化,又不伤害学习者的多元个性差异,以保证世界的多姿多彩和富有创造力。就当今看,教育的"社会化"倾向早已过头了,泯灭个性、抹杀差异、戕害创造性。现在进行的课程改革,就欲纠正这一偏向,这是很喜人的事。但是,人们却往往忽略了一个正在蔓延着的潜流,那就是电子教育把学习者进一步"社会化"了(其实是一种虚伪的假性"社会化"),表面看似很自由自在、很个性、很另类、易于呵护差异和创造性,实际上却恰恰相反,学习者逐渐成了机器的奴隶,学习和思考反而成了看似"极其容易"实却"极其无效"的事,更严重的是有不少学习者已不知不觉沾染上了"电子人"的特征,沉湎于网络虚拟(虚伪)世界,对真实世界的人和事不闻不问,乃至不会生活了,变得很难与这个世界和谐相处,这是正在发生的悲剧。比如,我设计的认识"电子人"现象的活动,正是要试图让学习者透过与他者的广泛互动(社群、情境、互动特点都具备),认识到现代化里有陷阱,一定要把自己从机器的奴役下解放出来,不再把学习与活生生的现实生活割裂开来,而是回归人性、回归社会、回归大自然。值得指出的是,在这个活动中,教师充当了维果茨基(Vygotsky)所强调的"学习的支援者而不是指导者"的角色,教师只是起了一点如伍德(Wood et al)等人所说的"鹰架作用",而学习大厦则"由学习者自己建造",评估也侧重于让学习者自己准确地辨识"最近发展区"并探讨当中可能出现的进展,[1]学习情境是完全开放的,警惕是学生自己感受到的,走出两难困局的思路也是自己在与他者互动中得出的,学生对学习责任有了更多承担。

　　其三,现在我们的教学实践积弊丛生,要趋近理想境界,就必须从观念到行动作出一系列实质性的转变。比如,在中国风行了几十年的"以教师为主导,以学生为主体"的错误观念,至今仍被不少人奉行着,表现在教学实践中,便与"电子计算机思想"如出一辙,"学习者扮演被动和接受者的角色",知识由"教师发放",学习者只是"对这些知识加以处理"[2]。现今的历史课改之所以进展缓慢,一部分缘由

---

①　保罗·柏克.评估、学习理论与测试制度[M]//Patricia Murphy,编.学习者、学习与评估.冯施玉琦,陈瑞坚,陈垄,译.香港:香港公开大学出版社,2003:187.

②　香港公开大学教育硕士课程教材,E817C学习指引[M].第二部分(内部资料).2003:16.

恰在于此。很明显,什么时候"教育目标"("课程目标")真正成为主导了,教师不再是主导,而是与学生一样都成为主体了,实现上述愿景才能有希望。再比如,教育在考试这个"指挥棒"的下面已经迫使学习者够社会化的了,学习者成了"复印机""背多分"式的考试机器,现在学生的"人性""人际""人文"关怀又要被日趋普及的"超媒体"浪潮所淹没了,似乎离开了"电子演示"就不能、不会教学了,仅有像我这样的几个人去敲"警世钟",是无济于事的。我不反对合理利用"超媒体"来优化教育,但我反对把学习者的"身份"异化为缺感情、乏思想、昧交际的"电子人"。也难怪有人呐喊:"现代状态对儿童是不友好的……愿教育最终能找到一条途径,唤醒这个冷酷无情的世界的良知和天性。"①还是那句话,看法决定办法,教育管理者、同事、公众的观念不更新,即便我的"学习型课程"愿景个别能够实现,却最终还是难以保证"持续"转变,何况转变后的观念要化为实践,又是一个更艰苦的过程。

舒尔曼(Lee S. Shulman)认为在"教学推理和行动"中,理解是起点,推理为过程,传意、引出、投入、诱导、表演为结果,其核心还是"转化",即教师计划教学安排时所要作出的决定。② 我想,"转化"是硬道理,但达到"转化"的策略,则不应该是僵硬、封闭的,而应该是灵活多变、开放多元的。珍妮·利奇(Jenny Leach)等更进一步说"教学论不仅是教学策略的累积,而是包括编排课室、阐述问题、铺陈解释以及创建课程"。③ 所以,要借助对"人咬狗"和"电子人"的分析活动"转变"教学,在编排课室、铺陈解释等方面,都得想方设法围绕最难攻克的目标展开,以促进学习者能够勇攀"莎翁北坡"。因为教学毕竟是一门艺术,只有"艺术"的历史教学和评估,才能够实现历史教育的"转变"或者说"返魅",其所代表的内涵正在于焕发历史教育的"人性""人际""人文"魅力,赢得学习者的真心喜爱和全社会的关注。

(三)两难困局:解决教育问题的途径多半在教育之外,但根本仍在教育本身

教育有两面性是无疑的,可悄悄助人成长,也可慢慢毒害生命。教育之于人的命运,不能决定,却能改善。关键在于教育者的价值观,在于如何看待教育。然

---

① 大卫·杰弗里·史密斯. 全球化与后现代教育学[M]. 郭洋生,译. 北京:教育科学出版社,2000:153.
② 李·S. 舒尔曼. 知识与教学:新改革的基础[M]//Jenny Leach,Bob Moon 编. 学习者与教学. 陈耀辉,冯施玉珩,陈垄,译. 香港:香港公开大学出版社,2003:111.
③ 珍妮·利奇,鲍勃·穆恩. 教学安排:前言[M]//Jenny Leach,Bob Moon 编. 学习者与教学. 陈耀辉,冯施玉珩,陈垄,译. 香港:香港公开大学出版社,2003:217.

而,现在的教育概念多被狭隘地囿于学校,而教育的实际问题之大,似又超出了"教育",这等教育困顿,单靠教育化解,恐怕大都靠不住!

所以,我们的教育梦做得再美好,愿景再灿烂,也抵不上拥有权力者和拥有权利者的一句话:"行"或者"不行"!思忖其中的责任,我以为或许:在家,无疑归父母长辈;在外,无疑归社区社会;在上,无疑归官员,最悲哀的就是归"观音",问"苍天"了。

仅就课程内容的筛选来说,普通教师就扭不过政治力量和教学权威。① 恰如傅柯(Michel Foucault,也译为福柯)所说的那样"权力和知识是一体两面的"。② 于是留给教师的,似乎只有遵循、照搬和照办,根本就容不得什么转变。而事实上,"社会环境"之于教育方面需要转变的太多了,因为环境实质上是指"一些行为规范"。③ 比如,就历史教育而言,就有这样几端:

一是课程内容的选取很成问题,虽然历史课程标准标榜得很好,但教科书仍然没有多大改善,所谓开发"校本教材"是很时髦的提法,但谁去真正投资、谁真正重视了呢?少有。比如,"究竟怎样看待历史""为什么学习历史"这样重要的带有关键性的问题,课标和教科书都语焉不详,而这又是学习者初学历史时,最想知道的,是学习者很自然的"内在要求"。于是我设计了"人咬狗"和"电子人"两个学习与评估活动,其内容的选取,当然只能出自自己的"别出心裁"。是的,我们只能在新瓶里倒出旧酒,临时加一些"自己"酿造的新酒将就着给学生闻闻气味,此外别无他法。

二是"指挥棒"(考试)从根本上讲,没有指好方向,或者说"测量工具不及格",④故不能给"教学转变"以"后设认知"方面的有效反思支援。考试领导教学,本没有什么奇怪的,因为没有评估的学习是不可想象的,因为"缺乏反思的实践就如同没有实践的反思一样,都是不适当的"。⑤ 现实里常见的事例也正是,不考试或者徒有虚名的评估会导致一个学科的萎缩,比如初中历史教学之所以形同虚设,就因为不考试、不评估。高中虽然有会考有高考,但考什么就教什么、考什么

① 彼得·门克.以讲授式教学来建构内容[M]//Jenny Leach,Bob Moon 编.学习者与教学.陈耀辉,冯施玉珩,陈垄,译.香港:香港公开大学出版社,2003:189.
② 帕特里夏·布罗德富特.评估与现代社会的诞生[M]//Bob Moon,Patricia Murphy,编.环境与课程.陈耀辉,冯施玉珩,陈端坚,译.香港:香港公开大学出版社,2003:138—139.
③ 香港公开大学教育硕士课程教材,E817C 学习指引[M].第二部分(内部资料).2003:8.
④ 霍华德·格敦纳.在真实环境里实施评估[M]//Patricia Murphy,编.学习者、学习与评估.冯施玉珩,陈瑞坚,陈垄,译.香港:香港公开大学出版社,2003:155.
⑤ 霍华德·格敦纳.在真实环境里实施评估[M]//Patricia Murphy,编.学习者、学习与评估.冯施玉珩,陈瑞坚,陈垄,译.香港:香港公开大学出版社,2003:68.

就学什么,必须为考而教、为考而学,是师生牢不可破的一致追求。虽然评鉴有时会"直接引起思考",①但如今大都难以说得上合格的考试则不会引发任何更深刻和有意义的思考,于是所谓新的教学理念、评估反思理念,都只是美妙到可望而不可及的空中楼阁。你硬来,不光学校主管领导反对,学生家长也会质疑"你怎么教的"。

三是,与上述问题相关联,整个社会似乎都迫于人口压力、执着于怎样让孩子们顺利就业,于是应付考试和升学便成了教学的惟一追求,至于孩子们即使就业了,能不能与大自然、与他人、与社会、与世界和谐相处,亦即是否学会了学习、学会了思考、学会了生活、习得了人性,则很少有人过问。这其实是我们教育环境最恶劣的方面,我们的教育改革尝试大都难见实效,乃至频频失败,一个重要原因,恐怕就在这里。

四是,教师大都没有、也很少有机会接受像 E817C 这样的教育,对新的教学论等"教师知识"根本就闻所未闻,所以学校本身的组织文化,是死气沉沉的,极乏创造性和支援性的,所以欲实现"转变"的愿景,很难得到学校文化和同事的有效协助(协作—互动—提高)。怪谁? 怪我们的社会、我们的教育主管部门、我们的学校没有给他们创造和提供继续教育的机会,因而他们也就无法也无力跟进转变,更谈不上持续转变,自然也谈不上同事间的"协作互动提高"。我们都知道,"发展身份不仅是所有学习的重要内容,更是'知识'本身",②但我们许多教师的身份却是几十年一贯制啊。

曾师从于杜威(John Dewey)的胡适这样说,教育的问题,还得靠教育来解决。我看不尽然,最多也只能说他说对了一半。在我看来,根本就没有外在于教育的环境,也就是说"教育环境"的转变,有赖于"社会环境"的转变。从根本的层面来说,教育的许多问题,的的确确远远超出了教育本身,自身是难以解决、不可能解决的,所以在我只能这样说:解决目前教育问题的途径多半在教育之外。上要看国家和各级政府的转变,下要看社区、学生家长的转变。但目前积弊甚多、积重难返,尤其全社会都执着于升学考试,浮躁到了极点,谁还去管这些。因而,对政府官员、教育管理人员和家长等方面来说,的确需要让他们接受"关于教育的教育",他们转变了,这才可以说"教育的问题还得靠教育来解决"了。

一切都不容易,但我相信一句话——"努力比能力重要!"无论对教师来说,还

① 李·S. 舒尔曼. 知识与教学:新改革的基础[M]//Jenny Leach,Bob Moon 编. 学习者与教学. 陈耀辉,冯施玉珩,陈垄,译. 香港:香港公开大学出版社,2003:119.

② 香港公开大学教育硕士课程教材,E817C 学习指引[M]. 第三部分(内部资料). 2003:9.

是对学生来说,也无论对社会来说,还是对学校来说,同样是"努力比能力重
要!"①在努力中争取,在争取中努力,我想总有一天,我们的教育会有所转变,历
史教育也会有所转变。布鲁纳(J. S. Bruner)说得好:"当今世界,转变其实才是
常模。"②

十一、认识历史教育研究的重大意义③

　　一开始就谈历史教育研究的重大意义,实在因为一方面"意义"对人、社会和
世界"都好好活着"来说是极其重要的东西,另一方面则是非常不幸的一面,也就
是"意义"这种重要的东西在我们的现实生活中已渐成稀有物,不仅历史教育研究
中缺少这个,而且我们整个时代似乎都患上了一种可怕的意义缺失症。正如热罗
姆·班德(Jerome Binde)在其主编的《价值的未来》一书前言中尖锐地指出的那
样,"意义缺失是我们今天所面临的诸多问题的当前背景"。④ 倘用心去洞察和追
问,人们似乎不难发现,历史教育研究正在面临的背景,实际上要比一般意义上的
"意义缺失"背景更具悲剧性。谁都应该知道(不敢说谁都知道),包括历史教育
在内,教育所做的一切事,应该是有意义的事,反过来说,"意义缺失"在教育上是
不能容忍的。我们之所以首先要追寻历史教育研究的意义,根由正在于此。换言
之,面对"意义缺失"背景,历史教育应做的头等大事就是找回被丢失了的意义,彰
显被隐匿了的意义,并千方百计将之浸渗在历史教育的各个环节。然而,要做好
这些事,就得有强有力的学术支撑,这无疑是说要有扎实有效的历史教育研究,来
助推历史教学朝向"有意义的"历史教育境界进步和发展。反过来看,这也正是历
史教育研究实现自身意义的不二之途。

　　寻求意义本身就很有意义。必须做"有意义的"历史教育,这对历史教育本身
而言,无疑是最为重要的目标性定位。明乎此,我们就可以有很多视角来进一步
认识历史教育研究的意义。这里选几个重要的方面,谈点粗浅看法。

---

① 保罗·柏克.评估、学习理论与测试制度[M]//Patricia Murphy,编.学习者、学习与评估.
　　冯施玉珩,陈瑞坚,陈垄,译.香港:香港公开大学出版社,2003:192.
② 杰罗姆·布鲁纳.文化、思想与教育[M]//Bob Moon,Patricia Murphy,编.环境与课程.陈
　　耀辉,冯施玉珩,陈瑞坚,译.香港:香港公开大学出版社,2003:252.
③ 原载:任鹏杰,赵克礼,主编.教育研究论文选题与写作:历史分册[M].西安:陕西师范大
　　学出版总社,2014:1-13.
④ 热罗姆·班德,主编.价值的未来[G].周云帆,译.北京:社会科学文献出版社,2006:
　　前言.

（一）研究是用书面形式思考，促进个人专业成熟发展

梁启超说得好：血脉不通则病，学术不通则陋。他在《论学术势力左右世界》一文中尖锐地发问：亘万古，袤九垓，人类所栖息之世界，最广被而最经久的势力，何物乎？是亚历山大之狮吼于西方、成吉思汗之龙腾于东土那样的威力？是梅特涅执牛耳于奥地利、拿破仑第三弄政柄于法兰西那样的权术？不是，都不是。那么，"天地间独一无二之大势力"究竟是什么呢？梁启超一针见血说："曰智慧而已矣，学术而已矣。"他还借此非常诚恳地敬告我国学者，为何放着"左右世界之力而不用之"。①

历史教育研究毫无疑问可以产生影响世界的学术力量，发掘之，发展之，发挥之，对个人和社会的发展都有无限好处。道理很简单，国与人一样，靠物质财富可逞一时之能，但你在社会上、世界上有没有发言权、能否赢得尊重，从根本上看，却取决于人们常说的软实力。在这个意义上，毋宁说这种"软实力"就是最大的"硬实力"。同样的道理，历史教师要受人们欢迎和尊重，就得有学术建树，就得有教学智慧。毋庸置疑，学术研究是历史教师胜任力的源泉所在，也是历史教师走向个人专业成熟发展的必由之路。②

广义地看，每一位历史教师几乎每天都在做研究工作。上课前要了解课程的教学目标，收集整理教学资料，思考撰写教学设计方案，实施教学之后还得对教学的实际效果进行评鉴和反思，如此等等。不过，狭义地看，这类研究更多地只是围绕课堂教学而采取的一种按部就班的行为，严格地说还称不上真正的学术研究。

真正的历史教育研究，必须诉诸书面，是一种以书面为思考形式、要求更高的学术行为，这主要是指其研究成果应反映历史教师个人独特的教研思想和创造性智慧，而不是人云亦云的东西。教师成长的大量事例表明，善于做书面形式思考亦即善于做研究与写作的教师，专业发展更容易趋向成熟，他们在研究与写作的过程和结果中，事实上也获得了许多实实在在的好处。

1. 研究敦促你善意怀疑所读所知

历史记载本身很复杂，历史教研成果亦呈良莠混杂局面。研究与写作首先要做的是确定选题，这就敦促你必须善意地怀疑你阅读过的所有历史文献、研究成果和学术观点，能够从中发现问题，并选出有研究价值的问题作为选题。这种善意怀疑，意味着独立认识、独立思考、独立判断，这都是教师专业成熟发展必备的

---

① 梁启超.饮冰室文集[M].吴松等,点校.昆明:云南教育出版社,2001:285,288.
② 考布斯等.研究是一门艺术[M].陈美霞等,译.北京:新华出版社,2009.

基本能力。

2. 研究敦促你清晰地整理记忆资料

收集资料是研究所必需,也是教学所必需,每一位教师或多或少都在做资料积累工作。但如果没有研究的促进,你就可能懒于整理资料,久而久之你拥有的那些凌乱的资料就丧失了应用价值。做研究的好处是,逼着你把资料理出来、写出来,敦促你一定要按历史教研计划拟订写作提纲,进而按照提纲逐条列举原始资料、清晰整理研究概述、记述教学现场实况、记录资料和数据的出处,等等。大多数人的经验是,有些资料往往记不住,甚至有时会记错,不过一旦投入研究与写作,去着手整理,就会记住大部分资料,并进而把它转化成专业财富。

3. 研究敦促你了解并理解不同观点

人们关于历史教育的观点往往同异互见,在构思自己新的研究与写作安排时,你肯定不能无视已有的研究成果和各种重要观点。了解得多,就理解得透。从中你会发现新的关联和复杂性,敦促你用新的方式重新梳理你的研究设想与不同观点之间的关系,进而开阔学术视野,丰富自己的思考,理解和确知自己研究与写作的意义所在。

4. 研究敦促你分辨出你的新观点

研究与写作,是把头脑中人们看不见摸不着的思想变成文字,敦促你把自己的思想晒在太阳下,让人看上去有逻辑、有层次,既接受自己的进一步审查,也接受公众的辨别,你由此可以更加清楚地发现自己的思想是否成熟,以便能够从混乱的思维中,快速地将自己特定的观点辨别分离出来,知道自己必须要廓清的问题究竟是什么、可以思考的东西究竟为何物、什么才是真正属于自己独有的新观点,而不是糊里糊涂、不晓得自己该说些什么。

5. 研究敦促你严格公正地思考问题

教研与写作意味着将自己的思想广而告之,公开接受读者的评判和反馈,换言之,教研与写作是用公众期待的方式表达你的思想,是以他者的标准和价值来检验你的思想,这就敦促你在研究与写作上绝对不能自以为是,而是应该以更高标准、更严格地要求自己,考虑和照顾别人的期待,逼迫自己思考问题更仔细、更严谨,既严格公正地看待问题、调和不同观点、避免教研与写作的纰漏,又充分显露自己珍贵的思想和观点。这种好处,细细想来,的确是其他形式给不了的。

其实,研究与写作这种书面形式的思考,在促进历史教师专业趋向成熟发展方面的好处远不止上述几条,还有一些非常重要的,另列题眼分述于后。

（二）好的研究紧盯正在做的，服务于历史教学工作实践

人们或许赞同这一看法：对历史教育所做的任何一种研究，只有深切关乎我们正在投入的活动，深切关乎我们在正在做的事，能够有效帮助我们做好正在做的历史教育实践，才算找着了研究意义的落脚点，而且找着了研究意义最大化的契机。

反过来说，任何一种对历史教育的研究，倘若无助于我们正在做的历史教育，无论怎么看，都碰触不到意义的内核。不是历史教育研究没有意义，而是这种忽略了实践的研究，无异于没有根基的飘萍，被动漂浮在人类意识的汪洋大海里，找不到可靠的栖息地。

其实，公众和历史教师群体所期待的，不只是你把资料聚集起来告知他们，而是你以研究报告的方式与他们建立对话关系，解决共同面临的历史教育实践难题。实践难题，是指那些有可能导致令人沮丧后果、造成工作损失而你又不情愿在你那里发生的问题。面对难题，人们总要纠结"该怎么办呢"，如果你在人们最纠结的难题上适时地提供了"怎么办"的解决方案，那就犹如雪中送炭，必会深受欢迎。

公众渴望解决的难题，理应是你选择研究的关键所在。不过你研究与写作所关注的实践难题，不应是众所周知的"大"问题，而应是大家心里都渴望并想要追究的小问题。所谓小问题，正是实践中困惑着人们的一个个具体问题。研究这些小问题，为化解实践困惑提供行之有效的方案，就是实实在在地为历史教学工作实践服务，直接而真实地凸显历史教育研究的意义。

毋庸讳言，研究实践难题，本来就是一件难事，难就难在，这些难题让人棘手、厌烦、郁闷、痛苦。没有担当感的人会躲着难题走，他们所做的所谓研究与写作，往往与我们正面临着的历史教育实践难题无关，把自欺欺人的东西当成学术。

问题不止于此，学术质量也愈来愈成为令人头疼的大问题。追求学术量化，忽视学术质量，几乎是我们这个时代全世界的通病。太多的人相信学术只是为了谋职和晋级，因而写书、写文章的人比读书、读文章的人还多，而人们发现，著作泛滥的另一面，却是废话连篇。其结果，正如美国学者林赛·沃特斯（Lindsay Waters）在《希望的敌人：不发表则灭亡如何导致了学术的衰落》一书中所尖锐指出的那样，将会致世界于"群愚"，无疑是"希望的敌人"！①

---

① 林赛·沃特斯.希望的敌人：不发表则灭亡如何导致了学术的衰落[M].王小莹，译.北京：商务印书馆，2011：19，84.

这种悲剧,也常常发生在历史教育研究中。人们看到,困扰历史教育实践的难题很少有人理会,而人人都心知肚明的那些并不成为问题或难题的东西,竟被做着大量无病呻吟式的"研究",其结果不过是发表一些"正确的废话"罢了。对此,或许人人都愤愤不平,甚至会骂骂咧咧,但不可思议的是,真正轮到你做研究时,你为什么也同样不肯下功夫、同样沦落?

舍不得投入历史教育的"深海"去探索,而是始终徘徊在研究的浅滩或边缘,怎么可能拥有智慧和能力,在历史教育实践中游刃有余呢? 做真正的历史教育研究,应该切入正在做的历史教学,实实在在服务于历史教育实践工作。倘不是这样,就应该反省和改正。

(三)研究历史意识和历史观,洞察反思人类经验教训

强调实践的重要性,并不是说思想和理论不重要,而是恰恰相反。谁能断言,不存在好的指导,仍会有真正好的历史教育? 事实上,任何实践,都不可能是非指导性的。没有对实践的反思和指导,就不会有实践智慧。

著名思想大师西蒙娜·薇依(Simone Weil)说得好:"教育,不管是以孩子还是成人、个体还是民族,甚至是自我作为对象,都在于激起推动力。"她所说的这种推动力之源,其实不在别处,恰在思想。因为思想能够"指出一个方向",思想能够"引导人性",思想能够"告诉人们这是有利的、这是必须的、这是善的"。西蒙娜·薇依甚至做了一个重要的断言,认为能真正做到这一点的学科教育,只有历史教育。①

是思想让历史教育变得重要了,我们就不得不看重思想。历史教育的思想,是指人们通过历史教学而获得的洞察世事的思考方式。这种思考方式教人"思考如何思考",②也教人"思考如何行动",用西蒙娜·薇依的意思说,就是能够激起教育推动力。

历史教育研究,重在研究如何用好历史意识和历史观,来改善和提升历史教育思想实践的质量,更好地激起教育推动力。历史意识反对任何想当然,而历史观也反对一切愚蠢。历史教师塑造专业身份、赢得自尊和自信的根本,就在于历史意识和历史观。因为,你在历史课堂内外的各种场合所说的、所做的,倘若体现

---

① 西蒙娜·薇依.扎根:人类责任宣言绪论[M].徐卫翔,译.北京:生活·读书·新知三联书店,2003:161-163,201.

② 杰罗姆·布鲁纳.文化、思想与教育[M]//Bob Moon,Patricia Murphy,编.陈耀辉,等,译.环境与课程.香港:香港公开大学出版社,2003:257.

不出足够专业的历史意识和足够智慧的历史观,人们就不认为你有水平,就不认为你是内行的历史学科教育专家。

1. 历史教育研究中历史意识为何不可或缺

什么是"历史意识"？无法展开论述,根据约翰·托什(John Tosh)《史学导论》等史学家的观点,简述几个重点:

第一,历史是供人们反思人类、认识自我的精神财富。正是因为反思,我们才感到历史是存在的,才发现"过去"的好多东西,"现在"还活着。

第二,历史的存在甚为复杂,人们总是感到,我们的"现在"生活,包括思想、信念和行动,不是被历史推动着,就是被历史限制着。

第三,正是因为存在着历史的推动力或限制力,我们才必须尊重历史,对历史进行认真客观的认识、理解和研究,绝不能想当然、自以为是地对待历史。

第四,尊重历史,首先是尊重事实,去"发现"历史而非"发明"历史,尤其不可主观臆断,用"现在"去解释"过去",苛求、歪曲、抹杀历史。

第五,评价历史,应置于历史背景中,而不是脱离背景,虽然历史教育需要借助充分的情境想象,但这种想象应该重在帮助理解,而不是妄下结论。

第六,人的"现在"方向感,来自对历史发展路向的判断,意识到历史是不断变化的过程,正确的走向和出路在哪里,须在历史复杂的动态变化中去辨认。

关于历史意识的定义或概念,人们所给的解读不尽相同,但其中最重要的是三个要素——时代意识,背景意识,过程意识。反过来说,用历史意识对待"历史"必须坚持三个反对:反对时代错置(缺乏思考地假设过去的人像现代人一样行为和思想);反对脱离背景(将过去脱离特定背景,描述为一种固定的、单一轨迹的孤立事件);反对无视过程(不承认历史变迁过程、历史连续性、历史方向感的存在,漠视随着时间而变化的事件之间的关系)。强调历史意识的目的,正是要惊醒人们不可以随意对待历史,用"历史"的意识对待历史才是正确的意识,绝不可以"非历史"的意识去亵渎历史、歪曲历史、践踏历史。可是很遗憾,现在随意解读历史、没有历史意识做支撑的历史课(包括历史研究),不能说比比皆是,却也并不少见。最令人不安的是,缺了历史意识,就有可能让偏见钻空子,滋生负面影响。对于有可能导致的这种麻烦,法国学者施韦泽(Albert Schweitzer)就一针见血地批评说,"所谓历史意识,在这个词汇的最好的意义上,指对发生于遥远和近来的事实持批判的客观态度",但是如今,人们往往"并不具有摆脱意见和利益的能力","最为丰富的知识和最为严重的偏见结合在一起"。他还尖锐地指出了一个现象,那就是"历史学家没有成为教育者……没有承担起真正为文化服务的任务"。①

回观现实,恐怕谁也不好说这是危言耸听吧。历史教育,若丧失历史意识,就等于忘记历史教育的使命,意识都混乱不堪了,怎么能够保证促进学生健康地成长、进步、发展? 没有历史意识,人们就几乎只是本能地拥有一种意识——现实意识,"用现在替代过去",通过滥用历史"来肯定自己"的现实需要,自我陶醉,自我欺骗,从不借助真正有价值的历史经验教训来反省自己的功罪。② 历史教育若衰败到这种悲哀地步,那就不难想见,受了此种教育的学生,不糟践历史已属万幸,你要指望他们不做目光短浅的睁眼瞎,有多大可能?

历史教育的最终效果,应该体现在学习者能够用历史意识来认识自己、反思自己、教育自己。照此而言,历史意识具有不可替代的重要性,没有历史意识就没有历史教育。遗憾的是,我国关于历史意识及其教学的研究向来比较薄弱。赵亚夫、张汉林发表在《中学历史教学参考》2015 年第 9 期的《历史意识及其在教学研究中的位置——围绕历史教育学的问题与思考》一文,在梳理以往研究成果得失的基础上,重点就何谓历史意识、历史意识解决何种问题以及未来历史意识研究的着眼点等问题作了深入探讨,是一篇突破性显著的佳作,值得一读。

2. 历史教育研究何以必须慎重对待历史观

再看历史观,它与历史意识一样,是智慧的源泉。通俗地说,历史观就是"观历史"的眼目、视野、角度、方法和理论。众所周知,时下风行于历史教育课题中的史观非常多,除了唯物史观之外,还有生产力史观、文明史观、全球化史观、生态史观、后现代史观,等等。厘清这些史观的异同不是本书的任务,这里只是想提醒人们,各种新的历史观,各有其长处,但没有一种可以涵盖一切。

这样说的意思是,历史观如果只是认识历史的眼目、视野、角度和方法,那么有一点是可以肯定的,那就是历史观必须基于价值引领,这一点下面还要着重论及。仅在消灭偏见的意义上而言,历史观不是愈少愈好,而是愈多愈好,历史观愈多则偏见愈少,历史观少则相反。

值得注意的是,近年来,文明史观被作为中学历史教学主导性历史观的趋势愈演愈烈,不仅渗透于高考历史试题,也渗透在历史教科书中。就取代阶级斗争史观等片面历史观这一点来看,应该说这是一个非常了不起的进步。

可是,文明史观也无法放之四海而皆准。何况,根源于对"文明"和"文化"的争议,人们对文明史观也聚讼不断。据西方学者统计,学术界关于"文明"与"文

① 阿尔贝特·施韦泽. 文化哲学[M]. 陈泽环,译. 上海:上海人民出版社,2008:66.
② 阿尔贝特·施韦泽. 文化哲学[M]. 陈泽环,译. 上海:上海人民出版社,2008:66－67.

化"的定义,至少都超过二百种。对文明史观的意见分歧,也与此相类。那么,拿存在严重争议的文明史观来统领中学历史教学是不是合适,人们是不是应该打一个大大的问号?

试问,有了文明史观,"文化"视角的史观还要不要? 没有文化视角的文明史观怎样保障历史教学的教育性?

人们或许会用善意的揣测来淡化这个问题,认为中国历史教师在运用文明史观处理教学问题时,可能都不会撇开文化视角。即便如此,也需要一个前提,那就是历史教师在使用文明史观时,能够发现文明史观的不足并能设法弥补之。但问题就出在这里,一些历史教师根本就不知道文明、文化这两个视角的史观是有区别的,何况中外很多学者对文明和文化的区别也还没大搞懂,常常将"文化"和"文明"两个词混为一谈,我们就不能苛求中学历史教师人人能做到这样难能可贵的事。

说来说去,问题还是悬在那里。"文化"和"文明"两个概念,虽有联系、重叠和交叉,但却也有本质区别。这里所引许国璋的观点,就是一个非常重要的提醒。许国璋认为文化和文明是有重要区别的,其明显的区别是,"文化随民族而异(nation-specific),文明随时代而异(age-specific)"。他说:"中国的六书、庭院、谷粱、书法是中国文化的构件,汉唐如此,今天也如此。这些为中国文化的长存因素。但是,中国的火药,指南针,活字印刷,宋明时期为举世瞩目的工艺,今天却是博物馆里的展品。文化的因素没有截然的先进与落后之分,文明的因素却有先进与落后之分,先进代替落后,是不争的事。就美学观点看,饱帆之船乘风疾驶,比滋生污染的巨舰要美,但史家把帆船称作逝去的时代工艺,毫不惋惜。"①

许国璋的观点只是二百多种观点中的一种,我们不强迫人们接受任何一种观点,但必须承认一个事实:文化与文明之间,文明史观和文化史观之间,有联系、重叠和交叉,但不能完全划等号。

历史教师必须注意据量文化重"人"与文明重"物"的区别对于教研和教学的意义。学者几乎一致认为,文化的本质在于伦理,伦理注重人的心灵、精神和道德等内在的东西,这一特征决定了,文化是人精神生存的内在基因,它给予个人和群体一种共同认可的、持续稳定、不因时间而发生重大改变的人性观、道德观和奋斗目标;文明则不然,它注重物质、技术和消费等外在的东西,它总是因时而变,衡量它的标准也同样会因时而迁,纵使文明包含了一些伦理表征,但这些特征不过是

---

① 许国璋.文明和文化[M]//王元化,胡晓明,傅杰,主编.释中国.上海:上海文艺出版社,1998:632.

时尚性表现,本质为何是捉摸不定的,尤其要命的是,"文明的标准不一,但不包括道德标准倒是一致的"。①

没有文化,道德、思想,信念根本就不会存在;没有文化,人在富有的物质世界里,也不过是精神的流浪者和互相争斗的乌合之众。

用法国学者施韦泽(Albert Schweitzer)的话说:"文化在哪里? 文化首先在于,对个人和集体而言,生存斗争缓和了。"②反观人类文明发展史,它在"生存斗争"上起了什么作用呢? 这个问题非常耐人寻味。

有学者研究指出,一个社会的灾难,往往不是经济匮乏导致的,虽然经济匮乏是原因之一,但其根源主要在于文化的破坏。因为"人们为之工作和奋斗的目标是由文化决定的",在文明"粗暴接触"过的一些原始民族,正是由于文化被破坏了,人们的生活才发生了被"连根拔起"的悲剧。③ 与文化相比,文明尽管可能带来物质和经济等好处,但这些好处反而可能加剧对文化的破坏,造成社会灾难。

简而言之,既然任何实践都不可能是非指导性的,那么如何指导实践就显得非常关键。对于历史教育而言,要指导好历史教育实践,就必须有正确的历史观。因为历史观,可以悄然救人,也可以慢性杀人。④

(四)探索历史教育终极价值,领悟人生智慧并服务人生

言归根本,历史教育研究最重要的意义,无疑最终应体现在一个关键点上,那就是引导和帮助个体的和群体的人认识自己、做好自己,一言以蔽之就是服务人生。⑤ 这个关键点,既是历史教育的终极取向所在,也是历史教育研究的终极目的所在。这意味着,"人生"是历史教育的出发点,"人生"更是历史教育的落脚点,历史教育必须在造福于个体或群体的"人生"这一点上形成圆满的契合。

---

① 许国璋. 文明和文化[M]//王元化,胡晓明,傅杰,主编. 释中国. 上海:上海文艺出版社,1998:628.
② 阿尔贝特·施韦泽. 文化哲学[M]. 陈泽环,译. 上海:上海人民出版社,2008:61.
③ 卡尔·波兰尼. 大转型:我们时代的政治与经济起源[M]. 冯刚,刘阳,译. 杭州:浙江人民出版社,2007:135.
④ 任鹏杰. 史观:能救人也能杀人——茨威格《明天该怎样编写历史》的启示[J]. 中学历史教学参考,2009(5).
⑤ 任鹏杰. 服务人生:历史教育的终极取向——从根本上追问什么是有效的历史教学 [N]/[J]. 中国教育报. 2007 – 03 – 23(6)/中学历史教学参考. 2007(3).

赵亚夫教授始终强调公民教育和人格教育是历史教育的两大任务。① 这一观点深刻揭示了历史教育之于服务人生的主要指向。公民意识与健全人格,无论怎么看,都应是认识自己、做好自己、成为现代合格公民必备的基本前提和根本条件。公民意识指向公民与"他者"的外显行为关系(包括怎样对待他人、家、国、天下),健全人格指向公民"个人"综合品质的内在行为倾向(包括性格、理想、信念、价值观)。很显然,公民意识与健全人格,两者看似两面,而实为一体,它们彼此互为条件、缺一不可,缺失任何一面,结果都不会健全。

殊途同归,齐健教授洞察了当今历史课堂实践的弊端后尖锐地指出,那些不受欢迎的历史课堂之所以不受欢迎,原因就在于,这样的课堂与学生的生活世界是完全割裂开来的,课堂里缺少了"人"、情感和灵魂等人生必需的重要要素,因而就根本不可能承载促进人的生命不断发展的使命。为此,他坚定地秉持"生命课堂"观,极力倡导建构"思辨的课堂""情感的课堂""生活化的课堂",真正把"有生命的历史"教给学生,把历史课堂变成促进学生生命成长的"思维场""情感场""生活场"。② 说穿了,就是要用历史教育实践,来实实在在地服务人生。

愈来愈多的人已经非常认可历史教育的终极价值是服务人生的看法。同时,人们也愈来愈多地意识到,历史教育并不等于关于历史学的教育,历史教育的重心是培养健全的人,而不是培养历史学家,可以像历史学家那样思考问题,重心却不在做职业史学研究工作者,而是帮助学生学会怎样像史学家那样看待世界、认识自己,以服务于自己的人生。换一种说法就是,历史教育的知识与思想的核心来源仍然是历史学,历史教育的学科原动力是历史学,历史学的进步必会推动历史教育的进步。

况且,真正的历史学——更高层次的历史学,本来也应该是以人生为中心的。正如很多历史学大师所认为的那样,更高层次的历史学在服务人生这个根本目的上如何与历史教育达成一致,这才是问题的关键。赫赫有名的法国历史学家布洛赫(Marc Bloch)就认为,"从本质上看,历史学的对象是人……历史学家所要掌握的正是人类,做不到这一点,充其量只是博学的把戏而已。"他甚至这样比喻说,优秀的历史学家应该像神话中善于捕捉人肉气味的巨人(妖怪)那样,闻到哪里有人

---

① 赵亚夫.历史教育人格理论初探[M].西安:未来出版社,2005.作者在论述现代历史教育的时代精神与价值追求体现在哪里时指出:于课程功能而言,凸显公民教育的宗旨;于课程性质而言,凸显人格教育的宗旨;于课程的学习方式而言,凸显自主学习的宗旨。作者在不同的论著里,表达了同一个意思,均可参考。

② 齐健.教给学生有生命的历史——关于历史课堂生活重建问题的思考[J].中学历史教学参考,2004(10).

肉,就出现在哪里,"人才是他追寻的目标"。① 著名历史学家余英时综合考察了中外很多历史学家的观点后说:"真正的史学,必须是以人生为中心的,里面跳动着现实的生命。"②余英时提醒"应该有人随时做这类工作",我们说历史教育工作者所做的工作,正是"这类工作"。

历史教育关于"人生"的工作如此重要,学者一致认为"要认识人心,我们所能做的不外乎带着生命体验去研究历史,使它们相互朗照。我们有责任向青少年和人们的精神提供这一营养",取消历史教育"那可真是灾难"。③

毫无疑问,历史教育最最重要的构成要素,是历史教师本身的素养。历史教师用历史教育来服务人生,首先得教育自己,自己先领悟人生,然后才是用历史事实、历史意识、历史观等思想和办法,帮助学生等受众领悟人生智慧。

那么,什么是智慧。"事实并不是智慧","智慧是知识和事实的应用"。④ 有人更直接地说,"智慧是生活的艺术","智慧是一种生活之道",不是指关于生活的知识,而是对生活的知识性经验。⑤

问题明摆着,历史教育智慧,不是来自单一的事实判断,而是来自事实判断和价值判断等诸种判断的有效对接和契合,其中尤其不可或缺的是价值观引领。

什么是价值观? 用中外学者共同认可的定义说,"价值观是指什么是人们认为应该的"。⑥ "应该"一词,太重要了,它是价值观的核心。任何教育,包括历史教育,只要有了关于"应该"的判断,就很自然地有了关于生活的"一定要"和"必须"等能够帮助人认识自己、做好自己的心理指令,这在某种意义上说,就转化成了指导人生行动的人生观,这也正是智慧之谓。

深而察之,价值观实际上正是人们的生活在理论与实践上配合的一种需要,因而它对于教育的意义是至关重要的。皮亚杰(Jean Piaget)就径直把教育的目的和责任定义为连接"学生"和"价值"双方的关系——"一方是成长中的个人,另一方是社会的、智慧的和道德的价值,教师要负责把由他启蒙的那个个体带进这些

① 马克·布洛赫.为历史学辩护[M].张和声,程郁,译.北京:中国人民大学出版社,2006:21.

② 何俊,编.余英时学术思想文选[G].上海:上海古籍出版社,2010:278.

③ 西蒙娜·薇依·扎根:人类责任宣言绪论[M].徐卫翔,译.北京:三联书店,2003:200 - 201.

④ 利奥·巴斯卡利亚.爱,生活,学习[M].伍牛,译.海口:南海出版社,2009:84,86.

⑤ 雷蒙·潘尼卡.智慧的居所[M].王志成,思竹,译.南京:江苏人民出版社,2000:前言.

⑥ 乔安娜·勒梅泰.课程与评估架构中的价值观和宗旨:对十六国的考察[M]//Bob Moon,Patricia Murphy,编.陈耀辉,等译.环境与课程.香港:香港公开大学出版社,2003:152.

价值中"。①

有人以为,价值观是主观的东西,不必有事实依据。马克斯·舍勒(Max Scheler)在《价值的颠覆》一书里就说,价值是主体化的,因此"一切价值都是主观的"。其实,这都是二元论导致的。这个二元论可以追溯到著名的"休谟法则"那里,即休谟(David Hume)认为,从"是"推不出"应该"。

二元论的影响是很大的,以至迄今好多人都习惯于二元思维,往往硬生生把"事实"与"价值"割裂开来,"客观"与"主观"割裂开来,刻意区分"是"与"应该",将两者视为互不相干甚至对立的关系,往往陷入非此即彼、非黑即白的误区,历史教育或多或少也是其受害者。

如果把"休谟法则"套用在历史教育上,说从"史实"推不出"应该",是不是非常荒谬?其实,二元论是一种错觉。休谟忘了,"是"与"应该"犹如硬币的两面,其实是一体的,诸多"是"由"应该"左右着,而诸多"应该"也受制于"是"。如此就不难理解,何以希拉里·普特南(Hilary Putnam)的《事实与价值二分法的崩溃》力作问世后,二元论在很多学术领域就几乎被瓦解了。

不容否认,价值观和价值引领,的确是有"主观性"风险的。人们的确常犯"主观性"错误,而价值的主观臆断危害在历史和现实中也始终非常严重的,因此我们还是要不厌其烦地特别提出警示,对于历史教育实践中的任何价值引领,每个参与者都必须有强烈的风险意识。价值协商要减少臆断嫌疑,增强价值的现实说服力,唯有仰赖可靠的证据亦即历史事实,才能让"事实"(史)与"价值"(论)走到一起、合而为一。②

事实上,在历史教育中,只要把"是"和"应该"置于历史时空坐标上看,"应该"是可以从"是"推出的,而反过来,好多"是"也可以从"应该"推出,两者在历史教育上的关系是互彰的,而非对立的。历史教育中生成的价值观,往往更能赢得人们的尊重,为什么呢?原因就在于,如果历史教育的价值判断,没有撇开史实根据,不是异想天开凭空臆断,而是用历史事实和证据得出,经过公众协商认可,经得起挑战的观点,那就当然应该赢得尊重。

特别值得指出的是,价值本身姓"公"不姓"私",价值观是公众认可的东西,一个人的价值观是不算数的。历史教育价值是指,对历史上真善美和假丑恶诸种

---

① 乔伊·帕尔默,主编.教育究竟是什么?[M].任钟印,诸惠芳,译.北京:北京大学出版社,2008:373.

② 任鹏杰.价值协商与价值共享:当代历史教育的重大课题[J].中学历史教学参考,2014(1/2).

现象,借助公共领域(如课堂)呈现、表达、传播等交流手段,经过评判、争鸣、协商等回应(如被学生认可),在关于什么"应该"(以至于"一定要""必须要")、什么"不应该"(以至于"不能要""绝对不要")上,所形成的共同予以尊重的看法。这些看法(价值观)最终会转化为人生智慧,正如皮亚杰(Jean Piaget)所认为的那样,"价值是规范,在识别什么是必须做的、什么是允许做的、什么是禁止做的时,它起着方针、指令的作用"。①

历史教育的理想境界就在于,事实判断(是)和价值判断(应该)相得益彰,有效传递和转换历史价值,可以给人生以正确的方向、理想和信念,绝不会误导人生。

毫无疑问,历史教育研究与写作,就是要以达成历史教育的这种理想境界为目标,让人们得到的历史知识有正确的价值引领,所领悟到的人生智慧有可靠的历史知识做支撑,最大程度地凸显历史教育的终极价值和意义。

历史教师个人的人生价值最大化的源泉,也在于此。你不去研究和表达你的有意义的思想,只是把一些思想材料放在杂乱无章的抽屉或电脑仓库里,虽然这种"思想"会隐隐地对自己的灵魂起作用,"然而其影响却是微弱的"。相反,"如果有人在自己之外听到他人表达这一思想,尤其是表达者的意见为他所重视,那么这一思想的力量就会成百倍地增长,有时会产生一种内在的转变"。能让你思想力量成百倍地增长的最好办法,就是提高你的教研水平,写作和发表你的优秀成果,通过广泛的传播与反馈,让你的思想在更大范围的历史教育实践里,生成和凸显"意义"。

拿起自己思想的笔,进行深入的书面思考,把你有意义的思想转化成激发更多人发生内在转变的推动力吧。改变世界,由此开始。殊不知,你就是世界,改变自己,就是改变世界!

---

① 西蒙娜·薇依.扎根:人类责任宣言绪论[M].徐卫翔,译.北京:生活·读书·新知三联书店,2003:163.

第二章

历史教育要有人

一、教育的根本就是人文关怀①

教育的本质,其实就是一种关怀,一种人文关怀。关怀不是为所欲为的,必得价值观引领,恰如教育不能随心所欲一样。价值观,简单说就是一种信念,指人们认为什么是应该的。那么,在教育上究竟什么才是应该的,是值得关怀的? 回答可能人各有异,甚至会有争鸣或冲突。个中关键,其实正是对"把学习者塑造成什么样的人"的关怀。这在教学上,就有一个不容回避的身份关怀问题。

提起身份关怀,人们自会想起流行了几十年的一个著名观点——"以教师为主导,以学生为主体"。流行的其实未必是正确的,如今不少人就对这个观点提出了疑问,甚至觉得必须摒而弃之。主要理由是,把"以教师为主导"和"以学生为主体"分开看,勉强说得过去,但合起来看,就有很大问题——把师生关系简单化了,把身份关怀简单化了,把教育行为简单化了。

提出这些质疑,是有意义的。在哲学层面上,人都是独立的,教师和学生都有主体性。"以教师为主导",教师的主体性好说,随"导"自然而出。但学生呢? 却是欲寻主体好困惑,虽声称"以学生为主体",但有教师主导在前,这学生何以"自"而"主"之,就如雾里看花,颇有些缥缈了。其症结恰在:学生是否具有主体性,完全被动地听命于教师的主导,师者善导则彰显之,不善导则埋没之。消极地说,"主导"也有蜕变为"主宰"的可能,换言之就是教师可以漠视学生感受而任意为之,何况由此酿成的现实悲剧是并不鲜见的。假设如此,那么把"以教师为主导,以学生为主体"观点用在教育实践上,就多少有些冒险之嫌了。这些担忧,绝

---

① 原文题目为《交互主体性:教育的根本就是人文关怀——说说对"以教师为主导,以学生为主体"观点的质疑》。原载:中学历史教学参考,2004(3).

无贬低教师作用的意思,而是说这一观点被作为一种原则性的理念去倡导,极有可能将教育后果的善否全然系于教师一己的行为,的确风险太大了。

正确的观点是什么呢? 这样的说法也许是很有道理的——国家和民族的教育价值观(或者说课程目标)才是主导,教师和学生都是主体,并且在教学中具有"交互主体性",师生的关系是互动的(师生互动),学生与学生的关系也是互动的(朋辈互动)。都"交互主体"了,教学活动就是开放的而不是封闭的,不是教师的"独角戏"或"一言堂",也不仅是师生之间的"教学相长",更多的时候应该是学习社群成员之间多元多样多边的互动、互助、互惠行为。

在交互主体性理念下,师生之间、学生朋辈之间都用真正的"人"的眼光相互看对方,在共同组成的社群、共同参与的教学活动中,他们的人格是平等的、相互尊重的,身份和角色是动态互换的,知识是互动建构的,意义是交互协商的。隐藏在其背后的根据是,课程本身就是社会组织的知识,所以学习过程也正是一种社会性的知识建构过程。

社会,小而言之,亦可谓社群,不是空泛的概念。三人为一众,"众"就是社会,小组、班级、学校、社区,等等,都是社会。社会性学习的核心概念是"活动",学习者正是借助参与具有特定社群文化情境的学习活动,才得以建构知识的。参与的过程,就是学习者借助社群活动,各自暴露(即外在化)自己认知、思想、情感和价值观,并交互沟通、交互反思、交互协商的过程。一言以蔽之,正是学习者把自己的智慧给人共享、把他人的智慧据为己有、交互影响知识及其意义建构,从而获得身份认同,借以改变和发展身份(比如改变位置和观点)的动态过程。

必须指出,强调学习的社会性亦即交互主体性,在教学上绝非意味着教师的地位降低了,相反教师的作用更重要了,只是教师的身份和角色不再是纯粹一个"主导"所能概括的了,而是像新课程改革所倡导的那样变成了学生学习活动的组织者、参与者和引导者,假如说过去教师有可能以权威自居、以耍威风为荣、想怎么摆弄学生就怎么摆弄学生,那么现在就得转变为以全面关怀学生成长为信念,以扎实的专业知识和娴熟的教学安排技能为专长,以指导、引领、帮助学生自主学习、探究学习、合作学习为追求。可以说,只有教师用"交互主体性"理念来策划、安排、反思教学,学生的主体性才有望得到充分发挥,学生的表现才有望臻于多姿多彩、生机勃勃。

一句话,教育本身就是一种关怀,一种"人"的关怀,亦即人文关怀,至少应该在身份上把老师和学生都当"人"看,同时必须设法在教学活动中充分彰显交互主体性。

二、呼唤"活生生"的历史教育①

中学教科书作为全国亿万莘莘学子学习的基本依据,本应具有不容质疑的权威性,在广大师生的心目中它是神圣无比的。然而值得注意的是,在包括高考在内的一些考试中,由于课本出错,导致试题答案本身是对的,但因为与课本不一致而弄得老师和学生都无所适从。更为严重的是,有些老师在教学中给教科书指错,反而遭到了学生的反驳:"教材是专家编的,它的权威性不容质疑。你本事大,国家为啥不请你去?"弄得老师哭笑不得。

人们知道,怀疑是知识的钥匙,怀疑激发无限的探求,然而,我们的教育环境,给学生提供了多少由"怀疑"开始从而最终掌握真知的门径呢?的确,我们的学生太缺少这样的学习环境了!的的确确,人们相互间的严肃的、认真的、平等的"商榷与正误"这样的学术讨论,也太缺乏了。"商榷与正误"专辑,正是全国数百名教师通过历史教科书数百处错误和问题的质疑、商榷,对"历史"求真求实和对"教育"科学创新所展开的一场严肃而又生动的大尝试。

我们常想,究竟,怎样做才能正确地认识历史?究竟,怎样做才能正确地进行历史教育?我们以为:

历史,本来是活生生的、多姿多彩的、有灵有性的、日新月异的、生动嬗变的。

教育,本应是活生生的、动态可变的、开放生动的、思辨探究的、质疑创新的。

然而,一个不容回避的现实情况是,人们本来无不喜欢历史,然而在中小学阶段往往就有很多人厌学历史了。更何况"学史无用论"尚在滋蔓,人为地视历史为"副科"削弱历史教育的现象还很普遍。

以有限的认识,我们以为,当务之急是,无论在观念上还是在实践上,都必须大刀阔斧刳除凝固的、封闭的、教条的、盲从的、僵死的种种长期危害教、学、考健康发展的顽疾。只有这样,我们的教育环境才能逐步改善,才能以"人"为本,才能最终有利于人的健康成长;我们的历史教育才能日臻"活生生",才能以"人文"为本,才能最终有利于社会进步。

---

① 《中学历史教学参考》2000 年第 6、7 期用"商榷与正误"专辑方式,刊登关于人教版历史教科书六七百处内容的商榷性文章,引起全国媒体和公众的广泛关注,此文便是应《人民政协报・科教周刊》主编之约,同时也为回应各种关切而写。原文题目为《初衷:呼唤"活生生"的历史教育》。原载:人民政协报,2000 – 12 – 05(5).

　　所以,我们呼吁,倡导一种不与现实割裂、不与大众割裂的"活生生"的历史教育,紧密关切"人"的生存、生活、发展乃至创造,主张以"传承"与"创新"互动为契机,深刻认识人类文化遗产,竭力张扬人文精神和科学理念,欲使久罹冷落的"历史"真正体现其作为"全世界的思维活动"的理论价值和实践价值。我们力主一种以人为本的教育观,主张凡教育之一切环节一切手段一切活动,无论教、学还是考,也无论思想、形式还是内容,都必须以人的全面发展为终极追求的目标,并在这一根本点上和谐发展。

三、历史与现实:我们应该守望什么①

　　若没有了对普遍道德准则的敬畏,人就不成其为人了,犹古人所云无恻隐之心、无羞恶之心、无辞让之心、无是非之心者,非人也。众所周知,社会文明的底线,正在于公民对人性和人文的守望。

　　然而可悲的是,在现实生活中,这"底线"总是被一些人突破!

　　秦桧夫妇可以"站"起来吗? 不可以。这是中国妇孺皆知的底线,因为秦桧夫妇乃中国千古罪人,"白铁无辜铸佞臣"不正是为了惩恶扬善、戒前人蹉跌、供后人知警吗? 然而如今竟有人让他们"站"起来了,2005 年 10 月 22 日下午上海一家艺术馆内开始展出的秦桧夫妇"站"像即是。此事经媒体披露,舆论为之哗然,引起举国义愤。所展出的站像秦桧高 1.9 米、王氏高 1.7 米,外形与杭州岳飞墓前的秦桧夫妇跪像差不多,只不过现在"站"起来了,且作品有一个非常怪谲的名字,叫《跪了 492 年,我们想站起来喘口气了》(杭州岳飞墓前秦桧夫妇跪像铸造于明正德八年即 1513 年)。

　　据秦桧夫妇"站"像的作者说:"为秦桧夫妇塑站像不是为他平反,而是为了呼吁现代社会要重视人权和女权。"这纯粹是在狡辩,秦桧陷害忠良、为虎作伥、屈膝投降、丧权卖国,曾使一个民族因此"跪"下来了,公然让民族败类"站"起来"喘口气",那么这整个民族还怎么喘气? 民族败类"站"起不正意味着民族英雄趴下,那这民族还能指望什么人权、女权,活出个"人"样? "站"像作者颠倒黑白、振振有词弄出个"现代社会要重视人权和女权"的呼吁来,能说此论不"高"? 只是这"高"论有无可能高过秦桧被历史钉死了的那个"耻辱柱",未可知。

----

　　①　原文题目为《历史与现实:我们应该守望什么——从秦桧夫妇"站"像说起》。原载:中学历史教学参考,2005(11).

图 2 - 1　杭州西湖岳飞墓前秦桧夫妇跪像

（铸造于明正德八年,即 1513 年）

　　"站"像作者恐怕不会不知,自宋以后,人耻于名桧,连秦桧后人都耻姓秦,不得不说这也是千百年来人们对民族道德情感的一种共同守望吧。有对联云:"人自宋后少名桧,我到坟前愧姓秦。"相传这是清乾隆时一位秦姓官员(据俞允尧《秦淮古今大观》判断他可能就是秦桧后裔)到杭州西湖游岳飞坟后所写,其为秦姓或者秦桧后代的羞恶之心,跃然也。难道"站"像的作者就无羞恶之心,敢置公民守望于不顾,不怕激起公愤? 人们推测,他可能也怕,因为心怀叵测,要不还得打个"人权"的幌子,但他也有不怕的托词——层出不穷的"另类"创造,结果不是都"没事儿",何况自己又不是秦桧,不过仅仅借秦桧出出名嘛,也许心里想着"何罪之有"?

　　是啊,好多事,不能不怪我们公民的守望不坚,不能不怪社会麻木的宽容。有人敢冒天下之大不韪,深而究之,根由可能正在于此。

　　君不见多少例证,对于那违反道德、悖逆民族情感的事,说与不说,做与不做,结果有二致吗,公愤拿"另类"创造奈何,看看什么"汉奸酒楼"、什么"蒙娜丽莎怀孕"、什么"女体菜盘",等等,那些商家怕过公愤吗? 这就难怪乎有人胆敢让秦桧夫妇"站"起来了。"站"起来了不说,后面还跟了一些吹鼓手,说什么宋高宗赵构才是主谋,秦桧不过是帮凶、执行者,最大的罪人是赵构,这听起来就好像日军侵华杀戮中国人只能怪罪日本天皇而不能怪罪那些实施杀戮者似的;还说什么秦桧犯了罪也犯不着"用侮辱人格的方法对他进行惩罚";甚至大言不惭地说:"尤其不能容忍的是,下跪者中间居然还有秦桧的妻子……作为一位女性,即使有罪,人类高贵的母亲,怎么能跪在地上被人侮辱呢?"进而认为跪像"侵犯人权",站像"体现思想进步","昭示着更进一步的民主所发出的召唤",如此等等,似乎站在民族英雄一边反倒都大错特错了,对秦桧夫妇多么"不公"了,似乎我们更"应该"爱护、尊敬、膜拜的不是岳飞,不是民族英雄,而是民族败类秦桧。奇怪的是,吹鼓手里除了有秦桧后裔、有教授学者,还有我们史学行当里的教授和博士,他们极尽"曲学阿世"之能事,对"站"像表现出了少有的"宽容"。真是"吉凶由人,妖不妄作",我们由此看到的何止是中国史学的悲哀!

图2-2　秦桧夫妇竟然"站"起来了

(这是上海一家艺术馆于2005年10月展出的某艺术家
所作名叫《跪了492年,我们想站起来喘口气了》的作品)

然而,善恶之殊,判若水火!至少更多人还怀揣着道德、良心和正义,他们是"闻恶若己仇"的。这些人不由得要惊诧而愤愤不平地发难了:为何非得要以扶"站"中国民族败类的办法来从别的什么渠道换得"人权""女权"?呵呵,让公众接受这种仰愧于天、俯作于人的局面,恐怕办不到吧!

民心所向,金石难隔。对秦桧夫妇"站"像,公众已愤怒到了"人人喊打"的地步,这是万幸。然而人们也悲哀地发现,这公愤还只浮在表面,"人人喊打"毕竟尚未转变为"人人抵制",倘若这"人人喊打"喊久了喊累了不再喊了,以至还生出了一些荒诞的"宽容"环境来,那才可怕,也许我们的教育和社会就毁在这"宽容"的环境里了。

不要忘了,教育与社会是共舞、互动的,人性人文环境被污染了,害教育,也害社会。欲净化环境,须所有公民守望我们共同守望的信念,而这守望最需要的是行动,只有态度是远远不够的。否则,今后生出更多怪事,人人都深受其害,就不会总是偶然。

四、在"学科核心素养"背景下历史教育最该做哪些事情①

"素养"已成热词,虽概念界定尚存争议,但并不妨碍人理解其重要初衷。素养对应的是人,故"学科核心素养"的提法就似是而非。就常识来说,学科能贡献于人素养的只可谓营养,而由"营养"到"素养",尚需教与学诸多"转化"环节,其中思考(消化)一项至重要,没有促成思考的教与学,再好的学科营养也难转化成学生素养。说穿了,"素养"方案很重要,事关指方向、立规矩、定标准,而怎样将之转化为教学行动,又取决于教师的考量与作为。二者均关乎学生终究会变成什么样的人,亦家国天下命运所系,自当以良心谋之!就历史教育说,广大同人当然企盼一种能够凸显学科教育本质特征并准确反映国家教育价值观的"素养"方案,以便更好地行动。

这就需要人们回归常识理解历史教育,回归常识完整地看历史教育,其实它的根在人格、命在思考、魂在价值。有效关联而非割裂此三者,必应目中有人、促人思考、服务人生。学生成长是焦点,正确思考是关键。因此在历史教学上,求"是"求"真"(事实判断)是必须的,但求"应该"求"对"(价值判断)更重要。"是"与"真"只是思考的素材和载体,但探究"应该"与"对"以催发人生智慧才是思考最重要的根柢和契机。殊不知,怎样看历史,远比知道多少历史知识重要。因为人的心理很奇妙,决定我们行动方向的,往往不是事实本身,而是我们对事实的看法。雅斯贝尔斯(Karl Theodor Jaspers)在《什么是教育》一书中大声疾呼"应改变的是我们对历史事实的评价",②想必绝非疯人妄语。人生的惶恐莫过于因看法出错而做错事,那么怎样让看法不出错呢?靠价值鉴赏。价值鉴赏力,实乃批判性思考力之根。明乎此就不难察知,价值引领才是历史教育的灵魂。

---

① 原文题目为《由营养到素养:历史教育有很多事要做——会后说"学科素养与历史教学"全国学术研讨会》。原载:中学历史教学参考,2017(9).
② 雅斯贝尔斯.什么是教育[M].邹进,译.北京:生活·读书·新知三联书店,1991:58.

历史教育倘无助于人提升价值鉴赏力,学生学了几年历史却没有养成价值省察或曰批判性思考的习惯,不知道(无意识)或不善于判断什么是"应该"的(需选择和坚守的)、什么是"不应该"的(需警惕和反对的),纵然了解不少史事,却无补于人生智慧,与"会走的书橱"无异,如此则谈何真正的历史教育?

我们可否期待这样一些重要学习镜像凸显于历史教学中变成常态:求"是"与求"应该"永不分离,求"真"与求"对"始终相伴,求"是"与求"应该"互相给力,求"真"与求"对"相得益彰,孩子们从中不仅能学到历史知识,更能学会思考、习得智慧(用时髦语说即健全人所需的历史学科素养),在健全成长上获得启迪、引领、支持。历史教育臻于此境,就离理想样态不远了。趋近理想样态殊非易事,却很值得探索和期待。

谁都知道,由"学科营养"到"学生素养",历史教育还有很多事要做,改进改善历史教育的任务至艰且巨。万莫空言服务祖国发展、造福人类世界,全心全力做好历史教育帮助孩子们健全成长了,就是在切实服务国家和世界的进步发展。这是历史教育界同人值得共同担当的责任和使命,光荣而神圣。

让我们继续努力!

五、灾难能否促使我们深刻改进历史教育[①]

2008 年"5.12 汶川大地震",数万同胞遇难,数十万同胞受伤,整个世界为之哀伤,13 亿中国人悲泣涟洄……

然而,中国没有倒下!灾难面前,中国人上自国家领导下至平民百姓,挺起了一个更强的大爱中国与灾区同胞共患难,这大爱还超越疆界把中国人、整个人类与灾区同胞的命运紧紧相连。一场灾难,终将在大爱中过去……

是的,灾难终将过去。但那些失去了生命的亡灵,却似乎始终在提醒人们:渺渺宇宙间,人的生命实在是一种偶然和冒险,应该好好珍惜。是啊!灾区幸存的同胞活下来了,然而我们还活着的所有其他人,细细想来岂不也是幸存者? 每想及此,我耳际就不断回响起温家宝总理的一句话:"你们幸存下来了,就要好好活下去!"这话是温总理看望绵阳在地震中失去亲人的孩子们时所说,却也可以说是告诉每个人的,只是这话穿透了"生活还会继续"的表面,把一个深隐在生活背后的问题,重新摆在了所有人面前——怎样好好活下去?

---

① 原载:中学历史教学参考,2008(6).

怎样好好活下去？这便是人生难题，平常而严肃。难就难在，人认识自己太难，正如"眼睛看到一切，惟独看不到自己"。① 很无奈，人要看自己，必须借个眼睛，这个眼睛就是镜子。历史就是镜子，历史就是眼睛，它可以"折回来"，让人反观到自己。由此我一再想，历史教育存在的根由，关键就在于它可以借给你这样的镜子和眼睛，即所谓"借镜""借鉴"是也。人有了历史这面镜子，就不仅可以看到一切，也可以看到自己的"眼睛"了。历史教育的责任，就是借给学生这样的镜子，让他们能看到自己以便去"认识自己"，我想一个真正认识自己的人，必定能"做好自己"，也就必定能好好活下去。这在根本上说，就是"服务人生"。在我看来，服务人生正是历史教育的终极取向所在。

历史教育能不能服务学生的人生，这样的思考反省本应在日常就做好，然而我们日常并没有做好它，灾难之后我们再不好好做，就愧莫大焉。赵亚夫先生力倡深刻改进，于是提出了新历史教育观，对历史教育进行并非为了"否定"的全面批判，催人深思。别以为在灾难面前国人绽放了人性之花，就可以把功劳归于历史教育，很多人都明白，那主要是中华优秀文化深厚土壤孕育的结果。历史教育当下的角色，其实是让人很尴尬和困惑的。

那么，如何深刻改进历史教育，让它变得好起来呢？篇幅所限，我且简略地说如下几端不成熟的意见，供大家批判。

(一)讲人生观,不能不讲人死观

孔子曰："未知生,焉知死?"其实可以倒着说："未知死,焉知生?"因为不管生还是死,孔子重在强调一个"知"字。不知死,就不懂得什么是真正的生;不珍重死亡,就不懂得怎样去珍重活着;对"死"漠然者,对"生"决难热烈。也许正是基于此,海德格尔(Heidegger, M.)才直呼"人生观"就是"人死观"。"人死观"与"人生观"是同一,是同一体的两面。明乎此,则知历史教育在服务人生上应该做哪些事。如讲秦始皇陵兵马俑,只停留在艺术层面的欣赏,全然忘了秦皇是渴求长生不老的,又大兴陵墓"事死如生",不再透看这一反一正的生死观背后造成的"现世"悲喜剧,无疑就丢失了对人生的启示。再如,苏格拉底(Socrates)凛然饮鸩,谭嗣同英勇赴死,他们的人死观,绝非对生的轻觑,而恰恰是对生的珍重,他们用死延续和放大了生。放过了历史人物形形色色、各异其趣的生死观,就等于放过了对人生的切实引导,因此需加以重视和弥补。

---

① 弗里德里希·尼采.尼采遗稿集[M].君特·沃尔法特,编.虞龙发,译.上海:上海译文出版社,2005:71.

(二)论世界观,人并非万物尺度

仅就西方而言,文艺复兴和启蒙运动可以看作一个分水岭,之前的人类一直持守着万物有灵论和有机论世界观,人与自然的关系基本上是亲近和谐的,然而之后随着"人"的解放和科技的发展,人类把自己看作"万物尺度",世界被"祛魅",地球不再是生命体,而是成为被征服和奴役的对象,服务于人类的物欲。其结果是大自然用灾害不断报复了人类,这或许预示着人类将把自己送上一条不归路。但我们在讲文艺复兴、启蒙运动包括科技革命时,却仍然过分地褒扬"人"的尊贵伟大,而忽略了对"人"渺小悲哀的反思。中国人自近代以来,受西方观念影响甚深,以至于此次地震灾难发生,还有媒体声称我们要如何如何"制服地魔"、要如何如何"与大自然抗争到底"(其实在我看来"抗震救灾"改成"防震救灾"更合适)。人的尊严不过只是能思想而已,生命其实脆弱如"苇草"。① 可是,总有见了棺材也不落泪的,甚至身为院士的何祚庥都坚称"人类无须敬畏大自然",更多的人则仍然认为"人的尊严是第一位的"。人类,为什么不愿意以"生命"的名义,而不是仅止于以"人"的名义,来看待人与自然的关系? 万幸的是,地球"盖娅"假说(视地球为生命有机系统)和世界"复魅"论已经流行开来。世界复魅的意义,不是把世界重新神秘化,而是为了真正以"生命"的名义,深刻认识天地人关系,反思人类走向。但愿,历史教育能够为此帮上忙。

(三)文明史观,离开文化是瞎子

所谓文明,主要仅西方近代以来的近代化或现代化历史而言。作为一种认识历史的视角,固然有其长处,却也存在严重弊端。埃利亚斯(Norbert Elias)、保罗·利科(Paul Ricoeur)、汤因比(Arnold Joseph Toynbee)、霍克海默(M. Max Horkheimer)、亨廷顿(Samuel P. Huntington)等众多西方学者,早就注意到了文明与文化的异同,我国的冯友兰、梁漱溟、贺麟、钱穆、许国璋等著名学者也同样注意到了二者的差异。这些中外学者大体上都认为,文化注重精神的内向发展,反映的主要是人类生活的个性——以心灵、思想、人格为主要特征,而文明注重物质的外向扩张,反映的主要是人类生活的共性——以物质、技术、消费为主要特征。文化论与文明论,在什么是进步、什么是落后、什么是冲突与和谐上,多有不合。显然,没有文化作先导,文明之于人是盲目的;同样,没有文化史观作观照,文明史观就是瞎子。文明史观进入中学历史课程,人们视之为创新之举,而实际上中国人

① 帕斯卡尔.思想录[M].何兆武,译.北京:商务印书馆,1985:157—158.

的这种创新是小心翼翼的,好在它并没有排斥文化内容。但我想提醒的是,要让历史教育服务人生,就不能让过多的"文明"历史消泯历史"文化"。毕竟,我们活着,不能光有物质,还得有精神。

(四)全球史观,是陷阱还是天堂

全球史观,可以说是文明史观的变种。恰恰是以物质、技术、消费为主导特征的文明,把世界变成了"地球村"。正如必须坚持"世界的中国"与"中国的世界"历史视野一样,任何一个国家和民族"与世隔绝"已无可能,没有全球史观必是愚蠢的。但是,全球史观是陷阱还是天堂却众说纷纭。就全球史观的现实依据看,在重重疑云中,有些声音颇有警钟意味,比如美国人自己都担心"全球化就是美国化",英国剧作家哈罗德·品特(Harold Pinter)甚至直指美国是"大撒旦"。① 试想,假如全球化不是"一体多元",而是以"一"灭"多",那么世界焉得宁日?或许,正是由于文明负面的"一",导致了世界资源、环境、战争等"多"种危机,才让人深感人类已经共乘着一条船冒险,有识之士才大声疾呼:仅仅建立"人类共同体"是不够的,必须成就更高的"地球共同体"。说穿了,全球史观,并不比司马迁"究天人之际,通古今之变,成一家之言"史观高明,弄不好可能会误入它本身意识形态价值观的歧途,这是任何大唱全球史观者不能不察的问题。我以为,正如与文明史观一样,只有建基于"文化多元,天人一体,和谐共存"之上的全球史观,才可能是有前途的史观。历史教育在这一史观上不能走入误区。

(五)人生意义,在于人格实践本身

人生价值在人格,而人生意义在于人格实践本身。"人格是个体行为的全部品质",这样说太抽象了。直白地说,人格不是对象,人格就是行动,就是行为本身。人格观很重要,它决定着我们行为的选择、取向和品质的好坏。人格,意味着独立判断、行为自主、不随风倒,因为人格的根本特征即"变之中的不变,多之中的惟一"。我们常说的这种人格概念本来没错,但却常常被误解为人格就是个人主义、与他人无关。其实恰恰相反,人无不活在关系中,"人格是关系","人格是所有人格代词的复合体:关系"②,没有"关系",人格无从谈起。健全的人格观认为,

① 菲利普·费尔南多-阿梅斯托.改变世界的观念[M].陈永国,译.上海:上海人民出版社,2007:386—387.

② 雷蒙·潘尼卡.人的圆满[M].王志成,译.北京:宗教文化出版社,2006:89.

"他者不是另一个物,而是另一个我"①,因为"自我即世界",②用中国人的话说就是"天下兴亡,匹夫有责"。这匹夫之责,就是大爱人格。人格秘密就在于:所有个体人格的实现,都须"经由爱"。③ 中国人在此次大地震救灾行动中涌现的大爱,根由正在于中国人有"天人一体""仁者爱人"的博大人格。我暗自思忖,我们的历史教育中,假如能够贯穿一种具有完整人格观点的人格史观,那么困扰我们的很多重大历史问题,也许就会迎刃而解。人格维度的史观,关乎天地人的一切:既尊崇自由、独立、自主,更顾及与万事万物的相互关系与交互影响。每一个人认识自己、做好自己,不能没有健全的人格史观;每一民族和国家要认识自己、做好自己,同样不能没有健全的人格史观。

我们都是幸存者,一定要好好活下去。要好好活下去,就得认识自己、做好自己。我们能够告慰那些遇难同胞在天之灵的只有一条:天,地,人,都要好好活下去!

六、围绕什么来提升我们的课程观④

课程观,亦即如何"观"课程。课程观作为名词,响彻耳端久矣,而课程观究竟是何物,深知者并不多,这是很遗憾的。

有怎样的课程观,就有怎样的教学观。谈有效教学,不能不洞悉课程观的究竟。本文结合国内外学界观点和自己的理解,用"阐明的课程""体现的课程""体验的课程"三个维度,试图在理论上完整地说明课程观,请同人们指正。

(一)"阐明的课程":偏重国家价值的维度,追问究竟以什么为目标

某种意义上,国家课程标准对教学的要求,与学生成长、进步、发展的内在要求,在教育价值观或者说目标上应是同一的。"阐明的课程"的维度所对应的正是这一目标。

所谓"阐明的课程",是指教师不仅心里非常清楚自己将要采取的教学目标、教学思想、教学设计、教学行为,而且能够非常清楚地阐明其中的道理,让别人对

---

① 雷蒙·潘尼卡. 人的圆满[M]. 王志成,译. 北京:宗教文化出版社,2006:81.
② 克里希那穆提. 你就是世界[M]. 赵娟娟,译. 海口:海南出版社,2007:6.
③ 别尔嘉耶夫. 人的奴役与自由[M]. 徐黎明,译. 贵阳:贵州人民出版社,1994:30.
④ 原文题目为《课程观的三个维度》。原载:教育部2019年高中新课程远程研修项目《全国历史课程研修简报》,2009年第10期卷首。

你要那样做的目的(是什么)和理由(为什么),能够听个明明白白。

"阐明",是有效教学的第一前提。常说的"说课"就有"阐明"的意味,但常见的一些"说课"往往未能准确反映"阐明的课程"的意旨,甚至连教学目标都没有,这是值得省思的。

(二)"体现的课程":偏重教师展现的维度,追问如何进行有效教学

课程被阐明了,下一步就是教师的行动,亦即你体现或展现出来的学科知识,不懂的人能懂、不明白的人能明白,这恰恰是"体现的课程"(或"展现的课程")的维度。课堂教学,就是最具体的"体现的课程"。当中的核心环节是教师的教学转化,它决定着教学是否可能实现有效。

教学转化的精髓是"为理解而教学",指教师把个人对事物的理解,转化为促进他人去理解。实际上,教师只有将已经理解的观念转化了,才能教给学生,由教师的思想和动机转化为学习者的思想和动机。推理似乎是教学转化不可或缺的要害环节。比如:①相关教材的准备及其批判诠释;②通过类比、比喻、举例等形式表达观念;③选择所需的适切的教学方法;④根据学生的一般特征修订表达形式;⑤根据班级特定的学生剪裁表达形式……

教学转化,又可称教学变换。教学变换是一个把学科知识转化为学校知识的过程。这一概念很重要,它揭示了"校本课程"或"校本教研"的内涵,即所有学科知识,都存在一个"转化为学校知识"的过程。就新课程教学说,就是把"阐明"的学科知识,经过学校教师的教学变换——转变、改变或改组的过程,变为更适合于本校学生理解的课程知识。这一概念,可以纠正我们对"校本课程"或"校本教研"理解的偏差。

(三)"体验的课程":偏重学生感受的维度,追问怎样的学习才有效

"阐明的课程"被转化为教师"体现的课程"后,其有效性何在,关键要看学生从课程教学中,获得了多少有效的感受或体验,此即"体验的课程"维度,它对应的是学生的学习,或者亦可对应新课程的"三维目标"。

"体验"的维度,虽显性地指学生的学习,但隐性地更是指教师的教学。追求学生"体验"的有效性,就不能不追问在课程上教师"阐明"的有效性和教师"体现"的有效性。

只有在学生学习效果这个根本点上,"阐明的课程""体现的课程""体验的课程"三个维度才能够做整体追问,也就是必须具备整体的课程观。在整体追问的基础上,重点应从如下三点来寻求有效"体验":

1. 注重互动,激活学习

借助群体互动,每位学习者都可把他人的知识"据为己有",纳入自己的能力储存库。

不对称互动(如师生互动),重点在指导。

对称互动(水平相近者互动),重点在协作。

互动有益于激发学习者的表现欲,乐于与他人合作并分享和承担。互动意味着学习者无不成为交互主体,自己与他人交互影响,学习成了自己的内在需要,因而才变得有趣味、有意义。

2. 协商意义,彰显价值

学习者的知识背景和前认知不同,对历史的理解就可能有异,对待历史学习的情感、态度和价值观,也就千差万别,并会随着时境变迁而变化。

就此而言,知识是充满争议的,那么不仅知识的概念建构需要协商,而且知识的意义建构也必须协商。协商,就是借助更多他人的角度和观点。角度与观点愈多,就愈少偏见。

协商在更高层面上,就是领悟价值观的正误,促使感知、言语和行动在知识的意义上合而为一,也就是真正彰显了历史教育的价值。

3. 不断反思,改进学习

评估就是反思,就是回头查看"走过的路"的得与失,目的是在未来能够有所改进。反思过程的核心就是要检视教学与教师自己所追求的目标在学生一端落实的情况。

反思,可以借助试题测试、互动讨论、比较鉴别等多种方式。养成反思的习惯是学习的必要条件,"我们应该把评估视为学习"。的确,不会反思,就必然难以知道怎样更好地学习。如果学生经过评估,了解到何谓做得更好,他们便会利用评估来促进学习。我们可以把发展学生的自我评估能力,看成向他们提供更适切的学习方法。

提供更适切的学习方法,反过来就是指教师采用适切的教学方法,亦即用更好的"体现"的课程,去获得"体验"课程的更好效果。

教学,即教与学,二者不可分割。教学是可观察的教学表现,包括许多重要的教学法:课堂的组织和管理;作出清晰的解释和生动的描述;设计和检查作业;通过发问和提示、回答与反应、赞赏与批评,与学生进行有效的互动。

一言以蔽之,教学就包括了管理、讲解、讨论以及所有可观察的直接教授方法和启发式教学。没有有效的教学,就不可能有有效的学习即"体验"。

最后必须再次提醒:"阐明的课程""体现的课程""体验的课程",是课程观不可分割的一体三面。评价任何一维,都不能撇开其他两维。强调完整的课程观,有深刻意义,不可不察。

七、为什么"三维目标"不可分割①

常见的教学设计,对于新课程的"三维目标",大都分而述之,把三维目标割裂成三个部分的目标,即所谓"知识与能力"目标、"过程与方法"目标、"情感、态度与价值观"目标。这样做,似乎不能责怪老师们。因为,课程标准本身对何为"三维目标",既没有展开阐释和准确界定,也未清晰地告知老师们如果操作或者说在教学中如何设计它、如何运用它。或许,三维的内涵究竟是什么本就不好表述,三言两语说不清楚,故而才索性用"三维目标"概括了吧。

虽然,"三维目标"作为独特的中国产物,由于缺乏阐述和界定,加上有程式化之嫌,在一些人看来它显得有些蹩脚,也容易引起误解和争议。不过,既然已经这么定了,还得有一个正确的理解和阐释。何况,撇开其不足,在我看来"三维目标",的确又有其绝妙之处,那就是它用"关键词"的方式,提示人们在课程、教学、教育的理念和实践上,必须重视"完整性"。从根本上看,这种完整性是期望把学校教育建基于"人"的完整性之上,换句话说就是把学生成"人"——学生的成长、进步、发展作为教育的核心,并坚定不移地指向人的"健全性"。

所谓健全,就是指身体和心理的健康和完整。健康、完整的人,必然需要健康、完整的教育,而健康、完整的教育不能仅有"知识与能力",也不能仅仅借助"过程与方法",更不能没有"情感、态度与价值观"。这"三维"浑然"一体",或者说"一体三面",而不是三个部分或者三个部分的"凑合"。

每个人本来就是他(她)自己的整体,古今中外很多哲人都不得不承认"人是小宇宙",这在另一种意义上,显然隐指"人非孤岛"。每个人要生存、生活和发展,就必须与他人、与社会、与世界、与大自然交往,就天然地既需要情感又需要理性,既需要知识、能力又需要态度、信念,而获得这一切的过程和方法,无非就是每日每时的生活本身,教育给他(她)的,应该是他(她)能够在生活上日益趋向整体而不是部分,日益趋向完整的"小宇宙"而非"支离破碎的世界"(比如人格缺陷和精神分裂症即是"人"的支离破碎)。如果猜得不错的话,三维目标的根本用意,应该不外于此。因为,生活是多维的,教育不能狭限于某一维,或者连一维都没有,比

---

① 原文题目为《三维目标:一体三面,不可分割》。原载:中学历史教学参考,2007(9).

如只要"分数"就可能哪一维都谈不上、哪一维都没有。

何况"教育即生活",反过来说"生活即教育"也没错,因为教育与生活一样,无处不在。生活的持续过程构成了我们的人生,因而教育的真谛,毋宁说就是帮助人完整地认识自己、做好自己,亦即"服务人生"。然而必须明白,教育是有两面性的,在"善"的一面它有益于我们的人生,倘陷入"恶"的一面,它会对我们的人生有害。所以,教育之于人的命运,虽不能决定,却有改变之能。好的教育,对"人"必有帮助、改善和发展之功,断然要"弃恶扬善"。有了这一观念,那么一个不可割裂的、完整的"三维目标"就显得很有意义,尤其其中无法用灌输达致效果的"情感、态度与价值观"一维。

所谓"三维目标",其中的"维",就是维度,就是角度。"三维",就是三个维度或角度。三维目标,就好像一个东西的"整体"从三个角度去看,看来看去还是同一个东西,也总是同一个东西,而不是把一个东西分割成三部分去看,分割了就不是那个完整的"一个东西"了,而是成为"三个东西"了。一个东西变成三个东西,就失去了它原有的"整体"意义。

仅从知识的类型角度看,三维目标本就不可能分割,也不宜分割。我们过去对知识的看法往往是狭隘或有漏洞的,应该更新和健全。关键要明确三点:其一,概念(定义)是知识,这叫做"概念知识"(知道"是什么");其二,方法(程序)也是知识,这叫做"程序知识"(知道"怎样");其三,态度、信念(类似于情感、态度与价值观)更是知识(知道"为什么"),这叫做"态度信念知识"或索性称之为情感、态度与价值观知识也行。前两点大家都知道,后一点我们的认识往往不到位。"态度信念"常被认为是很虚的东西,怎会是知识?我认为它当然是知识,而且是颇为重要的知识,重要到每日每时不可或缺。

比如,商鞅在变法时"坚信"只有树立政府的信誉变法才能有效推进,故有"徙木为信"举措,因为这样做才使人"坚信"变法是来真格的,应该采取积极的"态度"对待,这是变法成功的一个重要因素,所以在我们看来很虚的"态度信念",在商鞅那里却是实实在在的"知识"和"能力",假如他没有这样的态度和信念,那商鞅就不会使用那样的"方法",变法的实施("过程")也就可能变成另外一种样子。

同样,作为老师,你"坚信"只有对学生充满爱心才会产生更好的教育效果,你每日每时对学生抱有这样一种爱的"态度",并把这种爱用灵活的教学"方法"贯穿于概念知识、程序知识、态度信念知识的日常教学"过程"当中,那你就有可能是一位"有效教师",你的日常教学也因此会臻于有效,这便是你的"能力"。倘若你没有这样的态度和信念,那你的教学效果就可能值得怀疑。关键在于,你得拥有这样的"态度信念知识",然后才会运用其他类型的知识实施教学、展现课程。

用西方的课程观点看,我们的"三维目标",其实某种意义上正是课程的如下三个层面:①"阐明的课程"(教师根据"课标"阐明并设计教学);②"展现的课程"(教师实施教学的过程);③"体验的课程"(学生感受教学的过程)。教学的有效性,既表现在"三维目标"的完整性上,也体现在课程三个层面的有机统一中。这些观点,是值得我们在课改中加以借鉴的。

一般地说,无论"三维目标"观,还是"三维课程"观,有效的教学过程,概念、方法、态度信念等多种类型的知识,它们基本上是同时发生,没有先后之分的,不可能在学习概念知识的过程中排斥方法和态度信念知识,或者先学习这个后学习那个。毫无疑问,落实"知识与能力"目标,需要借助"过程与方法""情感、态度与价值观";落实"过程与方法"目标,需要借助"知识与能力""情感、态度与价值观";而落实"情感、态度与价值观",当然更需要"知识与能力""过程与方法"作支撑。通俗地讲,其特点必然是"我他中有你""你他中有我""你我中有他",谁也离不了谁,谁也和谁分不开。

我和赵亚夫、张汉林两位老师就三维目标深入地交换了意见,亚夫先生希望大家结合实际思考,写出自己的看法,我也便写下了这些文字。借此对教学设计中"三维目标"如何表述,举个堪称丑陋的例子。姑妄抛砖,仅供在改变表述方式方面作启发思路的引子。实在大而无当,不足为据,敬请批评指正!

根据课程标准"三维目标"的要求,对某某某课的教学做如下设计:

一、采用某某某方法导入,吸引学生静气凝神,他们在上课伊始就能投入学习,并在伊始就比较清晰地了解到本课的学习目标,从而使学习"心中有数"。

二、某某某(人或事)是必须记住的历史知识,采用某某某方法(比如借用与现实生活有联系的某某人、某某事例做比较、比喻等),便于学生在理解中记住。

三、某某某是教学重点,预计用时某某某分钟,根据学生的已有认知及其差异,有针对性地用某某某办法,举"重"若"轻"地帮助学生扎实地思考、理解某某某历史,建构正确的历史观并能够在生活中加以迁移运用。

四、某某某是教学难点,本班学生对此类历史问题的认识能力普遍某某(好或不好),因此拟采用某某某方法(如交互协商)效果应该更好,当然视课堂前期的"生成"情况可做适当调整,故预先准备另外两种方法以便需要时采用:一是某某某方法;二是某某某方法。

五、历史观的改变很重要,学生如何看待历史,也就会如何看待生活,把历史观转化为人生观。为此,在重点难点的教学中,我特别准备给学生多一些角度和观点,这些角度和观点是否正确,学生只有自己动脑思考、独立判断才可得出结论。本课拟从如下几个角度和观点激发学生思考,期望他们能够获得更多学习体验:1. 某某某;2. 某某某;3. 某某某;4. 某某某。

六、把发展性评价渗透在教学过程当中,用恰当的时机和语言随机并及时地评价学生的学习表现(一般用比实际表现稍微高一点的评价),关键是保护他们的自尊,使他们能够对学习有兴趣、有信心,并在纠正错误认知和建构正确认知上发挥效力,学习能力能够表现在日常生活当中。

七、本课结束前,了解一下学生对重点难点的学习情况,然后决定是否留作业。预计学生在某某问题上不反复琢磨思考,理解起来比较困难,故预备了几道题供学生思考训练:1. 某某某;2. 某某某;3. 某某某;4. 某某某。经了解全班学生已经普遍理解了,就只供学习思考作参考,可以不交作业,否则就得交作业(作业老师会细加批改,并准确地回馈看法),究竟采用哪种办法到时视实际情况而定。

八、关于新时代历史教育发展的沉思①

新时代历史教育怎样发展,是历史教育工作者普遍关心的重大问题,区区卷首难以说清说透,这里仅就学习习近平新时代中国特色社会主义思想所引发的对新时代历史教育发展的思考谈点浅见,盼能引来更深刻的思想。

(一)人格是历史教育的"总开关"

三观正,人方能健全成长。惟其如此,习近平总书记才强调必须"解决好世界观、人生观、价值观这个'总开关'问题"。人格是三观之总,故人格就是"总开关"。教育的根本任务是"立德树人",人是唯一目的。史家也向来以为,历史是人文学科,真史学乃人学,真历史教育乃人格教育。故此,历史教育显然不是"历史学的教育",而是以人格为"总开关",用历史帮助学习者健全成长的教育。

(二)健全人格要求全面发展进步

近代有语云"史学者,导人以合人格之方针也",而况专事人全面发展之历史

① 原载:中学历史教学参考,2017(12).

教育乎？人的自由发展和全面发展是唯物史观鲜明的价值取向,这在习近平总书记心目中,正是要"更好推动人的全面发展、社会全面进步"。此亦意味着人格教育必有公民教育的新诉求——培养有理想、有本领、有担当的人。无疑,加强人格教育,为促进人和社会的全面发展进步做贡献,自是新时代历史教育不可旁贷的使命和责任。

（三）应完整地理解人格教育境界

人格本是"小宇宙",深涉人与人、人与社会、人与自然的关系,整体看"你（我）就是世界",改变自己即改变世界。习近平总书记关于"家国情怀""人类命运共同体""人与自然是生命共同体"的论述,清晰地勾勒出人格即关系所应有的"境"与"界",其实人格的哲学意涵和人格的历史真谛就在这里。新时代历史教育应完整关注个人、家国、人类、自然"共同"命运之总的博大情怀、丰富内涵和价值取向。若反之去窄化、矮化"境界",则必会伤害人格教育。

（四）历史教育无价值观则无灵魂

价值观是指判断何为"应该"。亦即,判对错、辨善恶、别美丑。价值观关乎思考、判断和选择,连着良心、责任和行动。在习近平总书记看来,价值观"承载着一个民族、一个国家的精神追求,体现着一个社会评判是非曲直的价值标准"。因而,价值观是人格"总开关"的灵魂,亦是历史教育的灵魂。灵魂出错,一切皆犯病。习近平总书记还用"扣扣子"喻说价值观的重要性,指出抓好青年价值观养成十分重要,"这就像穿衣服扣扣子一样,如果第一粒扣子扣错了,剩余的扣子都会扣错。人生的扣子从一开始就要扣好"。强调价值观是历史教育之魂,不但不排斥事实判断,反而必以更切实可靠的事实判断为理据。一言以蔽之,新时代历史教育,应以求"是"求"真"（事实判断）为体,以求"应该"求"对"（价值判断）为魂。头脑指挥身体,体应载魂,魂应附体,更应领好这个体。

（五）必须重视价值引领有效教学

人们常说的教学目标、课堂灵魂、教学立意,无不根源于价值判断和对学生成长诉求的双重同步研究。这意味着历史教学应了解并针对学生人格"总开关"存在的问题,有针对性地做好价值省察、价值协商、价值引领。习近平总书记对此就有一提醒,"要注意观察孩子的思想动态和行为变化,善于从点滴小事中教会孩子欣赏真善美、远离假丑恶"。明历史真相,鉴经验教训,察利弊得失,辨善恶美丑,以利启迪今人认识世界、认识社会、认识自己,本来就是历史教育的独有优势,做好价值引领才有可能更好地发挥这种优势。倘若没有价值灵魂,一味沉湎于片面追求"史料"或"求真",则教学必有价值风险。难测之虞,岂可等闲?

(六)历史意识是历史思考之根

习近平总书记说,人的历史文化素养,"最重要的是要具有历史意识和文化自觉"。这里仅就历史意识言。历史意识就思维层位看,似乎低于历史认识、历史思想、历史智慧,然而正是这个看似层位较低的历史意识,却像树根一样,决定着所有历史思维层位之生命的荣与枯,万不可轻觑这"根"的威严和作用。你看,构成"历史意识"的证据意识、时代意识、背景意识、变迁意识、批判意识、价值意识等要素,不仅可以把"时空观念""史料实证""历史解释"等所谓历史学科素养一网打尽,而且对避免类似"时空观念"等概念给历史教学实践或多或少带来的非专业困惑,也会有帮助。

(七)历史意识乃学科看家本领

历史意识,简言之即遇任何事均须回到当事人所处的那个时代、回到那个时代的背景里、回到那个时代背景里诸种事物之间的复杂关联和这种关联所导致的变化走向及其时代特征来审视"历史"。历史意识到位了,时间就不再是简单的物理时间而是带有文化变迁过程和方向感的时间,空间也不再是简单的物理空间而是带有人与自己、人与社会、人与自然等关系构成的复杂文化背景和价值取向的空间。这个鲜明特质是其他学科难以教给学生的,故而才说它是历史学科的看家本领,必靠历史教学来培养。学生学会了用历史意识和价值省察来思考,就可能更好地认识自己,比如克服自私自利、自以为是、一厢情愿、不知换位思考、不懂自己和世界本为一体等人性弱点,变得更诚实、更理性、更向善向美,这在健全人格上,总会或多或少彰显其非凡意义。

(八)反思是历史思维最大特点

深刻的历史意识,到最后会升华为更高层位的思想,毋宁说历史认识、历史理解、历史思想、历史智慧等层位的思维,最终均会与历史意识合而为一。纵使如此,所有层位历史思维的根仍在历史意识。而且,历史意识决定了一切历史思维的根本特征是反思性。历史上人怎么想、怎么说、怎么做,一切都已经完成了、不在眼前了,我们唯一能做的就是从回头看的过程中去思考,此即"反思"。皆已完成了,反思本该更清晰、更深彻。而清晰深彻反思,正是史学之追求,也是历史教育之追求。然而,时过境迁,证据或难全,或相互抵牾,要清晰深彻反思殊非易事。

尽管如此,依据历史意识做好反思依然是新时代历史教育发展的一个研究重点,不过从学科原动力上看要有赖于史学发展的支持而已。

(九)同情之理解重在尊重敬畏

人们或许经常说历史意识即"同情之理解",却又或许有意无意做着"站着说话不腰疼"的事情。比如,讲侵略和殖民的历史,一些教师会遇到这样的学生,即非常认可侵略和殖民在"客观上"给人类带来的所谓"进步"。如讲抗战至中国东北沦陷在日寇铁蹄下时居然有学生很兴奋地说:"要是东北不收回来,咱们现在就是日本人了,那多好啊!"学生何以如此? 显然是缺乏历史意识和价值省察所致。怎么办? 做足历史意识和价值省察,唤醒对历史的同情、共感、尊重和敬畏,在讲任何历史时都这样警告自己——当事人可能会从"从坟墓里爬出来"质问:"你这样讲有没有证据、有没有良心?"

(十)史实背后的价值观更重要

倘在改正美化侵略和殖民等错误认识上还说不服学生,那就得设法用史实充分呈现那场灾难情境,让他置身其中"经历"(体验)一番屈辱和灾难,如此他或许就不再"站着说话不腰疼"了。可怕的是,倘让善恶美丑等价值视野完全"逃离"课堂,那造就的学生就可能,不仅无头脑,而且没良心。史实很重要,而洞察史实"背后"善恶美丑等价值观更重要。如果历史课还沿袭所谓"客观上"之史观,泯灭了人性、人心、人格的善恶判断,那就真对不起"中国梦",真对不起人类良心了。相信教师们有这一警觉,也有智慧教会学生怎样正确认识历史。

篇幅所限,言不尽意。敬请大家批评指正!

第三章

历史教育要有心

一、从根本上追问什么是有效的历史教学①

（一）胸怀教育"北斗星"：从根本上追问何为有效教学

聂幼犁：对今天讨论的"终极目标"，俺的观点早就讲过啦。

"历史"是什么？大抵有 3 种用法：一是不可重演的过去的事情，包括人类、自然和两者的关系史。这是不以人的意志为转移的客观事实；二是我们今天所知道和认识的过去，属于认识范畴，是随着认识的深入不断变化、进步的，其真理性在于对"一"的符合程度；三是史学，是今人与古人的对话及其沟通的过程，以求"二"能够更逼近"一"。这个过程取决于人们认识过去的智慧，也体现了情感、态度、价值观。

中学历史教育是什么？是通过"二"和"三"，使学生头脑中的"过去"更逼近"一"；与此同时，发蒙和学习如何逼近"一"的智慧、情感、态度和价值观。然而，中学生的学习时间是个有限的定数，历史却包罗万象，博大精深，以至于大家常常引用马克思的话说，"只有一门科学，那就是历史"。这个矛盾决定了中学历史教育的内容和方式必然有所选择。既然是选择，就有一个选择的标准问题。抽象地说，就是学习成为时代之人的历史知识、能力，培育可持续发展的意识情感、态度和价值观。

---

① 原文题目为《历史教育的终极取向：从根本上追问什么是有效的历史教学——聂幼犁、赵亚夫、齐健、任鹏杰共同主持中国历史课程网在线研讨实录（节选）》，这次在线研讨借助了何成刚博士（网名"羽扇纶巾周瑜"）主持的"中国历史课程网"平台，研讨时间是 2007 年 3 月 13 日 20：00—23：00，研讨内容由任鹏杰（署名"雨人"）和张艳云整理而成。原载：中学历史教学参考，2007（5）.

布瑞斯：历史教学的"有效"必然是针对一定"标准"的,俺刚明白了应该把两者"联系"起来。

聂幼犁：在湛江会议的开幕式上,俺专门强调了"人文、人权、人性的觉醒"。可惜,会上、会后呼应的同行很少,俺很伤心!

yulin0304：俺们都记在心里了!

晚凉中的杜苇：关于历史教育的价值,最早我在赵亚夫教授主编的丛书序论《历史教育要给国民自信力》一文中获得启示："历史教育改革的目的在于造就有自信心和自信力的历史教师,并通过他们培养有自信心和自信力的国民!"后来,又在赵教授一系列文章中得到启迪。之后,我在《中史参》上又读到齐健老师的有关访谈,尤其是得到聂教授的指点,并在具体教学中对历史教育的价值有了进一步认识。去年以来,在几次报告中,任主编提出:历史教育必须同时具备相互关联的三个维度——"完整的世界观・公正的价值观・健全的人生观",并强调要用"整体"历史观服务于人生。可以这样理解,从根本上追问历史教学的有效性,也就是探求历史教育的价值。

请问:有效历史教学或历史教育的价值是一个目标还是一个标准? 如果是一个标准,那么这个标准必然是打上了时代的、文明的标记。这个标准由谁来掌握?

任鹏杰：这个问题很有价值,可分而言之。我以为,"有效性"主要是历史教学追求的一个"下位"目标,但必须从属于历史教学的"上位"目标——服务人生,亦即用"整体"历史观帮助学生认识自己、做好自己。"上位"目标或者说历史教育的终极取向,这才是标准,才是衡量历史教学是否有效的尺度。甚至可以说,"上位"目标就是历史教学的"北斗星",追着它走,准没错,教学越有效就"越有益"于人生。离开了这个"北斗星",教学越有效就"越有害"于人生,可谓南辕北辙。这也是我为什么要把这次在线研讨的主题,定为"历史教育的终极取向:从根本上追问什么是有效的历史教学"的缘由。因为,偏离这一终极取向来谈"有效教学",无异于让历史教学变成"无头苍蝇",只能瞎碰! 道理很简单,例子也很多,刘向荣等老师已经在提问中涉及了一些,说明我们的历史老师是有思想的,很让我激动。

我以为,这个标准可以掌握在所有人手里,如果没有掌握,我们要教他来掌握,历史教育的魅力可能恰在这里。

晚凉中的杜苇：历史教学是无限接近这一终极目标的过程。教师应该做的就是:我改变不了世界,但我可以改变我的课堂。问题在于:谁为这个有效性教学过程的可靠性买单? 也就是说,凭什么来保证教师在课堂上所爆发出来的激情、所传递的情感对学生是有效的(或者说是准确的、有益的)?

任鹏杰：虽然对标准的看法,可能带上时代的、文明观点的印迹,但我认为人文、人性、人格中的"真善美"等内涵,犹如"北斗星",应该是"人"所共仰的,它不分时间空间,不分中国外国,始终是作为真理存在着的。与此相反,那些"假丑恶"的东西,比如恶欲,尽管有时是推动历史的动力,但总不能因为它是"动力"就不是"恶"了而去倡导、颂扬、追求吧。我想,历史教学要有效,老师们必须胸怀天下,胸怀"北斗星",首先从历史中认识自己、做好自己,然后才能保证教学中爆发的一切激情、传递的所有情感都是可靠的,有益于感染学生、教育学生。

晚凉中的杜苇:一线教师更关注的是这个过程的实践、实现与实效,有了过程的保证才会有终极目标的实现。举个例子,新课程中三维目标的"情感、态度、价值观"目标的实现应该是有梯度的,不是搞推土机全面轰炸,这种递进与分层由谁来完成?

任鹏杰:史实是知识,认识历史的方法是知识,情感、态度与价值观也是知识。史实、方法,必须根据学生的身心特征分层次、分梯度来教学,但情感、态度与价值观却不能因为学生未成年而降低要求,因为年龄越小,其世界观、价值观、人生观就越不健全,就越需要满足他们,在这一点上不要怕被批判为有"成人化"倾向!教学的"递进"靠完整的教育计划、安排来保证,但学生不管有多大"欠账",你可以问责教育管理部门、学校和前任教师,但是绝不能埋怨学生,自己应当承担起责任。呵呵,站着说话不腰疼了吧?不是,看看"北斗星",我们定会觉得这是一种使命,而不是负担。

yulin0304:"史实、方法,必须根据学生的身心特征分层次、分梯度进行教学,但情感、态度与价值观却不能因为学生未成年而降低要求",这让我有顿悟的感觉!

Liqing:现在重提"有效教学",虽然我认为是一种回归,但我们只怕还得思考向什么方面回归,以往的追求效率重在基础知识和能力,忽视了人的全面发展,现在新课程就是要改变这种状况,所以回归有效教学也应立足于学生的全面发展。就我的理解,有效教学重在过程的效率,但前提是全面合理的教学目标,而指向是教学的结果。不知专家的意见如何?

朱正标:请教任主编:刚才再一次认真拜读了任主编的大作,我的理解如下,不知是否正确:第一,历史教育根本性的问题是解决人生问题,给学生一个过幸福人生的准备。第二,围绕这个话题的讨论应该属于教育哲学问题,同时隶属于更大的话题,即人生哲学问题。第三,但无论是教育哲学还是人生哲学,讨论仅限于历史教育范畴,因此,它与历史哲学有着相关度。第四,因此,讨论不着力于一般的历史课堂教学的有效性问题。课堂教学的有效性问题应从属于本次讨论的主题。第五,任主编在文章中提到,历史教育服务人生,从历史学科的教育来看,重要的是透过"整体"的历史观,使得学生能够通过对历史的认知实现对自我的反思,认识自我。第六,进而,使得学生能够学会认识自我,学会做人。

任鹏杰:您说得太对了,好像在我心里走了一遍! 我觉得,您可能还有更多的很有价值的见地,何不说出来让大家共享?!

梦中禅:赵教授有关历史教育现代化的论述非常精辟。我们在寻求历史教育现代化理论的时候,借鉴国外的研究是很必要的。但是我们传统的教学理念仍然有着很大的魅力,如宋代的书院教育就有不少可供借鉴的地方。对此赵教授有何看法?

赵亚夫:历史教育一定要两条腿走路,一条腿要走向世界,放宽我们的眼界;第二条腿要立足于本国本民族的优秀传统。过去我们的历史教育研究相对落后,理论基础薄弱,又长期封闭,因此我们现在把第一条腿的步子迈得大些是必要的。但是这不意味着我们应该要忽视自己优秀的东西,除你讲的广泛意义上的继承,还包括更为具体的历史学科教学的优良传承,我曾在多种文章和自己编的书里谈到要注意研究总结传统历史教学的好经验,经常提到的人物有:包启昌老师、时宗本老师、陈毓秀老师这些老前辈,还有像孔繁刚老师、李秉国老师等这些(20 世纪)80 年代历史教学改革的风云人物。所以,我们需要继承和关注的东西很多,现在做得很不够,本来我在这方面已经准备了一个稿子,现在(因电脑出问题)都丢失了,所以在这里我想用三句话做一个简单的概括:第一句,我们不能为了自己的利益去歪曲历史。第二句,我们的历史教育研究一定是站在中国人的立场,用中国学者特有的历史教育视野来研究我们自己的问题。第三句,这些年,我的所有研究都围绕着公民教育和人格教育这两个主题,把握这两个主题可以用 3 个关键词来概括他们的核心内容,即人性、公正、宽容。做到这三点非常不容易,对我们而言,首先是视野问题,这个视野既包括对待自己民族文化优秀传统的态度,也包括如何看待其他民族文化的优秀传统。

梦中禅:从根本上追问历史教学的有效性,说白了就是通过历史教学活动,我们最终能培养出什么样的人。我投身上海的历史课程改革浪潮中已经 5 年,学习到了不少新的课程理念。但也有一些困惑,最大的困惑是,我们的课程理念似乎太过于也太急于与世界接轨,过于强调培养学生的全球眼光和世界意识。历史的真意是文明文化的传承,一个对本民族优秀文化都一知半解的人谈何具有全球眼光,一个有着悠久文明史的古国和当代的文化大国应该拥有足够的文化自信。那么在历史教学中到底如何看待民族意识和全球意识的关系?

任鹏杰:说得没错。中学历史教学的根本问题,正是如何培养"人"。顺便指出,培养"人才"是人们随口而出的话,但我认为基础教育阶段应该调整教育目标的重心，"人"是根本，"才"在其次，不能本末倒置。这是基础教育应持的独立价值观，长期以来我们丧失了这一独立价值观，结果往往是"才"没培养成，"人"也荒废了。这是一种悲哀，该到深刻反思的时候了！

"主次关系"把握失序，就会陷入"非此即彼"或"非有即无"的困惑。中国是可以影响世界的大国，放弃"以天下为己任"，显然不可以。但倘若没有如新课改倡导的那种全球眼光和世界意识，也难担此大任；当然，一个连自己都没做好的民族，更难当此任。这正是我何以把历史教育的终极取向定格为用"整体"历史观助人认识自己、做好自己（亦即"服务人生"）的关键所在，这一道理对于个人、民族和整个人类世界都是适切的，因为不管个人、民族还是整个世界，只有认识自己，才能做好自己。只顾"他者"而失"自我"，是舍本逐末，正如您所说没能"拥有足够的文化自信"的民族，是很可悲哀的，其处境也是危险的；不过一味地只顾"自我"而无视所有"他者"的存在，也最终会失去"自我"。毕竟，人非孤岛，国非孤岛，一切都不是孤立地存在。

Liqing：历史教育一定要两条腿走路，能否理解为立足本国、不忘本，放眼世界、走出去？请说说"中学为体，西学为用"能否形容这种情形？

赵亚夫：确切地说不是。给你两个思路供参考：第一，这句话的"本"和"用"指的是什么？与近代的先进文化是否一致？第二，我们习惯用"本"来解释我们所理解的传统文化，但是这个"本"经历近代以来的多次文化革命还有根基吗？

Gscfy：通过讨论我对有效教学在原来的基础上增加了几点认识，不知正确与否？第一，"有效教学"最终目标是为了服务学生认识自己、更好地成长和生活，这和史学的"资治通鉴"有相同的价值取向。第二，有效教学必须要解决相应的"有效教学"目标。第三，有效教学是要"测量"的，不一定是用具体的数字量化的，但要通过检验，即有效教学的"识别"可以通过对比以前自己的教学或者横向比较等。第四，有效教学与"三维目标"紧密相连，尤其是"情感、态度、价值观"这一维，但怎样将二者结合起来呢？

赵亚夫：有关什么是有效教学目标，我将在最近发一篇小系列文章，第一篇讲我的历史知识观，这方面的要点已经在去年12月北京和湛江研讨会上都作了说明；第二篇讲我对历史学习能力的理解，也是在上述两次会上谈过的，有时间请你看后给予指教；如果说前两篇文章还是主要从学术的角度看有效教学目标问题，那么第三篇主要是从操作的角度，我主要谈了3个问题：目标的简化问题、目标的意义化问题和目标的内化问题。

顺便说一句，我非常同意你的见解，有效的教学目标一定是可控的、清晰的、可以测量的。从我个人的观点看，所谓三维目标的提法是有问题的，尤其反对把情感、态度、价值观作为一维目标加以特别的强调。我的观点在很多场合都作过详细的表述,概括起来有两点:它不符合历史学科的特点;它不利于历史教育培养新公民的课程宗旨。

yiran630:赵教授,简化和意义化大致能猜得出,能先解释一下内化吗?

赵亚夫:两个方面:第一是指教师对所授内容的理解。教师不能理解教学内容就不能实现教学内容的意义化,也不可能将其简化。比如,现在流行的教学目标的表述方式是将三维目标一一列举,既烦琐又无实际意义。第二是学生对学习内容的理解。最主要是体现在学生能够运用自己的语言(文字的或口头的)表述自己理解的个性化的历史。

湖心听晚:有效教学?这里的"效"指什么呢?假如"效"的概念不确定和期望杂芜的话,怎么能达到有效教学的目标呢?

博雅:"效"里有高效和低效,甚至失效与无效。

任鹏杰:"效"当然是"效率""效果""效度",有效的历史教学,我说过不能割裂以下两方面:一是"服务人生"犹如"北斗星",它是上位标准,跟着它走,只要努力,就会有效,偏离了它,越有效,就可能越有害,无效就更不用说了;二是只要涉及"有效"概念,就必须首先想"以什么为标准",有效的历史教学,我以为必须以服务人生——帮助学生认识自己、做好自己这个"北斗星"为指向,而不能盲目地谈什么是有效、无效或低效。回答比较笼统,请谅解!

朱正标:请教任主编:第一,在您的文章中,有效的历史教育是否就是一种理想的历史教育?第二,您的"整体"的历史观应该不同于"整体史观",而是历史教育的目标。第三,假如由您制定课程标准,是否就是将"整体"的历史观作为"情感、态度、价值观"的目标?第四,按照您的理解,一堂历史课的追求是让学生对历史产生思考与追问?如果不能激发学生对所学历史的思考,基本上属于一堂失败的历史课或无效的历史课?第五,您是否思考过关于实现"整体"的历史观目标的技术操作层面的因素?

湖心听晚:服务人生?这是个具有主观性标尺的要求。在教学中,有的老师空谈学生的长远人生而忽视具体教学目标的落实。所以,服务人生也有大文章做。

帮助学生认识自己、做好自己的"北斗星",这是教育的目标。而所谓有效,更指达到目标的途径的效果。我刚才浏览了大家的一些帖子,这也是一线教师最关心的。希望继续指教。

任鹏杰:您问得好,我所关心的重心正在这里。即您说的一些老师对人生没有"标准"可据,"空谈"人生,结果却误了学生的人生。我在一些地方讲过,好的人生是有好的依据的,李大钊说历史观就是人生观,就是人生的准据。这准据就我的理解,有很多方面。从大处讲,"头脑清晰,心地善良,心灵宁静"就是好的人生状态,让学生达到这一境界不容易,但却值得追求。从小处讲,我曾不很完全地列举了几种意识让老师们注意渗透在教学中。简单说就是,用"整体"历史观认识到:一是,天地人合一克己意识。二是,自由即自我控制意识。三是,个性与社会性和谐意识。四是,独立自主的个性人格意识。五是,独立判断舆论、共识的意识。六是,淡泊名利选择更好人生目标的意识。

神仙巫:历史教学的时效性、实效性和有效性三者的关系如何?

任鹏杰:三者当然应该是一致的。只是,我还是主张"有效性"概念,因为它可以让人警惕什么是无效的、低效的,甚至有害的。我反复强调,历史教育必须落脚于"思想"与"现在",其意义恰在于此。

jby1968:我也主张"有效性"概念,虽然这一概念带有一定的功利性。

湖心听晚:时效、实效,都是有效的一种内容性限定,也是有效性的保证。

博雅:是否可以这样说"思想"就是时效,这是长远目标,有利于学生的未来的人生发展;"现在"就是实效,即有利于实现学生的最近目标,提高素养尤其是考试。

神仙巫:无效、低效该如何界定呢? 比如一个老师抓得特别严,填鸭式教学,学生非常认真背书,高考成绩很好;另外一个老师不主张填鸭式教学,高考成绩很差。那么,如何评价这两个老师的有效性呢?

聂幼犁:哈哈,其实你的问题已经包含了答案,把两个老师的做法"加"起来"中庸"一下就好啦!

神仙巫:谢谢聂教授! 要实现这种"中庸",普通的中学教师都要成为大学教授啦。

聂幼犁:中学老师和大学教授在本质上没有差别,只是在专业上各有所长。尤其在回答你的问题上,应当是中学老师的专利,你说对吗?

博雅:但在许多学校往往是前者最吃香,后者几乎被边缘化,最好的是两者兼顾,才是最成功的老师! 论坛上这样成功的老师很多,你们要多传授真经。

yiran630:呵呵,我就是上课加过关的"中庸",可是还想找到更好的办法!

沈为慧:以前我曾写过一篇文章发在博客上,名为《跑步还是升旗》。聂教授给我的留言是:举着旗帜跑步!

yiran630:我来晚了,没想清楚,所以说点最具体的。

说之前,还是先说说前两天看的东方卫视的专题片《大师——陈寅恪》。一直很崇拜这些大师,尤其是大师背后的女人,那是怎样的生活境界呀!"自由之精神,独立之思想",那是怎样的胆量与气魄呀! 刘节先生代师批斗,蒋天枢先生晚年尽力编辑先师的文集而放弃编辑自己的文集,这是怎样的师生之谊与人格魅力呀! 总之一切的一切是那么的可望而不可及。

这和有效的历史课堂教学有什么关系呢?

我要说的是,如果你在教书生涯中有幸能遇上有陈先生、刘先生、蒋先生这样潜质的志向远大、人格高尚的学生的话,那么,把任主编的锦绣文章赶快找出来细细研读,千万莫误人子弟,用应试教育扼杀了天才。

可如果那孩子只想读了书,考个好大学,找个好工作,娶个好媳妇,买个大房子,生个好孩子……(莫骂我俗,窃以为很多人都是这么想的,而且还都是通常意义上的好学生)对于这样的学生,应试教育就是有效的,能帮他们实现梦想,改变命运。毕竟不是所有的人都愿意或能够成为毕加索和莫扎特的。

再比如那孩子根本不想来上学,被父母逼迫,再加上这个年龄,人家都去学校,自己不去连个玩伴都没有,所以万般无奈,才来到学校的。面对这样的孩子,陪他玩玩历史,让他觉得历史还算有趣,回家看个电视,好歹能看个半懂;和人闲聊个天,好歹不胡说;外出旅个游,好歹不丢中国人的脸,也算是有效的历史教学了。

乱弹了这么多,其实只想说一句,有效,可能有统一的标准吗? 抑或,有真正的高手能将三者统一? ……

原来这三者真的可以统一的!

王雄:是什么有没有搞清楚? 当然从某种程度上看,(有的)永远搞不清楚。但是我们可以确定大致的方向:第一,人的发展。包括道德、观念、情感、能力、知识的发展。第二,历史学科自身的目标。对过去的理解,并对今天的认同与反思,及对未来的理想与追求。

(二)两难困局中求解放:考试分数与有效教学

孙海文:同样是画苹果,中国教师先示范,强调诸多注意事项,而外国教师却不一样,让学生摸、吃,找自己的感觉,然后要求学生将自己的感觉、感受画出来。当然教学效果就不相同了! 中国学生对着讲台上的一个苹果,按照教师的指点,画出来的苹果逼真,又好像是一个模子造出来的;而外国学生画出来的苹果,虽不逼真,但却各有特色,意趣盎然。这几乎表明,同样是让学生去感受,目标不同,要求不同,效果也不相同。这也许就是我们中外教育的差别所在。

画报:我晓得,你们说的"有效性"是历史课程对学生人生观、历史观的教育和改变。而我们一线教师的"有效性"则是考试分数,相当残酷的分数。我总在这二者之间徘徊,我也无法回避分数对我的压迫,因为我必须靠这个吃饭。所以,我看到你们讨论的这些东西时,我的感觉是,我能不能真正的在教学中使用这些理念,应该如何才能使这两种"有效性"合二为一呢?

赵亚夫:我十分理解你现在的心情,和你抱同样想法的老师应该不在少数,这个想法很实际也很无奈,但是我们说今天讨论的话题决不是要砸老师的饭碗,或是把老师架在火山口。我想,它的意义应该是寻求解放历史教学和历史教师的一种途径。我们所处的世界是一个多变的、复杂的世界,历史教学的尴尬局面和它的无效不是中国独有的,但就全世界而言,要解决历史教学这个课题最终是靠教师自己,我们掌握了课堂我们才能掌握历史教学,我们拥有了有效的历史教学才能给学生有意义的历史认识。我们所处的时代和所面临的历史教学有效性问题有不能忽视的社会背景,用后现代学者的话说,他是反基础主义的,反绝对主义的,反本质的,所以他们宣称上帝已经死了。我们只有用自己的理解去救活我们的历史,包括历史教育。

兔巴歌:赵老师说得很有道理,这也是历史教师要为之奋斗的目标……但想想这是一个到处充满功利的年代,如何摆脱教育的功利化? 它可能是历史教育有效性的最大障碍。但作为现时代的一名中学历史教师,为后来人作嫁衣裳也要贡献我们的力量。

Banpo:我有一个疑问:如何将历史的知识性和实用性结合起来? 我很难平衡两者。知识性,是就历史学科本身而言,传播历史知识,培养学生的历史思维;实用性,就是指为高考服务。

历史内容,教材上写得清清楚楚。现在的学生知识再少,几个字也应该认识。我们在课堂上重新组织一次,有没有必要? 讲来讲去,无非还是课本上的内容。王雄老师的一本大作,我们这儿是作为培训的教材来学的,写得不错,对新老课程的对比分析很全面,理论阐述也很透彻。他强调在新课改中,要注重对学生能力的培养,老师角色要转换成引导者。现在的高考内容也呈现能力考查的趋势。

那么,我能否这样理解:语文课可以用上一部《红楼梦》的方式处理的话,历史课是否也可以用"百家讲坛"的形式来讲? 现在,我们教学搞得那么有板有眼——背景、原因、过程、内容、意义什么的,实在令人反感。当然,那种作秀式的上课,把学生搞得不亦乐乎的方式,我个人认为也没有必要,而且在中国广大农村学校根本就没有条件和市场。

孙海文:请问历史课程改革的实效性与历史分数是否矛盾,在历史课改的过程中,取得历史的实效性,这需要一个过程,在这个过程中,如果历史分数下降了,影响教学质量,直至学校声誉扫地,那怎么办呢?

任鹏杰：不是实效性，而是有效性，二者并不矛盾，真正有效了，相得益彰，分数只会更好！

齐健：赞同任老师的看法。其实，作为一个山东省新课程下考试改革的亲历者，我知道有关方面正在积极地进行艰苦探索，但这需要一个过程。

安徽林桂平：我想与各位专家交流一个现实的问题：进入新课程改革以后，许多老师的教学方法没有发生根本性的变化，"新瓶装旧酒"的现象比较普遍，中学老师如何适应新课改，尤其是如何实现目前新课程标准中提出的"过程与方法"的教学目标呢？

齐健：今天刚收到的《历史教学》2007年第3期，刊登了北京张汉林老师的大作《对"过程与方法"目标的一点思考》，谈的正是这个问题，颇有独到之处，值得参考。

沈为慧：就目前来讲，教学的有效与无效，应由两方面因素决定：一是分数，二是学生。而前者往往比后者重要得多，没有高分的教学就被认定为无效教学。就我的观察，被大家认为较先进的江苏，在课改方面仍有很多问题，因为仍要应付考试。我的做法是：平时行新政，考前用旧法。

Liqing：同感，同感，哈哈！

孙海文：我也有同感，这是没办法的办法，可害了谁呢？我们的孩子啊！

shensy1961：不会吧，你都这么说，我们呢？传统的做法也不是一无是处的。精彩纷呈、眼花缭乱中，总会有这样情况的，正常！

cqs 常青树：刚才沈为慧老师说到的他的做法在我们这里是很盛行的——平时行新政，考前用旧法。这对于我们的新课改的课堂教学来说，有效性是大打折扣的呀！但是怎么样去解决呀？！

沈为慧：4月8日江苏举行学业水平测试，说起来考60分过关就行，但这还要看试卷的难度，万一过不了关，学校能放得过我？学生与家长能原谅我吗？我自己能原谅我吗？所以宁"难"不"易"！分数多了又不压人呀。各科都这么做，学生的负担没有减，学校的压力在增大。课改只剩下考试名称了：不叫会考，叫学业水平测试。

Banpo：我说一个我们这里发生的真实故事：有一个数学老师，在学期末，有一节内容没上完，他对学生说，这一节内容中考不会考的，你们回去自己看看吧。不走运的是，那年中考就考到这方面知识了。有一个学生差几分没能上重点中学，于是父母将责任推到那个可怜的老师头上，将他告到教委，结果是这个老师受到处分。

在评价体系没有根本性变化之前，教学方式要想改变，谈何容易。今天美好的理论,也许到 N 代以后才能实现吧。

Liqing:我觉得这位教师的确存在失误之处。既然是教材编写的内容,为什么就没有上完呢,这不也是违反规定吗? 换句话说就是没有完成规定的教学任务。其次,他凭什么说中考这就不考,难道中考不考就可以不教了吗? 还是应试教育的思维。即使是应试教育思维,也应对学生负责,而他(她)对中考的情况并不了解,结果出现了差错。当然,具体情况我也不清楚,可能因不了解而瞎说,但据上面说的来看,我认为那位教师应该受到处罚。

(三)师生角色深度反思:教学的主导本是学生的成长需求

安徽林桂平:我有一个疑惑:实施新课程后,许多学生初中时历史学科基础知识并不扎实。现在让他们直接参与(高中)学习知识的过程,老师和学生的作用分别如何体现? 如何把握一个度?

齐健:您的意思我没有完全理解,但在我看来,在学习知识的过程中,教师最重要的是引导学生把握发现问题、审视问题和解决问题的多种途径和方法。

梦中禅:读了任主编有关历史教学有效性的文章,有茅塞顿开之感。但是您在《教学的转变:历史教育如何趋近理想境界》一文中提到"以教师为主导,以学生为主体"是错误的观念,应该教师和学生都是主体。对此,我有些不解。既然教师和学生都是教学的主体,何以区分教师和学生在角色上的差异? 教师为主导并不排斥学生在课堂上的主体性,也不排斥历史教学的开放性。您对这两堂课的精心设计、组织和引导,不正体现了您作为教师的主导性吗?

任鹏杰:否定"教师主导"说,优秀的老师是不是感情上接受不了啊? 这个观点聚讼纷纭久矣,于今更烈。在哲学上,它不堪一击,但说起来比较复杂,暂不多嘴,我仅从教育角度简单谈谈。

一说此观点是错的,很多人大为不解:主导教学的不是教师,那又是什么呢?

浅表地看,我以为这个"主导"应该是课程标准,因为课标代表着国家、民族和整个社会的教育价值观,教学的一切行为,不管教师的,还是学生的,都得以课标要求为依归(当然其前提是,课标必须能够反映国家、民族和整个社会的教育价值观,不合理需要调整那是另一回事)。假如不以课标为主导,而是以教师为主导,无疑要取决于教师的教育价值观是否正确了。教师的价值观正确,教学越有效,就越有益于"人";相反,教师的价值观错误,教学越有效,就越有害于"人"。很多老师因为自己的价值观是正确的,教学是有效且有益于"人"的,所以在感情上难以否定"教师主导"说,但冷静下来去思量,"教师主导"说在教育实践上,有很大的冒险之虞。我这样说,绝无贬低教师作用的意思,而是说这一观点被作为一种原则性的理念去倡导,极有可能将教育的善否,全然系于教师一己的行为,其后果如何,怎堪想象?

深层地看,我以为这个"主导"应该是学生成长、进步、发展的内在需求(这种需求,当然得符合国家、民族和整个社会进步发展的需要)。课程标准的根本依据,就来自学生的这种内在需要。毋宁说,教学的"外显主导"是课程标准,"内隐主导"正是学生成长、进步、发展的内在需求。只是没有人去揭示这一隐藏在课标背后的更根本的依据,才容易误解罢了。明确了这一点,索性就可以不恰当地这样说,是学生的学习需求主导着教师的教学,"学生是学习的主人"而不是相反。就历史教学有效性来说,每个学生在"认识自己、做好自己"服务自己的人生方面,需要什么,教师就应该满足他们什么,哈哈,用聂教授的话说就是"缺阴补阴,缺阳补阳",而不是无视学生学习需求的个体差异,不管你要不要,只用教师自己的"一套"办法,去主宰"多个"活生生的生命。我想,要有效教学,就不能不厘清这些关系和道理,想出更多办法,帮助各个不同的学生。何况,这也是课程改革的用意所在。

这是个很大的问题,我在好多文章里探讨过,老师们若有兴趣可以看看。

yulin0304:我又记住了一句话:"学生的学习需求主导着教师的教学!"

梦中禅:我能理解任老师有关教学主导性的论述。您也承认教学的外显主导是历史课程标准,但这一外显主导要变成学生的内显(隐)行为,必须通过有效的教学活动来实现,而历史教师所扮演的角色无疑也是非常重要的。

沈为慧:齐教授,引导学生思考的做法在实际操作中很难。要么课时不够,要么学生的知识储备不够,要么学生没有思考的习惯,要么学生没有表现的胆量。太难啦!又得上课去了。晚自修我们也常常是老师讲,学生很难做到自修,真让他们自修,他们已不会自修了。

齐健:"又得上课去了。晚自修我们也常常是老师讲,学生很难做到自修,真让他们自修,他们已不会自修了。"这句话本身对于我们理解什么才是"有效"的教学,就很有启示意义。

布瑞斯:如果学生不会"自修",不会学习,不会求知,还咋谈有效啊。"主体""能力"不可少!

安徽林桂平:在新课程实施中,我们发现课堂教学过程中存在的问题,一是片面强调所谓学生的主体性,课堂提问过多过滥,存在简单化倾向;二是教师一讲到底,使学生完全处于被动接受的地位。我的疑问是:如何实现有效课堂?在这一过程中,师生的角色如何定位和实现?

赵亚夫:你提的问题非常中肯,但问题的范围过大,今天不能够完整地回答你的问题,我只想发表我的两个意见。第一,现在课堂中的提问绝大多数是无效的,这方面的例子随处可见,但是我想在这说的是为什么会出现这么多无效的提问,恐怕教师的专业知识不够扎实是主要原因之一。第二,历史教学尤其是高中的历史教学讲述是必要的,问题不在讲而是讲什么、怎么讲,现在很多老师很忽略自己的讲,讲出来的东西多不是自己的,要么就是哗众取宠的,没有真情实感,前者学生不会喜欢,后者学生只是听热闹,不一定真的买老师的账。历史教师的基本功之一就是能够很好地描述历史,有讲的功夫。现在有一种倾向,把本该老师做的事情,老师该磨炼的功夫,以这样或那样的学习活动为借口去让学生做,这是极其不负责任、很没有专业素质的表现。历史教学讲究解释的功夫,所谓的历史理解都是与人的意志和愿望有关的,历史意义是通过历史解释来反映的。

齐健:与赵老师有同感。下面有一段奥苏伯尔的话,对我们也许有用——发现学习、接受学习与意义学习、机械学习之间并不存在必然的对应关系,发现学习和接受学习都有可能是意义学习或机械学习。那种认为接受学习必然是机械的,发现学习必然是有意义的看法是毫无根据的。如果教师的教学得法,接受学习亦可以是有意义的;而如果教学条件不合适,发现学习亦可以是机械的……

cqs 常青树:请问,面对农村学生的现状,书籍缺少,资料难找,积极性不高,我们该如何实现课堂教学的有效性?

羽扇纶巾周瑜:我个人的看法是,从本班实际情况出发,尽力而为之,只要有改观,即使一点点的改观,也是一个进步。勉强与别人比较并不是值得提倡的做法。你提的问题有些是主观的问题,有些是客观的问题。客观的问题一时难以解决,主观的问题,比如学习积极性不高,这个问题可就得我们历史老师来负责了。

cqs 常青树:我赞成你的一些观点,对于学生学习的积极性来说,我们的历史老师是有一定的责任的,但是学生对于趣味性的知识是感兴趣的,对于一些理论性知识的兴趣却是不高的,难道我们的讲课需要像纪连海老师那样吗?

羽扇纶巾周瑜:能把深刻的理论用通俗易懂的形式让学生理解也是考验我们老师的能力啊。纪老师的课没有听过,不敢评价。课程改革正在逐渐淡化晦涩的史学理论与史学概念,这需要一个过程。

安徽林桂平:我对任主编的"以教师为主导,以学生为主体"的观点十分赞同,认为两者都不可偏废!我认为,在课堂教学过程中如果没有老师的主导,空谈学生的主体性,我们的课堂教学就会变成无源之水、无本之木了!

任鹏杰:林老师,很抱歉,我对"教师主导"说其实是持否定态度的。"梦中禅"老师也问到了这个问题,我已经回答过了。现再转贴如下,请参考(略)。

朱正标:我理解是教师的主导性可以体现在一堂课的具体教学中,就是经常有人说的那句话"我的课堂我做主",也就是在技术层面上。任主编否定教师的主导性在于教师的"教"有着应然的法则存在,而不是自己的随心所欲的主导。当然,如果一个教师教学行为能够实现教育哲学、课程标准以及学生的需求的统一,说教师的主导也无妨。可真正能够做到的教师是很少的。比如,即便在一堂具体的课堂教学中,"我的课堂我做主",教师发挥主导性作用,对于人文性很强的历史教育,充斥着大量价值观、道德观、人生观等观念的教学,很容易形成教育灌输,这样的主导性教育自然对学生独立思考与自我反思的培养是很有害的,使他们很容易盲从权威,做思想的奴隶。我想,日本当年的军国主义教育、德国纳粹的法西斯主义教育这些观念在其国民头脑中形成,与这种教育方式有着很大的关系。不知我的理解是否正确?

Liqing:从哲学上讲,每个人都有主体性,教师是教的主体,学生是学的主体,两者不可颠倒。

安徽林桂平:老师的角色重在教、学生的角色重在学,否则的话,我们的师生角色就要换位了!

孙海文:本人认为,历史教学的有效性,调动学生学习历史的兴趣是第一位的,这是历史的责任,也是历史老师的本事。

齐健:您的看法有道理。但有效的教学还不仅仅如此,这里有个观点也许对您会有启发——来自英国的看法:第一,不仅让学生掌握了这节课的绝大多数内容,而且还能学到其他更多的内容。第二,上完这节课后的很长一段时间,仍然乐此不疲地研究那节课的内容。第三,学生的学习是主动探究,而不是被动、机械的。

教苑凤仙:要对学生的做人产生影响,就要让学生有所感悟,用什么方式让学生感悟才比较有效呢?

任鹏杰:我已经注意到您另外的提问了。在提问中,您已经很好地自己回答了这个问题。您说,最近,我体验到了"和谐的(师生)关系"和"教师的人格魅力"是实现有效教学的有力保障,同时还要预防可能带来的负面影响。您其实是抓住了要害。

当然,让学生"感悟"的办法很多,历史思想可以打动人,历史细节可以打动人,历史的相似可以打动人,历史差异可以打动人,用对话、用报告、用座谈、用参观考察、用影视作品等方式,都可以有效,让学生觉得学习历史是自己不可或缺的需要。不过,任何的办法里,最好都有您说的那种和谐的师生关系和教师的人格魅力。

（四）课堂因智慧而精彩：多角度透视教学实践有效性

周建定：为了提高我们教学的有效性，我们一线老师应该注意哪几点？

任鹏杰：我想，一是对学生有爱心，要了解他们对"现在"人生的态度，不管学生存在什么样的问题，都视为正常，而不是把学生看作"病人"去放弃或排斥，这是关键；二是了解他们每个人的认知差异，尤其学生对"历史"上世道人生的看法，如果不能有效了解，就要想办法"激活差异"，让学生自愿暴露自己的认知状态，以便加强教学的针对性；三是"对影响施加影响"，若发现学生的前认知是错误的，就要设法在教学中纠正之，让其重新建构新的正确的认知；四是帮助学生在做人方面学会"思考如何思考"，也即学会认识自己，进而做好自己。

liqing：我觉得有效性从来都是我们教学（不仅仅是历史学科）所追求的目标，即使在课改轰轰烈烈的时候，面对中考高考，我们还是没有放弃效率。但是也就在课改初期，花架子的确也出了不少，特别是公开课，从我的感觉来看，那还是表面的工夫，大多数真正的历史教学还是扎扎实实搞"有效"教学，只不过这种有效是针对应试而言的。现在重提"有效教学"，虽然我认为是一种回归，但我们只怕还得思考向什么方面回归，以往的追求效率重在基础知识和能力，忽视了人的全面发展，现在新课程就是要改变这种状况，所以回归有效教学也应立足于学生的全面发展。就我的理解，有效教学重在效率，但前提是有全面合理的教学目标，而指向是教学的结果。不知专家的意见如何？

齐健："回归有效教学也应立足于学生的全面发展"，有效教学的"前提是全面合理的教学目标"。这一点很重要。有的地方曾提出这样一个口号："有效教学＝回到双基"。这未免就偏颇了！

羽扇纶巾周瑜：齐老师的观点是制订有效的教学目标，这是评价历史教学是否有效的重要标准。完全同意！

shensy1961：这一点很重要。请教：全面合理的目标，是指三维目标吗？

Liqing：我自己的理解，"全面"当然指三维目标，但怎么具体化是一个很难的过程，聂教授已经给我们作了很多引导，"合理"主要指要符合学生的实际。

齐健：我的基本观点是：目标的设计是否全面合理，必须体现人的生命整体发展的多方面需求，如果套用新课程的俗话来说，可以指"三维目标"，但是，作为课程的目标和作为具体的教学的目标，还是有一定区别的。下面的一些个人观点供您参考：

所谓教学的"有效"，应着眼于有效促进学生生命整体发展的课堂。关键在于真实而深刻。即，要在有限的空间、时间和资源状态下，力求获取最大化的整体教学效益。

我比较赞赏这样一种观点:"课堂教学的最高境界应当是震撼,以及震撼之后带来的长久的思考!"

沈为慧:齐教授,引导学生思考的做法在实际操作中很难。要么课时不够,要么学生的知识储备不够,要么学生没有思考的习惯,要么学生没有表现的胆量。太难啦!

齐健:沈老师,您的困惑在实施新课程的过程中很多老师都有同感,但这不意味着无药可救,山东省实验中学的钟红军老师对此就做了颇有价值的探索,她已将自己的教学探索结集,即将由岳麓书社出版。您不妨届时找来一阅,也许这能在一定程度上对您有所启发。我不太会上传案例,这里只能省略了。

安徽林桂平:我也有同感。现在学生的学习自觉性普遍不强!这就给我们追求有效教学带来了难度和新的问题。也就是说:有效性的实现必须有师生之间的有效配合才行!

晚凉中的杜苇:我插一句,学生的学习自觉性普遍不强,恰恰是教学无效性的表现,我们没有激发他们的学习动机啊。其实责任应该归于沈老师的那段话:"晚自修我们也常常是老师讲。"

小戴咪咪笑:学校规定我们的晚自修,教师一概不许讲。

教苑凤仙:赵教授提到"现在很多老师很忽略自己的讲,讲出来的东西多不是自己的"。那要怎样讲才算是自己的呢?

赵亚夫:讲你自己被感动的历史。

yiran630:讲你自己被感动的历史。讲自己相信的历史;讲自己理解的历史……

布瑞斯:有效未必一定在"课堂",可是俺空间就这么狭小。叶澜教授认为,一堂好课有一些可供参考的基本要求,即可以去努力做到"五实":扎实、充实、丰实、平实和真实。

第一,一堂好课应是一堂有意义的课。对学生来说,至少要学到东西,再进一步可锻炼了能力,进而发展到有良好的、积极的情感体验,产生进一步学习的强烈需求。有意义的课,也就是一堂扎实的课,不是图热闹的课。

第二,一堂好课应是一堂有效率的课。一是对"面"上来说,对全班多少学生有效率;二是效率的高低,没有效率就不算是好课。有效率的课,也就是充实的课,是有内容的课。

孙海文:请教聂幼犁教授:历史常规课的有效教学,可否变换形式,如评书、说唱等。

聂幼犁:俺在这里举一个俺自己的教学例子,来说明教学的有效性问题,供大家参考。

本学期,学校为了提高本科教学的质量,要求教授给本科生上选修课,俺的课程是"中学历史学科研究性学习案例分析与点评",对象是历史系本科大一以上的学生,即至少已经学习过中国通史的学生。但上星期三上课时才发现50多个学生中绝大多数不是历史系的,大多数是数理统计、房地产、环保、计算机等系的。俺当场急出一身冷汗。立即调整教学目标,开始讲历史故事。俺的目标调整为:第一,如何确认过去的事情;第二,历史唯物主义与辩证唯物主义如何使人变得聪明;第三,研究历史如何有利于做一个大写的人。

俺用了许多被常识误解的历史故事、搞错了的中学历史例子、中学生那些似乎二律背反的讨论(其中有无路可逃的一些例子),甚至用了俺自己北大荒的经历和这次去北大荒的情况与俺自己的反应。两个多小时下来,全体学生用热烈的掌声回报了俺,有的学生还和俺一起掉了眼泪。以下是一个学生给俺的信:

"聂老师:您好!我是历史系大三的一名学生,上学期本来选了你的课,因为马上大四我们就要去实习了。可惜我没能选上,周三只能去旁听老师的课(还请老师允许,本来应该当天就请老师同意的,对此深感到抱歉)。去听老师的课本来是很想听到老师对中学历史学科研究性学习案例精彩的讲解,因为这会对我们以后作一名历史老师很有用,也很想从老师那得到一些方法。但老师根据实际选课的情况决定改变了教学内容……虽然很可惜没有听到老师的精辟分析,但周三的课也让我们大家都很感动,受益匪浅。大家课后对老师的掌声足以说明了,课后也听到外系的同学说历史原来不无聊的,似乎老师的一节课就让他们改变了对历史学科的看法。谢谢老师周三带给我们这样精彩的课!此外,老师叫同学交上自己的邮件地址,我也交上去了,还希望老师也可以发资料给我,因为自己还想继续去听老师的课。在此谢谢老师!此致 敬礼 学生张晓"(编者注:改变了信的格式,请谅解)

不知诸位认为俺的这堂课是否有效?

晚凉中的杜苇:聂教授的这个课堂案例非常有启发性,大学尚如此,何况我们中学?教授亲身践行"有效"啊!

Gscfy:聂老师这个案例个人认为是有效的,大学的学生自主学习能力较强,身边资源很足,关键是要将他们学习的积极性激发起来,而聂老师的这堂课很明显起到了这样的作用。

yulin0304:符合齐健老师的"四度"(效率度、开放度、深刻度、幸福度),有效!

湖心听晚:聂教授的个案里的教学不需要考试吧?假如不要求考试,则这种教学与有应试任务的教学具有一定的差异。

布瑞斯:"公开课"大概存在学生为教师作秀而配合的问题,与有效性关系不大,但应该对思考有效性的问题有启发。

孙海文:说得好啊!但,如果要检测课改的成果,公开课是应该看的啊,这也就为作秀创造了机会啊!怎么才能两全其美呢?

安徽林桂平:关于"公开课"的问题,我认为其作秀的"使命"早就该休。我认为抓好平时的常规教学是真理,是真正的有效教学。

Redudu:对情境教学我一直有一个疑问,现在的情境教学经常编写一个虚拟的历史人物,或用帕帕迪来讲解雅典城邦的民主政治,或用二毛来了解鸦片战争中的社会经济,或用一个俄国农民的一天来讲解十月革命和新经济政策。我也曾尝试在课堂上使用这种教学方法,确实"高效",但历史的底线是"真实",如果连历史都虚拟了,历史讲授者的底线应该在哪里?

yulin0304:谈点个人看法,历史真实和历史事实不是一回事。如果虚拟的人物或事件符合历史真实,是不是就可以用于教学?请指点!

赵亚夫:可以。在《历史课堂的有效教学》一书中,就收有这方面的精彩例子,比如二毛回忆录和帕帕迪的故事,大家可以去赏析。

羽扇纶巾周瑜:个人赞成张汉林(yulin0304)老师的观点。不知道大家注意到了没有,我们的历史教科书上就有不少虚拟的人物,尤其是远古社会。只要别把虚拟和虚假划等号即可。

晚凉中的杜苇:这里我说一下,我是雅典城邦农民帕帕迪形象的首创人,我在虚拟这个人物的时候是有原则的,以这种神入的方式学习历史,必须在一定程度上还原历史,不是乱虚拟,不是乱创作。不论是帕帕迪还是二毛,肯定不是一个真实的历史人物,但通过他们在一定程度上还原当时的历史,或许他们有许多因素的综合、巧合,但绝不是乱捏合,这对帮助中学生理解那段历史是有益的。

Redudu:杜苇老师,久仰您的大名,没想到您能亲自回答我的问题。我刚才说,帕帕迪我也用过,而且非常好用,那么难以理解的问题一个帕帕迪就解决了,但好用是否是评价这种方法合适的唯一标准呢?我不能肯定我的疑问是正确的。如果这样没问题,我就会一直把帕帕迪"用下去"。因为它太好"用"了。

齐健:杜苇老师的这个案例我也早已拜读过,我觉得这种探索是积极的,她并不是违背历史乱虚拟,仔细研读会发现她创设的情境是建立在特定的真实历史背景之下的,激活了课堂,激活了历史。所以,这里的"虚拟"前提应该就是真实。

羽扇纶巾周瑜:这就跟金老先生的《射雕英雄传》与琼瑶的《还珠格格》差别一样。前者中的人物虽然是虚拟的,但有确切的历史背景。后者就纯粹是胡扯了。哈哈,不知道这个比喻恰当不恰当。

Redudu:但我感觉这种方法好像电视剧的戏说啊,说实话由中学历史教师编写的情境,本身就由于自身知识性和视野的问题,不可能保证完全符合历史真实,可能会给学生带来误解。另外,一旦形成找不到合适的史料就去"编情境"的习惯,用史料说明历史结论的程序就会变成用"编写的史料"去说明历史的结论,历史结论的真实性又如何保证呢? 历史已经被大家打扮得什么也没有了,难道连真实也要失去吗?

Liqing:有时候小说比历史还真实,这又从何说起? 我有时候也用这种方法,关键在于帮助学生理解。何况我们以往所讲"人民"二字是一个很空洞的概念,把他具体化了应该是什么样的呢? 可能也往往会形成如小说家常用的方法一样来个"集大成"。

聂幼犁:(研讨伊始)俺先挂两个案例,大家先看起来。第一个是研究性学习案例"日本明治维新";第二个案例是课题"义和团运动"。(内容均略)

王雄:明治维新涉及的首先是东西方文明的冲突,这里涉及的第一个价值观念是什么呢? 是传统与现代吗? 是宽容吗? 是发展与保守吗? 或者是自强与学习?

朱正标:如果按照任主编的思路,我想这一课的落脚点应该在日本作为后发国家如何通过学习西方而实现崛起,以及这样的崛起对于日本及世界意味着什么,值得我们思考的地方是什么?

聂幼犁:是科学理性与传统的民族情感之间的冲突。"传统是一种巨大的阻力,是历史的惰性,但是由于它只是消极的,所以一定要被摧毁……"[恩格斯.《社会主义从空想到科学的发展》英文版导言(1892 年 4 月 20 日)〔M〕. 马克思恩格斯选集,第 3 卷,402.]

王雄:"传统是一种巨大的阻力,是历史的惰性,但是由于它只是消极的,所以一定要被摧毁",这句话很是恐怖,主要是"摧毁"这个词。为什么向西方学习那么彻底,而日本至今对传统的保护又做得比中国好? 中国在西方侵略的时代,总是以对抗的心态来面对,可最终走向了否定传统的道路。难道传统与现代在中国就不能融合吗?

我的意思是,我们在高中教学中,可以在明治维新这一课让学生来判断:这一课从价值观念上对大家各有什么影响? 个人可以选择自己感受最深的,并寻找理由。此外,可以让学生思考:如果你是那时的中国人,你到了日本,你可能看到什么? 你当时对日本的心态是怎样的? 注意:在没有甲午中日战争乃至以后的战争背景下。

疯癫与文明:王雄老师对"明治维新"这一课的分析和设计,精彩,绝对有震撼力。一堂不能让自己激动和神往的教学,怎么能让学生震动、幸福或者痛苦地思索呢?

羽扇纶巾周瑜:聂老师的第二个案例我更喜欢。

yiran630:聂教授,第一个案例是初中的吗?我们高三的学生都未必能这么漂亮地解决问题呀!

聂幼犁:第一个是初中的,第二个是高中的。

Gscfy:这样反观聂老师给出的两个案例,第二个要比第一个合理些,历史讲究"论从史出",有多少证据就说多少话,"过程与方法"目标落实得要科学些,但好像也不是特别到位。不知是否正确?

羽扇纶巾周瑜:聂老师,是不是第二个案例中,突然生成的内容比较多?个人以为,看一节历史课是否有效,一要看预设的教学目标是否合理;二要从教学效果看实现的如何;三要看课堂上历史老师对于生成的问题的解决程度如何。不知这个观点专家如何看待?

Gscfy:聂老师给出的两个案例,结合有效教学来看,我有点体会:有效教学的重点或难点之一应该是其"针对性",面对农村(案例1)和省重点高中(案例2)的学生和教师,在这样的情境下认识教学的有效性,"针对性"就明显了,同意师兄提出的"教学目标确定的是否有效"。

我爱历史课:下面提供一个教学案例,刘敏《亲历美国课堂:一节印象深刻的历史课》,发表在《中史参》上(内容略,详见2004年第3期),任主编应该有印象。那么,希望任主编从"有效教学"的角度分析分析这个案例。谢谢!

任鹏杰:这是一节"在真实的情境中学习"的比较典型的课,有完整策划、计划和设计,有追求创造性而非按部就班的教学过程安排,学习方法的灵活多样更是不言而喻啊,简直难以分辨课程内容哪些是教师"展现"的,哪些是学生"体验"的,两者几乎浑然一体。论过程与方法,它突出了"情境体验""自主参与""互动协商"等特点;论目标和有效性,则主要突出了着重于"为理解而学习"的追求。用我的标准说,尽管学习的内容是原始社会,但"思想"与"现在"在此课中均未缺席,试想历史意识在学生心目中油然而生,能不对自己的现在人生有所思悟?虽然课中看不出用了"整体"历史观,但教学中却结合了历史、语文、美术、地理等学科知识,也就不至于使学生对历史的认识有多大偏误。我想,中国历史老师从中可以借鉴好多东西。比如教师以策划、支援、指导、帮助为主要角色内容,教师看似"无所为",实乃"大有为"。教师在此类课里,付出了更多辛劳,他们并未刻板、教条地"发放知识",只是让学生被动地对这些知识"加以处理",而是创造性地

"生成"了课程。尤其如您所引的几个课例,完全走出了"程式化"窘境,学生学有兴趣、有意思、有挑战,当然不愁没效果。有一份辛劳,必有一份收获!

聂幼犁:湛江会议上展示了几个案例,其中唐云波的案例,与会的专家都有很高的评价。应《历史教学》的邀请,俺做了点评,发表在(2007 年)第 3 期上,就是一个比较好的有效教学。俺的点评是:从"秦始皇陵兵马俑"一课,看如何走进"世界文化遗产"(课例与点评,内容略)。

晚凉中的杜苇:看到聂教授点评唐云波的课例,令我想起当时的对话,聂教授说:"怪不得上的这么好,原来是一帮小孩子们'力挺',我还想如果有谁来捣一下乱就好了!"

羽扇纶巾周瑜:啊?还有这回事?如果是这样的话,那么我认为这节课就有一些不好的成分了,学生的学习原来是为了"配合"教师?那有效怎么评价?

聂幼犁:唐老师所说的"力挺",是孩子们在课堂上的积极参与,而不是事先准备的"作秀",事实上开课前十分钟,唐老师才见到学生。

羽扇纶巾周瑜:哈哈,明白了。我要是当时听课,真的希望看到这些孩子"好心却办成坏事"的局面。这样才能真正考验我们老师的教学机智。

聂幼犁:我再举两个关于有效教学的案例供大家参考。这是我的两个研究生上学期到中学实践的作业,一个是关于情境教学的,一个是面对学生提出谭嗣同慷慨赴死是否有价值的问题后教师的处理。"南宫出塞为什么这么悲伤?"和"从三易课本剧《去留肝胆两昆仑》所想到的"(内容略)。

湖心听晚:聂教授提供的第一个情境教学案例,对中学教学的指导意义更大。我这里粘贴昨天写的一个片段,以期自己进一步思考。

施泰因梅茨故事的应用

前几日偶读《成长》杂志第二辑(2000 年 10 月),里面有《电气天才》一文记载施泰因梅茨故事。这个电气领域的巨人有许多逸事,文章取其移居美国、用数学作为电气研究的工具、对艾克迈耶的忠诚、交流电输电技术、研究闪电等数个片段。天才从不拒绝逸事,缺乏逸事的人很难成就大事,施泰因梅茨的故事再次告诉我们这个道理。

历史教师可以利用这个故事进行课堂的适当调味,以资增加趣味和进行"史用结合"上的训练。学生对任何阶段教学中的照本宣科现象是有意见的,科学地增趣能够增进教学的效能。好的增趣素材,其目的应是综合的、紧扣学情和课堂内容的。施泰因梅茨的故事就符合这些要求。

1.意志、忠诚等情商激发。施泰因梅茨先天残疾,其貌不扬,穷困潦倒而又体弱多病,因此在移民局险些被拒于美国大门之外。在他成名后,通用电气公司想把他挖走,但他忠诚于在困顿时期给他工作的艾克迈耶,谢绝了优厚的诱惑。高三学生容易出现疲劳和麻木等平面期现象,激励性的典型故事可以如甘霖般提神。

2.进行知识的运用训练。高中的历史学习,无非两点,即知识的记忆能力和知识的应用技术。故事不像一些教师画蛇添足,因此不是为了增加学生的负担,它服务于学生的知识应用练习。这个故事可以联系电磁学、近代数学、第二次工业革命特点、电气发明和电气时代、美国的移民性科技、美国在第二次工业革命中的发展等基础知识,促进学生的知识检验、知识迁移。

孙海文:如何进行有效教学,我个人的理解是:第一,强化教学必须追求有效的意识。第二,反复尝试如何使教学更有效。第三,注重总结进行有效教学的经验。

(五)解铃还需系铃人:有效教学呼唤评价体系改革

画报:历史教育根本性的问题是解决人生问题,给学生一个过幸福人生的准备。这句话说得好。但是,想过没有,我们的教学体制的设置首先是按这个方式准备的吗? 我觉得相当悲观。大方向不对,我们却在这里讨论历史教育应该朝哪里去。我觉得有点失语的感觉。

我是一线教师。因为课时少,任务重,无法让学生去想、去闻、去读、去摸,所以只能对学生进行传统的双基训练,以期学生能出现好的考试成绩。我想,不改变评价体系的课改,纯粹就是胡闹。我想我偏激了些。但我认为这是今晚讨论的问题的关键所在吧。

我想,目前的问题不在于历史教育培养什么样人,而在于让学生考多少分。评价体系不更改,探讨的一切都是白搭。我做过试验,但是很快因为学生成绩下滑而停止。因为我不敢让学生在考试中失分,否则,那比培养出一个错误历史观的学生的罪过还要大,搞不好饭碗都没了。

布瑞斯:俺狭隘地认为:课堂上,教学是否有效,应该需要测量吧?

任鹏杰:所有的课,有效性都应该测量。因为测量了,就能够给教学的反思改进提供新的依据。如果没有他人来测量,自己也得测量,否则怎么知道这节课是否有效? 当然,测量的办法有很多,自己与自己的以前比,让学生来说他们得到了什么收获,存在什么缺陷,等等。我一再说,我们应该把"测量"或评估反思视为更高级的学习——一种促进实现教学新转变的必要契机!

羽扇纶巾周瑜:赞成任主编的观点。评价一节历史课是否有效,过于量化就不对了。该模糊的地方就应该模糊,这其实正是科学的态度。

叶新红:任老师的提法甚是同意,但操作层面似乎较难。

安徽林桂平:您所说的测量主要包括哪些具体形式?

齐健:这大概说的是教学评价的改革问题吧? 我们曾就教学评价问题提出过这样一个参考意见,请您参考、批评。

一看课堂教学的"效率度"。包括:教学行为的有效性;教学目标与措施的契合度;教学目标的达成度(基础、发展)。

二看课堂教学的"开放度"。包括:教学目标的开放度(基础、发展、生成);教学内容的开放度(再开发问题);教学方式的开放度(个性、多样)。

三看课堂教学的"深刻度"。包括:内容处理的深刻性;学生思维的深刻性;视野引领的深刻性。

四看课堂教学的"幸福度",包括:学生情感素质的发展程度;学生在学习过程中体验到的乐趣;学生享受到的智慧生成的成功愉悦感。

博雅:尤其是第四个幸福度,是最容易忽视的。

布瑞斯:谢谢齐老师的解答! 对于"课堂教学"的"效率度"感觉较好理解,对于"开放度"感觉把握难。

小戴咪咪笑:俺是不是可以简单地说成是:效率度,花最少的时间取得最大的效果,开放度,在课堂教学中,学生的学是关键,也就是我们经常念叨的发挥学生的主体作用;深刻度,对该课知识的拓展和深化;幸福,一是课堂气氛的活跃,老师教得愉快,学生学得愉快;二是通过教学对学生的心理、人格、思维和情感等进行一定的正面引导。

布瑞斯:戴老师,俺觉得您对"开放度"的理解不完整。

湖心听晚:我认为这里的深刻度不能如此理解。对课题知识的深刻挖掘,更主要指概念的准确性和深刻理解等。

布瑞斯:是否有效,一定是应该通过"实践"或事例说明的,对吗?

羽扇纶巾周瑜:应该是这样吧! 要实现有效教学的理想境界,不能没有典型的史实为依托。历史教科书上的史实是否典型,是否有助于实现教学的有效性,也是需要思考的。

孙海文:说实话,进入课改,参加教学研讨、做公开课或示范课,历史教学战线上的一线教师很是矛盾,教师和学生,主要应看哪一方? 那么怎样上一节历史课才算是一节好课呢? 请教任鹏杰主编。

任鹏杰:当然主要看学生的表现。一节好课的标准,我想可以从如下几方面来考虑:一是学生有兴趣,获得了快乐认知的体验;二是激活了差异,充分展示了自己的个性,"玫瑰"成为更鲜艳的玫瑰,而不是被枉费心机地变成"百合花",也就是说,学生能够真正认识做什么样的自己才是最好的自己,而不是盲目从众;三是"对影响施加影响",学生借助朋辈互动和师生互动,把他者的正确认知相互"据为己有",同时在互动协商中,纠正了错误的前认知,一切大家都分享了;四是帮助学生在做人方面学会"思考如何思考",也即学会认识自己,进而做好自己。

孙海文:非常感谢任主编精彩的赐教!

博雅:论述得非常深刻,但与平时的评课标准差异很大。

叶新红:教学有效性,是否可理解为花最少的时间取得最佳的教学效果? 教学效果衡量的标准是学生的学业成绩,还是现在的新课程的三维目标? 一直困扰。

任鹏杰:花最少时间,获最佳效果,只是评价有效性的一个方面,严格地说他偏重"效"而忽略了"果",任何有效的教学,都必须看结果是什么,它究竟对学生的做人发生了什么影响!

衡量,不能把二者割裂开来看。衡量学生的学业成绩,应该以"三维"要求为标准,看学生的表现发生了什么变化,也就是与之前相比,学生在成"人"上有多大改进。这也即教育"增值"问题。

赵俊在:第一,专家们对于常态下初中历史课堂教学如何评价? 怎样就是一堂常态化的好历史课? 第二,《新世纪教育文库·中国著名特级教师教学思想录》(柳斌主编江苏教育出版社 1999 年第 1 版,上卷),历史特级教师陈毓秀在《历史教学面面观》里面提到"备课三部曲",读来使人眼前一亮。"第一步,要使自己懂;第二步,要使学生懂;第三步,要使学生学得容易,学得有趣。"专家以为如何?

任鹏杰:做到"两懂一易一趣",就可称常态化的好历史课啦。当然,学生"懂"了什么是关键,懂了如何做好自己、做好中国、做好世界了吗? 倘若懂得了这个,就完美无缺了。这样说,并非意味着一口能吃一个胖子,设想在初中和高中的六年里逐步趋向这个目标,就算很成功的历史教学。毕其功于一课,既不可能,也不需要!

布瑞斯:谢谢任主编解答! 俺理解是把学习看作"循环"上升的过程,测量结果作为诊断性信息。有效不一定只是"掌握"知识,也包括学生学习态度的改变,比如兴趣、主动性等,还有看法、思想及其他。历史为"人生"服务,大概主要体现的是历史学科的人文属性,另外社会属性也是相当重要的,俺这么认为不知对不对?

任鹏杰:您说得大致上是对的。至于历史教育为"人生"服务,主要不仅体现历史学科的人文属性和学生的社会属性。我强调历史教育服务学生人生,主要是指两方面:一方面做好自己,具有个性人格,也即能够独立地判断和选择;个性人格,主要表现为不盲从,不随风倒,但它不是个人主义。另一方面是做好公民,即具有一个合格公民应有的社会知识和社会情感,能够与他人、与社会、与世界和谐相处,自己的所作所为应该对他人有益,自己所要求的自由不能伤害他人的自由,自由其实是自控,而不是放纵,因为人非孤岛。

yiran630:仅仅通过历史教学似乎无法达到这一目标,连学校教育似乎都有些无能为力,这应该是社会、家庭、学校三位一体共同作用的结果。

任鹏杰:说得有道理!这就是为什么我认为,胡适说教育的问题还得靠教育来解决,只说对了一半。其实,根本就没有外在于教育的社会环境,所以我们刊物才设有"环境与课程"板块,目的就是要让社会各方人士都来关注、关心教育环境的改善,都担负起责任,既问责自己,又问责学校,更得问问整个社会环境之于教育有何利弊,人人有责啊。只是,我们还没有这样的意识,我在《我们都发疯了,谁来忏悔》一文里严厉地批评过,但收到的反响却很少,就足以证明。学校课堂是小社会,社会则是大课堂呀。难道这种局面还要继续下去吗?

兔巴歌:任老师讲得很精辟,很想拜读任老师的大作《我们都发疯了,谁来忏悔》。我们可以掌握课堂,也可以改变历史教学,但我们无法决定它的有效性,有没有效在现时代是社会来衡量的,在功利至上的影响下,不可能对历史教学的有效作出公正的评价。粗浅的理解,困惑于不知如何改变?

神仙巫:课改不排斥考试,通过课改促进考试的科学化,教学的有效性又如何去适应新时期的课改要求,那么我们谈的有效性,是不是围绕课改精神的有效性?

沈为慧:神仙巫老师,我以为,课改不排斥考试,课改会促进考试的科学化。我想,今年的课改区试卷一定有较大的改变,以一种更新的面孔出现在考生面前。高考也不会让课改区的老师与学生吃亏的。

布瑞斯:实施的问题:社会的评价、测量——高考是不是有效性的标准?教学有效性的客观标准是什么?如何界定?标准可以不唯一,可以开放,对吗?愚钝的俺没有进入案例中……

(六)平凡当中不平庸:教师专业成长有赖终身学习

孙海文:历史教师专业发展的最佳途径是什么?请教赵亚夫教授!

赵亚夫:以我的观点有两点:建立健全有效的教师培训制度;教师要为自己制定一个可持续发展的自修计划。

晚凉中的杜苇:有效的教学与教师学养分不开,学养与读书又分不开,最近看到一段话非常适合当下一线教师的读书状态："每次我看董桥文章,都会感叹自己患了贫血症,才、学、识、情样样贫血。医学上,贫血是小毛病,但才、学、识、情的贫血却像绝症,读再多书,写再多文章,就像吃再多补药一样,依然药石罔效。"(王健壮语)请专家对一线教师的读书、专业研习提些建议。

博雅:打扰任主编了,请问围绕教学的科研怎样体现和提高实效性的问题:目前各地科研轰轰烈烈,尤其是课题研究大张旗鼓,但针对性、适应性缺失,难以推广或仅停留在表面上;你是怎么看待的? 你对中学老师的科研有什么忠告?

任鹏杰:是啊,现在课改,实践难度很大,一个原因就是一些老师的"学养"跟不上,在大学里本来就没学到课改所需要的东西,就此可以追问大学的责任促使大学改革,以保证今后教师不再受"冤屈"。但已经是老师了,也有办法提高,除参加相关培训外,最有效的恐怕就是自己多读书读刊。历史教育刊物本来不多,各有特色。我们《中史参》会选择更好的读物内容,或刊登,或简介,给大家提供有价值的阅读信息,欢迎大家关注,并把自己的阅读心得写出来,投给本刊,供老师们分享。

至于读书,我有个感觉不知道对不对,就是一些老师的阅读面太窄,似乎只愿意读有关"历史"的,而忽视了哲学、教育学、心理学、艺术、文学等领域,殊不知历史教育,至少不能缺了"历史"和"教育"两个维度,更不能没有"哲学"的高度和"艺术"的创造力。

人们说,哲学是世界的医生,我说历史是人类的医生。哲学喜好追根问底,历史偏爱助人做人。但往往很多书,哲学与历史是相得益彰的。

譬如,读了印度克里希那穆提(他著有《一生的学习》《人生中不可不想的事》《重新认识你自己》等40本书),你就知道"无知的人并不是没有学问的人,而是不明了自己的人……了解是由自我认识而来……教育的真正意义是自我了解"。其实,人生无非就是自我认识、判断、选择的过程。生活之路有好多条,但我们只能选择其中的一条,每个人几乎每天都必须借助独立地判断和选择,来认识自己、做自己。读了他,你就会对如下一系列问题想个明白、想个透彻:"难道受教育只是为了通过几项考试,得到一份工作? 还是为我们在年轻时奠定基础,以便了解人生的整个过程? 获得一份工作来维持生计是必要的,然而这是一切吗?"

再比如,读了马克思、恩格斯,你会觉得"经典"原来那么生动、精彩、深刻、发人深省,而在生活中人们往往把它教条化了,唯物史观在不少的论著里也走样了,远没有西方一些学术界和教育界借鉴得彻底,现在我们也不妨反过来读读西方"马学",再图更好地理解马克思主义。

至于读了教育学和心理学,我们就不会在教学中针对不同的学生而手足无措或举棋不定,写教学研究文章也就不至于没有条理、没有主张、没有深度,而尽说一些人人都会说的"正确的废话"。

我还想,医学的名著,也不妨涉猎一番,一有助自己,一有助他人。比如我最近看"现代临床医学之父"英国威廉·奥斯勒的《生活之道》,书中论医学,也论教育,更论人生,读来深受启发。此书就在我手头,把其中《书与人》一篇里对读书人的看法的一句摘录在此,先睹为快:"说到读书,古时候有位作家曾经说过,读书人可以分为四类:'海绵,不分好坏全吸收;镜子,接受快,放出来也快;布袋,只留住了香料的渣滓,精华全都流失;筛子,只保留精华。'"呵,历史老师最需要做"筛子"!

沈为慧:同意任主编多读书、读好书的观点。但中学教师的工作压力之大、工作量之大是常人难以理解的。我每天早上 6 点到校,中午正常不休息,休息也在办公室桌上小睡一下,晚上 11 点离校,仍有做不完的事。读书与写作只能在深夜与凌晨进行。教师水平的提高是有效教学的前提,但这一点太难解决了。

cqs 常青树:是的呀,一线教师的压力是非常大的!对于读书来说是有点难得,我们的素养,我们的学识如何提高,在课堂教学中如何对于细小的问题去展开学习。请教任主编了。

沈为慧:有效教学的前提是有效备课,有效备课的前提是教师储备更多的有效知识。看了任主编的话,我体会到,要做一个有思想的教师,要做一个有使命感的教师——尽管教学工作不好做,但我们不做谁来做?

任鹏杰:沈老师说得极对!即使未做好,也还得做。我们不做谁来做?有这种境界和追求,本身就不愁教学达不到"有效"!

沈为慧:谢谢任主编的多次鼓励!您送我的话我一直记在心里,"我或许始终是平凡的,但却可能变得不再平庸。"

神仙巫:实现教学有效的前提应该是教师的自身修养,没有足够的知识,什么有效都是空谈。

yulin0304:这些年,赵老师和任主编一直呼吁中学历史老师要"有理想、有思想、有视野",令人受益匪浅!

(七)努力比能力重要:余论

1. 关于研究性学习

安徽林桂平:聂教授您好!很荣幸与您交流。我曾经对研究性学习也很感兴趣,曾经发表过许多文章。但是近年来应试教育无情的压力迫使我很少涉猎。我想请教您的问题是:研究性学习是否可以常态化?我的观点是不赞成的!不知您的看法如何？另外就是,研究性学习在课堂教学过程中如何实现有效教学的目标?

聂幼犁:关于第一个问题,你说得很对。研究性学习只是学习方式的一种,不会接受性学习也就不会真正的研究性学习,不会理解的人也不可能真正的创新;不会研究的老师也教不出会研究的学生。关于第二个问题,应当具体问题具体分析,我已经发表的十几个研究性学习案例及其点评,说明的就是这个问题。刚才贴的两个案例也想说明这个问题,等一会儿我会谈谈我的看法,一起供大家参考。

2. 教育机制与有效教学

Waterlover:历史教学的有效性单靠历史老师不行,单靠教育部门也不行,那么,如何才能把历史老师和教育部门的作用更好统一起来? 也就是说,充当两者中的运转机制是什么?

任鹏杰:历史教师是有使命感的,"以天下为己任"当仁不让啊。我们人人都可以建言献策,为我国历史教育的改进和发展尽力。现在看来,还得有更高的责任感,能够勇于站出来向有关部门提建议和意见,而不是只在下面发发牢骚就完事。我们《中史参》也有责任,我们过去在这方面尽了一些责任,但做得不够好,今后与大家共同努力,建立健全更符合有效历史教学的运行机制!

3. 关于文本与传意危机

Iamhistory:有问题想向任老师请教:5 年前,您曾发表了一组系列文章,主题是历史教育的文本危机。自然,文本都显出危机,教学是否有效肯定值得怀疑了。那么,5 年后,一标多本、许多一线教师越来越多地开始撰写教育教学随笔以彰显个性,一种新的基于"对话、统整、合作、欣赏"的课程文化生成的今天,您认为这个问题已经缓解或者说是解决了吗,还是说它已经出现了新的解决思路?

任鹏杰:应该说,"文本危机"在课程改革的促进下,有了一定缓解,比如课堂教学中更多地使用"对话",这本身就很有利于"传意"与"互动",是形式改革带动了内容改革。我仍然强调,有好的内容,却没好的传意方式,教学效果肯定会大受影响,追求"有效",就不能不重视"文本"或"传意"的改进。我们一向习于"假大空",惯了,很难改,但现在到非改不可的时候了! 再如,我们收到的投稿里,就存在很多"正确的废话",这一点不改,就不是好文章。我为此特别期待老师们啊!

羽扇纶巾周瑜:确实是这样的。网络交流(包括论坛与博客的发展)确实减弱了这方面的危机,但是不容我们乐观的是,网络技术的发展并没有从整体上改变我们老师的工作状态和生存状态。

Iamhistory:可能我的提问过于保留了。文本危机带有很浓重的后现代色彩,它是西方后工业社会到来之后产生的观点。也就是说,历史的深度没有了,甚至历史、真实等都被打上了问号。

"读图时代""视觉文化时代"等指称,包含了对当下文化状况的一个直观的描述,在这个背景下,文本危机的意味可能不仅是教育的,但却是教育必须面对的。比如,越来越多的孩子阅读纸质书籍的时间减少,他们阅读书写的能力在下降(没有数据,只是一种感受)。更重要的是,后现代时期,一些启蒙时代被尊崇的宏大叙述被消解,娱乐、快餐、商业性的文化盛行,这会不会给历史教育带来真正的冲击?因为我们要谈从根本上追问历史的有效教学,那么这个时代的特征恐怕是难以回避的。

自然,正如赵老师所言,当下的中国社会非常复杂,用后现代的视角来统摄追问可能有些偏激,但至少教育要面向的主体,尤其是这些主体的演化趋势使我们不得不忧思。

自然,我们可以用现代化充满了陷阱这样的命题来引导学生更好地认识社会、认识自身,但如果时代的车轮就是制造陷阱或者是奔赴深渊,那么我们的呐喊与彷徨还有何价值?

陋见,恳请专家老师们解惑。

晚凉中的杜苇:我也非常想问宽容(Iamhistory)所问的问题:"如果时代的车轮就是制造陷阱或者是奔赴深渊,那么我们的呐喊与彷徨还有何价值?"也正是我所困惑的,如果我们践行的本身就是有缺陷的文明,那么如何向后人交待?

博雅:杜苇的担忧并非多余,确实我们的教育如果偏离了人类文明的普世价值,那是很可怕的,例如狭隘的民族主义。

朱正标:我想这里关系到标准的制定问题。对于人类发展的前景,不仅仅是教育哲学要关注的命题,也是思想界关注与思考的命题。教育,作为中观领域,一般相对滞后于哲学思考。某种程度上,教育一边在思考,一边在不断吸收哲学家、思想家们思考的成果,并转化成教育的目标。比如,任主编的文章中提到的关于人类历史发展进程中的历史走向问题,进而在历史教育哲学中要实现人类对自身的反思性教育。这是其一。其二,上述问题,在追索一个终极真理性的目标,就是确定无疑的目标。这样的目标曾经有人确定过,但始终是十分危险的一件事情。作为教育能够做的最不坏的事情,就是让教育的对象学会对人类自身的反思,这比给一个确定性目标,更加可靠,更少危险性。

晚凉中的杜苇:谢谢朱老师的回答,这使我想起赵老师一本书中的所引的话:没有知识是可靠的,只有探索知识的过程才是可靠的。

任鹏杰:宽容老师,杜苇、朱正标等老师和您问了同样的问题。我想,不能因为"时代的车轮就是制造陷阱或者是奔赴深渊,那么我们的呐喊与彷徨还有何价值"，就不再呐喊了吧，而且别人可以彷徨，世界可以彷徨，但有思想和使命感的历史教师是不能彷徨的呀！

孙海文：我们并不是圣人，如果说对我们的后人，我们做教育工作者的都没法（向他们）交代，我们目前所能做到的是对得起我们现在和今后所教的学生，就可以了。

任鹏杰：孙老师，非常赞同您的意见！我们得对我们的后代有个满意的交代呀！不怕"乌托邦"，就怕我们连"乌托邦"都没有了！

孙海文：深有同感！感谢任主编！

博雅：有思想和使命感的老师要走向思索与行动，引领你的学生学会思想，承担使命。

4. 关于中国课改的前景

孙海文：请教任鹏杰主编：能否对中国课改的前景做一下预言！

任鹏杰：我对中国课改的前景抱有很大希望，在一些不满声中我也对课改持乐观态度。应该说，我们今天能够讨论这样的问题，这是过去不可想象的事，我们已经寻求从根本上解决问题了，开始关注每个学生的人生状态，当然也开始进一步关注每个老师的人生状态了，这是更好的起点。走好每一步，虽然我们没经验，但总想着探索如何走好吧。持续不断改进，必有希望。当然，不能急于求成。我在《教学的转变：历史教育如何趋近理想境界》中设想了理想中2018年的历史教育，就是这个意思。努力比能力重要！

孙海文：说得精彩！经典："努力比能力重要！"

朱正标：赞同。目前教育现状随着惯性已经到达物极必反的地步。就以教育环境而言，对教育的声讨、对体制变革的呼声，已经成为一股浪潮。

孙海文：中国的教育已走出了低谷，过去的"臭老九"已变成了真正的人民教师。明天会更好！

博雅：我们期待也努力实现那个理想境界。

5. 不能停止的思考和探索

任鹏杰：尊敬的各位老师、网友，大家好！研讨刚开始时，我写了一段文字，回答杜苇老师关于《中史参》开博客的问题。结果掉线了，现在补上啊。

"三八"，一个特殊的值得纪念的日子，《中史参》开博了！

首先感谢中国历史课程网和何成刚博士的支持与鼓励。

感谢聂幼犁、赵亚夫、齐健3位专家，能够接受我的邀请，在《中史参》"开博"之际，共同主持今晚的在线研讨！

感谢伟大的同人们对《中史参》博客的热情关注，并对我们未能一一回复大家的留言深表歉意!

《中史参》博客,是大家的博客,是交流与互动的平台,也是我们刊物延伸服务的平台。历史教育的一切,就是《中史参》关注的一切,更是需要大家共同探索的一切,就像今晚讨论"有效教学"一样,类似这样的研讨活动还将在《中史参》博客和《中史参》杂志上继续,博客上我们还将每月(暂定)给出一个话题,供大家探讨,然后将内容精华刊登在《中史参》上!

《中史参》博客草创,可谓"百事待兴",尚望同人们献计献策,给予指导,共同把《中史参》博客办好。

再次感谢老师们、网友们对《中史参》博客和此次在线研讨的热情支持!

聂幼犁:谢谢斑竹提供了这次和大家交流的机会,谢谢广大网友的热心参与,俺也从大家的提问,以及任兄、赵兄、齐兄的思考和回答中学到了很多东西。

来日方长,愿我们大家在新课程改革中共同进步和共同发展,为中华民族人文、人权、人性的觉醒贡献我们的智慧和力量,不辜负时代的重任和学生的期望。要学生做人,我们必须首先自己是人!哈哈,这好像并非是"多余的话"!再见!

沈为慧:接着聂教授的话,我说几句:只有我们重视历史学科,学生才能重视历史学科。尽管历史学科在课改中出了一些问题,但其他科呢?虽然有的问题是课改中出现的,但有的问题是课改前就有的,这正说明我们需要改下去。而有效教学是课改中的一个重要步骤。

羽扇纶巾周瑜:时间过得真快,在思想的碰撞与交融中3个小时很快过去了,我们感谢4位专家在百忙中抽出时间与一线教师交流。通过网络、论坛我们还可以继续交流,后面就是自由讨论了,这个有效教学话题的讨论可以从今天持续到今年、今生……

我们课后还要做聂教授给我们布置的案例分析题!还要做任主编给我们布置的人生思考题!

让我们一齐再次感谢聂教授、任主编、赵教授、齐老师!祝他们身体健康、工作顺利!也感谢今天参与讨论的所有老师和网友!让我们在我们热爱的事业里愉快地工作吧!

二、有效历史教学在线研讨实录编后记①

2007年3月13日晚间,中国历史课程网在线研讨的《历史教育的终极取向:从根本上追问什么是有效的历史教学》的内容终于整理完了。非常感谢我的同事们特别是艳云主编的辛苦劳动!对此次研讨,我和我的同事们有几点很突出的感受,特别记录在此,与尊敬的同人们交流。

(一)遗憾! 这是最想说的感受

网上在线研讨,除了聂幼犁老师有点经验,赵亚夫、齐健老师和我,还是第一次尝试,多有不如意。比如,赵老师因电脑出问题丢失了已经准备好的很多文字而令人惋惜,齐老师事后说面对那么多"窗口"眼花缭乱很难做到从容下手,我也是起初老掉线心急如焚,回答问题时竟至手忙脚乱、顾此失彼。尽管如此,研讨的文字量还是超过了10万字,接近于我们一期杂志的字数,内容不可谓不丰富。需要特别说明的是,限于篇幅,只能择其精华约3.1万字刊登在本刊。其实,未刊出的那几万字,也大都关乎有效教学问题,有些甚至颇显重要,比如聂幼犁教授所举的几个教学案例,"我爱历史课"等老师转贴的几个外国课例,王雄等老师从其他视角对历史教育的深层思考,还有刘向荣等老师对有效教学的论文式的论述,等等,由于篇幅太大,都忍痛割爱了,虽然非常不情愿这么做! 这些内容,有些我们除了在本刊博客予以转发,剩下的也许只能向大家说抱歉了。真的,很遗憾,很抱歉!

(二)震撼! 这是最深刻的感受

全国网友8000多人次参与此次研讨,如果说研讨规模之大之热烈本已让人热血沸腾,那么中学第一线历史教师在研讨中展现的提问广度和思考深度,就更是让人感觉扣人心弦、振聋发聩了。提问太多了,其中很多问题一时恐怕难以有圆满的答案,但问题本身就足够精彩,有些问题甚至足以催人泪下。所以,整理时我们尽可能原模原样地保留了这些问题,供大家继续思考。我们深深感到,在物欲横流、浮躁不堪的世界,中国历史教育界同人,绝大多数(至少参与此次研讨的同人们)仍能保持一种不泯的理想、一种崇高的追求、一种清醒的头脑、一种善良

---

① 原文题目为《遗憾 震撼 呐喊 希望——有效历史教学在线研讨实录(节选)编后记》。原载:中学历史教学参考,2007(5).

的心地、一种宁静的心灵、一种敏锐的思想,这是多么难能可贵! 感受着他们为了孩子们而敢于挑战不良环境、积极探索有效历史教育的敬业精神、务实态度和创造性实践的境界,谁不肃然生敬,谁不为之震撼!

(三)呐喊! 这是最动人的感受

当文化出现危机,当文明发生弊病,当人生和整个世界变得鼠目寸光、受役于当下那么一点可怜的物欲、不再需要洞悉历史走向的眼力和对世道人生的终极关怀,那么史学的日渐式微、历史教育地位的一再被削弱,在客观上就不是特别难以理解。如今,中国历史教育界同人开始从根本上追问历史教育的终极取向、探寻什么才是真正有效的历史教学,虽然这可能被好多人斥笑为"乌托邦",然而有谁想过,这对每个人的人生幸福也许未尝不是一种帮助,对民族、国家和整个世界的和谐、和平、幸福来说,更是一种不可或缺的幸运和福分。同人们在呐喊,希望我们的教育能够在"应试"体系弊端的大包围中突围,找回被严重扭曲了的教育本真,回归真正有效的教育包括真正有效的考试。同人们在呐喊,希望各级政府和教育主管部门能够采取彻底有效的改革措施,保障课程改革能够更加健康有效地推进,在真正"教育"意义上关注广大师生生存、生活、发展的状态,解放教育,解放教师,解放学生,为了每一个人尤其每一个孩子的幸福,为了我们的民族、国家、世界的未来变得更好。不容否认,放在大环境里看,这些呐喊,声音是微弱的;但同样不容否认,这些呐喊是非常感人、特别动人心魄的!

(四)希望! 这是最振奋的感受

希望,正来自同人们的理想,正来自同人们的思考,正来自同人们的呐喊。无疑,对人生和人类的走向迷茫了,人就不免会失望彷徨。然而我想,历史是人类的医生,别人可以彷徨,世界可以彷徨,但有思想和使命感的历史老师不能彷徨。的确,自然有演化,文化有嬗变,世风有兴替,每个人的人生亦常在幸与不幸间转换。历史是什么? 就是这"演化""嬗变""兴替""转换"的观察站。历史教育何为? 一言以蔽之,就是借这"观察站",究天人之际,通古今之变,助人明了身、家、国、天下、大自然的诸种关系、前途命运与自己所应担当的责任,从根本上认识自己、做好自己,亦即服务于人的人生。据此衡量,历史教育的无效,在整个世界都是随处可见的。这固然很可悲哀、很令人失望。然而,我们今天大家在一起,已经开始关注、思考并从根本上探寻历史教育"有效"之路,这就是希望!

小到"人生之路",大到"人类走向",都已进入我们的视野里、头脑里、心灵里、思想里,设想当它们不再是空洞、冰冷的词汇,而是具有旺盛生命力的历史教育内涵时,我们的历史教育还会低效、无效,不受欢迎、不受重视吗?!

任重道远,唯不懈努力可达目标。努力比能力重要!

三、站在学生立场追问历史教育有效性①

什么是有效的历史教育? 老师,请听听学生心声!

不能说你的教学完全无效,毕竟你逼着我们死记硬背"历史",兴许应试之助不小,兴许所谓"黄金屋""颜如玉"亦寓焉,你视之为"有效教学"的所在,因此你表现得唯考是从,我们考不好,你便万分委屈,你由此似乎还有了充足"理由"来肆无忌惮地训斥我们:"再这样下去,你的前途必定完蛋!"你的课看似把学生当"人"很替学生着想,其实基本无关学生的人心、人性、人生。说难听点,在我们眼里,你更像一位并不高明的校警。难道,你不懂得人能够有效学习,是因为学习环境"没有恐惧",是因为有"爱",是因为"创造"? 我记得尼采(F. Nietzsche)等人曾振聋发聩地呐喊:"教育是对创造物的爱,是超出自爱的厚爱。"②可是老师,你所做的一切,远未超出自爱,学生难以在你那里感受到自己真正被当作人的厚爱,说穿了我们不过充当着你实现自爱的机器。你想想,在一种无爱、少爱、不创造甚至笼罩着恐惧的教学环境里,我们十有八九都失去了学习的原动力——自尊、自信、自觉,你纵费九牛之力,恐怕也是白忙活,求何有效教学?

什么是有效的历史教育? 老师,请听听学生心声!

因为课程改革,你后来变得目中有人了,知道维护学生"自尊"的重要,不再随意训斥、吓唬我们,还想方设法讲好课,这太可喜了。可是你的课,总是"一讲到底",讲的内容却非常枯燥,你"发放"的尽是课本知识,从概念来到概念去,它们并未因你的讲而变得活起来,与其如此还不如我们自己看书呢。你知道吗? 从孔子、苏格拉底(Socrates),到布鲁纳(J. S. Bruner)、皮亚杰(Jean Piaget),无数老师(教育家)都深知"互动、参与、协商"在教学实践中的作用,他们都强调师生之间和学生朋辈之间"交换彼此的视野""了解彼此的思想"(此即交互主体性),实际上是视师生个个都是课程动态生成的活资源。要知道"三人行,必有我师焉",交

---

① 原文题目为《老师,请听听"学生"心声——站在学生立场追问历史教育有效性》(为教育部 2007 年秋季高中历史新课程远程培训而写)。原载:中学历史教学参考,2007(10).

② 弗里德里希·尼采.尼采遗稿集[M].君特·沃尔法特,编.虞龙发,译.上海:上海译文出版社,2005:22.

互协商,益于分享见解,择善而从,其不善者弃而改之。我们渴望自己在老师你的引领、指导、支持、帮助中,把学习变成自主的、探究的、合作的——当然绝非没有老师指导的自学、乱究、凑合,我们希望我们学习、成长、发展的需要(亦即课程标准的隐性依据)成为师生一切教学行为的共同主导,而不再"以教师为主导"(其实是由教师主宰),你不能置我们学习的需求和感受于不顾,撇开我们的"原动力"去一厢情愿地追寻什么教学有效性。

什么是有效的历史教育? 老师,请听听学生心声!

很庆幸,你毕竟是学过历史的,你很容易就理解了老师是"指导"而不再是"主导"的用意在于,老师心目中时时处处必须有"人"(学生),你也知道关注学生个别差异是教师胜任力的一种表现,你由此反而感到老师的作用不是下降了,而是更重要了,责任更大了,更有价值了。缘此,你开始停演独角戏,在"互动""参与""协商"(交互主体性)上寻求有效性,开始采用多种方式——对话,讨论,表演,游戏……五花八门,热热闹闹。可是,新的问题又出现了。你组织互动,往往不得要领,有时把它变成了形式主义——历史课少了本该有的浓厚的历史味。问题在哪? 追根究底,似乎主要在:一是缺乏思辨性,参与变成了"餐余",索然无味;二是缺乏针对性,互动变成了"胡动",无的放矢;三是缺乏批判性,协商变成了"懈墒"(贫瘠懒惰的土壤,凑合着比喻吧),不长思想。我们心里常常暗暗替你想,觉得你无论设置哪些环节、采用哪些方式,最好非要不可时才要,可要可不要时宁愿不要,其取舍的标准无非要看是否具备思辨性、针对性、批判性。你着迷于创造,却走了另一极端,互动太多,讲得太少,你忘了在历史课上,老师的"讲"不可或少,只要深度高度恰到好处,细心照顾到我们学习的差异、特点和效果,就行。创造性是什么? 其实创造性,就是意味着把事情做得恰到好处。舍此,再新奇的教学方法,也难臻有效。

什么是有效的历史教育? 老师,请听听学生心声!

你很虚心地听取了我们的建议,意识到一方面学习的原动力来自学生,另一方面诚如赵亚夫先生所说历史教学的原动力来自历史学。于是,你开始不再滥用,而是审慎地选用教学方法,力求——把学习还给学生,把历史还给历史。这样做好啊,利于我们借助历史来认识自己、做好自己——我们感到这就是"服务人生"。你在变,我们发现你在偷偷地读书提高自己,你的课也愈来愈有历史味,愈来愈有思想、深度和广度,听你的课开始变成为一种享受。但是,你没意识到你由此染上了一种新病——你变得自信过头到了近乎自负的程度,尽管你在日常教学中非常注意互动,但你却太强势了,咄咄逼人,你的观点几乎不容我们质疑,更不容反驳。你一边拓展我们的视野和思维,一边又限制了我们的视野和思维;你一方面帮助我们摆脱了死记硬背教科书的痛苦,一方面又让我们陷入你一己的角度和观点的僵化。谁都知道,我们如何看历史,也就会如何看生活,而历史与现实生活一样丰富多彩、复杂多变,有效的历史教学的角度和观点绝不可封闭、单一、僵化,而应该有更多的角度、更多的观点供我们学习、思考时参照。

什么是有效的历史教育?老师,请听听学生心声!

哦!你让我们好生敬重。你不仅再一次听取了我们的意见,改进自己的教学,从未改变得像现在这么彻底。你参透了新课程"三维目标"(知识与能力,过程与方法,情感、态度与价值观)何以不可分割的真谛,你还建构了世界观、价值观、人生观"三面一体"的整体历史观。呵,历史在"我们"的课堂上而不啻是"你"一个人的课堂上,有了旺盛的生命力,有了丰富的多态性,也自然就有了我们人生可以参照的意义。试想,当新课程的自主、探究、合作的学习理念转化为我们日后的一种生活信念、一种工作方式、一种人生态度,当我们从历史中形成的世界观(知道究竟是什么)、价值观(我们认为什么才是应该的)、人生观(怎样认识自己、做好自己),是丰富健全的而非片面歪曲的时侯,我们的历史教学才堪称升华成了真正能够"服务人生"的历史教育。历史教育要有效"服务人生",就得在实践上像聂幼犁先生所倡导的那样以人文、人权、人性之觉醒为己任,就得做足赵亚夫先生一直强调的历史教育的两大主题——公民教育和人格教育,就得如齐健先生所言历史课必须有生命(有思想、有情感、有生活),就得把人性的真、善、美作为历史教育终极追求的"北斗星"(终极取向),总体上设想在初中3年、高中3年共6年的时间里,我们怎样逐步趋向它。这样的历史教育,应该既能"服务考试",也能"服务人生",二者浑然一体、密不可分,不仅对中学的学习和生活来说是有效的,而且对我们日后世界的生活也能发挥效用,受益终生。

很抱歉,老师!我调皮捣蛋、说话尖酸、爱挑你的疵,与我一样的同学很多,你现在却一个都不嫌弃,而是对每个学生都公平对待、爱护有加。这,本身不就是一种新课程吗?本身不就是一种"超出自爱的厚爱"吗?你最近说过,能够教育我们,你首先是从教育你自己开始的;现在我们也深知,人生的意义,也无疑开始于"认识自己、做好自己"。

四、文本危机：你感觉到了吗？[①]

历史教育怎么啦？

历史教育在改革呀——围绕教育理念，围绕课程教材，围绕考试评价制度，围绕内容与方法的创新，围绕研究性学习……

改革的根本似乎被抓住了，那就是以人为本。哦！如何凭依历史教育，培养人文理想、人文精神、人文素质，从而造就每一个个人的健康成长和全面发展，这样的呐喊声，不是已响彻耳端？

这不是很好吗？是的！然而呐喊毕竟代替不了实际，有时它越响亮，越说明它本身的低效、无效、无能！电影明星赵某"日本军旗事件"，清华学子刘某"硫酸泼熊事件"，就发生在这样的呐喊震耳欲聋的今日呀！前者不正是我们自己导演的历史教育悲剧？后者不正是我们人文教育的滑铁卢？而谁敢断言，我的身边就不曾有过或者今后不会再有类似的悲剧上演、类似的滑铁卢出现？

任你如何苦苦嗫嚅失落着的人文关怀，任你怎样大声疾呼挽救所谓人文危机，很多很多时候，你的这些努力的所得，似乎总是冷漠多于热烈，悲凄多于喜悦！为什么，为什么？

面对如此两难困局，我们可以找出一万个理由说服自己、安慰自己：这不怪我！然而倘真冷静下来扪心自责：不怪自己，哪又怪谁？我固执地以为，这症结，大半恰恰在于我们自身！不用说得太远，只需要看看我们的杂志——《关于……的探讨》《试论……》《对……的思考》……这千篇一律的文章标题，再加上单调、乏味、干瘪、僵化的文意文风文体，你就不难推断我们的杂志所刊载的一些内容（虽非全部），究竟有多大多少的说服力和影响力，由此而欲求良好的教育效能，岂不成了一厢情愿的自言自语！而更匪夷所思的是，纵然沉疴难起，我们自己竟浑然不知，甚至始终感觉满意、沾沾自喜。

这究竟是一个什么问题？用近乎后现代的概念说，当然是，也无疑是文本问题——一个被许许多多人久已忘却了的严峻话题。

哦，什么是文本呢？简单说，就是口头的、书面的、语言的、非语言的"传意"方式。以我们杂志来说，在媒体这个意义上，就是办刊"宗旨"的"传播"方式。以老

[①] 原文题目为《文本危机：你感觉到了吗？——对历史教育文本改革问题的狂思乱想之一》。原载：中学历史教学参考，2002(3)；转载：师道，2006(9).

师的教学来说,就是帮助自己与学生在教学意图上,实现沟通和理解的种种方式——包括听、说、读、写、看、思、眼神、手势、体态、情境、语境、气氛等所有用以表达、表现、表演的互动传意方式。所以,凡文本,皆可简单视之为对话语和意象的表述,因而文本问题,主要是体裁和风格问题。有两个因素决定着文本的功能(作用):一是意图(主旨),一是意图的实现(被理解)。也就是说,你有没有思想是一回事,纵有之,能不能有效"传意"被人很好地理解又是一回事。若不能,一般地说,其原因应该首先责之于"文本"。

正是从文本的维度,我们才很容易看彻"人文危机"的病根:"人"的危机——缺少社会良知、理想信念和正确的价值观等,其实仅仅是一方面,更重要(我在这里不得不用"更"字)的是另一方面,即"文"的危机——我不太主张使用时髦的"失语症"一词来概括,但的确,"文"——尤其文本,是极其重要的。忽视了改进后者,我们便难以有效地"传意",而我们所津津乐道的那些关于历史教育和人文教育的话语,至多也不过是寥寥几个同人之间的窃窃私语——一种与现实生活、与万千大众(包括教师与学生)难以发生多大关联的某个小圈子内的"乌托邦"话语!

明白了这一点,就不难发觉,在倡导人文教育的过程中,我们都有意无意犯了一个不大不小的错:忘记了"人文"是一个"人化"与"文化"内部二因互动的概念。"文"即文化,就其本质来看,亦即"人化",或者说"人性化"。没有"人",就没有"文"。反之,没有更好的"文",何来更好的"人"?

索性偏激一些,进而可以这样说:文本问题,本身就是文化问题,也就毫无疑义地是人、人性问题。谈及人文教育、人文关怀、人文理想,人们每每偏重于"人"——这本没有错,因为"人"确乎是根本,不可动摇;但殊不知"人"是靠"文"来涵养的,只在"人"字上彷徨,而不去关怀"文"——尤其传播"文"的载体、"文"的传意通道——"文本"的繁茂,欲求"人性"的本正根深,怎得!

所以,教育教学管理目标,必须是"人—文"并重,二者不可偏废的。但实际上,我们往往偏执其中的某一端,结果当然是"人"与"文"一损俱损。不信?那就请看看我们的杂志、我们的教科书、我们的文章、我的演讲报告、我们的课堂语言、我们的交际话语……然后认真观察这一切所引起的反应(也许有的根本就不会引起什么反应)!

历史教育怎么啦?没错,在改革!而且是很正确地以人文理想为追趋的改革!然而,要把它变为"活生生"的现实,定然不可不关注现实里边活生生的"人"——教育管理者、教师、学生的活生生的现实需要——尤其他们所需要的活生生的"文",活生生的"文本"!因为,制约历史教育效能的根由,除了人性危机外,如今尤显阻遏质性的,似乎更应该是文本危机。

是的,文本危机!姑且莫嫌我艰言涩语,也姑且莫怪我胡言乱语,倘若它们在你看来把一些并无什么特指的符号变得多少有了一些意义,唤醒了你的文本意识、文本理念、文本思维,乃至开始"从我做起",寻求文本的改革、改善,我纵然不知足,也会很幸福!

我不甘心,老想追问:文本危机——这一点,你感觉到了吗?

五、文本危机:当思想失去了造型①

文本,在人性的峰巅俯瞰,其实是——思想的造型,文化的气质,精神的衣着,心灵的外表。换言之,即人类世界观、价值观和生命观的外化传意。

譬犹某一天的某个城市,晨曦中,朝阳里,垂暮时,月光下,许许多多的个人、人群与许许多多的物,因互动而不断变幻着的形、声、意、色,就构成了这个城市活生生的"文本",其内容与形式是否样样都和谐得体,因人与物的关系而异。正如城市雕塑,已非纯粹之物,而是一种城市文化思想的凝固体,一种人性的物化传意。这城市,这雕塑,随着人的作息而作息,在梦里它潜藏、孕育着话语,醒后它又创造、表达着话语……用思想之笔去描述其每个瞬间,便有了这城市的文本旋律——文学、哲学、艺术、物理、生物、历史、地理……

眼睛是心灵的窗户,那么话语、语调、表情、姿态、气质、行为,不就是心灵凭依文本向窗外张望着的眼睛?正是数不清的"眼睛"对"眼睛"的传意,给了"判断"以可能和必然的魅力。哦,这多么神奇!正如巴赫金(M. M. Bakhtin)所言,"我用世界的眼睛、别人的眼睛看自己",而他人的眼睛则"透过我的眼睛来观察"。②

天地人,变化着的一切,不都是互为历史的眼睛,通过对方来观察自己!也许,正是在这一点上,中国史学自司马迁开始,就有了"究天人之际,通古今之变,成一家之言"的人文理想追趋。假若无此理想,《史记》能成为历史文本的典范——"史家之绝唱,无韵之离骚"吗?不可想象!

---

① 原文题目为《文本危机:当思想失去了造型——对历史教育文本改革问题的狂思乱想之二》。原载:中学历史教学参考,2002(4);转载:师道,2006(9).

② 巴赫金. 文本 对话与人生[M]. 白春仁,晓河,等译. 石家庄:河北教育出版社,1998:86.

图 3 - 1 "嗨,希特勒!"

1936 年奥运会上,德国人在举国上下,都用雷同的姿势、雷同的语调,呼喊着一句雷同的话语:"嗨,希特勒!"何等惊世骇俗的形式主义——谎言取代了真理,思想让位于愚昧!难道希特勒独"醒",其他人都"醉"……

哦!当思想失去了造型,当造型失去了思想,谎言和愚昧就会趁机变换花样,伪饰成华丽的大厦,向真理示威……

其实,人文的本义,就是这样!《说文》曰:"文,错书也。"段注:"错书之,文之本义。""错"即不同条纹的交错。《易》曰:"观乎天文,以察时变;观乎人文,以化成天下。"这里的"天文",实指整个大自然之理;这里的"人文",当然是一切人为活动——人类文化生活的痕迹。于是,在泛化的意思上,就有这样两端:"物"的文本和"人"的文本。难怪古人要"为天地立心,代圣人立言"。钱穆直呼"文"就是"花样",也有人说"文"即"文饰",意思都很到位,引申开来不就是文章、文采、文体?而如何用"文"来"传意",不也就是"文本"问题?

说文本就是形式,并没有错;但说文本只是形式,则是大错。注重形式定然有积极意义,却绝不意味着形式主义。文本,恰恰是超越了形式的形式。巴赫金说得极好:文本是什么?是"对思想的思想,对感受的感受"。[1]

---

[1] 巴赫金.文本 对话与人生[M].白春仁,晓河,等译.石家庄:河北教育出版社,1998:300—301.

琢磨文本改革的目的,正是为了恢复"形式"与"内涵"的双向互动表达效能,增强"人—文"互动的内驱力。要做到这一点,就必须用有思想的"造型"破除无思想的"程式",就必须用"形式"破除形式主义!

教育文本的好坏,系乎教育效能的高低。而历史教育文本,更是因了"历史"的特殊缘故,而有一些特殊的戒律。追求真实与追求精彩,似乎是构造历史教育文本永恒的一对矛盾。小说能够臻于精彩,乃因它讲述的是"可能",允许虚构。而历史的讲述,本诸"已然",则必须尊重史实。

为了一个"实"字,历史就得和精彩无缘?借口一个"实"字,历史教育文本——教科书、报刊、影视媒体、课堂话语……就可以拒绝精彩,而不去考虑受众——读者、观众、听众的理解参与和接受能力?不能,绝对不能!

追求真实,固为史学本根,也必是历史教育的本根。这真实在哪里呢?迄今为止,似乎只存在于历史文本本身:一是书面文图文本;一是遗物遗迹文本;一是电子信息文本。离开了这三样,什么希腊罗马、欧风美雨,什么秦皇汉武、唐宗宋祖……就像"未来"一样,都只能是一种有待探知的变数"X""Y"……

然而,仅凭这三样,还不足以了解历史的全貌。二十四史,是官僚凭了自己的好恶取舍编给皇帝看的,百姓的人生物态常被略载,历史的精彩因此已遭损害,而其他文本也有同样缺憾。何况,事发乎前,史编乎后,许多历史真相已模糊难详。正如人都要吃喝拉撒,天天如此,溺于习见,也就疏于留意。古今"新闻"都好猎奇,对狗咬人不大声张,而对人咬狗则大加宣扬,因为"人咬狗"确系稀奇。时常标榜什么,并不见得全然做到了什么;屡屡禁止什么,恰恰意味着现实里边已然不断发生着什么;反复提倡什么,恰恰反照出实际里边总是缺少着什么。倘不去思想,透过文本、到文本外面去寻觅,那么隐在"真实"背后的精彩史实,就只能缺席!

优秀的史学文本和历史教育文本,给予受众和学生的,除了"真实"内容,还应有凭依丰富的历史思想建构起来的"精彩"形式。它应该能引领人们立足现实,穿越时空,沟通过去与未来。诚所谓"读史使人明智"!反思之,此语似乎还可作另一种意义上的理解:教人明智地读史,给历史一种自己的诠释。

现今中国的历史教育文本怎么样呢?情况正如众所周知。敢问真正臻于"人—文"互动,而受众满意率很高的历史教育文本,究竟几何?答曰:的确不多!这,就是历史教育文本所面对的危机!

乏思想,是教育文本的大忌!有思想,但没有给思想以精彩的造型,那么这些思想可能就是一堆堆难以理清头绪的乱麻絮,无疑又是教育发挥效能的困局!

让思想回来吧,给它创造一个温馨的居所,让它在那里担当指挥,组织人文理想、科学知识与芸芸大众促膝,尽情演奏"传意"交响曲——形式不再单一,内容不再失意,智慧不再彷徨不居……

否则,人文危机自然还是危机,教育效能低下自然还是低下。

六、文本危机:个性和创造性的凋零①

面对一代大师丰子恺的漫画《剪冬青联想》,联想教育文本危机,一个非常悲凄而又不容回避的话语始终萦绕脑际:个性、创造性的凋零……

喀嚓!喀嚓!喀嚓……剪了,把冒尖出格的部分都剪了!

——当郁郁葱葱群聚团簇密密麻麻的冬青,在园艺师的大剪子下,齐刷刷变得规整划一时,你心里也许会默许这作为,那些用来形容"改善"环境的词儿,弄不好还会不无兴奋地荡漾在心里,谁也不会太多地去在意这冬青有什么生命意义——它们挨剪刀时不会哭喊——生命自身没有给人提醒自己是生命,似乎就该任人裁剪!谁还会反着去想象,它们被放开了自由自在地生长生活,将会长出活出什么样、什么结果呢……每遇此情境,人们印象最深并且最欣赏的,或许终是那大剪子张口闭口的喀嚓声。

图3-2 剪冬青联想
(丰子恺漫画,1949)

喀嚓!喀嚓!喀嚓……剪了,把我们人当中,那些冒尖出格的部分,也统统剪了!

——当一个个活生生的人作为生命降临,在世间也不过短短几十年最多过百年,恰如过客匆匆来,又匆匆去。历

---

① 原文题目为《文本危机:个性和创造性的凋零——对历史教育文本改革问题的狂思乱想之三》。原载:中学历史教学参考,2002(5);转载:师道,2006(9).

史,就是靠无数人与无数物,一代又一代,个性与共性互依、传承与创新互动的生命发展交响曲。哦,"十年树木,百年树人",谁曾细寻其中的理:树被合理地修剪了,可以更好地长;人被教育扭曲了,却无法更好地活。教育文本——口头的、书面的、语言的、非语言的种种传意方式,如果千人一腔、千篇一律、千人一面、千树一姿、千花一色……抹杀差异,剪去个性,那将是一种何等凋零、何等凄惨的景象!而用这样的文本——几乎雷同、几乎一样的模子,去塑造一个一个不同的人,那结果又会怎样? 恐怕断非个性、创造性的丰富升华!

历史方向,由无数人生方向决定着,因而历史并非始终是直线向上、直线进步的;"生存—生活—发展"主题,对一个民族一个社会,与对一个人一样,也并不总是呈现出固定的阶段超越,更多的时候其实往往是,优越与困顿互在,丰富与贫瘠共存,发展与苦难孪生,于是人类历史的步履,也正如一个个人的前进与倒退一样,并非从不发生逆转,有时你简直难辨"野蛮人"的文明与"文明人"的野蛮谁更优于谁,尽管各自都从不自以为非。这就是悖论,我们就生活在这样的充满悖论的世界里,也即充满二律背反的历史里。

那么历史教育文本,应该呈现什么呢? 我想,定然先得教给人们历史知识,不过这知识必须有所选择,选择那些可以孕育智慧的知识,然后人们才能凭依这些知识学会思想、学会生活,更重要的还在于学会在历史的悖论汪洋中怎样避免跌入非此即彼的误区,能够渐渐养成公正地看待一切的价值观,同时善于向他人向社会表达自己的价值判断,这就意味着历史教育文本给予人们的必须是尽可能高的生存、生活、发展的智慧,而绝不是毫无选择地,把人变成只装有历史知识而没有头脑的"走动的百科全书"。① 谁不知,思想之舟沉没了,不会辨真假、美丑、善恶、是非了,那历史教育的智慧之树,不就枯萎凋零了! 也就是说历史不是服务于过去的,而是服务于现在和将来的,"鉴古知今""彰往察来",说的就是这理儿。否则,正像剪错了冬青那样,不是把人性扶正了、把生命壮大了,而是把人性扭曲了、把人的生活教坏了,最终把人家给害了,尤其受害的人多了,就会阻碍社会进步、阻碍历史进步。历史教育的要务,定然是赋予自身以人文互动关怀的教育特质,最低要求当然是减少这样的受害者,杜绝再生产这样的受害者,然后才有望在更高层次上推动历史进步。尼采(F. Nietzsche)说得好:"若是历史这样服务于过去的生活,以至它把发展的生活,也正是较高的生活逐渐破坏了,若是历史的意识不再维持生活,却把生活制成木乃伊,这样这棵树就死了,不自然地,从上边渐渐

----

① 尼采.历史对于人生的利弊[M].姚可昆,译.北京:商务印书馆,1998:25.

向着树根死去——最后通常是这树根本身也归于沦亡。"①

　　教育文本只有以个性、创造性为理想,才能造就适于"树人"的良好教育环境,进而才有条件造就具有个性、创造性的人。我们的历史教育文本,如果以人性为本、以智慧的公正的价值观为导向、以提升人文互动表达效能为追趋,那么在教育传意上就必会越来越富有个性和创造性,我们本来活生生的受教育者的生命,必会越来越翠绿、越来越富生机,我们的社会也将因此而焕发活生生、精彩纷呈的气息!

　　教育是面向人的,最不可或缺的,正在于讲人性,正在于高度的人文关怀。倘若我们的教育只造成了受教育者个性、创造性的凋零,那么我们反思过没有,这种教育便是抹杀人性的教育,也必是失败的教育!

　　说了些本没必要说的赘语。朋友们最好还是由漫画《剪冬青联想》,自己联想开去,那收获一定胜过读我的文字不知多少倍……

七、我们都是"半个人",必须找着自己的另一半②

亲爱的老师们、新老朋友们:

　　热忱欢迎你们参会! 我们对大家的真诚,发乎内心,也体现于行动。大家看到了,主席台上没有坐任何嘉宾,也没有安排领导讲话,没有介绍嘉宾等烦琐程序。一切都冲着一个目的,把"全国历史教师学科素养与高考教学胜任力研讨会"办好、办丰富、办扎实。

　　为此,我们果断改变常见的开幕式风格,把更多时间交给专家奉献思想;为此,我们把原定两场专题学术报告增加到4场,希望大家有更多收获;为此,我们选好4个分会场主持人和微讲座嘉宾,希望互动研讨更有效;为此,我们努力做好各项会务工作,希望大家在西安愉快地度过这几天。

　　尽管如此,仍然有不少的遗憾和歉意。一是,住宿条件限制,参会老师分散住在四个酒店,有些老师要冒着酷暑步行到会场,很辛苦,请求大家理解;二是,因为接待条件有限,在报名满500人之后,我们遗憾地拒绝了好多要求参会的

① 尼采.历史对于人生的利弊[M].姚可昆,译.北京:商务印书馆,1998:20.
② 原文题目为《我们都是"半个人",必须找着自己的另一半——全国历史教师学科素养与高考教学胜任力研讨会开幕词》。原载:中学历史教学参考,2016(8).

老师,不然参会人数比今天在座的 500 多人还要多,我请求大家给这些未能报上名的老师带去我们真诚的谢意和歉意;三是,会务安排肯定也有不少不周到之处,但大家无不给予我们极大的理解、包容和支持,衷心感谢各位老师,谢谢各位新老朋友。

各位老师,"素养"已成为一个热词,而"胜任力"一词的内涵也逐渐被更多人理解。这两天我们聚首西安,通过各种方式研讨"素养"与"胜任力",不是盲目跟风,恰恰相反,我们是要对热点话题进行冷思考,更负责任地思考什么是教育,什么是历史教育。

《中国学生发展核心素养(征求意见稿)》和高中各学科所谓"学科核心素养一览表"公布后,各地对"素养"的研讨持续升温,但一些研讨得出的观点,或多或少总是有一个缺陷,那就是背离了常识。

常识告诉我们,教育的根本目的,全然在促使学习者健全成长,帮助他们成为合格公民,也就是服务学习者的人生。倘若整体去看,教育之"根"在健全人格,教育之"命"在思考能力,教育之"魂"在价值引领。这个本应是思考"素养"和"胜任力"的常识,但这一常识已经被湮没了,萧条了,常识却常常不被人认识。

追根究底,非要找一个教育的核心,从常识看,非人格莫属。因为人是唯一目的,其他皆为手段。换句话说,人是我们大家的唯一专业,人格是我们的专业方向,健全人格是我们的专业重点,爱和创造是我们的专业动力,学科素养仅仅是实现专业目标的手段,胜任力只是把这一切转化为外显行动的能力。

人类最重要的课程是——什么是人。什么是人? 叔本华(Arthur Schopenhauer)用一个词来说"就是人格",因为"人格是人性的最好形式"。摆在人面前最大的难题正是怎样正确地认识人格,亦即"认识你自己"。认识自己难就难在像"眼睛看到一切,唯独看不到自己"一样,要看到自己,必须借助镜子。历史学科正是这样一面最大的镜子,如何使人借助历史这面镜子,完整而不是割裂、公正而不是扭曲地照见这世界,进而看清自己,这不就是我们"学科素养"与"教学胜任力"的关键所在吗?

人无个性是窝囊的,人缺社会性是危险的。个性与社会性二者和谐统一才算得上具备了健全人格。

说到这里,我想起了古希腊剧作家阿里斯托芬(Aristophanes)在与苏格拉底(Socrates)等人聊天时所讲的"半个人"的故事。① 这个很震撼人的故事被柏拉图

---

① 柏拉图.柏拉图全集:第二卷[M].王晓朝,译.北京:人民出版社,2003:226-231.

记录在对话集的《会饮篇》里。

阿里斯托芬说,最初的人是球形的,是现在两个人的合体,有两个头、两张脸,各种器官也是现在人的加倍,他们能瞻前也能顾后,可以直着身子行走,也可以任意向前或向后,跑步时则手脚并用,相当于有八条腿,因而跑得很快。这样的人是月亮生的,身形圆圆的,体力、精力、品性均有他们父母——月亮的特征,能量很大,总想要飞上天庭,造诸神的反。

众神之王宙斯不能容忍人类的蛮横无礼,与众神商量怎么削弱人类能量,认为用霹雳把他们全都打死,就没有人敬奉诸神了,最后决定把人全都劈成两半,让人以后就用两条腿直着走路,如果再捣乱,就把他们再劈成两半,让他们用一条腿跳着走路。宙斯说到做到,把人全都劈成了两半。一方面,人就只有原来半个那么强大,另一方面,人的数目加倍,敬奉神的人数也就加倍了。

人被切成两半后,宙斯吩咐阿波罗把人的头转过来,让人低下头看到身体被切开的惨状,感到恐惧,从而不敢再捣乱,还治好他们的伤口,把切开的皮肤从两边拉到我们叫做肚脐的地方打了个结,就像用绳子扎口袋那样,然后抹平留下来的皱纹,但肚脐周围的皱纹被刻意留了下来,为的是提醒我们人类曾经因不听话受过的苦。

人被劈成两半后,都想念自己的另一半,疯狂地去找另一半,找到后他们互相紧紧拥抱着不肯分开,不吃不喝,什么也不想做,时间一长,很多人因虚脱、饥饿而死。幸运的是,宙斯起了怜悯心,让被劈成两半的异性"半半"结合,用爱情延续人类。

阿里斯托芬说:你们瞧,人与人彼此相爱的历史可以追溯得多么远啊,而沟通人与人之间鸿沟的桥梁,不是别的,正是爱。故事的结尾,很鲜明地,把人由半个人变为完整人的关键点,落在了一个字上面——爱。

老师们,用阿里斯托芬的话说,"我们每个人都只是半个人"。换一种角度,可以这样说,半个人是小写的人,是不完整、不健全的人,为了健全自己,我们每个人都应该找到自己的另一半(这个另一半,大而言之就是世界),用爱完善自己,变成大写的、完整的人。

这个故事,从某种更深层的意义上看,恰恰揭示了教育的目的。教育的目的,不就是帮助人找着自己的另一半,健全自己的人格、健全自己的人生吗?

"轴心时代"古希腊有此故事,其实先秦中国也有类似学说,如老庄、孔孟荀。中国人追求"天地人"合一,意味着要寻找的另一半内涵更丰富,老子"人法地,地法天,天法道,道法自然",庄子"至人无己""独与天地精神往来",孟子"万物皆备于我矣""上下与天地同流",无非指更丰富、更健全的人生。

中国人与阿里斯托芬"半个人"必须找到另一半的故事寓意,最为接近的观念是"仁",单个人不成仁。孔子曰"仁者爱人","仁者,人也"。反向看,强调"仁",不正意味着人原本就是类似阿里斯托芬所说的"半个人"吗?追求仁爱,就是在寻找另一半。有仁爱之心,有仁爱实践,人才有可能变成健全的人,相反,无仁爱之心,无仁爱实践,人就永远无法成为健全的人。

问题的焦点恰恰在于,我们都是半个人。我们的另一半究竟是什么,另一半在哪里,怎样去寻找呢?这无疑也是本次大会研讨"素养"与"胜任力"的一个理念支撑点。我渴望代表们通过积极互动研讨,为解决这一难题贡献智慧。期待大会圆满成功!

谢谢各位老师!谢谢各位朋友!

八、别只做看客、骂客、瞪眼客①

中国国家足球队于 2005 年 11 月 10 日,参观侵华日军南京大屠杀遇难同胞纪念馆,进行爱国主义教育,让历史服务于人生,本是一件用心良苦,并可以让各方都叫好的事,却引起了舆论的不满。据《现代时报》等媒体报道,舆论的不满主要因为,国足在整个参观过程中,不鞠躬,不献花,不默哀,还有两名队员不该笑却嬉笑。人们因此对国足近乎破口大骂了,"一群小混混而已","如果连最起码的人性悲悯都没有,就不能再算作人了"……

国足的表现,的确让人失望,该批。然而,稍微动点脑筋便会发现,有的批评貌似极有理,其理据却很靠不住。譬如,有人把"没受过高等教育"当作国足是"小混混"的理据,这无异于送给了素质低下者一个特过硬的托词,且由此可能导出一个很危险的怪论:没受过高等教育的公民,只能素质低下。

呵呵,中国的公民素质,怎可过多指望高等教育,因为公民的大多数还拿不到这机会,倒是得指望基本普及的基础教育了——从幼儿园到中学。故此,中国公民的素质如何,当然主要得问责基础教育。

国人有的说,世界上基础教育数中国最好,不知何所据。看看现实,就知道这话说大了,且掩盖了诸多本该早早祛除的恶癖。譬如,人们见张三表现低俗只顾

---

① 原文题目为《没人告诉我怎么做:岂止历史教育的悲哀——从国足参观南京大屠杀遇难同胞纪念馆说起》。原载:中学历史教学参考,2005(12).

责骂之,从不去探察张三素质低下的根由何在,更不从改进教育这个根上去疗治——永远无人告诉张三究竟怎么做才对,于是张三的魂灵、心性、行为,到死都无从改善,如此则到了将来的小张三、小小张三……,人虽已非,素质却仍旧,终归是张三那般低,一代误一代。

国足的表现,表面上直接反映了历史教育的悲哀,其实何止如此,我们整个的教育,不都存在这等悲哀? 年轻的国足队员不知道面对同胞的亡灵应该鞠躬、献花、默哀,年长的主教练也"没想到那么多"。其实,没有了对生灵、生命、人性的关注、关怀和敬畏,再悲惨的历史也无法引起悲伤、沉思、反省,更不要说有相应的适宜的行动了。无疑地,正是为了让历史变得有益于人生,我们才需要借助教育。有些人之所以压根就不知道究竟该怎样做才对,恰因所受的教育里根本就不曾教给他们这些。好的教育,说穿了不能只教给人们一大堆难以消化的"知识石块"了事,还得设法让人消化知识,并让这知识促进人内心能够决断自己的思想和行为,因为"内在的融会过程,这如今就是事物本身,就是根本的'教育'……一个这样的教育不要因为不能消化而沦亡"。① 国足个别队员看到南京大屠杀纪念馆的一幕幕,就立竿见影地表示,"以后见到日本队,我们就会和他们拼了","以后碰到日本队,见一个灭一个",这显然不能说是已经"消化"了的教育所应有的效果——只有空言、狂言和愤怒,而没有灵魂深处的反思与实际行动的改进。近年来发生赵某"军旗裙事件"、珠海"买春卖春事件"等诸多类似悲剧,其原因谁能说根不在教育——扪心自问,谁清晰地告诉过他们(我们)不能怎么做、必须怎么做了吗?

接受了教育,却不知道如何做人,这难道不是中国整个教育——尤其基础教育的悲哀? 其实更大的悲哀在于,等悲剧发生了,大家都把责任推给别人,要么当麻木的看客,要么当愤怒的骂客,以谴责代教育,似乎全然与自己无关。一味"看"与一味"骂",于素质何益? 鲁迅先生说:不可救药的民族中,一定有许多这样的"英雄",他们"专向孩子们瞪眼……孙子们在瞪眼中长大了,又向别的孩子们瞪眼,并且想:他们一生都过在愤怒中"。② 殊不知这"英雄"在当今中国是怎样地多,这"英雄"又是怎样地无能,他们从不知自己怎么做人,也不曾对别人怎么做人有实际的教益,别人错了,或只顾看,或只顾骂,或只顾瞪眼。

在南京大屠杀68周年之际写下这些话,不啻是代表我们编辑部同人悼念那30多万无辜同胞的亡灵,还想到了今日中国,倘要提升公民的整体素质,绝对得少

---

① 尼采.历史对于人生的利弊[M].姚可昆,译.北京:商务印书馆,1998:24.
② 鲁迅.华盖集·杂感[M]//鲁迅全集:第三卷.北京:人民文学出版社,1981:49.

些看客、骂客、瞪眼客，多些具体地教人如何做人的实行者、指点者、关怀者，因此需要从根上改变、改进、改善我们的教育——家庭教育、社会教育、高等教育、尤其基础教育。

　　这样说，极有可能被骂客瞪着眼骂作"杞人忧天"，然而我们发自肺腑地希望，这样的杞人忧天者，愈多愈好。

第四章

历史教育要求新

一、教师胜任力重在发展教育智慧

——由束鹏芳的历史教学延展开来①

"一国两制"这一正在现实中实践着、发展着的历史,学生或多或少地都会具备一些前认知。这是件好事,但是前认知多了,难免出错,而且容易习惯性地自以为是。这样,反而会增大教学难度,也必然会提高教学要求。那么,教学效果会遇到怎样的风险? 我将猜测和疑虑集中到一个点上:究竟怎么办?

束鹏芳"一国两制"的十年一课,打消了我的猜测和疑虑。而且课堂上出现的远比我所猜测的还要复杂、还要多的问题,都被束老师有效化解了。很明显,十年前他对"怎么办"就有较为成熟的方案,十年后他用纯熟的教学思想和行动,把"怎么办"变成了引人入胜、发人深省的教学艺术和教育智慧。

(一)扎根生活,建构知识也生成智慧

生活永远比课堂精彩,课堂知识源于生活,最终又得归于生活、服务生活。但遗憾的是,一到课堂上,知识的发源地和归宿地往往都被遗忘。这无疑是一个悲剧性缺憾,人们对此习而不察。束老师显然注意到了这一缺憾,并在教学中加以克服。

2012 年执教"一国两制"时,上课伊始他就用自己在港澳台的生活素材,轻轻一带,先走进生活,再走进课堂,吸引学生的注意力。这不是因为课堂,而是因为课堂有"生活"。他将教科书内容编织到故事里,还原到生活中,并将学生的课堂学习也视为生活。如此,无论是知识的概念性建构,还是知识的实践性运用,都不

---

① 原载:江苏教育研究,2012(7).

132

仅有据可依,鲜活生动,而且课堂本身也有生活情趣。

举例言之。在知识阐释的教学过程中,当学习者刚有些许轻松释然感时,他忽然把问题带入生活,从生活里拣出令人"纠结"的问题来纠缠学生,让学生经历"痛苦"之后体验思考的快乐。这时,他不失时机地告诫学生:"并不是教科书上说得那么简单:'一国两制'提出了,香港澳门就回归了,没那么容易。"学生有了强烈的现实生活观照意识。另一个"悬"而未决的台湾问题(当然是更复杂的现实生活),也就不言自明、由隐变显——事情变化不会那么简单。如此的"冷不丁",既是复杂的历史真相,也是生活的真相。在其他教学步骤中,他还辅以别种方式强化这种意识,比如用协商的口吻问学生"是不是",比如反复提醒学生"历史是由细节构成的"。这些无非是想让学生懂得:知识的生命力在于由生活生发,同时又返回生活。在追溯台湾问题的由来时,他有如下理答:(1)很流畅,也很简明。只是某项还可以表达得更明朗、更到位。想一想,再援引或借助讲义。该怎么说呢?(教师探询式地看着他)(2)你说得比我好,好像还有一个问题,漏掉了,还能回答吗?哦,站着回答问题既累又有压力。好吧,请坐。(3)刚才他漏掉的这一个小问,谁来答?难道他的前后同桌不能赞助一下吗?这些无疑是想让学生享受一种课堂生活——有情趣的有道德的学习生活。

教育本应追求智慧。但知识并不是智慧。智慧是生活的艺术,是对知识的正确理解和在生活中的恰当应用。课堂是否出智慧,就要看是否遗忘了生活。遗忘了生活的课堂知识,会变成僵死的书本教条,并使知识本身也失去意义,历史知识的教学更是如此。而一旦遗忘课堂也是一种师生的生活场所,则学习也将失去意义和知识掌握的空间力量。束老师的课努力追求智慧。他很善于在概念性知识与生活实践智慧之间制造认知冲突,把学生的注意力引向复杂、精彩的生活,以促使他们进行务实而深入的思考。他的一句"并不是教科书上说得那么简单",学生就不得不把目光移向教科书之外,去探寻究竟哪里不简单。这时你无需提示,学生也知道答案全在生活里。

生活始终是束老师课堂潜在或显在的背景,他在2001年发表的《关注中学历史教学的课堂生活》正是这一教学背景的注脚。因此,他的课就成为将知识升华为智慧的载体和反应场,无疑可圈可点,无疑是在解决"怎么办"问题。

(二)激活思想,思考内容也思考方法

历史的多态和变动不居超出人们的想象,教科书无法完全呈现历史的复杂性。知识不可能是"纯粹"的,正如福柯(Michel Foucault)所揭示的那样,"权力和知识是一体两面"。人们总喜欢听自己愿意听的,总喜欢看自己愿意看的,那些

"不被喜欢"的历史,尽管它是真的,但仍有可能被遮蔽。因此,不仅历史学习内容值得思考(究竟如何),而且学习方法也值得思考(究竟怎样)。

束老师深谙此理。他用批判的眼光去审视和矫正了人们对"授人以鱼不如授人以渔"的流行看法——"鱼"(知识)与"渔"(方法)同等重要。台海两岸分离后,最初几十年各自的宣传,都认为对岸"人民处在水深火热之中"。身在大陆的人,也总认为蒋介石在搞分裂活动。可是,一旦揭开被淡化或冷落了的历史,就会发现:原来蒋介石是坚决主张"一统"的,他"中华民族不久终归于一统","大陆和台湾皆为中国领土之一部分,不容割裂"的观点和期待,几乎与我们现实的语境毫无二致。在历史教学中既看到 A 面,又看到 B 面,因内容而激活思想。或许惟其如此,束老师在课前就精心选择相关史料,以纪事本末体的形式,编制了台海局势、港澳回归、辛亥革命周年纪等四则事件序列内容,印发给了学生。结果,学生在史料里读到了历史的更多面。内容更全了,角度更多了,视野更开了,学生对历史的感受和解释就更准确了。这是通过思考内容来激活思想,正所谓"因思想而睿智、而洞见"。

思考方法而激活思想,显然也是多数历史教师"蒙昧"而束老师"觉醒"的一条教学律令。2002 年的"一国两制"课上,他在引导学生归纳大陆何以提出和平统一方针的原因时,以"开阔视野、知识联系"的方法促使学生产生"现代化建设需要和平稳定的台海局势""台湾在国际主流社会已经不是一个国家"等历史认识,就是一种因思维方法而结出思想之果的例证。2012 年的课上,他更为看重和努力帮助学生去获得方法和思想的同构。例如讨论祖国完全统一与民族复兴的话题,就强调说理的三条路线,并重复这三个视角,从而能在洋洋洒洒的阐述历史中,获得思想乐趣和论证力量。在讨论"纠结"时,使用了"有人认为:在'一个中国'的语境里,台湾远没有触及大陆的政治底线。是这样吗?",再用比较的、语言解释的方法,激活思想。他每到教学互动的关键点上,总要揪住某个细节,指点或揭晓学习历史的方法。他几次强调"用材料说话,这就叫学历史";他提示"不是要记住,而是感受说理的路线";他在笔答、讨论、口述等诸多外显的互动表达中,遇障碍就搭桥铺路,遇遮蔽就揭盖子洞察,通过思维冲突来唤醒、激发学生的思考,知识与智慧在如此有张力的课堂文化里,很容易活起来。

尤要一提的是,他借用于右任的《望大陆》、余光中《乡愁》,提醒学生,情感、态度、价值观也是真实的历史,我们在这些诗歌里读到了历史的喜与忧。学生多角度感受了历史的多态性、复杂性,或许会悟出一个道理:学习历史,就要学会"思考如何思考",既要思考历史的内容,又要思考学习历史的方法,"鱼"和"渔"同在。

(三)教学转化,促进理解也促成表达

"教学转化"在西方教育界极受关注,指教师要将已经理解的观念加以转化,再教给学生。换言之,要对教学行动进行推理,思考如何把教师理解的学科内容转化为学生的思想和动机,创造性地把"教"转化为"学",类似于"三维目标"理念中的"过程与方法"。

束老师的"一国两制"课,几乎把"教学转化"渗透在了教学的各个环节。上述将历史还原于生活,教学生思考"如何思考",就是出色的教学转化行为。他有很多教学转化的创意和策略都颇值玩味,比如用"推断"促进"理解"就是其中一大亮点。在建构和理解"一国两制"这个核心概念时,他综合采用了历史回顾、知识陈述、批判阐释、质疑推断、讲故事、举例子、讨论、检测等多种创意和策略,并借助电脑、黑板、PPT、视频、图片等技术手段。多样的复调式的教学进行曲,使得概念性知识被逐层地打开,也使得这一概念如何组合并表述成文的思维路径清晰起来。但所有促进理解的转化策略和技术,在束老师的课上,都没有赢得"内容"那样显著的地位,它们永远是辅助性的。

束老师采用的这些转化形式,可以有效地把教师个人对历史的理解,转化为学生的理解,最终转化为学生的学习表现。他深知"茶壶里煮饺子——倒不出"是一种缺陷,倒出来又不明白这"饺子"究竟是何物更是一种悲剧。所以他和许多有教学智慧的老师一样,都会把激发学生学习的创意和策略用到极致,考量"倒"的智慧。2002 年的那一课,为帮助理解台湾问题的实质和一国两制的政治智慧,他援引王朝更替之际新旧政治势力的博弈,先行推出"残余或割据势力"的认识,再借助港澳问题的比照,推论出台湾是"内政问题",复又借助"册封、分治"之类的古代曾有的"一国两制",促使学生理解邓小平"一国两制"的现代创新。至此,老师没有罢休,还进而激活学生的思想动机:"很好,有这种语言,有这种思维,你一定要读北大历史系去。鼓掌!"再引出新话题:"你对'一国两制'用于台湾,会做出什么样的推测?"这样的流程既水银泻地般流畅,又水泄不通般严密。2012 年的这一课,在诸多话题上,也是教学的紧要处,往往在讲故事的途中戛然而止,插入悬念和冲突,把难题交给学生,请他们"推断! 推断!"。学生思维活跃起来,左支右绌皆不精当,思维障碍出现了,然后教师再动起来,动起来并推动学生的表述,指正如何表述。

再多的前认知,来到理解和表达的转化面前,都仅是学习的起点。

束老师抓住了教学转化的精髓,不是偶然巧合,而是有教学法知识和信念作支撑。从各种可观察的表现看,他的课堂已经涉及了教育家舒尔曼(LeeS. Shulman）所列教学法的一些重要方面：课堂的组织和管理；清晰的解释和生动的描述；设计和检查作业；通过发问和提示、回答与反应、赞赏与批评，与学生进行有效的互动。中国教师的教学法知识很欠缺，经验多而研究少。束老师用课堂创造性地实践了他自己的教学法，它们构成一个整体，没有一项孤立存在：教学目标和期望；知识和求知方法；角色和关系；课堂话语的互动规则；所用课程资源、技术手段的安排和界限；学生的体验及其评估。有这一意识很难得，何况他做出的行动真不错。

（四）检测设计，自我监察变成学习力

我向来反对纯"应试"的教学，任何教学只要撇开促进学习者健全成长这一"服务人生"的终极目标，就非常可悲而危险。但我又特别想对束老师的检测做出肯定性评价。

2002年的课在教学的最后阶段，以知识运用的名义进行巩固练习，难免陷入"应试"的窠臼，但其间已经点染了学生自主提交答案、教师及时评点的亮色。2012年的课是在陈述和阐述两个环节的进行过程中，以步步为营的策略展开检测的，检测中映带新授内容，其主要目的显然偏重于评估学生对教学内容的"理解"——评估学生的学习表现。它有两个直接的好处：一是判断他自己教学的有效性；一是提高学生的自我监控力。例如，他在与学生协商如何突破两岸关系的"僵局"时，询问政治智慧何在，课堂里弥散出一种说不清的忧愁，有些静默。就在悬念和心理冲突之际，束老师"再次检测"，用4道选择题，从不同的视角考查学生对"一国两制"之于台湾问题上的理解，立足于概念和史论的理解与运用。从教学进程中的节律来看，产生了必要的回旋、缓冲和宕开的意蕴，检测成了教学进程中的一个间歇。从评估来看，他在学生回答过程中，做了必要的回馈——纠偏、指误，特别是思维方式的引导。这既是上文所说的教学转化策略，也是基于理解和接引前一教学步骤中的政治智慧，进而走向知识升华为智慧兼及"应试"的高地。这种超越了纯粹以"应试"为目标的效果检测，无疑比"应试"教学更有助于提高应试成绩，但却不能称之为"应试"教学。道理很简单：这些检测旨在显露（而不是隐藏）学生学习表现的差异，对检测结果加以评鉴，也旨在直接引起反思。用检测评鉴来促进自己反思和改进学生的学习，这已经进入元认知的学习维度了。况且他的课堂检测恰好设置在学生"正在投入学习"、最需要知道学习效果时。好就好在，此时学生愿意接受检测，迫切希望根据检测结果改进自己；好就好在，它还易于学生养成反思习惯，并把反思视为学习的必要条件。我们的确"应该把评估视为学习"，因为如果学生了解到什么叫"做得更好"，他们便会利用检测和评估来促

进学习。本课的两度检测,都颇有"负者歌于途,行者休于树"的课时图谱上的节律韵致。

恰当的检测,旨在寻找合理的前进点,旨在发展学生的自我监控力,这是最重要的一种学习力。对此,教师的义务是用检测评估来明示他们的进步及其更适切的学习方法。学生为了学得更好,就会据此自我监控,提高学习力。本于此,束老师将前认知覆上新知的"脂肪",并将"前认知状态"放在评鉴的平台上,及时向学生提供有帮助的回馈,还将思维规则视为板书内容,这就毫不奇怪了。

这十年一课,是束老师一个人(而非群体横向)的同课异构,这是教师自己对自己较劲,意味着教师对个人专业发展的革命性挑战。2002 年的一课,在处理"知"与"识"时,已经表现出对思想、思维和学习力的关注。2012 年的一课,基于柔性的扎根生活、亲近学生,又有了创造、超越和发展,表现出教学转化的经验和智慧,让我看到了教师的胜任力:超越教学技艺的教育及其教育智慧。

我始终希望教育能给孩子们留有一种对人生的期待,让他们坚信努力比能力重要! 让他们在历史课上获取思想、获得智慧,享受学习。束鹏芳老师为此而做着出色的努力,但只有更多人一起努力,教育才更有希望。

二、历史教育关乎世界更关乎人生

——《来自历史课堂的智慧》序言①

拜读伟国兄书稿《来自历史课堂的智慧——高中历史新课程教学实录与反思》,一种清新、豁朗、舒爽的感觉,一种对这位老友的钦敬之情,犹如雨后春风不时拂面而来,而由书稿内容勾起我对历史新课程的万千思绪,亦不禁像层层涟漪漫过心头……

课程改革不易,不易在创新。历史常识告诉人们,创新并非改变一切,更非标其新、立其异。创新的指向,从根本上看,恐怕只有一个,那就是把事情做得恰到好处。恰到好处的境界,就是趋近真理的境界。教育意义上的恰到好处,应该是恰到好处地满足了学习者健全成长的需要。一切教育活动的主导,应是"什么对学生好",而不是根据任何个人的好恶。对中国人来说,由于深受"以教师为主导"理念影响几十年,要转过这个大弯,似乎还需假以时日。然而,道理是明摆着的,

---

① 原载:陈伟国. 来自历史课堂的智慧——高中历史新课程教学实录与反思[M]. 重庆:四川教育出版社,2008.

愈是转不过这个弯,就愈有可能撇开"学习者"一味蛮干,就愈是偏离新课程目标。

常听一些老师讲,他们自己也往往找不准正确的新课程路径,以至有时陷入某种困境。审之察之,因素不少,主要症结可能在于忽视了两个"原动"。

一个"原动"是:历史教育的学科原动力在于历史和历史学。意思是说,历史课要有"历史味",历史教育的生命力来自历史本身的丰富内涵和史观的思想魅力。课改以来,人们奇怪地发现,一些历史课堂但见形式花样翻新、气氛热闹非凡,惟独不见"历史味"有何增进。其实这是对课改精神的冤屈。人们反思各种原因,两条归于教师:或者在认识上步入了唯方法论误区,或者在历史专业学养上缺乏胜任力。对症下药,纠正认识偏差,反思改进实践,都很必要。但最终得回到学科原动力这个根上解决问题,或者说历史教师只有在学科上补充知识、拓展视域、更新观念,在教学中凸显历史本身的生机和史观魅力,才能在学科内涵上走出困境,实现历史的有效教学。

一个"原动"是:历史教育的学习原动者是学生,亦即学习者。布鲁纳(J. S. Bruner)认为,之所以称学习者为原动者,乃因为学习者是建构意义和知识的人,是实现学习内部转化而在根本上产生效果的人。① 那么相对来看,教师的角色就只是学习者的协作者,或曰帮助者、指导者、引领者。做一不恰当比喻,如果视学习者为发动机,那么教师的作用就是发动好这个发动机。教师要发动、唤醒、激活学习者的原动性,当中不可或缺的关键原则,是问题导向的、为理解而学习的互动。其对教师的内在要求是改进教育艺术,研究、理解、爱护学习者,在学习者的动机、感受和体验上要教学效果。这是历史教师走出困境的另一条必由之路。

两个"原动"理念之于历史教育,其实系于一根神经——完整的"历史教育"。"历史"与"教育"是其一体两面,正如历史学科的"原动力"与学习者的"原动性"是其一体两面一样,它们连在"历史教育"这一根神经上,割舍了其中的任何一个,这根神经就会失灵。有效的历史教育,总是"原动"与"协作"相得益彰,总是"历史"与"教育"相映生辉。

对于新课程改革的思考,我与同人们处在同一个起点上,认识或许还难臻成熟,但我真的很想看到我心向往之的那种历史有效教育。可喜的是,近几年全国的历史老师,克服重重困难,在有效历史教学的探索上,取得了较大面积的显著的进展。伟国兄的这本《来自历史课堂的智慧》,就是这种探索当中非常优秀的具有代表性的成果之一。

我知道,曾经是中学第一线历史教师、现在是历史教研员的伟国兄,是因了长

---

① 香港公开大学教育硕士课程教材,E817C 学习指引[M]. 第二部分(内部资料).2003:11.

期阅读积累并善于思考探索的习惯,是因了胸怀更高教育理想的冲动,是因了为孩子们健全成长负责的虔敬,才敢于走进学校、深入课堂、以身作则去上课,才敢于创造性地用新办法尝试改善历史教育,才敢于尝试改进历史教育文本的表达方式。可以想见,耐不住寂寞,忍不得孤独,就不会有这么多精彩历史教学的课堂实录及其反思。这部《来自历史课堂的智慧》,凝结了伟国兄近年来历史教育实践的创造性智慧,它的出版对历史教育界来说,无疑也是一件幸事和好事。

我对《来自历史课堂的智慧》书稿内容,最突出的感受有三:

一是理念适切。无论是教学预设,还是课堂生成,书稿所反映出的理念,都力求把新课程意旨落在实处,这方面的亮点随处可见。譬如,目前常见的教学设计文本,对教学各个环节大都只预设一种方案,不管在哪个班级上课,也不管这些班级的学生有无差异,都只采用预设好的一种教学方案和雷同的教学模式,与其说这样做难以实现课堂的有效生成,毋宁说实际上框死了课堂的有效生成,因为它明显地忽视了学生的原动性。伟国兄的做法则与此不同,教学设计虽非书稿内容的重点,但从所呈现的所思所想看,他对一些教学环节,大都预设了两种以上课堂中有可能发生的状况,教学应对策略也随之预设了不同方案。反过来从教学实录看,教学的有些内容和环节的确在预设之内,有些则明显超出了预设范围,是课堂中即时生成的。伟国兄对预设的思考、对生成的反思,新意迭出于一反一正之间,读者若由此也做一番双重检视,可能会获得更大启迪。值得注意的是,就如何围绕课程目标,并根据学生差异和课堂进程变化,而采取灵活变通的教学策略,以便激活学生的学习动机,使课堂内容变得更有利于学生的理解,书稿中举了很多实例,读者若不经意,可能会漏掉其中的有效信息。还有,在伟国兄的笔下,新课程的"三维目标"始终浑然一体,而不是常见的那样被割裂的,这显然基于他对历史教育宗旨的完整理解。其实,书稿中一些看似简单的转变,或多或少地隐含着对学生"怎样才算好"的深刻关注和细微研究。而新课程的教育理念,往往显效于对某些细节的改变,由细节见技巧,由细节见智慧。改变细节,需要精心研磨,要做好非常难,伟国兄难而能之,颇显可贵。

二是内容新颖。史观变了,内容也厚实了。伟国兄绝不唯教科书是从,更不去让历史屈从于某种特定的史观,而是依据课程标准,灵活调整、取舍内容,精心安排教学。实现课程目标,史观是灵魂,但这并非指仅去反映对历史认识所作的某种结论。史观,说穿了,其实是认识历史的角度和方法,角度和方法愈多愈好。从书稿看,伟国兄在预设和生成教学的过程中,史观的确有比较多的更新和改变,绝不固守某一种史观,而是力求借助丰富的历史素材、多元多样的视角和观点,批判性地认识历史本身,给学生留有较多自主思考的余地。尤为可贵的是,在与学生互动探究某些历史问题时,他还特别注意借用史实或观点,引导学生"对认识加以认识",潜移默化地提醒学生独立思考、自主判断,不要被既成错误结论和认识幻觉所迷惑,可谓用心良苦。作为学生探究学习的协作者,他在上课时,刻意克服"教师主导"弊端,而去扮演了更高明的"帮助者"的角色。譬如,在学生困惑于某些历史现象时,他总能及时地抓住总体问题和基本问题予以引导,并在这样的框架内整合部分的、局部的认识,在历史的复杂背景和整体之中辨识和把握认识对象,这种引导式探究的好处在于,学生容易避免使历史碎片化的痼疾,同时不致割裂不同历史现象之间的联系。很多事实说明,学生怎样看待历史,他就有可能怎样看待生活。这无形中提醒人们,历史教育的目的,恰恰是要帮助学生借助历史去正确地认识世界,进而更好地认识自己、做好自己。伟国兄曾与我多次讨论这个问题,对"认识你自己"和"真正的教育是自我教育"的意趣颇为认同,因此书稿内容能够围绕学生"自己"如何健全成长来尝试历史教育创新之路,并迈出了堪称坚实的一步,实因早有所谋。

三是写法独到。伟国兄除了对学生抱持一种劝学的态度外,还在进一步对历史教育如何促成学生"成人"这个核心上抱持一颗虔诚敬畏之心,无疑缘自他对历史教育终极价值的执着追问。唯其如此,书稿的写法就异乎寻常地特别。在他的笔下,历史并非死去了的过去,而是还活在当下的有生命力的"故"事。读他的书稿,油然生发的一种身在历史里、却又在生活中的感觉,似乎要把读者带进深广无垠的历史之后,又像梦醒了一样倏然发现原来你的当下不是别的,它正是历史本身的一种延续,由此读者的思绪也很易于被带入"我们从哪来、到哪里去"的人生主题。伟国兄在辨析历史教学的难点问题时,还径直把自己亲身经历的故事、经验和深沉反思置于文本当中,读来不但亲切感人,而且颇有助于突破对问题的理解,收举重若轻之效。这一点让我想起了中学教师出身的著名史学家布罗代尔(Fernand Braudel)关于历史学"应当寻求成为一门现在学,成为一门关于模棱两可的现在的科学"的著名论断。[①] 正如布氏所说,这一论断看上去令人很吃惊。但我以为,这个论断是有道理的,用之于历史教育也没有错。我曾经强调,有效的历史教育,有两个要素不能缺席,一是"思想",一是"现在",就是这个用意。说得对不如做得对。伟国兄不仅说得好,而且做得更好。书稿优美的文采,使得他对历史的真情实感和深切理解跃然纸上,读之思之,就像朋友促膝而谈娓娓动人,让人顿觉"思想·历史·现在"之于人生,实在是撕不开扯不烂的,而历史教育的终极价值,就可能隐藏在这"模棱两可"之中,等待着我们去寻求。思想是由语言塑

---

① 费尔南·布罗代尔. 文明史纲[M]. 肖昶,等译. 桂林:广西师范大学出版社,2003:20.

造的,除了思考如何思考,我们还得琢磨如何表达。伟国兄的教学叙事文本所透出的一股悦目舒心的创新之风,引得我对更多同人的文本创作有了新的期待。

通览书稿,的确可以说《来自历史课堂的智慧》是名副其实的智慧课堂的探索之作。或许对正在探索中的有些问题人们还见仁见智,或许更多后来者会写出更好的历史教育著作,但至少就现在看,它的内容、观点和写法,是新颖独到、特色鲜明的,认真的读者不难发现,称之为颇有参考价值的佳作,并非虚语。

三、敢于直面不完美　去努力接近完美
——《教学思辨:历史教学的有效平衡方略》序①

我没有敷衍金炉老弟,《教学思辨:历史教学的有效平衡方略》洋洋十余万言,我认真通读了。金炉是我的好友,初遇于舟山的一次大型培训会,他给我最初的印象是有活力、热情、阳光、帅气。后来交往越密切,就越发现这个小伙子很不简单,温厚沉稳,又精明能干。熟悉他了,就知道他的气质里有过人的思想、精神和品性做支撑,难怪会由里而外地招人喜欢。

我并不在意金炉已获得了优秀教师、杰出青年、劳动模范等多少荣誉称号,也不在意他三十五六岁就当上了萧山二中校长、成为浙江省最年轻的重点中学校长有多荣耀。我在意的是,他的教学业绩、教研能力已经相当卓越,当了校长之后,能否百尺竿头更进一步,个人专业有更好发展,同时尽更多社会责任。

拿到《教学思辨:历史教学的有效平衡方略》书稿,我的疑虑顿消。书稿内容不仅反映出金炉在历史教学专业研究上获得了突破性发展,更为重要的是书中所论及的角度、思想、方法、观点,对更大范围、更多学科的教育教学,也不无借鉴作用。

金炉编写此书的目的亦在于此。书稿整个立意背景是新课程改革,内容则借助课堂案例,"提供教学现场,审视不良倾向,进行辨证思考,实施平衡教学",旨在努力启迪和激发教师的文化悟性、智慧灵性、教学活性、职业神性,这本身就有纠偏指弊、引领方向、推动新课程实践健康发展的社会责任在里边。

读此书我也深受启迪,促使我思考了很多问题。这里,我不想针对历史学科课堂教学问题发表什么意见,仅就书中对各学科课堂教学或多或少均有启示性的共性问题,谈点我的阅读感受。

---

① 原载:吴金炉.教学思辨:历史教学的有效平衡方略[M].杭州:浙江大学出版社,2014.

（一）突破学科藩篱,站在教育高位看课堂,见识具有通识性

从书目即知,全书聚焦的四对课堂教学问题,如"教学预设"与"教学生成"、"独立学习"与"合作学习"、"表现活动"与"思想活动"、"学科知识"与"学科文化"等,这些很重要的问题,不是某学科独有,而是为任何学科所共有。

具体论述这四对课堂矛盾问题时,书稿虽是由历史学科切入的,但显然并未局促于历史学科,而是立足于大教育,突破了学科藩篱,虽然引用的课堂案例来自历史学科,但诊断、辨析、反思这些案例时,深蕴在其中的见识和道理,是跨越了学科的,这给人的启发自然就不限于某个学科,显然具有通识意义。

众所周知,学习者作为"人"的健全成长是教育的终极追求。而囿于学科,就有昧于这个教育目标的危险,更何况如果让这一根本性短板存在于教师身上,那学科教学就不可能有升华为学科教育的任何可能。长期以来很多学科的教研局面少有实质性突破,一个很大的原因就在尚未彻底解决这个短板问题。此书站在教育高位,洞察人们习焉所不察,所以才能找到教研瓶颈的突破口。真正懂教育了,才可臻于此境。

（二）辨析教学矛盾,善用哲学视角看课堂,理念蕴含批判性

平衡,是一种恰到好处的境界。要达此境界,殊为不易。书中所列"预设"与"生成"、"简约"与"拓展"、"个性"与"共性"、"接受"与"探究"等存在于各学科课堂中的各种教学关系,不少人是糊涂的,或压根不知不懂,或有意无意忽视,或非常模糊和混乱,所导致的结果是一些教师在课堂上处理这些关系时,要么顾此失彼,要么非此即彼,总免不了割裂之嫌、畸变之害。新课程改革以来,一些课堂教学实践活动之所以出现某些不健康现象,症结大都在这里。

金炉一语道破其中要害,批判性地认为这些关系本应是对举的,而不是对立的,是互融共生的,而不是互相排斥的,只有视彼此为相互联系、相互渗透、相互包含的关系,方可在教学上趋利避害。为此他反对将问题简单化、形式化、绝对化,主张必须摒弃两极对立思维,而去深入这些问题的背后探寻更深层原因,才有可能洞悉要害、找到教学的平衡点。他由此还认为,要修正课堂教学实践的偏误,非得如此做不可。这也就难怪,书中为何要将怎样恰到好处地处理诸种教学关系的看法、说法、办法生动地合而为一了。他不厌其烦地如此做,其实无非是想明确地告知读者,怎样的教学平衡方略才算更好的方略。

不言而喻,没有哲学视角作支撑,就发现不了问题之根。在金炉看来,教学状态之所以失衡,往往错在根上,错在理念。理念不是说教,理念是基于实践的观

念,亦即能够指导行动,不会行动就不能说已经有理念。全书以"平衡"为最重要理念,可谓处处有的放矢。能把理念的这个关键意义理解到位并付诸实践的研究成果,现在还少之又少,这是很遗憾的事。有幸的是,此书做到了这一点。

(三)洞察原动奥秘,直面课堂难题看课堂,论述富有挑战性

金炉审视课堂的哲学视角,从根本上看是基于学习者的人性和学习心理的,亦即基于教育的根本特性和根本宗旨的,因为他抓住了所有课堂教学关系当中最为核心的一个问题——怎样做才能更好地促进学习者的学习和成长。

谁都知道,在课堂教学中,怎样促进学习者的学习和成长,是最迷人的问题,也是最有挑战性的问题。金炉此书勇敢地挑战了这个问题,并且由认识到实践,由宏观到微观,非常努力地寻求问题的答案和难题的解决方案,不管用了多少角度、涉及多少层面,都始终不忘揪住促进学习者学习和成长这个核心。

此书其实还想揭示,教学与教育是有区别的,课堂要由教学升华为教育,必须具备好多条件,教师要设法创造这些条件。教师昧于学情、不顾学情、不合学情的自以为是、自行其是、盲目蛮干,结果只会悖逆教育真谛。要把教学提升到教育的高度,教师就应根据学习者的实际,包括他们的前认知状态、现时的学习心理以及个性与共性,视"学"为中心和准的,以学论教,以学谋教,以学施教。

个中的奥秘,正如布鲁纳(J. S. Bruner)所言,学习者才是学习的原动者。课堂由学出发,最终又复归于学,激发、激活了学习者的原动性,学习变成学习者的动机,让学习者感到学习不再是一种外在的他人强加,而是变成了自己的一种内在需要,这是追求原动性的关键之所在。教学由此关键处发力,就离升华为教育不远了。

学习者的原动性理念,很多教师对其不甚了了,金炉抓到了,也说透了。从他以"平衡"方略作为支点的不俗论述,就足见他对原动性多么关注,因为他深彻地懂得,学是教的根据,舍此就不可能产生真正的有效教学。

(四)聚焦教学转化,找准价值定位看课堂,意义具有引领性

学习者既然是学习的原动者,那么教师激发、激活学习者原动力的表现,就是去顺利实现"教学转化"。教学转化是西方教育界非常关注的话题,是指教师如何将已经理解的观念加以转化以后,觉得更适合学生学习了再教给学生。就课堂教学具体说来,教学转化实际是指课程教学中那些有价值的课题和内容,教师采用怎样的策略,才能由教师自己理解的、懂得的、明白的,转化为本来不怎么理解、不怎么懂得、不怎么明白的学习者也理解了、懂得了、明白了。

教学转化需要教学智慧,书中"平衡"方略,换个角度看,其实正是这种智慧。这种智慧的重点在于,教师除了会对教学行动进行推理,还能根据推理结果,思考如何让"教"的一切行动都出色地服务于"学",把潜在的学科价值和学科内容透明化,转化成为学生内在所期望的喜闻乐见的形式。

显然,这需要提高教学平衡方略的质量。比如精心设计提问,更应针对学生的疑惑,给学生更多提问机会,问题不总是由教师发出;比如不同类型的互动更应突出各自的特性,师生互动要重在教师指导,学生同伴互动则重在协作;比如,课堂文化,意思是指大家一起在课堂上共事的方式,这意味着课堂氛围、教学环境要能够形成真诚交流、思辨对话和有效协商的局面,目的只有一个,那就是这样的课堂共事方式,更能促进学习者学习和成长。如此等等,没有一个问题是可以小觑的。教师之责关乎学科知识教学,更关乎人生智慧启迪。没有智慧的指引和吸引,干巴巴的知识是不足以激发学习者学习和成长动机的。

书稿在教学的创造性转化研究上用功颇多,这样做本已很好,但非常可喜的是,书稿并未就此止步,而是进一步将价值观要素视为决定课堂成败的最重要契机,非常郑重地从"表现活动"与"思想活动"、"生活原味"与"知识品味"、"学科知识"与"学科文化"等角度,对如何准确定位课堂教学价值做了十分有益的探索,从而警示人们教学转化的任何行为,都不能降低教育高度和文化深度,更不可漠视或削弱价值观对课堂教学的引领作用。

这样做太重要了。因为"价值观是指什么是人们认为应该的",人有了清晰的价值观,才深知什么该做、什么不该做,才深知取其之道,也才会有坚守在心。而问题恰恰在于,人们对价值观的认识往往是模糊的、混乱的,如此就容易导致课堂教学失衡,这是很危险的。好在,金炉在书中几乎无处不在地渗透价值观念,昭告人们以"应该"为基点去明辨价值利害、知所避趋的好处,实为一大善举。

整个书稿可读性很强,行文自然流畅,笔触生动深刻,既有很强的思辨色彩,也不乏诱人的幽默,一部教研著作能写成这样,难能可贵。当然,书稿内容亦非无可挑剔。比如个别课堂案例,从金炉自己的要求看就不算很典型,这可能与大环境没有更好案例可供选择有关;比如对人们混乱不清的一些教育难题,批判性论证力度若能再大一些,对读者的启迪效果或许会更好;还如全世界基础教育的课堂都在发生着由"教授的场所"转换为"学习的场所"这样一种"静悄悄的革命",面对国人对此潮流知之不多的状况,倘若增加笔墨强化世界视野,也多少会帮助中国教师更好地反思和改进自己的课堂。提出如此一些要求,这对金炉来说,其实是一种过分的苛责。事实上,这些问题他的书稿全都涉及了,我不过是希望他能锦上添花而已。

有媒体称,金炉"以自己的行动证明了人是可以接近完美的"。阅读此书,我不得不赞同这个说法。但愿读者在读了他的书之后,能像金炉敢于直面不完美、努力接近完美那样,也可以用扎扎实实的行动,努力地去接近完美的境界。我愿以此与金炉和读者朋友共勉。

四、一条线串联世界　多视角省察历史
——评田雪莲老师"欧洲的殖民扩张与掠夺"一课①

田雪莲老师"欧洲的殖民扩张与掠夺"一课,在教学设计上有颇多考量和讲究,课堂教学实施的效果也深受听课师生好评。这样一节好课,可圈可点之处很多,这里拣重要的,说几点我的感觉。

(一)巧妙设计,一线清晰串今古

课堂用纽约市徽(徽章图案上有荷兰人和印第安人左右并立)导入,疑问顿时挂在学生脑际,这座美国最大城市的徽章为什么是这样?自然引来学习兴趣。田老师此招不止用在了上课伊始,还把纽约城市命运变迁这条线,贯穿于课堂内容始终了。课堂从纽约由荷兰人最初命名为"新阿姆斯特丹"到英国人改称为"纽约"等变化的历史故事,勾连起整个殖民扩张进程的史实,一条看似很细的线,却非常清晰地串起了殖民扩张历史的主要内容。如此设计,堪称匠心独具。

(二)注重材料,彰显细节探变迁

课堂选用了类型多样、内容丰富的教学素材,包括文字、图片、影视资料等,极其重视用史料凸显历史细节,引导学生探究欧洲殖民扩张的相关史实。如关于为什么取代了殖民先锋"西葡双雄"而称霸一时的是荷兰而非别国,田老师从"数据中的发现""创新中的发现""故事中的发现"三个视角进行了阐述,不仅使荷兰人善于创新、资本雄厚、制度先进等优势在历史比较中外显于课堂,而且课堂上呈现的巴伦支船长用生命做代价恪守诚信的故事,更是震撼学生心灵,牵引学生醒悟经商法则中的为人之道。细节彰显历史魅力,课堂若用好了细节,学生就有可能爱上历史课。

---

① 原载:中学历史教学参考,2015(9).

(三)交流协商,学生活动显效果

举一例来说,针对如何审视欧洲殖民扩张这样的难题,田老师采用了课堂讨论的方式。学生的思考交流状态好,既有沟通、认同,又有反驳和争鸣,形成了一种人人参与、互动协商、气氛热烈的课堂文化。学生的讨论方法也由开始的漫说,到对欧洲、对亚非拉、对亚洲、对世界,分区域、分类别、分性质、分结果来说殖民扩张所造成的影响,学生既有对复杂历史的扎实认知收获,又有对历史学习要领和思考策略的感悟。尤其值得一提的是,学生活动的过程,事实上变成了智慧生成的过程,因为智慧正是指知识在实际中的恰当运用。此课凸显了这个亮点,非常难能可贵。

(四)冷静审视,立意理性析利弊

如果只针对历史知识,局促于认知层面,这节课到此已经做得非常到位了,但田老师认为此课必须有更高立意,来接好上一课"新航路的开辟",又为下一课"改变世界的工业革命"做好铺垫。她把更高立意的重点放在了对殖民扩张利弊的理性分析上,强调站在不同的角度,会做出不同的判断,最后还举例呼应开头提到的纽约,说纽约人每年庆祝"哥伦布日",而南美人却认为哥伦布"是人类历史上最大的侵略与种族灭绝的先锋"而呼吁取消"哥伦布日",并且提示了更多省察视角。这无疑是在教学生具备这样一种历史学习素养,即遇到任何历史问题都应冷静审视,而不是自以为是、妄下结论。

整体上看,此课设计得非常成功,教学效果也有口皆碑。非要说此课有什么缺点,那我只想说一点,就是由于时间紧,课堂上学生看问题的视角存在一些不足,没有更多机会充分展开讨论以加以纠正,而留下了些许遗憾,仅此而已。

由此,想再引申多说几句。我一贯认为"角度越多,偏见越少",历史课应该让学生减少偏见,为培养身心都健康的公民服务。但应提醒的是,角度虽然越多越好,但这绝不意味着看历史非要"一分为二"并美其名曰辩证思维。事实上,角度有大有小,特别是角度所涉史事性质及其程度也有轻有重,故而要分清在真假、善恶、美丑诸方面所占主次地位和轻重程度,来选择和使用认识历史的视角,绝不可以平均看待所有角度。就殖民扩张后果而言,如果读了萨义德(Edward W. Said)的《文化与帝国主义》,就知道帝国主义毕竟是一种地理暴力的行为,对土著来说,殖民地附属奴役的历史是从失去地盘开始的,因而殖民地人民失去了"家园主权",是殖民扩张最大、最重要的后果,任何其他后果,不管多重要,都无法与之相提并论。学生学习历史,有时眉毛胡子一把抓,分不清主次和轻重,容易误导历史认知、扭曲价值观,这一问题在课堂上应予以足够重视。

五、探索与争鸣:评课,学生不能缺席①

2015年12月11—12日,在中国历史教育期刊联席会四大期刊支持下,江苏唐秦历史名师工作室与浙江戴加平名师工作室跨区域合作教研活动"历史教育,'人'不能缺席"论坛在江苏吴江高级中学举行,来自苏浙沪皖等地的180多位代表参加论坛。

论坛期间,唐秦工作室顾俊和戴加平工作室颜先辉两位青年教师,从突出课堂教学价值引领角度,开设了"近现代中国物质生活与习俗的变迁"和"抗日战争"两节研究课。任鹏杰、李月琴两位主编先后主持了学生对两节课的现场评议,学生的表现堪称精彩,或有颇出人意料者,现场气氛异常热烈。代表们普遍认为,学生参与评课,堪称创造性举措,令人耳目一新、感触颇多,当属本次论坛的最大亮点。

究竟怎样看待学生评课?现在只能说见仁见智。学生参与评课,闻所未闻者往往视之为"新"事物,其实不然。从主体性和主体间性看,学生参与评课只是回归教育实践的常识,教育"传统"里并不乏如苏格拉底"助产"法等种种有益的尝试,唯其如此,大多数人才意识到,无论怎样,学生评课是值得肯定的。但也有人不以为然,甚至恐惧学生评课,对学生评课进行妖魔化指责,出现种种令人哭笑不得的误解。

学生评课,确是对当前常见的无学生参与评课模式的颠覆,本刊主编倡导学生评课已有多年,呼唤评价能回归教育根本——学生的健全成长。学生评课本不应算什么"创举",它是一种有效的对话互动,旨在更清晰地了解教学效果,实应内在于课堂教学过程之中来完成,重在为更好地改进教与学寻求更可信可靠的评价依据,侧重点不是走向另一极端,亦即教师教学表现的好坏完全由学生说了算,更不是要把学生评课变成形式主义的模式进行常态化的操作,从而有可能让学生评课变了味儿成为另一种教学负担。

怎么办?看看"探索与争鸣:评课,学生不能缺席"大型专题研讨内容再说吧。特别感谢唐琴老师精心策划组织成就专题内容。总之,"主体"参与是话题重点,

---

① 这是任鹏杰与唐琴合作策划的"历史教育,'人'不能缺席"论坛之专题报道的部分内容(学生评课活动),全部内容由唐琴组织并整理完成。原载:中学历史教学参考,2016(3).

一言以蔽之,"历史教育,'人'不能缺席",那么历史课堂教学评价,学生可否缺席? 由根上思考,可以引出颇多话题!

2015 年 12 月 11 日,在全国历史教育四大期刊《中学历史教学参考》《历史教学》《历史教学问题》《中学历史教学》的支持下,由江苏省唐秦名师工作室与吴江高级中学主办的"历史教育,'人'不能缺席"主题活动在吴江高级中学举行。本次活动的一大亮点是由《中学历史教学参考》主编任鹏杰和《历史教学问题》副主编李月琴主持的学生现场评课。一位资深历史特级教师说:"从教 32 年,还没有遇到过学生现场评课。"谁最有权评课? 学生评课权威几许? 学生评课能走多远? 如何让学生评课成为教学评价的常态? 学生评课会给公开课带来哪些变化? 观摩者"反应复杂",众说纷纭。我们对现场评课活动进行整理,用"执教者说""现场回放""论坛选播""一线速递""场外热议"呈现当时情形,以飨读者。祈望这一立足于"人"的评课尝试能够引起关注、获得理解!

(一)执教者说——执教老师课后说课

1. 顾俊(吴江高级中学):让学生在历史中成长

李惠军老师曾说,"历"是指人的经历,"史"是指记录。所谓历史,就是记录人的经历,而其价值就在于用"那些人"唤起今天的人。可见,人是历史中最为重要的因素,也是漫漫历史长河中的核心,这也就决定了人在历史教学中的主体地位。在历史课堂中,"人"分成三种:历史中的人、课堂中的人、生活中的人。历史教学,就是要用历史中的人唤醒课堂中的人,成就生活中的人。其实,这里涉及要让课堂中的人(学生)不仅仅知晓历史,更要获得对历史的认识。这种认识的获得,不是简单的认知,更是一种觉悟。而在这一过程中,需要学生受到感动、获得启发、得到引领,因此,尽可能用身边的历史感动学生。

对于很多学生来说,历史似乎是有距离感、年代感的。因此,对于历史中的物、人,学生更多地表现出"远看""旁观"的态势,更不要说为之感动了。充分挖掘身边的历史,接近学生的认知水平,使学生的兴趣最大化,学生才会有"感",从而有"觉"。

在本课导入部分,我运用了苏州同里"走三桥"的习俗,试图通过与学生贴切的生活场景引入本课课题。在设计"鸦片战争前南稻北粟饮食差异"时,我通过展示"饭糍干"这一地方特色小吃,采用美食访谈节目的形式设计问题:"饭糍干"如何制作、如何食用、有何特色? 通过这一系列问题,既让学生了解身边的美食原貌,认知饮食特点,为理解时代特征做好基础铺垫,又让他们感受到历史就在身边,从而拉近与历史的距离,调动学生学习的兴趣,活跃课堂气氛。同时,学生通过对这一熟悉的事物的感受,获得对饮食差异的切身体会。我发现,一直低头沉默的庄晴同学,在学习这一内容时,却抬起了头,脸上显露出一种自信和兴奋,并主动举手,详细介绍了"饭糁干"的制作和食用方法。课后得知,这"饭糁干"正是她喜欢的小吃,因此,她被吸引了。此时的她完全融入了课堂,且获得了"感动"。当然,对于这一模块的设计,我认为还不够深刻。如让学生当堂品尝南北特色饮食,比较差异,效果也许会更好。

对于"改革开放后的社会风尚"的设计,我以当地"一条街""一个人"的发展变化为线索,以20世纪80年代、90年代、21世纪初三个时间段为轴,展现吴江在改革开放中不断前行、多元发展的趋势,呈现改革开放后生活的巨大变化。"一条街"——中山北路是吴江松陵镇的主干道,也是当今中学生经常游逛的街市。对于学生而言,他们所熟悉的这条街也就是现在的面貌,而对它的历史,是不清楚的。我试图通过前后变化的对比,从一条街的面貌变迁见证吴江城市的发展,学生在惊叹中感受到变化和家乡的发展。"一个人"的选择,我并没有选择名人,而是把自己的生活作为教学资料,通过本人幼年、少年、青年以及今天的几幅生活照片,折射出在改革开放后衣、食、住及生活休闲上的发展变化。通过这样的设计,不仅让"课堂中的人"感受历史,更让"历史中的人"和"生活中的人"融为一体,凸显教学中"人"的价值。

身边的历史,是最亲切的历史,也是最易让学生"感动"的历史。身边的历史的作用不仅仅调动了学生的兴趣,更激发了学生对乡土的情感。课堂教学中,植入乡土材料,既是对课程内容的丰富,也是支撑学生体验式学习的重要素材。

用"现象"的历史启发学生。启发式教学是目前颇受推崇的一种教学方式。其从学生的实际出发,采用多种方式,以启发学生的思维为核心,调动学生的学习主动性和积极性,促使他们生动活泼地学习。其特点是强调学生是学习的主体,这也体现了历史教育,"人"不能缺席的理念。在设计本课时,我试图通过种种现象的探讨,实现对本课立意的体现,实现价值引领。

在探讨"近代变迁的特点"时,我选取了一段有关江苏宜兴历史的材料,并设计了问题。我试图通过对这一现象的探讨,启发学生认知近代生活习俗变迁的特点:在中西文化并存的环境里,农村由于受到小农经济落后与封闭的影响,依然坚守传统。同时,我又结合了辜鸿铭的事例,围绕一幅油画展开讨论,引导学生分析近代生活习俗转型的实质是东西文化的融合,深入剖析近代中国的文化借鉴问题,这也是本课的立意之一。除文化借鉴的主题外,对待文化传承的问题,我也是通过现象引入分析的。即通过"老外办起中式婚礼"和"韩国申遗端午节"两个现象,引领学生探讨对待文化传承的取向。

这些图文材料的呈现,意在启发学生透过现象发现本质,使学生基于现象而发挥主动性,生动地思考历史。同时,让学生真切感受到时代变化中国民对变化与传承的复杂情绪,培养学生比较归纳、分析探究的能力。

在设计"新中国成立初至改革开放前的生活与习俗变迁"时,我围绕"假领子"这一时代产物进行教学设计,试图通过这一历史事物引导学生实现对当时时代特点的认知,从而感受"假领子"的"简朴"所体现的那个时代的美德。然而在教学过程中,我已经有所察觉,这一立意有些牵强。果然,在任鹏杰主编主持的学生评课中,学生说出了他们对"假领子"体现美德之说的质疑。这也使我反思:在教学中,如感觉到了学生的不认可,应如何调整? 是按部就班,顺畅教学,暂时视而不见、等待课后解疑,还是当机立断,深入话题,打破原有设计,重新规划价值引领? 这给每个教学实施者都提供了一个很好的借鉴。同时,学生对教学的质疑,其本身就是教学的资源,因为教学原本就是要在教学过程中发现问题、解决问题。

如果说身边的历史仅仅是"感动"学生的话,那么,"现象"中的历史则启发了学生的思维,给了他们一个理性的思考和判断,真正实现"人"的价值。这也是学生在历史中收获成长。学生成长,不是让学生成为某一个人,是让学生成为更好的自己。在历史教学中,给予学生的不在于单纯的史实,而是让学生认识历史,感悟历史,唤醒自身,成就更好的自己,为社会尽一份责任!

2. 颜先辉(杭州市学军中学):历史美在细节、美在精神

我有幸在本次教研活动中执教"抗日战争"一课,下面就谈一些自己的思考。我认为,历史教学不仅仅是在课堂里对历史知识进行传授,更重要的是通过教科书这一媒介传递人文价值观。我在教学设计和课堂实践中重在彰显"人"的主体地位,一切以培养学生的人格为中心。在本课的教学中,我围绕"抗日救国梦"这一中心,以"为何会有抗日救国梦""抗日救国梦为何能够实现""抗日救国梦实现对中国意味着什么""抗日救国梦真实现了吗"等四个问题为支点,建构主题鲜明的教学结构,在充分激发学生探究热情的基础上对抗日战争进行再思考,探究其精神内涵,感悟先烈们的爱国精神,收获抗战记忆,促进学生的全面发展。

首先,我以电视荧屏上的诸多抗日"神剧"为素材,设计相关问题进行导入,希望通过学生较为熟悉且感兴趣的文化现象,拉近抗战和学生的距离,抓住他们的兴趣点,设置层层递进的问题,以启发他们的思考,从而引入本课教学。

然后,以上述有关抗日救国梦的四个问题贯穿整节课,实现步步深入、启发学生思考的效果。之所以选择抗日救国梦,围绕"梦"来谈,是因为现在谈"梦"的话题比较多。每个时代都有不同的梦,而那个时代,在抗日的同时救国,是当时很多

人的梦想。

在分析我们"为何会有抗日救国梦"时,我先让学生对课本中日本侵略中国的史实知识进行梳理,再结合《拉贝日记》中的相关内容,向学生解读当时中国人怀揣抗日救国梦的原因所在。同时,让他们收获第一个抗战记忆:有一种行为叫残暴。

在分析"抗日救国梦为何能够实现"时,我以抗日将领——张自忠将军为例,以张将军牺牲前的绝笔书为切入口,让学生清楚地看到:为了危难中的祖国,张将军慷慨赴死。引导学生感受张将军那种对国家、民族的爱,进而让学生明白正是因为有了这一批批像张自忠这样的志士仁人,中华民族虽屡受磨难,却仍生生不息。这是那个时代留给我们宝贵的民族记忆,也是本节课学生收获的第二个记忆:有一种精神叫爱国。

抗日救国梦实现的第二个分析视角,我则是从补充材料入手,将抗战时期蒋介石致八路军方面的战斗嘉奖和共产党领导人对国民党抗战及将领的高度评价放在一起,得出"团结就是力量,只有全民族团结一致、共赴国难,才是抗日救国梦实现的根本保障"的结论,从而让学生获得第三个记忆:有一种力量叫团结。

谈到国共两党团结抗日这一话题时,就不得不提一个长期困扰人们的话题,即对国民党正面战场如何定位的问题。于是,我整理了陈钦《我的河山:抗日正面战场全纪实》中的部分内容,将其呈现给学生,并强调,在对这个史学争鸣问题进行分析时,我们应该摒弃党派成见,站在整个中华民族的角度给予客观、公正的评判,这既是对这段历史的尊重,也是对数百万先烈们的尊重,从而让学生收获第四个记忆:有一种评判叫客观。

在分析"抗日救国梦实现对中国意味着什么"时,我重点截取了两个点:一是中国的国际地位有所提高;二是我们民族凝聚力在不断加强。因为很多人说,是抗日战争打出了中国人的志气,打出了中国人的民族自豪感。这对中华民族的后续发展来说是至关重要的。通过对该问题的分析、思考,让学生认识到,在抗战期间,中国人的民族认同感空前提高,民族凝聚力大大增强,抗日战争成为中华民族复兴的枢纽,从而使他们收获第五个记忆:有一种凝聚叫民族。而这些记忆都是抗日战争留给我们最大的财富。

在思考"抗日救国梦真实现了吗"时,我从两个层面进行分析:从政治层面看,抗战胜利后的中国与真正的民主相去甚远;从外交层面看,得出国家主权尚未完全独立的结论。由此,可以看到,在一个政治上集权统治、缺乏民主的中国,外交上尚未独立、受制于人的中国,在此情形下的抗日救国梦注定是一场残梦。

这节课,我以抗日救国梦为抓手,设计了四个层层递进的问题作为载体来勾勒课本主干知识,在这些问题中,又蕴含了诸多的抗战记忆,如爱国精神、团结力量、客观评判、民族凝聚等。这些记忆才是这节课的灵魂,只有对这些内容有深入的认知,才能真正理解这节课的真谛,真正达到"历史教育,'人'不能缺席"的目的。

在历史教学中,我们不能只是过多地关注基础知识的落实,而应更加重视人文精神与情感对学生的熏陶。对于政治史专题,尤其是抗战史教学,我们可以花三到四成的时间来讲史实,但仍不能忘记,精神引领才是作为人文课之一的历史课教学应该具备的核心素养。我们的历史应该是有血有肉的。我们的历史应该美在细节、美在精神。

(二)现场回放——学生现场评课实录

课题:"近现代中国物质生活与习俗的变迁"

主持人:《中学历史教学参考》主编任鹏杰(以下简称"任")

评课者:吴江高级中学高二(7)班学生

任:今天顾老师的课,所有问题都听懂了吗?

众学生:听懂了。

任:没听懂的请举手。有一位同学举手了,请你说说。

王启亮:对于传统文化,大家都说要取其精华、去其糟粕。我想知道方法是什么?

任:这意味着顾老师没有顾及这个问题。你们觉得遗憾吗?

王启亮:不遗憾。

任:为什么?

王启亮:因为我们可以自己在课后去研究。

任:谢谢!是不是意味着其他同学对顾老师今天讲的内容都懂了,是吗?那么,我想请问大家一个问题。我感觉顾老师的课里面有一个道德陷阱,就是新中国成立初到改革开放前,顾老师用了三个字"承美德"概括这个时代生活与习俗变迁的一个特点。我想问问同学,你同意吗?

张园蓉:我觉得有些不算是美德。比如节俭是美德,但是像"假领子",这个不是美德,是经济方面的问题,主要还是因为当时的条件艰苦。

任:我想再请问你:把当时的简朴称之为美德的话,那么在那个时代下导致的美德,你觉得应该弘扬吗?

张园蓉:不值得。

任:那你知道那个时代的背景是什么吗?

张园蓉:计划经济,"文革"时期。

任:那你当时有没有一种马上问老师、和同学商量自己想法的冲动?

张园蓉:没有。

任:你有没有怀疑这个说法有问题?

张园蓉:没有。

任:为什么? 你觉得老师说的都是对的吗?

张园蓉:大体上都是对的。但是有些不对。

任:有哪些不对?

张园蓉:就是我刚才说的关于节俭这个问题。我认为当时就是要面子。(李惠军:点赞! 点赞!)

任:这就是死要面子活受罪。你认为当时真正要返回美德,根本在哪里?

张园蓉:返回美德,就是在生活安康富足的情况下注重节俭,而不是在生活很艰苦的时候节俭。

任:你好厉害! 谢谢! 我们这个同学挖到了根子上。那个时代最大的美德就是应该发展经济,这是可美的基础,可展个性的前提。我觉得学生的思想是不可小视的。

……

任:孩子们的视野还是很开阔的,历史想象力很丰富。你有没有在上课期间想问老师的冲动?

史陈康:想问,服饰为什么要改变?

任:有同学问,服饰为什么要改变? 这是一个很好的问题。你为什么不问老师?

史陈康:我觉得时代潮流还是要发展的。不问老师是因为还没有很肯定。

任:不肯定就不敢问了? 好,谢谢。我觉得课堂是最容许学生"犯错误"的地方。为什么不犯错误呢? 如果都会了的话,为什么还要上课? 为什么不明白的地方、不成熟的地方不问老师呢? 那要老师来干吗? 我请一个小帅哥发表意见。

朱佳健:我觉得困惑应该课后解决。

任:那是不是老师在课堂上基本不给你们问问题的机会?

朱佳健:这个不是。老师在上课,我们要尊重老师。上课的时候不问,课后的时候可以问。

任:那老师是为你们服务还是你们为老师服务?

朱佳健:老师为我们服务。

任:孩子们抓到点上了。

……

任:好,时间到了。我最后给大家说一下文化与文明。文化与文明是有区别的。苹果手机是文明成果,已经9代了,不断变化,这就是文明。文明是纵向的,随着时间的不同而不同。文化是横向的,随着民族的不同而不同,随着人的不同而不同,这个区别大家要清楚。只追时尚,永远抓不住值得坚守的东西,值得坚守的东西在文化里。道德与文明无关,当然道德也有与文明、文化协调一致的时候,我们文化里面有很多糟粕,当然也有很多优秀的东西。应该弘扬好的、优秀的,淘汰、放弃糟粕的。可以随着时代的文明脚步走,但是不要忘了我们对待善和美一定是要坚守的,不能随便与时俱进。谢谢同学们!

(三)论坛选播——参会同人对学生评课的评论

1. 任鹏杰(《中学历史教学参考》主编):启程,对单一模式的"颠覆"

今天我们要试验一种评课的办法,就是上完课后留10分钟让学生来评课。这样一个评课办法我已经呼吁了十几年,但是效果不佳,所以我自己开始试验。我已经在几个全国性的活动上,自己主动冲上前去,像个记者一样穿插在学生中间,让学生来说话,表达他们对课堂的感受,理解或者不理解,明白或者不明白,懂得或者不懂得。这反而让现场观摩老师的收获,比所谓名师同行评课的收获要多得多,因为孩子们的好多说法我们连想都想不到。主体被清场了,学生被撵出评课现场了,我们所谓专家、名师、同行说的话有几句是可靠的? 今天我们要做的是颠覆这种评价活动、评价模式,要回到根上去! 由"人"出发,到"人"落脚,"人"不能缺席!

2. 李惠军(上海市晋元高级中学,上海市特级教师):谁是课堂教学的受力者?

今天听到学生的发言后,我偶发奇想:师道、书经、纪律,三者绑架了学生。师道,师道尊严,就是学生说的"尊重老师";书经,四书五经,书是圣经,经是真理;纪律,纪律的顶层设计是不是没有人? 是不是在驱赶人? 纪律变成课堂驱赶人性的上帝之鞭!

教师在教学前的教学设计阶段,关注知识体系的完整、逻辑推演的严密,有意或无意忽略了未来课堂中的人;在操作阶段,关注点定格于背景、条件、原因、过程、影响、性质等"老三国",关注流程的顺畅、方案的完成即教学预期计划的完成。对教师来说,教学完成只是教的完成,不是教学。教学有两个层次的意思,教和学。或许对学来说,只是刚刚启动,或正在进行,或尚不完善,甚至对学来说,教的过程中已经指错了方向。

我收获最大的是，在教学评价方面，鹏杰先生的创意很好！今天，在教学环节设计方面有"人"、操作阶段有"人"，在评价环节又"突发奇想"——让学生评价。传统教学中也讲评价，但扪心自问，我们在做着怎样的评价？我们往往把关注点指向教师的表现、教师内在的素质底蕴，底蕴外化呈现为能力、板书、非语言形态、情态、顺畅、教材开发、时空氛围热不热等。但是，我们是否有意无意中让教学的执行者教师替代了教学的受用者学生？教师上课时说目标是什么，围绕目标组织哪些内容、规划什么流程、流程间的内在逻辑关系如何、通过这样的设计学生达到了什么！这个"了"字了不得，是完成时，教师用自己的预设、操作和判断代替了受力者的接受程度。另外，还有其他教师、专家的评价，说这节课学生达到了什么目标。历史教育，"人"不能缺席，这个"人"包括课堂中的人、生活中的人、社会中的人，结果我们恰恰撇开了课堂中的人、生活中的人，他们是受力者，专家代替了受力者。就像用太极拳打你，用武当拳打你，用少林拳打你，太极拳说打断了你的背，武当拳说把你的心打碎了，少林拳说把你的肺打破了……结果呢，你的背被打断了没有？你的心被打碎了没有？你的肺到底被打破了没有？你是失语者，哑语者，被驱赶者，"人"不见了，就这么不见了。上课的受力度到底如何？学生没有话语权，我们全部取代了！正是这种设计、操作、评价的暴力取代，让学生说出这样的话，"因为我们要尊重老师、课本、纪律"。"人"没有了。

3. 唐琴（吴江高级中学，江苏省特级教师）：又何尝不是对常态课的评价？

让我们回到刚才任鹏杰老师的追问上："有没有上课期间问老师的冲动？""为什么不问老师？""是不是我们老师在课堂上基本上不给你们问问题的机会？"学生回应说，"老师在上课，我们要尊重老师"，"不想打乱老师的节奏"。学生所考虑的不是自己，而是老师！任老师继续发问："是老师为你们服务？还是你们为老师服务？"学生脱口而出："老师为我们服务。"是啊，他们知道老师是为他们服务，老师们又何尝不知！但是实际上，学生在为老师服务、为课堂秩序服务，他们用行动表明了，自己不是课堂的主人！

而学生这样回答，还有一种可能，那就是，他们本身就没有问问题的习惯。所以，任老师的追问，不仅问到了这节课的表象，更挖到了学生常态下的课堂学习行为养成的根子上。于是，这个评课，岂止是评这节公开课，又何尝不是在评开课班级常态下的历史教学？而我，就是第二个开课班级的历史任课老师。我一直在忐忑，如果李月琴老师问及，我的学生将如何作答？李老师也在追问："老师这样的授课方式大家喜欢吗？""老师在讲课过程中，你们会有一些问题吗？"但是，我的学生似乎还没有从"残梦"中走出来，我没有等到我想要的答案，说不清是遗憾还是庆幸。

李惠军老师说,师道、书经、纪律捆绑了学生。这"三座大山"下,学生的行为动词是什么?尊重、服从、遵守,并成为习惯! 学生习惯于不问,习惯于没有问题,教师习惯于不被问,教学流程习惯于不被打断。当这一切成为课堂常态后,学生主动提问仿佛就成了件很特别的事情了! 虽然我每周会拿出三分之一的课时开展"学生讲评",学生提问、学生争议,有时为了一个问题,他们会"七嘴八舌",有时也会"舌战群雄"。然而,常态下的新授课,我有明确要求学生不懂就问吗?没有! 我的常态课,已经很久没有学生提问了! 2001届和2005届的周荣荣、钱明峰、吴智文等学生,他们最喜欢在课上,尤其公开课上,向老师、同学"质疑""设套""出风头",并且在他们的影响下,整个班级都以此为乐趣,养成了钻研探讨的学习氛围,即使在课间,男同学也经常会拖着女同学给他们讲题目。而这些都是十年前的事情了! 为什么在这十年中,如此动人的场景已不多见?我的学生没问题了——那一定是我的教学出问题了! 正如任鹏杰老师所说,没有学生发问的课、学生答必正确的课、把学生教得提不出问题的课都不是好课。

一旦你的学生被开课,他们一定在拿你和开课老师做比对,他们一定在心里默默地为你打分;当你的学生被要求评课,他们的谈吐一定是基于你人格魅力和学识素养以及你养成他们的学习品质和学科能力,那么,评课难道不是对你这个任课老师的评议吗?当我们看到,几十个学生尊重你、配合你、给你面子,他们的眼睛里有你老师这个"人",那我们就不可以让孩子们再以"尊重老师"的名义遮蔽了"没有自己"的真实。公开课也好,常态课也罢,让学生在场!

4. 帅朝晖(安徽省铜陵市一中,铜陵市骨干教师):"学情",首要关注点

公开课的评课环节一直都是在授课教师和听课教师之间开展。这次在专家主持下,学生参与评课,别开生面,耳目一新,也与主办方"历史教育,'人'不能缺席"的主题高度切合。学生参与评课,能进一步了解"学情",将教与学的环节更好地融合,对教师的教学也有一定的反馈和提升作用。

首先,学生评课与教师评课目的不同。教师评课关注"教情"为主,兼顾"学情"。我们主要关注教师的教学功底,包括表述的艺术性和感染力,设计的科学和严谨,方法手段的合理和有效,学生参与的积极和充分,等等。而学生参与评课,更主要的是关注自身的"学情",即在乎知识层面上的获取以及在此基础上有没有产生新问题和探究兴趣。

其次,学生评课要求主持者把握适度。既然学生评课的目的是以自身的学情为主,所以我认为学生评课主要定位为课堂教学的延伸,即在课堂上没有弄明白的知识,或者没有延展开来的问题,或者与老师不同的观点,等等。主持评课的老

师既要有深厚的学科理论素养,又要在课堂上敏锐地发现问题,同时对"学情"还要有基本的观察和了解。这样,主持者才能有针对性地提出问题,避免空泛而使学生无法把握,失去评课的有效性。

此次由专家主持的学生评课,针对教师授课环节,通过教学内容的回放,抓住课堂教学未能完全展开的问题,与学生进行了更为深入的交流。在交流过程中,既展示出学生对这节课的收获和思考,又暴露出学生存在的问题以及课堂教学的某些疏漏,从而共同构建了相对完整的课堂教学。在此过程中也引发了听课者对教与学脱节问题的再思考。

此次公开课学生参与评课的尝试,做得很成功,值得我们从教者借鉴。我认为,最大的借鉴之处是,使从教者更多地关注和了解学生现有的知识和认知状况,使我们的课堂教学与学生的现实情况更紧密结合,最大化地唤起和调动学生学习的兴趣以及思考和探究问题的热情。

(四)一线速递——论坛结束后的调查反馈

活动结束后,围绕"学生对你的公开课进行评论,你有什么感想""你对自己有评课权,有什么感想""如果你的公开课后有学生的现场评议,你的课有什么变化"等问题对开课教师、听课学生和观摩教师进行了调查。

1. 开课教师的独白:"学生在评我的课"

顾俊(吴江高级中学):

专家组织学生进行评课,我第一次经历这样的环节,心中忐忑。

其实,刚上完课时,自己心中对这节课已有初步感受。尤其是对课堂的氛围、内容的争议,自我感觉并不是很好。所以,在评课前,还是有所担心:专家会怎样问学生?学生又会怎样回答?他们会提出什么问题?这些疑惑都在心里纠结着。

果然,任老师直接就"揪"着"假领子是美德"提出质疑。一方面,我陷入了对这部分内容的思考:"假领子"能否象征美德?当时设计的时候,为什么没有对此深入分析?另一方面,我也觉得有点难堪,特别是当学生评课结束后,全场给学生的掌声,更让我觉得难为情。心想:以后面对学生的时候,我该是什么形象呢?学生们还会相信我的课吗?只觉得好不自在。

评课中,当任老师问及有疑问为什么不在上课时提出来,学生的回答让我感触颇深。一方面,我感动于学生极力维护我的暖心话,这让我对他们充满谢意,然而这种"暖心话"我听了并不舒心,因为它更让我觉得自己没有精心做好教学的准备,还需要学生在"外人"面前极力维护。另一方面,我还在想,这是不是在批评我没有做好教学内容的深化,没有给学生质疑的机会,更没有形成课堂思想的交流?

所以，评课结束后，我内心是复杂的。既有完成任务的轻松，更有对我课堂表现的自责，还有担心别人看法的窘态，尤其是面对学生的紧张。同时，我也对自己的教学能力有了怀疑。一直以为自己上课还可以，然而这一节课下来，出现了这么多的问题，可谓"丢脸"丢到家了。但是，静下心来，我更多地开始反思。学生评课是一种直接反馈教学效果、促进教学的重要形式。它突出了学生的主体性，体现了教学平等。面对学生评课，我应放低身段，卸下思想包袱，敞开胸怀，不抵制、不惧怕，坦然倾听，虚心接受，鼓励学生敢说话，说真话。学生也应打破"纪律"束缚，敢质疑、敢挑战，客观地提出自己的疑惑与建议，真正实现与教师的深度对话。所以，再次回看学生评课，我更有了一份冷静，有了一种接受，也意识到教学中的不足，更感受到历史教师的一份担当。

既然学生评议让我这样"心潮起伏"，那课后说课时为何未提学生评课？主要是在上课前已准备好说课内容，加上对本课内容中的争议，所以说课时把重点集中在了对争议问题的解释上，力求让听课者理解我的认识；还有一个原因就是，自己不敢再提学生评课，压力太大，担心再次引发批评。于是，把"人"丢了。归根结底，还是"人"的意识不够强，只局限于讲清自己课前设计，忽略学生课后评课，更说明自己没有意识到学生的重要性。回头想想，真的没必要，批评何尝不是成长的另一种方式？

颜先辉（杭州学军中学）：

对学生关于课堂教学的肯定内心很高兴，特别是能够提到对抗战的重新认知，觉得应该是本课最大的收获。对学生评价"正确但有点反动"内心很复杂。反思我们高中历史教学到底怎么了？一对很矛盾的词语用在了一起，也说明了从小到大孩子们的历史学习暴露出的问题。这需要我们好好反思。面对学术研究领域已经不是问题的问题，心情确实很复杂。我们应该尽可能地引导学生回归历史的本真，当然这可能是我们永远达不到的，但我们可以无限地接近它，"虽不能至，心向往之"。

学生评课只能是从感性的角度提供一种解释的视角，对很多知识的认知和评判有一定的局限；同时对这种新的评判形式还没有完全适应，所以在课后说课时基本忽略。

2. 评课学生的声音："我有评课的资格"

声音一："有一种民主的感觉"

● **张俞心**：学生也许没有听课老师和专家那么知识渊博，但课是上给学生的，学生更有发言权。这是一个民主的时代，学生也有评课权，学生评课更真实。

● **费子成**：这个活动比较民主，将自己的感受说出来是比较开心的，但可能会使上课的老师感到尴尬,因此,讲的东西还会客气一些。

- **刘高荣**:学生是授课的对象,有权评课。
- **陆伟**:让学生有了发言权,这很公平。
- **张苏雯**:有一种行使民主权利的感觉。
- **陈思**:觉得好像学生的身份瞬间提高了。
- **费稼欣**:非常人性化,学生可以自由发表意见。
- **徐俊豪**:课堂本就是学生的课堂。
- **吴子怡**:我们不再只是听众,我们能发出自己的声音了。

声音二:"我们学生是上课最直观的感受者"

- **焦海鹏**:我们学生是上课最直观的感受者,我们不了解老师,只有对本节课的想法,我认为学生有权评课。
- **范佳卉**:作为学生,对课本的理解一定与教授者不同。
- **方婷**:学生当然有权评课,老师开课评课跟学生并没有关系,老师是一个人,底下的学生千千万万,一个被同行说好的老师,学生不一定觉得好,学生眼中的老师某种程度上与老师眼中的老师不一样,因此也要看学生的想法。
- **钱诗静**:自己能评课是以前没有也不敢想的,我认为学生才是最有权说话的那个。
- **陈丹**:只有听课的人才知道一节课下来,自己还缺乏什么知识,从而提出建议。
- **王之扬**:学生探求历史感受是最真切的,感触也是最多的。
- **俞成**:不可多得的宝贵经历。

声音三:"更可以找出一节课的好处和缺点"

- **王辰昊**:评课是我上了这么多年学,听了数十节公开课但从未遇到过的。学生才是课堂知识的接收者,才真正有资格去评价一堂课的好坏。如果仅靠专家、老师评价,或许评价很高。学生去评价,更可以找出一节课的好处和缺点,对授课老师更有帮助。
- **殷子扬**:可以让老师更加认真地对待课堂。
- **周雯**:感受最深的当属学生,学生对老师讲课优劣的评判最具有说服力,也给学生锻炼的机会。
- **史慧敏**:体现了"师生平等"的关系。学生有权评课,不仅让老师感受自己的教学成果,在学生的评价中不断改进,不断完善自己,还能使学生上课集中注意力,会更认真地去听课。
- **徐俊豪**:我认为这是一种尊重学生的体现;有利于调动学习积极性;学生才

是课堂的主人,只有学生参与评课,老师才能知道我们真实的想法,也有利于老师不断改进,教学更加严谨、完善。

声音四:"我们并不权威"

● **王皓天**:学生评课只可作为结果之一,因为我们并不权威,我们不一定能发现课程中的错误,也可能会对所学内容产生误解。所以我觉得老师的评课尤其重要。

● **吴雨平**:只有学生才能体会到老师上课的好坏,但也有不好的一面,因为有的学生还是不知道什么是评课,没有经验。

● **肖纯辉**:学生听课有发言权,但只是片面评课。

● **戴舒雨**:不应该强制让学生评论,既有权评课,也有权拒绝。

● **陈佳杰**:有新的弊端。比如,某个学生对这次课程没什么想法或感想,叫他如何评价?毕竟没有经验,从老师的角度来看这位老师有所不足,但从学生眼中看不出缺点。

● **顾思涵**:同一节课,不同的人有不同的感受。学生是一个听课群体,接受新知识的群体,我们对这节课的感受是深刻的,但我们能否把自己的感受很好地表达出来,即表达能力也需要考虑在内。

● **肖姝佑**:建议可以一对一,让有想法的同学能够把内心深处的想法说出来。

● **吴瑜玮**:在给予权利的同时还连带着责任,诚心地给这堂课评价。

3. 观摩教师的感叹:"如果学生来评我的课"

季芳(吴江高级中学):

如果我的公开课由学生而非教师评价,教学设计会不会不同?乍一听,第一反应是:当然会有不同。评价主体的学识、能力、立场不同,自然评价的角度、侧重点也不同。教师的品位重在"高大上"的能力立意和史料运用等方面,学生的趣味偏在课堂组织形式的丰富、情节叙述的生动等角度。我须"投"不同评课者之所"好"。

再一思量,为何要不同?作为研讨的公开课,本就应是为学习主体——课堂中的"人"——学生而订制,而非为旁听观众——听课教师设计。无论评价者是教师还是学生,评价教学的出发点与最终归宿都是课堂中的"人"的发展。一节好课,就是通过课堂中的"人"所乐于接受的路径、策略,活化历史思维,构建价值体系。不管我采用风趣的故事讲述、精巧的角色扮演还是高端的学术探究,只要能为学生理解接受,并能切实地让学生有所"得",那么无论谁评课,都会给予肯定。听课教师的品味与学生的趣味并不对立,两者交集于课堂中的"人"的成长。

如果担心学生评课时不能领会我的高深教学立意,否定可能在听课教师眼中"高大上"的好课,那么只能说我的策略选择存在问题,立意确定存在缺陷,"高大上"也只能沦为"假大空"。我们的高中学生已有能力分辨形式多样与哗众取宠、实效显著与华而不实之间的区别,也有能力客观评价一节课所给予自己的是精神上的升华、思辨能力的训练,抑或仅仅是知识点的获取。因此,无论谁评课,我都会将我的教学设计定位于为课堂中的"人"服务,在充分把握学情的基础上,以其原有的知识、能力为基点,以其能充分参与为设计重点,探求其历史学科素养提升的生长点。

石晓健(吴江高级中学):

如果学生评我的课,一定会倒逼我在教学设计时,更多地从学生的"学"出发,关注学生的学习过程、学习状态和学习效果,创设丰富的问题探究体验和深刻的历史感悟反思的教学情境,调动学生主动参与课堂的积极性,生成穿越时空的历史智慧和兼顾时代的价值判断。在教学目标的设定上,我会兼顾学生认知逻辑和历史本身的理路逻辑,关注学生的参与度,而不是一味追求立意上的"高大上",而忽视学生的"德智情";在设计探究问题时,我会兼顾能力立意和意义建构,创设有梯度的问题情境和历史图景,让学生在心灵中重演过去,关注学生历史意识的养成,"够得着""看得见""思得远";在选择教学方法时,我会兼顾过程开放和学生为本的原则,关注不同学生的个体差异,生成对话和交流的意义溪流;在选择教学内容时,我还会兼顾历史性和时代性,淘汰那些不利于塑造学生正确的人生观、世界观和价值观的知识,关注历史与现实,让学生在历史的过去演绎中关注时代价值,形成正确的价值判断和价值观。

陈春娟(吴江高级中学):

听着学生的评课,我暗暗问自己:要是我的课也由学生来评,我该怎么办?思索中想起任鹏杰老师在《历史教育必须走出上位不清下位糊涂窘境》一文中说的:"'教学转化'是历史教育实践一大难题……还有一个用何种途径和方法才能有效评价学习者学得好不好的问题……除书面测验外,目前公认的更重要的良法是对话,即让学习者'说出来'。"

让学生"说出来",首先考虑让哪些学生来说。我会在课前对学生基本情况进行详细摸底,了解清楚哪些学生是活跃分子,哪些不善表达,哪些不随主流,哪些喜欢争论一辩输赢。课堂上我就要积极调动他们的热情,让他们在师生互动中畅所欲言。当然对他们的名字、座位等我也要课前做到心中有数,防止课堂对着张三喊李四的现象出现。只有课前对学生做到心中有数才能在课堂做到有的放矢。

让学生"说什么"呢?我会在课前就学生对本课教学内容的掌握情况进行摸底调查。我会鼓励他们对有疑问的知识大胆提问,根据学生的问题进行分类重组,并将这些问题融入我的教学设计,并在讲课中有针对性地与提问题的学生呼应;对于自己也难以把握的问题,我就要主动查阅相关资料,构思化解策略,以便深入浅出、准确讲解,既让学生感受到被关注的温暖,也在学生面前"装"几分学术。

(五)场外热议——约请更多同人笔谈

学生现场评课,莫衷一是。为此,活动主办方约请了参加活动的专家、名师、一线教师和高校师生畅谈思考和建议。

1. 谁是课堂教学的"当事人"?

汤红琴(苏州新区实验初中):学生的感受不可替代

学生是教学的直接参与"人"。教师无法取代学生,学生作为除教师之外直接参与教学的一类"人群",他们对课堂教学的视角、思考是不可替代的。不可否认,学生没有教师的专业水平,但正因为如此,他们的感受更能从自身的得失出发,更能发出内心的声音,会让老师发现自己的某些不足和可以进一步优化的地方,对后来的学生和教学无疑是一种帮助。

叶希蓓(华东师范大学历史系研究生):换一个视角来评课

吴江之行,见识到了两位老师非常精彩的公开课,也感受到了中学历史教学整体的发展趋势和方向,确实受益匪浅。在两位老师的课堂之后,活动要求由学生对两位老师进行评课,让人耳目一新。以往的公开课之后,常常由在座的其他老师或专家进行评课,这样的评课很专业,但似乎都是站在一个"上帝视角"来看待问题。基于这次活动主题,主办方要求学生评课,观察学生对本课学习之后的理解情况,更能够清晰直观地反映出一堂课的成功与否。学生的知识结构体系与老师们不同,他们是真正的课堂参与者、学习者。他们的理解与体会更能够反映出授课教师传递给他们的思考与领会。事实证明,这样的学生评课活动是成功的。两节课之后,在任鹏杰老师与李月琴老师的引导下,学生纷纷针对各个问题提出了自己的看法,而这些看法与传统的教师评课显然是不一样的。总体而言,"学生评课"在这次活动中是一次很好的实践,值得我们在未来的教学活动中学习和借鉴。

刘文峰(苏州新区第二中学):说出课堂的本真味道

可以说学生评课体现了"人"的存在。古希腊智者学派的代表人物普罗泰戈拉说:人是万物的尺度。最有资格测量历史课堂的人,当然是"受力者"学生。学生的认识与评说,最能说明历史课堂的本真味道。正如任鹏杰老师所言,说错了也没有关系,引导他走出误区。学生的思想少有各种束缚,评课也少有理论与形式,他们说的大多是自己的真实感受、真实的理解与认识、真实的懂与不懂。任鹏杰老师说:历史教育的终极取向——帮助学生认识自己、做好自己。让学生参与课堂开口评课,让学生自己独立思考并说出来,这样学生才能真正认识自己,并推动历史课堂回归本真,历史教育"服务人生"将不再遥不可及。

刘计荣(江苏省震泽中学,苏州市名教师):下课,不"谢幕"

历史教育,"人"不能缺席,必须以"学生为主体",这是大家早已达成的共识。但人们往往有意无意地将学生发挥主体作用的空间定格于课堂,以为下课铃声一响,学生就可以"谢幕"了。学生不仅仅是课堂中的"人",更是生活中的"人",学生评课是课堂教学的延伸,是课堂教学的有机组成部分,让学生充当评课的"主角",大大拓展了学生发挥主体作用的空间,真正实现了"以人为本"的教学理念。学生评课对课堂教学的真实感悟,是对课堂教学的真情流露,是学生经历课堂教学以后爆发出来的思想火花。这种在学生评课过程中锤炼出来的浓厚民主意识,对加强社会主义民主和法制建设无疑具有深远意义。

张苏皖(南京一中,南京市青年优秀教师):"人"在课堂中"强大"

传统评课,教师上课的优与劣,往往都是由领导、专家、同行说了算,学生往往被剥夺了话语权,即使有评价权,也是被专家们以一纸试卷来检测,课堂所得到底有几何,还是没有跳出"任务——应试"的窠臼。这次"问史"论坛"学生评课"环节的设置,在课堂"教"与"学"的评价方面对传统评课模式进行了颠覆式的尝试。

一方面,学生评课,学生在历史课堂上,经历"学史""问史"到"悟史"的体验过程,从"幕后"走到"台前"。另一方面,学生评课,让教师在历史课堂上,经历"备历史—教历史—回望历史—重新认识历史"的过程,从高高在上的知识传授者,转变为鼓励、赞赏学生学习活动的引导者、支持者、辅助者。

学生评课,通过学生、教师、专家面对面的交流、碰撞,甚至是面对面的质疑、质询,让学生真正站在与教师、专家平等的地位,实现"我的课堂、我的学习"我做主。同时,学生评课,也锻炼了学生的勇气和胆量,增强了学习的兴趣和自信,更培养了独立思考、发现问题的意识与能力,让"人(学生)"在课堂上成长、强大起来,让历史课堂见史又见"人"。

2. 学生评课何以助力教学相长?

刘计荣(江苏省震泽中学,苏州市名教师):挑战权威再思考

学生评课实现了教学相长。一方面,学生评课是从学生学习的角度来重新审视教师的课堂教学,这无疑会对老师的课堂教学提出各种各样的责难,从而发展了学生的批判性思维,挑战了教师的传统权威。另一方面,学生评课也促使师生对课堂教学的再思考、再认识。它有利于老师得到真实的反馈信息,虽然不能肯定所有的学生都能说出自己的心里话,但是,这种真真切切的鲜活评语更能激发教师的教学智慧,同时,也有利于学生审视自己的学习效果,让学生明白这堂课我应该"学什么""怎么学""学得怎样",从而使学生自主学习的意识、能力、习惯明显增强,大大提高课堂教学的有效性。

赵加军(苏州教师发展中心,江苏省特级教师):**另一种成长与进步**

学生评课是增加师生沟通的一种手段,对我们教师本身而言,既是一种促进也是一种监督。可能有人接受不了,觉得这伤害了作为教者本身的尊严。但是我们应该意识到,世界的多元发展,本身就决定了学生获取知识的途径已经不仅仅局限于课堂,所以教学相长变成了一个很现实的命题。我们应该自信地敞开胸怀,去接受和拥抱这样一种新兴的评课模式,这对我们教师本身来说其实也是一种进步和成长。

汪建红(苏州十中,苏州市名教师):**教师耐挫力的考验**

公开课后的采访,必将涉及对课堂教学的评价,这需要教师有极大的自信与极好的风度。教师讲课中难免会有瑕疵,如自身素养很高的颜老师课堂中关于抗战史实一个提问表达不够严谨,听课老师均发现了此问题,李惠军老师提出问题并引导学生强化历史时序认识,学生恍然。原本质疑教师权威,是值得倡导的,然而心智尚不是很成熟的青年学生会不会因此而看轻老师,进而影响对教师的尊敬,降低学习效果?

李君岗(苏州园区二中,江苏省特级教师):**学生也可以教学反思**

我们倡导教师进行教学反思,而学生评课是学生的教学反思。教学过程是教师的"教"与学生的"学"的互动过程,学生的反思不仅是一个教学实践问题,也是一个需要探讨的理论问题。学生评课涉及教师的"教",但更主要的是学生的"学",学到了哪些新知识,掌握了哪些方法和技能,哪些素养得到提升,获得了怎样的情感态度与价值观,对自己形成完善的人格有哪些宝贵的启迪,自己在历史学习中存在哪些不足,如何改进自己的学习。对这些问题进行反思,从而使自己成为学习的积极参与者而不是缺席者,对学生学会、会学、学好、会用不无裨益。

3. 学生评课如何成为新常态?

沈为慧(江苏省昆山中学,江苏省特级教师):**温度,让授课者参与对话**

历史教育不应忽视"人"的存在。不论是从课程论、教学论的角度来讲,还是从资源建设、观课议课的角度来说,都应当"主动邀请"学生参与到评课中来。"以学生的发展为本"不能仅体现在教学目标的设定、教学策略的设计、教学方法的选择上,更应体现在课堂教学评价上。因此,请学生参与评课,是新课程改革的应然之事。

然而,在实践中极少有评课者重视最有发言权的"当事人"。究其原因,除了未充分意识到学生的评课价值外,还有一个重要的原因是,不知如何把学生请到评课活动中来。请学生参与评课，不能简而化之地让学生谈谈听课感受，而应与日常的教学一样，由主持评课的"第三方"进行必要的设计，给学生设计出具体的、可理解、易回答的问题，并不断地给予引导。只有这样，才有可能把应然之事变为实然的操作。

当然，在学生评课的活动中，仅有听课的师生与主持人参与是不够的，作为教学活动的重要当事人的授课教师，也应参加到评课活动中来。授课者解答学生的困惑，有益于提高课堂教学效果；授课者倾听学生的质疑，有益于提高教师的专业水平；授课者与听课者的平等对话、互动交流，有助于双方的共同提高。总之，学生评课中不能忽视授课教师的存在。

薛伟强（江苏师范大学教育学院，博士）：量度，加强科学化、规范化

如果可以优化，我认为加强现场版"学生评课"的科学化、规范化或许比较重要。假若事前有科学的设计、详细的规划，甚至可以直接让学生主持，就可以尽量减少现场主持人的主观影响。正如我们所见，参与现场导引的大师们的着眼点大有不同。在质化（定性）观察之外，或许也有必要增加全体学生参与的科学的书面测试，以得到多数人的定量数据，增强其说服力。正如我们所见，在"学生评课"现场，发言的还是少数，而且其中很多观点截然相反，很难有广泛的代表性。

赵加军（苏州教师发展中心，江苏省特级教师）：高度，学生参与有终也有始

如何将学生评课变得更有效率和更有意义？我觉得学生评课的初衷应该是让学生高度参与到我们的历史教学中，所以我们教者在设计教学活动时就应该去征集学生的想法，而不是一味地自己坐在办公室里去做教学设计，然后想当然去想象所呈现的教学效果。学生参与应该是自始至终的。学生在参与了你的教学设计后，课堂教学后就会更有感触和想法，这样，评课的时候提出的问题也会更有现实意义。另外，对评课的形式做一下变通，让评课变成一种探究，可以让学生分成小组，让每个小组针对课堂教学或者课后的延伸提出一个问题，然后互相讨论，最后和老师进行探讨达成共识。这样的课堂就会变得更有意义，也更能体现课堂的价值所在。

祝红德（苏州市苏苑中学）：角度，让学生自由发挥

以往的公开课大多是上给老师听，或者说是表演给大家看的。这次，耳目一新的是课后的"学生评课"环节。在我看来，虽然这不算真正意义上的学生评课，更多的是专家课后的提问或者采访。可能由于时间有限吧，并没有充分展开。最好的学生评课当然是给学生充分的时间，没有老师的暗示引导，让学生按照自己的思路来说、来评、来建议，说出他们自己的心声。这次抛砖引玉，意义非凡。

沙夕岗（昆山市石浦中学）：深度，导评有层次、有引领

要让学生有深度地回答，必须是有深度的设计。提问时最好选择不同层次的教育对象，有多个层次的学生参与，便于全面、真实地反映课堂教学效果。对学生的回答，主持人要进一步即兴发问。如本次活动中学生评课环节，任鹏杰、李月琴老师都非常老到，看似一个随意的问题，但紧接着是一串连珠炮，层层深入，一环套一环，尤其是"老顽童"李惠军老师在一旁也按捺不住，不时"插嘴""煽风点火"，让评课高潮迭起，直让学生招架不住。所以，学生评课既是挑战学生，也是挑战"导师"。好的精心的引导，可以帮助学生积极参与、完成深入的思考，会进一步激发学生接受课堂教学知识扩展的潜能，提高综合运用分析的能力，会产生"余音绕梁"的积极效果。

一方面我们要鼓励学生不要有顾虑，要勇于表达自己真实的想法、有深度的想法，只有这样才能培养学生真正的参与度和思维度。另一方面，授课、评课过程中，需要教师进行及时、适当的引导，授课、评课可以百花齐放、百家争鸣，但不是天马行空、信马由缰。尤其是对一些明显偏离主题的回答要给予正面纠正，给学生以明确的是非准则，否则会引起学生思想上的混乱，长此以往，也许会出现学生丢失是非准则，丧失判断力，甚至导致极个别学生价值观的"畸变"。

4. 学生评课可以走多远？

王黑铁（苏州新区实验初中）：大胆假设、小心求证

对这种新型的评课方式，大家一片叫好。好就好在他们找到了"人"，找到了学生，努力把学生从应试教育的桎梏中解放出来，从教师控制型课堂里解救出来，凸显了"以人为本""以学生为中心"的新课程理念。然而，我很忧虑：学生评课究竟能走多远？

首先，学生的时间和精力允许他们这么做吗？学生评课势必要占用学生大量宝贵的时间和精力，偶尔一次"玩玩"还可以，如果形成常态，学生肯定不愿意，家长也不会答应，校长也要不高兴了。就本次活动来看，两节公开课都不同程度地超过了45分钟，学生评课又在15分钟以上，一个多小时，学生没有休息。更重要的是，后面那节课的老师怕是望眼欲穿、欲哭无泪了。

其次，学生的经验和能力允许他们这么做吗？中学生毕竟是中学生，他们思想活跃、观点新颖，固然能给人启发，但是他们基本没有接受过教育学、心理学的教育，对评课根本不可能有专业的见解。如果我们在这个方面走得太远，我又担心会否定传统的教师、专家评课。传统评课，还不到全盘否定的时候，自身的改良和优化完全可以适应新形势的发展。倘若以学生评课取代传统评课，那就因噎废食了。

对学生评课，我个人持悲观论调，谨慎乐观。它好，但再好也是水中花、镜中月,近在咫尺,又遥不可及。虽说如此,但这样的尝试也是有价值的、有意义的,它发散了我们的思维,打开了评课的新思路、新空间。由此,我又想起胡适先生的那句名言:"大胆地假设,小心地求证。"

帅朝晖(安徽省铜陵市一中,铜陵市骨干教师):条件限制,难以推广

关于学生参与评课,我认为是一种很好的课堂延伸的形式,值得尝试和肯定。但另一方面,若主持者对学生的学情不了解,对授课老师的优长与存在的问题缺乏及时和准确的把握,则很难对学生有高质量的引领,而且受课时安排的影响,学生很难有较充足的时间进行评课。因此,受到主客观条件的限制,我想学生评课这种形式可能难以全面推广。

黄雯婷(吴江盛泽中学):科学支撑,实现精进

"精进"是佛教语,意思为努力向善向上,对一切善法肯认真负责,精诚集中,不放逸。所以我力挺学生评课,实在是因为今天的学校教学评价机制太需要跟进、改革、优化了。

从人文上讲,其本质就是重建一种精进的生活方式,在社会化、全球化的世界公民群体里,提供民主的方式,变"教学生存"为"教学生活",久而久之,民主意识和民主能力便内化成核心素养。

从科学上讲,如果不让学生评课从艺术走向科学,那依旧不算是得法的。故有标准的、规范的、可复制的、属于大多数人的评价设计才是"学生评价"到达教育"彼岸"的路径。这其中也不是简单的问卷调查或访谈预设所能覆盖的。如此次学生评课是以采访者追问形式实现的,许多问题是上课进行中生成的。但凡是科学的流程都是屡试不爽的,随心所欲或捕风捉影一定不是恒成立的创生形式,所以,"学生评价"需要更多的脑科学、心理学甚至是管理学去科学支撑、理性演绎、据理负责,以实现精进。

沙夕岗(昆山市石浦中学):不宜标新立异、哗众取宠

评课也是为了进一步完善课堂教学,利于教学目标的达成。学生由于年龄、知识以及阅历的制约,身心尚未成熟,个人价值观也未完全形成,所以对学生的回答、课堂的延伸要有所限定,不宜无限延伸。课堂教学包括学生评课,可以创新但不宜过于标新立异,更不能哗众取宠。

汪建红(苏州十中,苏州市名教师):理性看待,深思熟虑

以学习为中心的课堂观察,岂能忽视学习者的感受。评课中对学生的采访,是对教学目标落实情况的调查。尽管我们可以通过课堂中的提问交流,课后的作业、问卷等形式来调查学习情况,却总不如现场的采访来得直接真实。然而,囿于年龄、阅历、学识等,我们还必须客观理性看待学生的评价。公开课后的即时采访,可以激发学生的进一步思考,促进学生视野的拓展,但由于缺乏相关背景材料的支撑,学生不可能深思熟虑,认识也难免有所偏颇。

学生评课,有人说它是一次颠覆,也有人说它是一次作秀;有人说它预兆了新气象,也有人泼点凉水给它降降温……用"反应复杂"来形容各种心态最为恰当不过了。在学生评课的路途中,如果没有困惑、苦恼甚至彷徨,说明学生评课的机制还未真正起航;如果没有争论、驳斥甚至反对声,说明学生评课的践行还没有触及问题的要害。发现问题、研究问题、解决问题,原本就是做事情的常态,更何况我们又在做世上最幸福事——育人的事,这其中的痛并快乐便是我们教师之为"人"的体验。

学生现场评课究竟可以走多远? 现场的点赞、一线的感言、场外的热议,足以证明它有存在的必要性和可能性,尤其是学生对课的评议,给我们竖起了一面"镜子",让我们看到了平时看不到的自己;尤其是学生对评课的评议,更让我们没有理由无视那一个个小脑袋里对"大人的教学"那复杂而又纯真、理性而又感人的想法。虽然有作息时间的限制,虽然有对学生能力的顾虑,但这并不妨碍我们认识并读懂此次首发的核心价值——历史教育,学生是最不能缺席的"人"。那么,我们就从"评课,让学生在场"做起吧!

5. 结束语

(学生评课)不仅对两课内容的价值判断更加清晰,而且学生切实感受了什么是学习"主体"。这一举动,也促使听课教师反思何以学习者成了学习效果评价的哑语者、失语者,进而引发了对历史中的"人"、课堂中的"人"、生活中的"人"等历史教育实践诸多层面"人"缺席现象的深度省察。学生评课不是要"审判"教师,而是重在"暴露"学生真实的学习体验状况,为教师改进教学、提升胜任力,寻找更加真切可靠的依据。学生无论说对抑或说错,对加强教学针对性、调整教学策略而言,都颇有参考价值。因为,学习者的健全成长才是教学的出发点,也是教学的落脚点。

六、发展性评价应该根植于日常教学

——教育评价需要关注的几个认识问题①

这篇为教育部高中新课程远程研修项目而写的短文(压缩版),限于篇幅未能详举事例展开论述,因而读起来需要费些心力。细心的读者会发现,关于教育评价尤其是发展性评价,文中观点与目前国内流行的一些看法或多或少有所不同,

---

① 原载:中学历史教学参考,2007(8).

但它似乎更趋近教育评价的本质和精髓,也比较便于操作和实践,而不致使评价流于虚假或有害无益。需要声明的是,这些观点并非完全出自我的独创,而是来自我对当今世界普遍较为认可的那些教育评价理论的学习并建基于中国基础教育实际之上的思考、理解和借鉴。虽然观点难免不周不善,我设想对于正在新课改中苦苦探寻"评价"真谛的教育界同人来说,倘有那么一丝启迪,能够抛砖引玉,知足矣。为此,我特别期待并感谢您参与思考、批评指正!

"教育只有一个主题,那就是五彩缤纷的生活。"①在我看来,所谓教育便是引导学生去领悟生活的艺术,亦即帮助学生认识自己、做好自己,服务他们的人生。这是教育的终极取向,也恰是发展性教育评价的必然取向。发展性评价的全部用意,无非是要为学生认识自己、做好自己寻找准据,并据此对学生的世界观、价值观、人生观给予正确而有效的指引。评价"领导"教育,能够把教育引向这种"服务人生"境界的评价,从根本上看正是发展性评价。

这里仅就发展性评价需要注意的问题(不以历史教育为限),在认识层面谈一些个人不成熟的意见,限于篇幅亦未能涉及什么实例,姑且供大家参考和批判之用。

(一)注重建立反思即学习的评价理念

1.评价是学习内在的促进条件

评价就是反思,亦即回过头去看学习效果(学了什么、学得怎样、为何会那样),它与学习的关系不是二元对立,而是学习本身必备的内在促进条件。发展性评价,着重于随时搜集证据,目的是借用这些证据,为学生的发展提供及时的指引。当我们"把评估视为学习"②时,就不会习惯性地错把评价与学习看成"两张皮",而是能够洞悉评价与学习的一体两面性和两者的相得益彰,从而建立评价就是学习本身且是更高级的学习的概念。随之,我们已有的评价观也将发生改变。

2."教师的谬误"导致评价缺席

所有评价都应有助学生发展,但许多教师轻慢"帮助"契机,而犯上"教师的谬误"。所谓"教师的谬误",是指教师通常这样推论:"我教的这些学生很棒,因此他们一定已经明白。"评价在此种"谬误"中显然是缺席了,事实上教师并不确知学生究竟理解了什么、未能理解什么,这就无异于放弃了对学生发展的帮助和促进。

---

① 怀特海.教育的目的[M].徐汝舟,译.北京:生活·读书·新知三联书店,2002:12.

② 保罗·柏克.评估、学习与测试制度[M]//Patricia Murphy,编.学习者、学习与评估.冯施玉珩,陈瑞坚,陈垄,译.香港:香港公开大学出版社,2003:193.

3. 不予反馈的测验无评价效应

深知评价重要性的教师,可能会非常频繁地测验学生。但是,假如只告知学生分数,对测验中所暴露的认知差异和学习问题不向学生做一一反馈,测验也就丧失了评价效应。测验要变得有助学生发展,教师必须及时向学生反馈各种具体的意见,如指出长处和弱点,建议应该怎样改进,说明对学生日后评价和发展的期望,等等。

4. 评价契机在于养成自评习惯

没有自我评价(自我反思反省)习惯,任何评价的"发展性"都会落空。如果意识到怎样才算做得更好,任何学生都会利用自我评价来监察自己、改变自己。否则,他们就会固守于狭隘的"自我世界",拒绝改变无知或错误的观点。从学习的原动性看,抓住了发展自我评价能力这一点,就是抓住了发展性评价的契机。教师"抓"这个契机的责任,主要是给学生提供更多具有参考价值的观点、角度和方法。

(二)有效发展性评价内在于日常教学

1. 发展性评价实际上无处不在

良好的评价,有可能内化成学生的一种学习经验。而经验则仰赖于生活中的日积月累,因此发展性评价本来就无处不在,渗透在家庭、学校和社会生活的各个环节。只要做得适切,任何评价都会促进学生发展。所以,不啻形成性评价有"发展"特性,其实诊断性、终结性评价除了"诊断""判定"等特性外,也绝非没有"发展"意义。

2. "投入的学习者"评价正当时

要帮助学生把评价内化成经验,最好的评价时机应在学生恰是"投入的学习者"("我正在用心学习")之时。评价时机好,评价效果才有更好的可能。因为,在自然学习环境里进行评价,而不是在特别时间内由"外人"施评,学生对评价的感受是真切地在帮助自己,这也就使评价更易于直接引起反思。如此,评价在学生心目中,就理所当然地是学习不可分割的内在构成,而不是外在强加的负担,也就容易消除对评价的反感心理,变得乐于接受评价。

3. 有效评价必根植于日常教学

"投入的学习"时机和环境,主要应该是以课堂为主的日常教学,即使"课外"也应根植于课堂,因为它只是"课堂"这个根的延伸而已,这是毫无疑问的。课堂,恰是学生正有兴趣、有动机去投入学习的场合。在这一场合,无论搜集评价学生"发展"的准据,还是施评或加以指引,不仅较为容易,而且真实生动。相反,把评价外在于日常教学,就有可能疏离学习"动机",学生会明显地感到:"呵,又来考核了,讨厌!"学校评价的"随风潜入夜""润物细无声"境界,其实大多发生在扎根于课堂的那些日常教学土壤里。

4. 改进课堂是"发展"的关键

评价发生在人际中,师生之间、学生朋辈之间的交往及由交往而产生的评价,主要发生在日常的课堂中。于是,发展性评价的根本要求,就在于改进课堂质量、改善课堂文化,提高学生的互动交往、协商反思的能力。换言之,课堂的内容质量和文化气氛在多大程度上有助学生"发展",既是发展性评价本身的评价标准,更是课堂质量和有效性的评价标准。只有借助课堂,"发展"策略才能落到细节上,评价的频率和质量才有保障。课堂效果不佳,却非要外在于它来施评,只会要么弄虚作假,要么搞形式主义。

(三)课堂中实施评价有赖交互主体性

1. 交互主体性凸显彼此的理解

"交互主体性",是指人们"交换彼此的视野"、了解"彼此的思想"。① 由于所处文化背景不同,不同学生的视野和思想也会有差异。师生之间和学生朋辈之间,只有准确地辨识和理解这些差异,在相互评价和自我评价时,才会选择适宜的语言和方法,评价也因此会生动活泼、有声有色,效果也应不错。反之,则会丧失针对性,降低评价效应,甚至做出错误评价伤害学生。交互主体性要求教师扮演多重角色:伙伴、教练、楷模、支援者、引导者。

2. 倾听与引导是施评必由之路

教师在课堂上,"讲"是必需的,却绝不可一讲到底、只顾演独角戏,而是还应探讨学生的已有观念和认知差异,采取互动和外在化原则,鼓励他们表达自己的想法,甚至替自己的观念辩护,然后组织大家"交互协商"其中的意义,如此则每个人都可以互相把对方有价值的认知"据为己有",并且在倾听和表达的思辨性交往中克服自己的偏见,不断改善自我、发展自我。教师在当中的作用,先是激活差异、倾听辨识这些差异,然后给予指引,此即"引导式参与"学习评价,倾听和引导是其主要特点。

3. 尽可能地多一些观点与角度

教师的"讲",一定要对学生的看法做出评价,但教师所做的评价,却万不可导致学生陷于另一种僵化认识,更不要急于去寻求或告知答案,而应尽可能多地创设具有弹性和差异的互动情境,多一些观点与角度,引导学生自主思考,或采用讨

---

① 杰罗姆·布鲁纳. 文化、思想与教育[M]//Bob moon, Patricia Murphy. 环境与课程. 陈耀辉,冯施钰珩,陈瑞坚,译. 香港:香港公开大学出版社,2003:249.

论方式,由学生自己得出结论。这样,学生就会意识到自己哪些概念需要修订,从而自觉地反思、监察(实为评价)自己,来重新建构正确概念,实际上是自己意识到必须"对影响施加影响"了。

4. 避免互动的空洞无物和滥用

对话互动教学,教师不再是主导者或专权者。皮亚杰(Jean Piaget)认为学生之所以能够学习,"并非因为受权威所左右,而是由于没有权威的影响"①。但这绝不意味着教师应该放弃所有权威。实际上,学生对知识的好奇,很大程度上来自教师"专家知识"权威性的诱发。况且,离开了教师权威性的讲解和引导,所有互动都将可能变成无聊的言语游戏。因此,教师不可随意选择并滥用方法论。需要鼓励的互动形式,是批判性参与、思辨性交流,而非僵化教条、胡拉乱扯、空洞无物的轮流发言或表演,也非学生为猜测并迎合教师意图而进行的那种肤浅的、毫无意义的甚至扼杀学生原动性和本有技能的对答。

(四)发展"自尊"是教育评价的根本

1. 表现差往往不是心智有缺陷

学生表现不好(比如学习成绩差),其实可能不是学生本身的心智有什么缺陷。或许因为我们没有帮他清晰地了解学习目标,他努力的方向有偏误;或许因为某些严重的不当评价,伤害了学生的自信心,弱化了其改进发展的动机;或许学生早把自己界定在没有学习潜能的那一类里,自动放弃了努力。其实,造成学生个体差异的原因非常复杂,关键在我们如何公平地对待这些差异(包括多元智能和多维情感),因材施教、因材施评。

2. 发展性评价核心在发展自尊

布鲁纳(J. S. Bruner)强调,学生是学习的原动者,应该把学生看成思想家。这一点,每个人都可以从切身经验中感觉得到,不仅自己做什么事是出乎"自我"自由意志的原动,能够主动地发起并完成行动,这表现出一种主体的主观能动(亦称主体的效用),而且"自我"还有道德评价的原动性,如某人的某行动引起某后果,他会主动反思责任何在。原动主体的效用与自我评价结合起来,就是"自尊"。自尊结合了我们的两种感觉:一是相信自己能够做到什么(或期望一种怎样的人生);二是恐怕自己无法做到什么(或对人生感到犹疑茫然)。说穿了,这正是"身份"(在当下学校生活以及日后生活世界中扮演的"角色"和所处"位置")问题,亦

---

① 巴巴拉·罗戈夫.通过社会互动达致认知发展:维果茨基与皮亚杰[M]//Patricia Murphy. 学习者、学习与评估.冯施玉珩,陈瑞坚,陈垄,译.香港:香港公开大学出版社,2003:124.

即"做怎样的人"的问题。自尊的高低,显然会从根本上影响学生的人生态度和身份定位。要服务人生、发展身份,必先发展自尊。毫无疑问,发展性评价的核心或者说根本,非发展学生的自尊莫属。

3. 施评语言与策略应务求适切

恐怕无人怀疑,学生的自尊往往是脆弱的,而我们却经常粗暴地对待其自尊。况且,自尊的管理并不容易,自尊多源于对"自我"之外看法的认同,故而外界对自尊的"支持"就显得特别重要。给予学生第二次机会是支持(这不是"最后一次机会");鼓励学生"勇于尝试"是支持;对努力的尝试给予奖励是支持;分析事情的变化何以有别于计划甚至预期的结果何以落空的原因,也是支持。非常关键的是,发展性评价对施评者的要求是,必须富有爱心和人性关怀,小心翼翼地选定适切的评价语言、评价环境(场合)、评价策略,公正而不乏宽容,尊重学生人格,起码不伤自尊(包括"面子"),学生从中感到的不是自尊受到威胁的恐惧,而是因爱的激励和支持,感到了希望、自信和愉悦。

4. 让学生坚信努力比能力重要

学校判断学生的表现,学生必然做出反应,据此来评价自己。人们发现,那些或明或暗只着重指出学生"失败"之处的评价,往往导致学生自尊低落,表现出尴尬、内疚、丢人、焦虑的情感,以至低估自己的潜能,或自认无能而自暴自弃。这种极端片面的评价,恰恰是在摧毁学生的自尊。殊不知,好奇、渴望、雀跃、狂喜,更是学生发展不可或缺的催化剂。高效力的评价,应该把成功和失败同时视为"发展"的重要养分,"失败"是学生在学习和成长过程中不可避免的一部分,而且是学生经过努力能够控制和改变的。一句话,就是要促使学生坚定一个信念,那就是"努力比能力重要"。

努力比能力重要的信念,建基于自尊和身份的重要性,归根于教育评价的发展性内在要求。丧失了这一信念,就等于丧失了根本,如此则任何评价的价值都将化为乌有,至于利用评价"服务人生",就更是无从谈起。所以,当我们在发展性上谋划或实施评价时,"努力比能力重要"的信念,不仅必须铭刻在心,而且应该贯穿整个评价行动过程的始终![①]

---

① 本文主要参考文献:Bob Moon,Patricia Murphy. 环境与课程[M]. 陈耀辉,冯施玉珩,陈端坚,译. 香港:香港公开大学出版社,2003;Jenny Leach,Bob Moon. 学习者与教学[M]. 陈耀辉,冯施玉珩,陈垄,译. 香港:香港公开大学出版社,2003;Patricia Murphy. 学习者、学习与评估[M].陈耀辉,冯施玉珩,陈垄,译. 香港:香港公开大学出版社,2003;Robert McCormick,Carrie Paechter. 学习与知识[M]. 冯施玉珩,陈垄,译. 香港:香港公开大学出版社,2003.

七、服务考试与服务人生

—— 由"新课程·新高考"所想到的①

(一)引子:苦闷、彷徨与呐喊

"新课程·新高考",是不可调和的矛盾,还是相得益彰的一体两面? 理想中,是统一的;现实里,却往往两张皮。

在理想与现实交织成的生活中,苦闷者有之,迷茫者有之,彷徨者有之,不惮前驱者也有之。而所有人似乎都在呐喊。我由此总是想起两个人的《呐喊》,一个是鲁迅的文字,一个是蒙克的绘画。

图4-1 蒙克《呐喊》

蒙克,挪威20世纪表现主义艺术先驱,《呐喊》是现代人类精神极度苦闷的象征。

我是呐喊者之一,就在现在,冲着音乐、美术、历史、地理四个学科的同人们,也许并不那么声嘶力竭,内心的呐喊声却早已热烈到了极点,也顾不得我的可笑可憎。

---

① 此文是作者2007年11月18日在昆明岳麓版教科书(历史、地理、音乐、美术)全国新课程教育研讨会上提交的讲座交流内容。

因为,我也苦闷,我也忧郁,我也愤懑,虽然我希望自己是清醒的。我把今天自己呐喊的题目定为《服务考试与服务人生》,就是想说明,人活着究竟为什么,教育究竟为什么。一切都归结为一点:"认识你自己!"

(二)教育与考试:领悟生活的艺术

英国著名思想家怀特海(Alfred North Whitehead)在《教育的目的》一书中认为:"教育只有一个主题,那就是五彩缤纷的生活";"教育便是引导个体去领悟生活的艺术";这艺术的"根本的动力是对价值的鉴赏"亦即"审美能力"。

我们反对"为艺术的艺术",也不欢迎"为人生的艺术"。我们所要求的,正如丰子恺所说,是"艺术的人生"与"人生的艺术"。因为,"生活"才是大艺术品,其他的艺术都是生活的副产品。

一说人生观,我就想到人死观,觉得先有好的人死观,才会有更好的人生观。人生在渺渺宇宙,生命实在是一种偶然、一种冒险,能活下来就已不错,但人终有一死,不可抗拒,明白了这一点,才会珍惜一切生命,正如叔本华(Arthur Schopenhauer)赞同的一句格言:"生活,也让别人生活。"怀特海的教育意图也恰在于此:"生活的艺术便引导这种(人生的)探险。"孔子的那句"未知生,焉知死?"我甚至想,倒过来说也好:"不知死,焉知生?"人生本没有意义,我们才寻求意义。人生的意义取决于对生活的审美,不过是怎样艺术地赴死,快乐地走向死亡。就像音乐一样,追求快乐也是人生的本性:"夫乐者,乐也。"(《荀子·乐论》)苏格拉底(Socrates)发现:天鹅临终,歌唱而死,"都不是因为悲哀而歌唱"①。人到死时,若没有什么遗憾,亦应当"歌唱"。

所以,教育的艺术,用我的话说,正是我这几年反复强调的,帮助学生"认识自己,做好自己",亦即判断和鉴赏世界观、价值观、人生观,服务于他们的人生的一种艺术。因为,人生最难之事,莫过于认识自己。难就难在尼采(F. Nietzsche)所说"眼睛看到一切,唯独看不到自己"。教育艺术的作用,就在给人以更多看到自己的眼睛,也即能够认识自己人生真谛的审美能力。

那么考试是不是艺术呢? 当然是艺术,它是检验、反思、评价教育效果的艺术。"废考"论很荒唐,它是对教育反思改进的逃遁;谴责"考试领导教学"也没道理,因为考试天然地是教学的领导和指挥棒,这是自古不变的铁律,何况它是教和学的内在需要。问题的焦点似乎是,考试作为"领导"和"指挥棒",有没有艺术性,能不能指挥师生们演出有助"领悟生活"的交响乐。这一重要性,命题者不可

---

① 柏拉图.柏拉图全集:第一卷[M]. 王晓朝,译.北京:人民出版社,2002:90.

轻觑之。有人说"考试担不起这个责任",这本身就是一种不负责任。新课改成败与否,关键在考试改革。这是普遍的看法,也不是对考试的无端指责。

谁都知道,导向死记硬背的考试,是对教育艺术的践踏,是对师生人生的人为亵渎,是对教育生命力的残酷破坏。这样的考试,表面看或许会造成一些"走动的百科全书"①,但毁灭的却是活生生的人。知识来了,思想却姗姗不来,智慧在门外徘徊,这样的考试就无艺术性可言。知识只有升华为思想与智慧,才能成为领悟生活的艺术。考什么、如何考,正是考试表现艺术魅力的所在。好的考试艺术,就得考出思想、考出智慧,为人生指引方向。

生活本身就是考试,每个人每天都不得不参与这样那样的考试。帮助人认识和做好人生的每一道考试题,无疑是在最有效地"服务考试"——而它本质上是"服务人生"的。我以为,好的命题,应该既能提醒学生对真善美和幸福的感受,又能提醒学生对假丑恶和不幸的态度,不能偏废。好的命题,本应来自生活本身、人生本身面临的各种问题,扩而大之,就是个人、家庭、社会、国家、天下、世界范围存在的各种问题,而最好的答案就是能够认识并解决这样的问题。说穿了,好的命题绝不是自以为是的捏造,而是符合教育内在需要的艺术创造。

命题人应该常常责问自己:我命的这些题,究竟对学生的生活和人生有什么意义?我给出的答案,能否经得起真生活和真人生的检验?一个最简单的检验办法是,把问题和答案放在生活实践中反思反思:我敢于按照命题和答案所要求的那样去做吗?虽然答案只是预设,但对预想的结果先进行预测还是可以的。否则,就难以谈得上问题和答案蕴涵了什么有效的艺术性。

责问考试的有效性,与责问教学的有效性一样,都是责问教育的艺术性。某种程度上,前者的意义还要大于后者,因为考试领导教学。好的教学,离不开好的评价,离不开好的指挥棒的指引。

(三)服务人生:需要怎样的教育艺术

教育艺术,重在"价值鉴赏力"。我以为,教育艺术的终极取向,就在于以真善美的人心、人性、人格,帮助师生认识自己、做好自己。这在我心目中,便是教育艺术的"北斗星"。它的重要性在于,趋向这个"北斗星",教育越有效就越有益于人生,偏离这个"北斗星",教育越有效就越有害于人生。

1. 教育艺术为什么需要"北斗星"

阿道夫·希特勒是艺术的疯狂崇拜者,也可称得上世上少有的教育和宣传的

---

① 尼采.历史对于人生的利弊[M].姚可昆,译.北京:商务印书馆,1998:25.

天才,但他却是漠视人类命运的典型。

据约翰·凯里(John Carey)的专著《艺术有什么用?》等书,希特勒对音乐、美术、雕塑、建筑有深切浓厚兴趣,青少年时的他就学画,一心想做一个艺术家。考维也纳美术学院落选,深受打击,之后过起流浪、卖画的生活。他确信政治家的最终目的就是获得艺术成就。他还梦想创建历史上最伟大的文化国度。

希特勒说:"我是违背自己的意愿才当上政治家的。""二战"期间,希特勒对文化事务十分热衷。他坚持让德国的剧院、博物馆和其他文化设施照常开放,直到战争结束。艺术看起来帮助人们战胜了对死亡的恐惧,那可能正是希特勒的目的所在。他对音乐也极有热情,崇拜瓦格纳、威尔第和普契尼的歌剧,崇拜贝多芬、布鲁克纳的交响乐。希特勒认为每个人无论贫富都有机会观赏歌剧是现代国家的一项重要职责。

希特勒担任总理后,建造的第一幢建筑物就是宏伟的美术展览馆。据亲近的人称,希特勒熟知世界上每一处重要建筑物的尺寸和设计草案。他和斯皮尔(Albert Speer)重新规划了德国所有的主要城市,并做了模型。

然而,谁能想到,"对艺术的崇拜可以把人类要牺牲掉"。希特勒"欢迎盟军轰炸德国城市,因为他们为他实施城市规划扫清了障碍"。1943年盟军轰炸鲁尔地区,很多大都市遭严重破坏,但希特勒说这些大都市"没有美学吸引力",应该重建,美比人重要。同年,他改变作战计划,放弃佛罗伦萨防御,认为:"佛罗伦萨这座城市太美了,不能被毁掉。"相反却把基辅、莫斯科、圣彼得堡夷为平地。希特勒说:"真正杰出的天才是根本不关心普通人类的。"希特勒对艺术的崇拜中,恰恰包含了对人的鄙视。

斯坦纳(George Steiner)在《蓝胡子公爵的城堡》中,就高度文明国家到处实施大屠杀的现象做了经典研究后称,现在我们知道,人类中具有审美感悟能力的同时,也可以向恶魔般残忍:"知识分子和代表欧洲文明的各个机构的数量与其不人道的行为成正比……现在我们知道……在同一个人身上,文化素养、艺术感悟可以和肆无忌惮的政治施虐行为并存。"①

不用多说,我们便知道,偏离甚至放弃了真善美的人心、人性、人格的"北斗星",再好的艺术,再好的教育,都无益于人,乃至有害于人。所以,教育艺术须臾不能偏离"北斗星"。同样是"贝五"(贝多芬第五交响曲《命运》),"二战"中交战的双方都在大听特听,可是一方获得了趋向"北斗星"的力量,一方却被推离"北斗

---

① 约翰·凯里.艺术有什么用? [M].刘洪涛,谢江南,译.南京:译林出版社,2007:128 - 133.

星"越来越远。

不论教育还是艺术,方向对了,才能谈得上服务人生、服务人类。比如,"贝三"(贝多芬的第三交响曲《英雄》)是准备献给"英雄"拿破仑的,但首演时贝多芬抹去了拿破仑的名字,因为他发现拿破仑已偏离"北斗星"了,不再是英雄,贝多芬进而在继柴可夫斯基《1812 序曲》之后,于 1813 年写了《威灵顿的胜利》(又称《战争交响曲》),两曲中都用隆隆的炮声在歌颂反对法国侵略战争的胜利,作曲者无疑都胸怀着"北斗星"。"二战"期间类似的著名的反战音乐还有肖斯塔科维奇《列宁格勒交响曲》(《C 大调第七交响曲》)、普罗科菲耶夫等根据托尔斯泰的原作共同创作的歌剧《战争与和平》,等等。

2. 教育艺术怎样服务于人生

心灵大师克里希那穆提(Jiddu Krishnamurti)说,人能够有效学习,是因为学习环境"没有恐惧",是因为有"爱",是因为"创造"。尼采更是振聋发聩地呼吁:"教育乃是对创造物的爱,是超出自爱的厚爱。"可是现在一些老师所做的一切,大悖于此,他们的课堂,更多的是恐惧、无爱、少爱、不创造。学生充其量是老师实现考试分数这个自爱的机器。那么,教育艺术究竟在哪里?我以为至少有三点很重要。

第一,"道法自然"——用童心寻找人生之真善美。

《老子》曰:"人法地,地法天,天法道,道法自然。"并认为这效法于自然的"道"是"常无为而无不为"的。狄德罗(Denis Diderot)在《画论》的一开头就说了一句著名的格言:"自然永远都不会不正确。"在教育艺术的角度,老师首先应把学生不光看作社会的人,更应看作自然的人,对于人与对于大自然一样,我们所要做的首先是适应而不是改变。即使改变,也是适应中的改变。因此,一定要"让小孩成为小孩",同时"成为更好的自己",而不是强迫他们按大人的意愿做大人。正如要让玫瑰成为更鲜艳的玫瑰,而不是枉费心机地把它变为百合花。从某种角度看,这就是个性人格。培养学生的个性人格,就需要老师"道法自然",有一颗"童心",学做小孩子,寻找人生之真善美。这就是孕育着教育之爱的摇篮曲或者序曲。

孩子与大人对世界的看法是不同的,他们更富有想象力和纯真的美感,丰子恺称之为"绝缘"。然而,现今社会,理性主义割裂了人和世界的完整性!席勒(Johann Christoph Friedrich von Schiller)《审美教育书简》从纯自然审美的角度尖锐地指出:"自然白白地让它那丰富的多样性在人的感官面前消失,人在自然的壮丽的丰富中除了看到他的掠夺品以外什么也没看到,他把自然的强盛和伟大只看作他的敌人。"①是啊,一切都是逻辑,一切都是因果,一切都是计算,一切都是规范,一切都是控制……"自然"死于此,"人"亦死于此!宗教的虔诚被抛在一边,情感被抛在一边,道德被抛在一边,人在世界上不再"诗意地栖居",不再有审美的玄思,不再有艺术的感悟,不再有精彩的"人"的生活!如果说人类还有审美能力,那主要在孩子身上。他们看世界,往往不受逻辑和因果的羁绊,可以把花生米看成一个老头或少女,而不考虑它从何而来、为什么能吃。这就是"绝缘"。

丰子恺强调,教育艺术就是教人"绝缘"的方法,就是教人学做小孩子,也让孩子成为孩子,亦即培养这点"童心",使其长大以后永不泯灭。否则,我们在世间,倘若只用理智的因果的头脑,所见的只是万人在争斗倾轧的悲惨世界!日落,月上,春去,秋来,只是催人老死的消息;山高,水长,都是阻人交通的障碍物;鸟只是可供食料的动物,花只是结果的原因或植物的生殖器。而且更有大者,在这样的态度下的人世间,人与人相对都成生存竞争的对手,都以利害相交接,人与人之间将永无交通,人世间将永无和平的幸福、"爱"的足迹了。

老师随意训斥、恐吓学生的现象,全都因为他们不像大人,因而对学生的自尊和情感缺乏应有的尊重。卢梭(Jean-Jacques Rousseau)在《爱弥儿》中反对"在孩子中求大人"。鲁迅更是指出:对于孩子"开宗第一,便是理解"。因为"孩子的世界,与成人截然不同;倘不先行理解,一味蛮做,便大碍于孩子的发达"。

丰子恺进而认为,教育若让孩子们所见的幸福的世界一变而为苦恼的世界,全无半点"爱"的影子了,那么此后的生活,便只剩下挣扎到死。"这是世间最大多数人的一致的步骤,且是眼前实际的状况,何等悲哀呢!避死是不可能的,但谋生前的和平与爱的欢喜,是可能的。世间教育儿童的人,父母、老师,切不可斥儿童的痴呆,切不可盼望儿童的像大人,切不可把儿童大人化,宁可保留、培养他们的一点痴呆,直到成人以后。"这痴呆就是童心。童心,对于我们大人就是一种"趣味"。认识宇宙与人生,需要这颗心,得到人生的最高的快乐,需要这颗心。这是儿童本来具有的心,不必父母与老师教他。只要父母与老师不去摧残它,而是培养它,就够了。

第二,"交互协商"——用厚爱寻求人生之真善美。

教育即生活,师生过这样的生活,应该快乐在每一天,幸福在当下。无疑,师生的这种生活效果,取决于人际交往艺术和它所构成的人际和谐关系。我们知

---

① 弗里德里希·席勒. 审美教育书简:第二十四封信[M]. 冯至,范大灿,译. 北京:北京大学出版社,1985:123.

道,有一种教育理论主张"交互主体性",通俗地说是指师生之间和学生朋辈之间"交换彼此的视野""了解彼此的思想",也就是我们常说的把师生都看作课程动态生成的活资源。何况学习"原动力"本就来自学习者。

从孔子、苏格拉底,到布鲁纳、皮亚杰,教育家都深知"互动、参与、协商"在教学实践中的作用,"三人行,必有我师焉",交互协商,益于分享见解,择善而从,其不善者而弃之而改之。就是说,学生在老师的引领、指导、支持、帮助中,把学习变成自主、探究、合作的了——这,本身就是一种教育生活的艺术。

交互主体性,交互协商,意味着对"以教师为主导"观点的否定,老师的角色是"指导者"而不再是"主导者"。犹如音乐中的交响乐,老师是乐队的指挥者,指导学生学习,而不是独奏或演独角戏。课堂的主导变了,主导课堂的始终是学生学习、成长、发展的内在需要(亦即课程标准的隐性依据),而师生共同演奏的主旋律则是"超出自爱的厚爱"。课堂成了师生共同做主的课堂,而不再是老师一个人做主,不再撇开"原动力",亦即置学生学习的需求和感受于不顾。

这样做,老师心目中时时处处须有"人"(学生),思想和智慧的大门因厚爱敞开,人生之真善美的诉求,就很自然地渗透在民主开放、交互协商的课堂文化里了。课堂的这种艺术性必将证明,老师的作用不是下降了,而是更重要了,责任更大了,更有价值了。

第三,"解放思想"——用创造探索人生之真善美。

举个涉及音、美、史、地四个学科的例子供大家来思考。先看四幅图:

图4-2 德拉克洛瓦《自由引导人民》　图4-3 吕德《马赛曲》,石制雕像

德拉克洛瓦(F. V. E. Delacroix)的油画《自由引导人民》(1830)、弗朗索瓦·吕德(Francois Rude)的雕塑《马赛曲》(1836)、奥诺雷·杜米埃(Aonre Daumier)的油画《共和国》(1848),之前还有鲁热·德·利尔(Rouget de Lisle,1)创作的法

国国歌《马赛曲》(1792)。笔者一直很纳闷:女
性而且是暴露乳房的女性,在法国大革命以来
的绘画作品中,地位何以如此显赫? 查遍艺术
类著作,都不得其解,后来终于在地球生态学
和历史学领域找到了答案。

　　原来是女性崇拜内涵发生历史变化的结
果。在法国,它首倡于卢梭(Jean - Jacques
Rousseau)等人对奶妈喂养孩子弊端的批评和
对母亲亲自喂养子女德行的褒赞,卢梭的观
点很快传播开来,甚至获得西欧各国的响应。
这时的法国对女人和母性很崇拜,甚至开始

图4-4　杜米埃《共和国》

由自然崇拜转向了带有政治化的崇拜。它既是对文艺复兴以来文明演进过程
中女性和女性艺术情色化的反叛,又将共和与大地之母、凡人母亲的神圣授乳
连接在一起,更标志着法国人当时强烈的自由、博爱、平等、爱国、正义、慷慨与
丰饶等共和理念的张扬,由此自由女神成为被广泛崇拜的对象。史称"从此以
后,国家被经常比喻为丰饶的母亲责任的向往和追求,以饱满的乳房满足所有百
姓需要"[1]。

图4-5　〔埃及〕地母像

图4-6　〔奥地利〕丰产仪式中的女神

　　[1]　马莉莲·亚隆.乳房的历史[M].何颖怡,译.北京:华龄出版社,2003:135.

　　其实,纵观历史,人类很早就把大自然、地球与养育人类的母性连在一起,只不过最初是女人和雌性动物兼而有之。古希腊的泰勒士(Thales)把自然比作"母牛",中国的老子也把自然比作"玄牝",古罗马则流行着狼奶养活两个孩子的神话,他们都倾向于把自然看作一个有机也有灵的整体……那也是一个充满神秘和魅力、令人尊敬又令人畏惧的整体。

　　人类对大自然的观点,据卡洛琳·麦茜特(Carolgn Merchant)《自然之死》①等书的梳理,大致经历了三个阶段:

　　第一个阶段是"有灵论"时代:人是自然的奴隶。这个时代主要指原始社会—奴隶社会时期。这一时代,虽然普罗泰戈拉(Protagoras)等人已经提出了"人是万物的尺度"的论断,然而这个时代"人并不凌驾于自然之上"。

　　第二个阶估是"有机论"时代:大自然是人类养育者母亲(女性)。这个时代主要指中世纪—文艺复兴时期。"有机论的核心是将自然,尤其是地球与一位养育众生的母亲等同:她是一位仁慈、善良的女性,在一个设计好了的有序宇宙中提供人类所需的一切。"

　　图4-7　古罗马传说　　　　　　图4-8　毕加索《哭泣的女人》

　　第三个阶段是"机械论"时代:人是万物的主宰。这个时代的起点学界有争议,我以为应该是文艺复兴时期至今的所谓文明时代。"地球作为养育者母亲的隐喻逐渐消失"了,两种新的观念,即机械论和对自然的征服与统治成了现代世界的核心观念。

---

　　①　卡洛琳·麦茜特.自然之死——妇女、生态和科学革命[M].吴国盛,等译.长春:吉林人民出版社,1999.

最可悲的,就是"机械论"的文明时代。由此开始的对地球资源的大肆开采,"已将地球从一个慷慨富足的母亲变成一个被人类奸污的被动接受者"。① 为了掠夺资源,战争多了,和平少了;为了现代化,开发破坏多了,环境保护少了;为了文明,人们曾经"一手拿圣经,一手拿算盘",而现在,两只手里都是拿着算盘。② 科学、技术、逻辑、规范、物质、金钱多了,人的欲望也膨胀了,但情感、道德、崇高却少了,生活更痛苦了。这虽不是文明的全部结果,却至少是部分严重结果。

人类奴役大自然的结果是,恰恰反过来自己成了自己的奴隶。大家记得恩格斯在《自然辩证法》也说过这样的话吧:"我们不要过分陶醉于我们人类对自然界的胜利。对于每一次这样的胜利,自然界都对我们进行报复。"③法国著名学者施韦泽(Albert Schweitzer)在《敬畏生命》一书中引用《庄子》寓言故事,旨在提醒人们"人的心机械化了,就失去了赤子之心",我们的生活和教育就会发生危机,个性丧失、人格泯灭、精神无着就是必然。

达·芬奇(Leonardo da Vinci)说:"古人把人称为小宇宙,这名称很恰切。""画家的精神须与自然的精神相一致。"画家是"第二自然"。"自然——一切名师的主人。"但是,我们所见的自然之美越来越少了,爱因斯坦(Albert Einstein)因此发出一声叹息:那无可忍受的生态灾难熄灭了艺术的纯真声音!

法国另一位著名学者莫斯科维奇(Serge Moscovici)的《还自然之魅》认为,看上去完善的"全控社会",其实恰恰笼罩在理性主义之下,吞噬着每个人的生命。我们所谓科学管理、量化管理、数字化管理(如电子眼监控)等,已经使社会趋向边沁所说的"圆形监狱"、福柯所谓的"透明监狱"。

爱默生(Ralph Waldo Emerson)则在《心灵的感悟》里,生动地指出了文明怎样使人丧失生命原动力:"文明人制造了马车,但他的双脚却渐渐失去了力量。他有了拐杖,肌肉也就松弛无力了。他有了一块精致的瑞士表,但他失去了通过太阳准确地辨别出时间的技能。他有了格林威治的天文手册,当他需要什么信息的时候,他能准确地从中查到,但生活在喧嚣城市中的人连天上的星星都认不出来了。本是极生动的日历,对他来说只不过是一张张纸罢了。我们是不是可以提出这样

---

① 卡洛琳·麦茜特. 自然之死——妇女、生态和科学革命[M]. 吴国盛,等译. 长春:吉林人民出版社,1999:46.

② 稻盛和夫,梅原猛. 回归哲学——探求资本主义的新精神[M]. 卞立强,译. 上海:学林出版社,1996:123.

③ 恩格斯. 自然辩证法[M]//马克思,恩格斯. 马克思恩格斯选集:第四卷. 北京:人民出版社,1995:383.

的问题:机械提供的便利是不是可以说是另一种阻碍? 追求文雅是不是使我们丧失了生命的某些原动力?"①

马克思也在《在〈人民报〉创刊纪念会上的演说》中说:"财富的新源泉,由于某种奇怪的、不可思议的魔力而变成贫困的根源。技术的胜利,似乎是以道德的败坏为代价换来的……我们的一切发现和进步,似乎结果是使物质力量成为有智慧的生命,而人的生命则化为愚钝的物质力量。"②

那么,人类的出路何在? 我们的幸福何在? 我想,不在任何地方,只有在自己身上,关键是如何认识自己、改变自己、做好自己。正如欧文·拉兹洛(Ervin Laszlo)所说,问题的根子恰在于:"我们苦苦思索,想要改变地球上的一切,唯独没想过改变我们自己。"③

美国畅销书作家克莱顿(Michael Crichton)也警告说:"清醒一点吧。人可以制造船只却不可能制造海洋;人可以制造飞机却不可能制造天空。你的实际能力比你的梦想要小得多。"④

历史学家汤因比(Arnold Joseph Toynbee)在《文明经受着考验》一书里得出的历史结论更有警钟意义:"人类就其实际的目的而言,自从旧石器中期以来,就已经成为自然环境的主人。自那以后,人类仅有的危险——但这是致命的危险——只是来自人类自身。"⑤他认为,"今天,对人类的生存构成的威胁起因于我们人类自己,这是可耻的"。汤因比强调指出,"我们只要在精神上努力克服自我中心主义,明明是有能力自救的",然而,明知如此,"却偏偏不这样做,这就越发可耻"。⑥

但是,我们的中学教育,包括教学和考试的内容,现在保持着许多荒唐的观念不放,导致我们看世界习惯于只用机械论的、技术的、物质的眼光,而弱化或丧失了艺术的审美的眼光。比如,文明史观,在西方受到的追捧多,受到的批评更多。但是,我们的历史课程标准、考试大纲、教科书,无一不把文明史观奉为至宝。其缺陷是不言而喻的,不能不引起人们的深思。我想人活着,不能仅仅要普世性的

① 艾默生.心灵的感悟[M].李磊,等译.北京:当代世界出版社,2002:18.
② 马克思.在《人民报》创刊纪念会上的演说[M]//马克思,恩格斯.马克思恩格斯选集:第一卷.北京:人民出版社,1995:775.
③ 欧文·拉兹洛.人类的内在限度:对当今价值、文化和政治的异端的反思[M].黄觉,闵家胤,译.北京:社会科学文献出版社,2004:5.
④ 鲁枢元.自然与人文:生态批评学术资源库[M].上海:学林出版社,2006:864.
⑤ 汤因比.文明经受着考验[M].沈辉,等译.杭州:浙江人民出版社,1998:138.
⑥ 汤因比,池田大作.展望二十一世纪——汤因比与池田大作对话录[M].荀春生,等译.北京:国际文化出版公司,1985:53.

文明,还得要富有个性的文化,这文化就是在一个充满浮躁和荒谬的时代,引导人们认识自己、摆脱痛苦、幸福生活的艺术。这文化,也正是教育艺术的核心。

我所认为的"解放思想",就是要在用真善美"服务人生"的"北斗星"这个取向上,反思改进我们的教育,反思改进我们的课程,反思改进我们的考试——一言以蔽之,就是创造性地探索人生之真善美。我一再说过,所谓创造性,绝非标新立异,而是把事情做得恰到好处。把事情做得恰到好处的教育,就是创造性的教育,就是艺术的教育。

"天人合一""民胞物与"。让我们法地、法天、法道、道法自然吧!让我们艺术地看待人生、艺术地从事教育吧!让我们认识自己、做好自己,在这个地球上,在这个宇宙中,诗意地栖居吧!

八、"服务人生"与"服务考试"①

用"整体"历史观(世界观、价值观、人生观"三维一体"),紧紧抓住"现在"和"思想",帮助学生认识自己、做好自己("习得人性,学会做人"),简言之即"服务人生"——这是历史教育的终极取向所在,也是历史课程改革的必然取向所在。我的这一观点,来自广大同人的启发和指点,来自对整个教育实际(特别是我们身边好多孩子的遭遇和表现)的长期观察思考,更来自从根本上对历史教育有效性(包括历史学使命与责任)的反复追问。我在《中学历史教学参考》编辑部工作的 15 年里,所写的大小文章,几乎都与这个"取向"相关,角度不一,层面不同,个别观点前后不尽相同(有些在不断修正中),但思路基本一致,殊途同归。好多篇什在人们看来有些沉痛,属于呐喊和挣扎一类,甚至可以被斥为"空喊",也可以被责为"无效",但在我的心里,任何教育,不啻历史教育,也不啻学校教育,倘若无助人生,无论如何,都很难说,也不愿意闭着眼睛说它是有效的教育。何况,我和我的同事也常自思忖,一份教育杂志,如果撇开广大师生的人生来做事,良心何在?

现在,我们并不感到孤独,因为同样的观察思考,同样的看法,来自很多人,尤其来自我们历史教育界的同人。3 月 13 日晚历史课程网在线研讨"历史教育的终极取向:从根本上追问什么是有效的历史教学",我邀请聂幼犁、赵亚夫、齐健三位

---

① 原文题目为《"服务人生"与"服务考试"——一点不成熟看法与同人们交流》。原载:中学历史教学参考博客,2007 – 03 – 29.

老师共同主持,就因为他们对历史教育的取向与有效性问题,有较成系统的思考,表述虽不同,观点却几无二致。比如据我不准确不完全的概括,聂老师的"人文、人权、人性之觉醒"说,赵老师的"个性、创造性与公民教育"说,齐老师的"有生命的历史教育"说,无不以"服务人生"为根柢或终极取向。很多老师在研讨中和研讨后,也从不同角度表达了同样的很精彩的看法。

现在大家关注的焦点在于:考试怎么办? 这是必须面对的问题。我想,有一点似乎是不应该成为问题的问题,那就是有了"整体"历史观,能够帮助学生认识自己、做好自己,进而认识中国、做好中国,更进而认识世界、做好世界,亦即能够服务人生的历史教学,学生连一张试卷上的问题(当然前提是试题作为测量工具本身是"及格的")都答不好,这说得上是有效教育、有效教学吗? 恐怕不能吧!

用应试主义(我不同意"应试教育"的提法,因为现在的应试多半谈不上有教育意义)观念来排斥服务人生,排斥教育孩子们如何认识自己、做好自己,无论从教育的真谛看,还是从学生成长发展的内在需要看,都只能说是不能成立的命题,毋宁说它是一个假命题。我以为,如何把教育教学做到"有效",这才是问题的根本所在,也是同人们需要探讨的重点所在。这一点,我们对各位老师充满了期待!

当然,请大家放心,我们《中学历史教学参考》杂志虽然很看重"导向性",但绝不会脱离实际,不会过于超前地吆喝大家去搞"穷过渡",因为"实用性"我们也同样看重。我们只是企盼同人们能够与我们一起思考、一起探索、一起协商,逐步逐步推进,十年、二十年、五十年,能够不断有所进步,就好。我们深知,教育是有周期的,必须遵循自身规律,来不得半点草率!

欢迎各位老师对我的这一不成熟的看法积极发表意见,赞同与批评均可。我希望此"砖"能引来很多很多的好"玉"!

九、可怕的暴露①

暴露之风今盛矣,人感受各异。暴露的若是美的,自应多多益善,欢迎才对。然而暴露的若都是丑的,怎么办? 别的不说了,就说教育评估意义上的暴露——中学的考试吧,问题之大,岂敢随意闹着玩儿。

---

① 原载:中学历史教学参考,2003(1).

在评估的角度，考试最直接的目的，正是为了暴露——对学习者所谓"素质"的外显回馈。这样做无论暴露优点还是暴露缺点，对评鉴学习者在课程、教学、学习中的表现，沟通学校与社会之间对教育的看法，并通过互动反思来寻求新的教育改进，无疑有大大的好处。单就学习者而言，评估作为"后设认知"，其本身所具有的反思与诊断特质，正是为了改进学习"表现"而作的更高级别的学习。毋宁说，我们应该把评估视为学习。因而，考试之重要和不可或缺，都不言而喻。

问题不在于要不要考试，而在于考什么和如何考。要命的是，我们很多人并不很清楚评估与考试其实在"学习者如何表现"的层面恰恰塑造了我们对教育的思考与实践。抹杀这一重要性，在如今很多评估实践里是习见的，这也就难怪从评估结果中，我们根本就无法获取多少对改进教育有价值的信息。

当今我们中学考试中普见的最大弊端，似乎正在于评估与考试所作的暴露大都偏离了人性——看重学习者的缺陷何在，而不是有哪些优势。甚而至于，很多学科，考试命题日趋穿凿，大逆学教考互动之道，或乱布迷魂阵，或随意弯弯绕，以刁难为能事，既无励练作用，更无思智之助，徒耗心机，甚可悲哀。"不及格"的，原本并非学习者，而是测量工具！别以为如此不公平地对待学习者，受害的仅止学习者，难道老师、学校、家庭、社会，能逃厄运？此种大不幸，人们并非浑然不知吧。

原因可能是，我们惯常性地只是为考试而考试，从来不把评估视为学习的一种。这也就不难理解，我们的评估或考试，都有意无意抽去了"学习"理念而单纯追求判定学习者的社会等级——排队，排队，再排队！这样的考试越频繁，就越会刺激学习者强化这样的心理——只知道自己"不能"怎样，而不晓得自己"能够"怎样。

谁都知道，多元智能与个体差异，是一个不容否认的普遍存在。因此，好的评估或考试，就应该设法全面暴露而不是隐匿这些差异，何况关注个别差异乃教师胜任力之所系。但是，关注差异和暴露差异，绝非意味着仅止于暴露"我知道我哪些方面是残疾的"。遗憾的是，我们的评估与考试偏偏好奇地把目光过多投向了"谁的哪些方面有残疾"，无视个性、抹杀差异、割裂学习者与生活知识的联系，表面高深莫测的背后，难掩专事刁难之机。这在教育的任何角度去看，都是幼稚过头了。

谁能否认，这种"暴露"所回馈的信号只能是：除了失望，还是失望……多少青少学子，在最需要希望的时候，泯灭了希望；在最需要信心的时候，掐死了信心；在最需要鼓励和帮助的时候，失去了鼓励和帮助……一个民族，倘不能远离这等噩梦,不知自信心将从何而来?

　　人生苦短,生命只有一次,我希望不再受害,至少不要再受害那么深。这一希望,我以为是有希望的,因为我把它寄托于新的课程改革和考试与评估的改革。

　　正是基于这一理由,对每一位学习者,也对每一位教育者,我仍然满怀期望地说:

　　"努力比能力重要!"

第五章

历史教育要务实

一、《和平之犬》断想①

犬,狗也。其职乃"吠盗",所谓"贼至犬吠"。它与公鸡司辰、牛负重载、马涉远途一样,本无什么不好,豢养之甚至颇益于人(比如警犬)。正是在这个不坏的意义上,古人曾视"鸣鸡吠狗,烟火万里"为天下繁盛富庶的象征,而文人笔下的"狗不夜吠,民不见吏"则成了为天下宴然和平的写照。

然而,狗眼狗耳常有看错听错"不辨是非,罔识善恶"的时候(比如"桀犬吠尧""狗咬吕洞宾"),甚至真正要吠谁咬谁都根本未弄清楚也无妨,反正"一犬吠形,群犬吠声",哪管"吠声济恶"呵,黑了心谁能奈我何。嘿!真是狗性。

近闻世界一些大都市的"名狗展览""名狗比赛"让不少看客大饱眼福,以致对不少狗的"上佳"表演喝彩,竟然忘了追究狗性,以至满以为狗个个都通"人"性。不过也有人猜问:是不是人与人之间少了"人"之真情才反而去爱狗呢?

图 5−1　和平之犬

(汪子美/作,选自森哲郎. 中国抗日漫画史[M]. 于钦德,鲍文雄,译. 济南:山东画报出版社,1999:180. 原注:"汪子美 选自《抗战画刊》")

① 原载:中学历史教学参考,2001(7).

得?！爱狗和爱什么样的狗,这是人的自由。不过,狗毕竟是狗,可爱与可憎,都没什么可怕的。然而,有一种例外,那就是披着人皮的狗,因为这种狗是绝对不通人性的。纵使凶恶残忍的疯狗,再凶恶再残忍,也没有披着人皮的狗凶恶残忍,如烧杀奸淫抢掠无恶不作的疯狗法西斯日寇;再可恶再可悲,也没有跟着披着人皮的狗甘做"膝下之足"为"狗"作伥的走狗可恶可悲,如摇尾乞怜帮助日寇蹂躏我同胞苟且偷生的狗男狗女汉奸。对于这种狗,怎一个恨字了得！不打,民何以安? 国何以宁? 世界何以和平? 但历史铁的定则是:不管疯狗日寇怎样地疯狂,不管走狗汉奸怎样地卑鄙,都未能也无法逃脱灭亡的命运,当"东方睡狮"中国睁开眼睛,当伟大的中国人团结一致奋起抗争,当全世界爱好和平的人们同仇敌忾携起手来……

从"九一八"算起,时间已过去70余年。从1945年日寇法西斯投降算起,也已过去56年。这是一段不短的时间啊！时过境迁,当我们再次唱起"九一八,九一八……",当我们再次面对"南京大屠杀"中30多万无辜丧生的冤魂,当我们再次谈论"攘外必先安内"的历史悲哀,当我们再次缅怀抗战英烈而唾骂汉奸走狗……而如今,当我们面对日本极右势力参拜"靖国神社"尤其蓄意恣意修改历史教科书抹杀侵略甚至美化侵略为军国主义招魂的丑恶行径,当我们面对跟在美、日屁股后面摇尾乞怜数典忘祖,尤其同样通过修改历史教科书鼓吹"我们都是台湾人"、制造"一中一台""两个中国"的台独分子的罪恶企图……人们不难痛切地感到,狗还在,老疯狗虽死魂尚在,新生的披着人皮的疯狗和甘当疯狗"膝下之足"以卖国为荣的新汉奸还在,法西斯军国主义的阴魂远未散去,人类和平之路漫漫,尽管和平与发展已成为世界潮流,尽管"和平之犬"定然不得人心……

从中,我们可曾思想出剖掘出什么更深的根源?

从中,我们可曾领悟出剜挖出什么更多的东西?

也许没有,如果你已经麻木！ 也许很多,如果你已经觉悟！

至少,有一点是最最不可漠然视之最最不可袖手旁观的,那——就是教育。

不能放松教育,尤其历史教育！ 教育有两重性,正如马克·吐温(Mark Twain)所说,从负面的意义上,"肥皂与教育不像大屠杀那样伤害许多人,但从长远来看,肥皂与教育更能置人于死地"。疯狗的教育正是这样的负面的教育。我们所要的必是正面的教育——"人"的教育。

但愿,疯狗的教育早早死去,然而只有"人"的教育壮大起来,疯狗的教育才无法活。

二、安妮·弗兰克①

这位有着大大的黑眼睛、笑起来嘴角上翘的聪明活泼、可爱的犹太女孩的形象，举世公认代表着"大屠杀中人性的面孔"。她，就是连花季年华都未度完就惨遭纳粹折磨而匆匆离开人世的犹太少女——安妮·弗兰克(Anne Frank)。

安妮·弗兰克，1929年6月12日出生于德国法兰克福的一个犹太富裕家庭，可以说不用担心过不上好日子。但是安妮还没有来得及体验世界的精彩，4岁开始，就遭遇了希特勒纳粹的反犹排犹浪潮。为躲避危险，举家迁居荷兰阿姆斯特丹，过了几年尚算平静的日子。然而，1940年5月，荷兰沦陷于纳粹德国，灾难再次降临。1942年，安妮一家并未因被勒令出境立即就走，而是躲藏在了阿姆斯特丹面对运河的一个比较偏僻的地方，住进了一间潮湿阴暗的阁楼里，过着"见不得人"的生活，不能大声说话，不能烤制食物，不能出去散步，不能夜间点灯，对外

图5-2　安妮·弗兰克遇难前在摄影亭里给自己拍摄的照片

必须抹杀自己的存在。一家人与外界仅有的联系，就是朋友的无线电收音机和她家4位正直勇敢的雇员偷运来的书报和食物。压抑、苦闷、寂寞、忧郁使阁楼的居民们几近发疯了，尤其大人们。安妮没想到她的少女时代竟是在人间地狱开始的，不过安妮实在是个非常懂事的姑娘，她并不吵闹着要出去玩，而是静下心来用父母送给她14岁的生日礼物——日记本，开始写日记。安妮写道："我就像一只被折去翅膀的小鸟，在一片黑暗中飞翔，却碰在了囚禁它的笼子上。"是的，她也有过好多青春的绚烂多彩的梦，但她的笔触更多的则是在险恶、死亡的梦魇中，用最质朴的语言，所勾画出的自己的故事和人类的尊严，为后人留下了一份关于大浩劫的目击证词，留下了一份单纯得足以在任何时代感动任何人的心灵史话。

---

① 原载:中学历史教学参考,2001(12).

这些日记被保存下来并出版,纯系偶然。安妮的日记写好后,放在父亲的公文包里,1944 年 8 月 4 日,纳粹警察搜捕时,只顾抢掠珠宝钱财,日记本被弃置一旁,几天后竟被朋友冒险捡了回来……

可是,安妮却被纳粹投进了奥斯威辛死亡集中营,1 年之后,不足 16 岁的安妮不幸死去……

安妮·弗兰克说:"我希望在我死后,仍能继续活着。"没错,今天大概没有人怀疑,她如愿以偿了!一本《安妮·弗兰克日记》足以使她成为第二次世界大战中最让人值得回味而又可敬可爱的普通人物。

"尽管世界这样,我仍相信,人们的内心深处其实是向善的。"可以说,这是 20 世纪以来,最感人肺腑的一句格言。不过,在一个短视的群体或者社会里,以善度人往往要付出很高的代价,以至迫使人们竟会对别人的善意加以无端怀疑,更或对自己的善行也会少一些自信,悲乎?!也许,根子就在欠缺健全的保护向善的机制!

难道,今后的世界,还要辜负像安妮·弗兰克那样的无数双大眼睛对真善美的无限憧憬?

三、哦!贝多芬……①

哦!贝多芬(Ludwig van Beethoven, 1770—1827 年),儿女?狂徒?英雄?都是!

你天生善良儿女心。你出生在波恩——德国莱茵河畔的一个城镇,在那里,你爷爷曾是教会乐长,你父亲也是乐手。而你的父亲一生酗酒不要命,把小小儿童的你老早就视为摇钱树,你在呵斥声中,开始学习音乐,8 岁时就以钢琴家的身份出现在听众面前,11 岁时被带去旅游演出。16 岁时你遭受了作为儿女最大的打击,最疼你的母亲去世,你承担起一家的经济重担,照料已成废人的父亲、无可救药的哥哥,还有弟弟。你在音乐上太出色了,以至幸运地得到音乐大师海顿

图 5-3 贝多芬
(1819,K. J. Stieler 绘画)

---

① 原载:中学历史教学参考,2001(8).

(Franz Joseph Haydn)、莫扎特(Wolfgang Amadeus Mozart)的赏识,他们多少给了你指点。你,痛并快乐着。

人说你并不完美,你相貌丑陋,你蔑视王公贵族,狂傲不羁,你的好友歌德(Johann Wolfgang von Goethe)甚至对你"不逊的性格"和"恢宏、伟大而疯狂的音乐"感到震惊和恐惧。但是这并不能成为你不食人间烟火的理由。你也恋爱,你有《月光》一样的柔情,《热情》一样的热肠,希望有《致爱丽斯》般温馨的"家",但卑微的出身,却让你的每次真爱落空。你很绝望,22岁就不想活了,并且写下了遗言(1802年10月6日)。然而你并没有去死。

哦!贝多芬,从28岁(一说25岁)开始,折磨你终生的不幸——耳疾发生,在你人生最后的十几年你完全失聪了。这对一个音乐家来说意味着什么,谁敢放在心上细想?你痛苦,但你没有痛哭!你从此全身心倾注于音乐,你此后的作为令人信服地证明,什么才是真正的英雄。有哪个音乐家像你那样表现出巨人般无所畏惧、强置暴虐危险于手下的意志力?你的天才般创造的音乐,如此惊世骇俗,如此博大精深,让生命的伟大意义超越个体、穿越时空、臻于无限,以至我们小小的平凡世界在其中滚动,渺小得就像一粒放在陶罐里的豌豆。

是谁,或什么,让你如此坚强,将生命倾注于音乐?

信念、理想、意志!坚定、奋斗、拼搏!

哦!贝多芬,你曾在纪念册上写道:"尽力为善,热爱自由胜于一切;即令面对王位宝座,也永远不背叛真理。"信矣!你幼年时遇上了美国独立战争,青年时耳闻并目睹了法国大革命,你的家乡波恩是德国启蒙运动中心,而狂飙突进运动席卷德国时,那里先进思想荟萃。正是在这时,你作为十八九岁的青年,走进波恩大学旁听,你深深卷入这场文化革命中,程度之烈超过任何人。你感到,你知道,你活在世上有比你个人更重要的东西,仅仅"独善"是不够的,还得"兼济"。从来没有一位政要,也没有一位音乐家,像你那样狂热地致力于人的自由、人的解放。你感到,你知道,有了这种对"人"的高度关怀——真正的人文精神,你的创造力就无坚不摧;你随心所欲地组织材料,使之臣服于自己的意志,将自己的心声充盈其中。哦!《爱格蒙特》《科里奥兰》《菲德里奥》《英雄交响曲》《命运交响曲》《田园交响曲》《暴风雨》《第九交响曲》《庄严弥撒曲》等,哪一曲不是站在了高贵人性的巅峰?

1789年7月14日,巴黎革命者攻克巴士底狱的消息传来,你如醉如狂,不久就写了一首合唱曲《谁是自由人?》。1792年10月底,你离开故乡去维也纳定居,途经法军占领区,大革命的情景深深感染了你。你"热爱共和主义原则",寄予波拿巴·拿破仑厚望,愿他能实现它并由此"奠定人类幸福的基础"。于是你写了

《第三交响曲》(始作于 1802 年,完成于 1804 年)并且题赠《波拿巴》。正当作品完成时,拿破仑加冕称帝了。呸!"原来他也是一个平庸之辈!"你愤然撕毁了献词,重新写了题目:《为纪念一位伟大英雄人物的交响曲》。尔后,拿破仑开始蹂躏欧洲各民族,疯狂地发动侵略战争,1809 年 5 月 12 日攻入你的第二故乡维也纳。你的理想彻底破灭了。然而你很快振作起来,连续写了《合唱幻想曲》《告别》《大公》,告诫人们:"哦,人呀,自己拯救自己吧!"因为你懂得,"天助自助者"。你呐喊:"所有一切都将变化,黑暗将成为光明。"你坚定地用音乐诉说着这一切。你写作,因为你以音乐为武器。

你拿了这武器在现实中战斗,1813 年你还忍不住写了《战争交响曲》(《惠林顿的胜利》),描写欧洲各国联合军队 1813 年 6 月 21 日击溃拿破仑军队的情景。后世乐评者认为曲中炮声隆隆,是你一生最大的败笔,可谁能理解你此刻的用心?

你始终是你,特立独行,没有一位音乐家,像你那样,不断前进,不断革新。你将古典主义音乐推向极致,又开了浪漫主义音乐之先河。你使音乐从教堂、从贵族的沙龙、从上流社会,走向大众;你用《英雄》《命运》《田园》《欢乐颂》,把英雄和平民都带进音乐,用"心"倾诉你对大自然、对人类、对英雄、对老百姓,也对你自己,在各种不同境况下的情感、理想、信念。你的创新,让保守落后者惊恐不已,他们与你为敌,嘲讽你,说你的许多乐曲犹如一袋钉子和锤子倾倒在地上!你不以为然:"这种蚊子的叮咬,它阻挡不住一匹骏马的继续奔跑。"

哦!贝多芬,人说你是天才,但我看你更像一个凡人。你青年时期苦读哲学、历史、文学,尤其喜欢康德、莎士比亚、歌德和席勒。日深月久,你在大量的阅读中,疯狂地汲取营养,不然,笔下怎能流淌出超群脱俗的乐思、乐曲?其实,你一生自学都勤奋得不得了,你说"除了睡眠外,我不知道还有什么休息"。你更喜欢思考,读书总爱写满批注,写读后感。你真的"生无所息",即使中晚年多种病魔缠身,亦勤读不辍,思想不息。你奉献给我们的最优秀的作品《第九交响曲》和最后几部四重奏,完成于你临终前的最后几年。57 岁去世前,你还留下了《第十交响曲》的初稿等作品。

你对自己要求甚严,你像凡人一样对自己的作品反复修改,直至满意。《第九交响曲》完成于你 55 岁(1825 年)那年,而早在 25 岁(1795 年)时你就有了对最后乐章主题的思考,随后 1798、1811、1814、1822 年你在"草稿本"上又有对不同主题的若干尝试。原来,这是"毕生努力"所成啊!噢,正是这部《第九交响曲》,首演时,由于全聋,你无法执棒指挥,于是坐在乐队席后台,演出结束了,你竟浑然不知,经人提醒,你站起来转过身,才看见台下的听众在鼓掌,当然,掌声是雷鸣般的,还伴着无数双流淌着热泪的眼睛!

哦!贝多芬,谁能否认,你是精神英雄,"心"的领袖,生活的绝对强者,一个真正自己掌握了自己命运的强者?!"咚咚咚–咚——",你说命运敲门的声音就是这样的。这三短一长的音符构成的"命运"旋律,谁听了不被震撼?!

我常常暗想,通过你和你的音乐,能够经常引起我,还有更多的"我",对大自然的敬畏,对人类的热爱,尤其对生命、对做人、对活着的意味的琢磨……至少处在困境时,能够跟你——贝多芬的心一起跳动——

"我将扼住命运的咽喉;它绝不能使我屈服!"

四、下跪①

羊有"跪乳"之恩,鸦有"反哺"之义,何况人乎?

下跪,是人类自古表达至诚心意极致方式中的一种,可以在不绝于史的种种记载里看到跪迎、跪请、跪接、跪问、跪听、跪奏、跪告、跪拜、跪谢、跪祷等花样繁多的下跪,被人们作为表达至诚虔敬的共同方式,非常普遍地用于见皇帝、觐教主、烧香庙宇、礼拜教堂、祀天地、祭祖先、拜父母长辈、婚丧嫁娶、拜年祝寿、谢恩谢罪等社会生活的许多场合尤其特殊场合。而如今无论中外并不鲜见的下跪之举说明,下跪的历史遗意还在传续着。

当然,人们古往今来,下跪不下跪,甘愿、主动下跪,还是不情愿、被迫下跪,或者拒绝下跪,乃因当事人与具体对象之间在感情、态度、信念、理想、意趣和价值观上的取向和认同的异同,而有好多种区别和表现结果。这些,故且不用去细说了。

我此刻所关心的,是那种本该下跪而没有认识到下跪,或者认识到了但却拒绝下跪的人。这样的人,按照人类历史所熔铸的共同标尺衡量,必是作恶多端的人。这样的人不下跪,善良的人们就无法抬起头来好好活着。所以,这样的人必须永远跪着——"被钉在历史的耻辱柱上",这既是他们应有的下场,也可以给世人"避恶向善""抑恶扬善"一个保持历史记忆拷问灵魂的可靠的凭依。跪在杭州岳飞墓前和河南汤阴岳飞庙前的秦桧夫妇等奸佞的铁跪像,跪在浙江萧山海门镇的汪精卫夫妇的裸体雕像,那斑斑唾迹,正是他们自取的耻辱!类似的跪着的罪恶化身——纸糊的、泥塑的、石雕的、铁铸的……恐怕中外历史上还有不少吧。

几千年、几百年、几十年过去了,人类在经历了无数大大小小的沧桑变幻后,对历史愈加有了更深更远的共识,凭依着这来之不易的共识,人与人、民族与民

---

① 原载:中学历史教学参考,2001(10).

族、国家与国家，少了不少误解和摩擦，多了很多理解和信任，从而和平与发展，终成世界潮流，不可阻挡。这，是颇值得欣慰的——当然也是颇值得下跪的！德国领导人就曾为迎接这一潮流毅然下跪了。然而，同样应该这样做的日本国领导人，却没有这样做。这是令人深思的！让我们来看看，这究竟是一种多么巨大的反差！

　　1970 年 12 月，联邦德国总理勃兰特访问波兰时，在华沙遇难犹太人纪念碑前，下跪默哀，表示谢罪。据报道，这一天华沙萧瑟寒冷，波兰特垂着头，步履缓慢，到了平台，他停住了，双目凝视着朴实无华的纪念碑，那高耸的碑体，分明是高垒着的惨遭德国纳粹杀害的犹太人的 150 万具尸体。波兰特的内心产生了巨大的震荡，一种深深的负疚感袭来，他突然双膝跪倒在冰冷坚硬的大理石上，双手痉挛地揪着衣襟，默默地祈祷，刚毅的脸上露出痛苦的表情，仿佛在接受上帝的审判。所有在场的人惊呆了。作为反法西斯的老战士，他本不必这样做，但是他"替所有必须这样做而没有这样做的人下跪了"。广场一片寂静，波兰特的随从施密特、格拉斯、南宁等被西方人称为冷面铁汉的人也都潜然泪下了。

图 5-4　联邦德国总理波兰特在华沙犹太人
遇难纪念碑前下跪默哀（1970 年 12 月）

　　这是震撼人心的一跪！从这里，人们丝毫看不出西方骑士式或绅士式下跪的浪漫，却看到了一种充盈高尚人性而感天动地的理智和信念。这一跪，跪出了德国人在战后敢于正视历史、正确对待历史的严肃态度；这一跪，跪出了德国人为教育子孙后代不再重蹈法西斯覆辙的觉悟；这一跪，跪出了德国人维护全人类共同利益的价值观；这一跪，跪出了德意志国家的尊严，跪出了全世界人民对德国人的尊敬!

不止勃兰特!如此敢于正视历史、直面自己民族错误的德国领导人接踵相继,像联邦德国历任总统或总理奥多尔·豪斯、阿登纳、赫尔佐克、约翰内斯、科尔、谢尔等。与勃兰特的下跪同样震撼人心却又有了更新内涵的是,1995年6月德国总理科尔在以色列的犹太人受难纪念碑前的双膝下跪。重要的是,这一跪发生在两德统一几年之后,在这个时候下跪来重申一个完整的德国的反省和道歉,意义自然是非凡的。为了更好地鉴戒历史、教育后人,德国政府将多处纳粹集中营遗址辟为纪念馆,供公众参观,而在教科书中则增加揭露法西斯罪行的内容,让德国人的子孙后代警钟长鸣。尤其可贵的是,除了语言道歉和精神忏悔外,德国还制定相关法律,以防止纳粹沉渣泛起。

勃兰特、科尔们不是纳粹法西斯,但是他们却为本民族纳粹法西斯所犯下的罪行下跪了。一个只有对历史负责的政府,才能够更好地对现实和未来负责。

然而,与德国具有相似经历,同样给许多民族带来严重伤害的日本国,走的是什么道路呢?

环视战后半个多世纪的世界,有哪一个国家像日本那样,对历史那样地不负责任?没有!绝对没有!

人们所看到的日本政府在战后几十年里的所作所为,不是对侵略奸淫杀戮等罪恶历史的承认、反省以求得世人的宽恕,而是对历史事实极尽掩饰、歪曲、篡改、抹杀之能事而遭到世人的齐声指责;不是面向亚洲几千万无辜死难者的尸骨下跪默哀忏悔,而是一次次地反反复复地参拜供奉着那些穷凶极恶战犯亡灵牌位的靖国神社,为法西斯军国主义招魂;不是以全人类的共同利益为价值取向,而是大肆扩军备战,妄图修改和平宪法,或明或暗地支持"台独",不惜坑害其他国家和民族的利益,以维护日本一己私利为依归。不止于此,"历史教科书事件"还说明,日本右翼势力不打算放过,事实上也从未打算放过日本的新生代,他们要把军国主义观念贯穿于对青少年的教育,尤其是历史教育中,培养一代又一代效忠于法西斯军国主义的"皇民"……

最近几个月以来,亚洲各国抗议日本修改历史教科书的活动,有不少人就用跪着的纸人——有代表日本战犯的,也有代表为战犯招魂的右翼分子的,供人们唾辱、焚烧。地球人都知道,他们没有理由得到宽恕,而只能跪着,也必须跪着,永远跪着……

一个敢于直面历史错误的民族,是一个理智的民族,只有这样的民族,才能够获得包括曾经深受其伤害民族在内世界人民的理解和尊重。德国人并未因为下跪,形象变得矮小了,而是恰好相反。德国人对待历史和历史教育的态度,不禁使人把它与一个伟大的国度连在一起,联想起许许多多伟大的名字——海顿、莫扎特、贝多芬、舒曼、舒伯特、瓦格纳、莱布尼茨、爱因斯坦、歌德、席勒、康德、黑格尔、尼采、马克思、恩格斯……

然而,日本国对待历史和历史教育的态度,让人能想起一些什么呢?……

有人说,一个人、一个民族、一个国家,之所以看起来伟大,那是因为看他时你跪着。但是,在有些境况下,谁能否认,不下跪是可耻、可悲的,而下跪是可敬、伟大的吗?!

五、其实每个人都是唯一①

佛罗伦萨自中世纪就以生产优质皮革而闻名。造鞋商沙尔维特·费拉加莫饮誉遐迩的原因正在于其保持了传统的造鞋工艺。每一双鞋都用手工制造,顾客都是名人,据说从鞋楦上的名字就可以看出他的成功。

像穿着靴子伸进地中海里的一条腿——这是小时候看地图,对意大利的印象,至今都抹不去,有时竟感觉有几分神秘,以至后来见了照片上佛罗伦萨人造鞋用的鞋楦,也不由得要对意大利浮想一番。

从历史里知道,意大利还真神奇!叱咤风云500余年的罗马帝国何以在这里崛起,统治西方精神世界两千年的基督教何以迄今把这里当作难以割舍的中心驻地,14世纪开始

图5-5　鞋楦(1955年)

世界资本主义萌芽的曙光何以首先在这里的佛罗伦萨、威尼斯等城市最早露出,而几乎同时引领了“一次人类从来没有经历过的最伟大的、进步的变革”(恩格斯)的文艺复兴运动何以首先在这里的佛罗伦萨爆发……

哦!就说佛罗伦萨吧,这个令全世界人都感到骄傲的城市,文艺复兴时期竟然奇迹般地孕育了那么多世界级文化巨人!看啦,他们都是佛罗伦萨人——“文学三杰”但丁、彼得拉克、薄伽丘;近代美术奠基者、欧洲“绘画之父”乔托;著名绘

---

① 原载:中学历史教学参考,2002(6).

画大师马萨丘、波提切利;近代现实主义雕塑奠基人那太罗;造型艺术巨匠"美术三杰"达·芬奇、米开朗琪罗、拉斐尔;赫赫有名的建筑大师勃鲁耐勒斯契、艾尔伯特;人文主义史学家和人文主义教育思想创始人布鲁尼;人文主义"政治学之父"、史学家、诗人、近代军事著作家马基雅维利;还有被传为美谈的三代都积极赞助文艺复兴时期艺术与人文主义研究的商业金融家族——美第奇……在意大利语里,佛罗伦萨就是"花城"的意思,而人文主义之花开得最灿烂夺目的地方,正是这里。

正是佛罗伦萨,正是这些佛罗伦萨人,让人类从神学统治的长夜噩梦中警醒,让人们认识到世界应该是以人为中心的而不是以神为中心的,人类的追求应该向着回归人性、尊重人自身的尊严和价值、人自身的全面发展、"以人为本"的目标迈进,人们应该充分创造尘世生活、尽情享受尘世生活,而不要迷醉于虚无缥缈的来世天堂幻境……

由于职业的缘故,我自然很在意这些人文主义者对教育的看法。众所周知,中世纪的教师强调对各种知识的死记硬背,而人文主义者则认为教育的目的应该是培养人在知识和心理方面能够适应社会各行各业的能力,虽然这种教育对象总的来说排斥了妇女——她们的教育是在家中完成的。文艺复兴时期也有一些孩子厌学,对新的教育方法无动于衷。当有人问及生活的最大乐趣是什么时,一些学生甚至会不假思索地回答:"不上学。"[1]其实,我们今天的教育理想及其所遭遇的尴尬,大都与数百年前文艺复兴时期的情况相仿佛。

——"我自问:知道飞禽、走兽、鱼蛇的特性,而对人的本性无知,不知道我们从何而来,到何处去,以及为什么生活,这到底有什么好处?"(彼得拉克,Francisco Petrach)

——"人应该是全面发展的。"(薄伽丘,Giovanni Boccaccio)

——"人是弱小的动物,仅靠个人的力量还不足以弥补自身的缺陷,只有置身于文明社会中才会使自己完善起来。"(布鲁尼,Leonardo Bruni)

人文主义者认为,一个全面发展的人,不能光具备科学与人文的各种专门知识,还应举止高雅、服饰整洁、谈吐文明、懂得各种社交礼仪。他们为此编写的各种手册在上流社会非常流行——当然培养贵族本来就是主要目的。有本《男孩的礼貌教育》手册,甚至对一个人日常生活用语、语调、身姿、手势、服饰、面部表情、擤鼻涕等细节都做了规定,比如劝诫人"坐在椅子上不要摇来摇去,这样做看起来是在偷偷地放屁,或者是想要偷偷地放屁","人的目光应该柔和、真诚、宁静,而不

---

① 〔美〕时代-生活图书公司.天才复生·文艺复兴时期的意大利[M].董梅,耿建新,译.济南:山东画报出版社,2001:56.

应该空洞、冷漠或像阴险恶毒的人那样东张西望",如此等等,不一而足。

人文主义者不仅使世俗生活渐趋文明化,而且也使宗教生活渐趋世俗化,人们开始变得目中无"神"了,尤其重要的是,科学在人文主义旗帜下,第一次彻底洗刷掉了"异端"罪名,既成为人们嗜谈的热门话题,也成为人们认识世界、服务人生的重要工具。他们所倡导的现实主义和个人主义价值观,很快成为人们追求的时尚,风靡于西方世界。他们公开宣布:"人的欢乐不在于闲散和无所事事的生活,而在于进行工作和活动";"一个人应当有三样东西:房子、土地和商店"(阿尔贝蒂,Leone Battista Alberti);"今朝有酒今朝醉,莫待明朝空举杯"(洛伦佐·美第奇,Lorenzo de´Medici)①。人们从此开始大胆地追求金钱与现世的享乐,不再以禁欲为荣,不再安贫乐道。整个世界似乎被翻了个个儿,焕发出从未有过的勃勃生机。

在人文主义教育观里,科学与人文是互助互动的,并没有像今天那样被人为地截开。人文主义者划时代地以"人"代"神",将以人为本视作教育理想的核心,在实践中造成了人的个性、创造性和追求现世幸福积极性的空前高涨,这无疑是成功的教育所应追趋的目的,乃至我们正在苦苦追求着的教育理想,无论如何都不可以随意丢弃这一精髓——以人为本。

不过,问题也恰恰出在这里。人文主义教育历史本身,就给了我们看清问题的视角——我们今天所讲的"以人为本",应该是建立在全方位关怀"自然—社会—个人"和谐相处基础上的对人全面发展的关怀。这一点似乎必须与人文主义者以人为世界中心的观念有所区别。因为这至为要害的一点,在西方人文主义者那里的确多多少少被轻忽了。何况在经历了物欲横流、个人主义泛滥、动植物生存环境屡遭人为破坏、大自然被人为折腾得狂躁不安的历史之后,人类不得不泼凉水让自己冷静下来,考虑如何超越人类中心主义,代之以更高远的对整个地球村"自然 - 社会 - 个人"的全面关怀,而不仅仅是对人的关怀,因为单纯关怀"人"的教育,其实已经让人类自身吃尽了苦头!

哦!无论如何,文艺复兴和人文主义者的功绩是伟大的,怎么赞颂,都不过分。

其实,也正是从那个时候起,人们才开始意识到,每个人都是唯一!

费拉加莫拥有那么多鞋楦,但每双鞋楦都只有一个人的名字……

---

① 〔美〕时代 - 生活图书公司.天才复生·文艺复兴时期的意大利[M].董梅,耿建新,译.济南:山东画报出版社,中国建筑工业出版社,2001:72.

六、刀山上的舞蹈①

谁在刀山上舞蹈？日寇！当然还有其他的，暂不说了。我想说的是，谁敢与人性和世界和平疯狂较劲，我们就得送谁上刀山。正如日本鬼子无端来犯，我们将"大刀向鬼子们的头上砍去"，是不应该有任何犹疑的！

事情常常比想象的要复杂得多。就如日寇，亦不过是日本人的渣滓，而不是日本人的全部。这在文化上的反映，也同样地复杂。

比如说起舞蹈，人们就会想到音乐。喜多郎作为日本音乐家，中国人大多是熟悉的，听他的《丝绸之路》，兴许会被其中扑面而来极其好听的中国式古乐韵律，撩起心中广袤无垠的沙漠情结和天仙般随意幻动的舞姿，那种享受假如没有"日寇"阴影的干扰，恐怕还是无比美妙的。他的那些以呼唤"世界和平"为意蕴的音乐小曲，虽然无法与气势恢宏的"贝九"（贝多芬第九交响曲）媲美，但它对人类境遇的关怀是不言而喻的，尤其这真情的娓娓倾诉出自一位日本音乐家之手，就格外引人注意，或许因为这对日本"音乐"来说多少有些稀缺吧，听来自然令人感慨万端、感动不已——至少，它在祈祷世界和平！

图5-6 刀山上的舞蹈

（梁中铭/作，选自森哲郎．中国抗日漫画史［M］．于钦德，鲍文雄，译．济南：山东画报出版社，1999：125.）

说起舞蹈，人们也自然会想到舞之蹈之的艺术。日本人的舞蹈水平笔者不了解，不敢妄论，只是看了日本绘画中占了一些比例的带刀的舞蹈者形象，不知怎地老疑虑这角色要胡乱"舞刀"了。是啊，久久弥漫于日本的"武士道"精神，不就是要教人"舞刀"吗？千万别以为，获得诺贝尔文学奖的日本文学大师川端康成的笔下，有一些是热衷于研究西洋舞蹈

---

① 原载：中学历史教学参考，2002(7).

的人物,就以为日本是深谙舞蹈艺术的国度,这一点就连作家自己也承认,他们大多只装装样子而已,对于作为"艺术"意义上的活灵活现、生动美妙的表演并不在乎,因为他们对舞蹈恰如对周围世界,"像看西洋镜一样",缺少真情实意。尽管在这里,很难看出日本舞蹈者"舞刀"的痕迹,但人们透过这"文化"背后的非文化因子——比如日本极右分子为军国主义招魂的参拜"靖国神社"行径和不时死灰复燃的修订历史教科书事件,还是多少能够给日本为什么总有一些舞蹈者会撕下温情脉脉、彬彬有礼的虚伪面纱,摇身一变而成为"舞刀"疯子的现象以一种深层的诠释。

非文化? 是的,就是指非人化或没有人性化。在其相对的一面——文化,其本质不就是指人化或者说人性化吗? 哦! 既是人性,就绝对不是禽兽性,人性是推己及人通"人性"的,通人性就必须须臾不可或缺对己对人的生命予以珍惜、热爱和关怀。与此相反的,就是衣冠禽兽! 中国人早就给穿戴着人的衣冠,而缺失人性却自称为"人"的那些动物,下了这样一个非常准确的定义。日寇,正是典型的衣冠禽兽,他们的精神严重分裂,烧杀抢掠奸淫无恶不作,灭绝人性,惨绝人寰! 抗日战争期间,一代大师丰子恺先生在自己编辑的《漫文漫画》里给梁中铭漫画《刀山上的舞蹈》所配的文字《衣冠禽兽》,引人深思,不能不读——

衣冠禽兽

杜诗云:"挽弓当挽强,用箭当用长。射人先射马,擒贼先擒王。苟能制侵凌,岂在多杀伤!"打仗的时候还要惜生,真是霭然仁者之言! 可以垂训于万世。

惜生,是根基于人情的。凡是人,哪一个不要活? 哪一个不愿避危就安? 哪一个不乐太平? 不幸而至于交战,也巴不得早日灭暴,早日和平。使大家皆得安居乐业,享受"生"的欢喜。

故可知凡人都欲生。推己及人,便爱护他人的生。这就叫"情"。禽兽则大都无情,为了争食,母咬杀子者有之,子咬杀母者有之。但其中也有慈乌,仁兽,义犬,义马等,理解人情,作可歌可泣举动。这等可称"不衣冠人"。

反之,作人形而无人情的,称为"衣冠禽兽"。穷兵黩武,屠杀无辜的日本军阀,是其著例。[①]

对于衣冠禽兽,人们绝不能向"农夫"对"蛇"那样太麻痹了。一旦识破其本

---

① 森哲郎. 中国抗日战争漫画史[M]. 于钦德, 鲍文雄, 译. 济南:山东画报出版社,1999:124 – 125. 原文曾载于1938年8月1日《宇宙风》第72期.

质,就应该毫不客气。日寇来侵,岂能疏于抵抗?正如丰子恺先生在《漫文漫画》序言里所说:"抗战是为人道而战,为正义而战,为和平而战,我们是以杀止杀,以仁克暴……"

哦,并非因为又到了"七七",才非得写点什么以示我们这个小刊不忘"纪念"这重大的历史事件,而是因为作为历史教育期刊,总有那么一种责任毋庸置疑地激荡着人心,需要提醒人们在历史的福祸荣辱里反复拷问人类自己的灵魂,寻找一个本不成什么问题的问题的答案——什么是人性。这样的拷问,不可求之于一时,而应该是经常进行,时刻都不能轻忽的。

驯兽师可以让禽兽略通"人性"成为"非衣冠人",那么人的教育者的首要责任是什么呢?当然是让人拥有人性——学会做人,做文明的衣冠人。倘若我们的教育没有造成人性的壮大,反而导致了人性的跌落甚至兽性的滋长,我们将何以思而为之,在哪儿寻找病根和除却这病根的良方?

呵,给自己说了那么多,也该给日本的一些人,当然还有非日本人的汉奸捎句话:人性的敌人,和平的敌人,尽管舞得疯、蹈得狂,但最终得上刀山!

别担心,这至少是中国教育能够做到的。走着瞧!

七、"拾"字的意义①

不能什么都拾,古人赞誉"夜不闭户",常随"路不拾遗"一语,得意的就是这不拾;也不能学猴子狗熊,不管拾了什么,又旋尔丢弃;看似十分合理的"采珠而捐蚌""拾玉而弃石"做法,究竟妥不妥,还须问问用什么标准去衡量。个中关键,正在于价值观。价值观不端,拾与弃的选择,就难免有误。

拾麦穗,拾回来的是"汗滴禾下土,粒粒皆辛苦"的朴素真理,寓于其中的诗情哲义,何止"勤俭"二字了得?对大地母亲恩惠的感激,只能凝结在对劳动的尊严和对劳动成果的敬重里,米勒(Jean – Francois Millet)《拾穗者》和更多类似艺术杰作给人们的感受,恐怕不该仅止于此,联想身边生活,不由自主涌动一些热泪才对,哪怕这泪水只洒在心里,也不管这泪水缘于感恩、痛惜还是悔恨……

---

① 原载:中学历史教学参考,2003(3).

图 5 - 7　米勒 1857 年所作油画《拾穗者》(巴黎近郊三个农妇捡拾收割之后留在地里的麦穗。无论大革命还是革命后,令人窒息的"平静",并未改变农民的命运。革命不关心农民,农民不关心革命,革命要成功,难矣!)

　　"路不拾遗"的背后,其实暗隐着更多的拾——至少从字面看这社会是拾回了公德,拾回了诚信,拾回了安全!中国古代"拾遗"一官久设不废,其职责正是"掌供奉讽谏",凡"发令举事,有不便于时,不合于道,大则廷议,小则上封"。何以至此?实怕朝廷施政遗弃了不该遗弃的规则,发生可预料也可预防的不幸。

　　"拾"字的分量,放在心上反复掂量,当有颇重的感觉。现在我们竟至不知生活里有太多太多的东西,需要人人把它们拾回来——不啻物质。

　　最有价值而应该拾回的,其实是高于物质的,主要是指灵魂、精神和人格!说来抽象,做起来却很具体,对我们每个人来说,首要的当然是从我做起、从现在做起,断不可好高骛远抑或因小失大尤其只标榜不行动。对"拾"字的价值观,其实本就不该囿于一己之私的藩篱,而忘了他人、民族和国家,乃至天地间一切与我们须臾相关的存在。不过此刻,我以为重温鲁迅先生的话,人人都赶快做,有非凡的意义。实在因为——

　　"惟有民魂是值得宝贵的,惟有他发扬起来,中国才有真进步。"①

---

　　①　鲁迅.华盖集续集·学界的三魂[M]//鲁迅全集:第三卷.北京:人民文学出版社,1981:208.

八、做人得有规矩①

做人应有规矩,人人知道。但,究竟有何规矩,各有所说。孔子的"礼",就是一套很完备的规矩,发展到后来宋明理学那里,已无孔不入了,连洒扫应对都有具体规定。当然,它们强调最多的是君臣、父子、男女、师生、长幼之别,有不少内容散发着愚昧陈腐的恶臭,但总还有一些精神是值得继承发扬的,诸如父母对子女的教养责任、子女知恩而对父母给予孝敬等。近来央视有公益广告说"其实父母是最好的老师",颇对。为人父母者,恐怕对此不能无动于衷。好的传统,是有生命力的"历史",其实永远是新的。历史上做人的好规矩,应该活在人心里,活在人的行动中。

做人是人人需要面对的事儿,所以关于做人的话题,古今中外相传甚多。这里选登的照片,就有"规矩"寓意,反映的是16世纪欧洲人的生活。16世纪,文艺复兴已进行了约两百年,按理"文明"已深入人心,但当时许多人仍然批评做父母的没教给孩子多少规矩。可见"革心"之不易,非得代代相继努力不可。《欧罗巴的黄金时代》一书,介绍了一种可称为"进餐规矩"的歌曲,是一鞋匠、歌曲作者汉斯·萨克斯(Hans Sachs)的杰作。读这一段"历史",觉得与读《三字经》等古代中国童蒙文字,有殊途同归之感。现抄录如下,但愿它能够加深我们对教育孩子们生活规矩的必要性的认识,甚至从细微处思考我们自己如何做人。

图5-8 16世纪欧洲人的进餐规矩

---

① 原载:中学历史教学参考,2003(4).

就餐童蒙，尔要听详：
手要洗干净，指甲勿留长。
勿要坐桌端，居端为家长。
饭前祈祷，不忘上帝，
长者优先，注意吃相。
咂嘴有声，像个猪样。
拿面包时，轻轻伸手，
勿把杯盏，打翻桌上。
别在肚上切面包，
勿把蛋糕手底藏。
往自己盘里取食，
勿用牙撕，
取到自己盘里，勿搅勿晃，
不要打嗝，不要喊叫，
狼吞虎咽，何等吃相。
嘴里有食，勿要再取，
满嘴满腮，勿把话讲……
吃酒最需恭谨，
敬人切勿兼觞。
勿看他人进食，
邻人勿拐勿搡。
身要坐直，板凳勿晃，
一不小心，臭气乱放。
桌下脚勿乱踢，
桌上话勿乱讲，
唧唧呱呱，满嘴荒唐。
勿看他人，调情放浪……
勿要搔头，勿要扪虱，
勿用桌布擦嘴，
勿要头靠手上，
饭没吃完，身不靠墙。
既已吃完，感谢上苍，
予我鱼米，予我膏粱。

祝罢起身,洗手出房,

勤勤谨谨,回去工作,

如是我言,汉斯鞋匠。①

九、彼得大帝与胡须②

留不留胡须,男人的自由? 未必。彼得大帝(Pete emperor,1672—1725)——我们中学历史教科书上所说的彼得一世,就不允许男人留胡须。

图5-9　彼得大帝　(俄国史上称帝第一人,他的坚定统治使18世纪初的俄罗斯由封闭保守一跃而成为一个真正强大的帝国。)

彼得前时代的俄国人大都信教,心目中忠诚的基督徒,都留着长达膝盖的胡须,至少不能"脸上没毛",倘见某一满脸光光没有胡须的男人,就犹如碰上了魔王,顿生恐怖,唯恐躲之不及,因为他们所"知"的魔王,都没有胡须。

---

①　〔美〕时代-生活图书公司.欧罗巴的黄金时代·北部欧洲[M].李绍明,译.济南:山东画报出版社,2001:49.

②　原载:中学历史教学参考,2003(5).

　　这回，"魔王"可真的来了，彼得大帝要剃掉俄国所有男人的胡须，谁都甭想脱逃。彼得所面对的俄国很落后，未经文艺复兴和宗教改革，所以东西方思想意识并存，是一个幅员辽阔、宗教氛围浓厚、神秘而又充满野性的农业化国家。彼得雄心勃勃决意改变的，正是这片土地，并且连男人的胡须都不放过。

　　也许谁也没想到，彼得乔装打扮率领约 250 名俄国人在欧洲仅仅呆了 18 个月，就从里到外一切都变了，而且他要让整个俄国像他一样全面向西方看齐，包括胡须。其实，微服出访欧洲时，彼得还留着棕色的长胡须，自己也不觉得有什么不好，可从欧洲归来后，却把胡须剃得所剩无几，且煞是整洁，看上去面貌焕然一新。彼得打回国那会儿起，看着俄宫廷贵族的打扮，就颇感厌恶。这些贵族留着长长的、毛茸茸的胡须，不独自命这样才有男子气概而引以为自豪，还把它当作忠于教会的象征。彼得却反之，在他看来，谁脸上长着长毛，谁就缺乏西方文化品位。于是，彼得叫人拿来剪刀，当众亲手剪下贵族的长须，惊得个个瞠目结舌。随即他颁布法令，除了农民和教士，任何人不得留须。为了落实这一法令，他坚决拒绝接见任何一个留须者。乃至，索性命令他的士兵每天穿梭于首都的街巷，像狩猎者那样，见留须的权贵就拦，剪刀伺候。抱怨无济于事，抗议声大了，下一剪可能就是人头！只是后来教会人士反对太激烈了，彼得才对禁须令做了一些修订——给那些过分爱惜胡须的人一次留须机会，条件是购买特许证——每寸胡须交几千卢布的税金，然后得到一个特制的铜质徽章，戴上它，才可保安然无事。

图 5－10　"税金已付"徽章　（其持有者可用此证明为留胡须交纳了税金。这项收入为彼得的战争和改革提供了一定的款项支持。）

屈指数来,许多对自己国家、民族和社会深有影响的改革,大都触及了声色财气言衣饰食住行等生活细节,不管这影响是好是坏。换言之,改革越深入生活,就越有威力。彼得与我们中国清朝康熙帝同时代,那时清廷从顺治帝开始就有"留头不留发,留发不留头"的削法令,男子头上只许留一小撮毛发并辫成被人讥称为"猪尾巴"那样的辫子,可谓中俄之对待"须发"异曲同工,只是从此俄国一跃成为俄罗斯帝国,步入西方强国行列,而中国却日趋衰微,否则连鲁迅笔下的阿Q都要利用辫子风波嘲笑"假洋鬼子"一番,再说辛亥革命革什么命不可以,非得把"猪尾巴"发型也要连根拔掉……

耐人寻味的是,据俄学者调查,彼得大帝时代,是当今俄罗斯人最怀念的时代之一,乃至俄总统普京办公室里所挂的唯一肖像,也是彼得大帝。这不是偶然吧!马克思在《论蒲鲁东》里有一句话,倒是我们深思这一问题的金钥匙。他说:

"彼得大帝用野蛮制服了俄国的野蛮。"①

十、休矣,人类中心主义!②

人类是世界中心、世界主宰,这毋庸置疑吧? 的确,人类把自己在漫长的神性统治里解救出来,让人类有了自己的尊严、自由和权利,是多么了不起的进步! 要不,人们对西方文艺复兴、启蒙运动中人文主义者的表现,怎会念叨不停呢。

在神学的囚笼里,人大都被严格规管着,或许难免蔫兮兮。一旦被放出来,就不一样了,"上帝死了","我是流氓我怕谁"啊,乃至狂妄到自命"万物尺度"不说,还要置自己于世界中心的主宰地位。于是,人啊人,什么都敢杀,什么都敢吃,什么都敢毁,什么都敢开发,为所欲为了。你要反对,没用! 君不懂"以人为本"的道理啊,连幼儿园小朋友都晓得"人定胜天"是"因为…所以…科学道理"。

是的,人文主义者与唯科学主义者让这种"科学道理"太深入人心了,要反驳是困难的。两者脸上都有"人类中心主义"鲜明特征,说教也如出一辙——强调工具理性,一切以人为中心,对人有用就是有价值,无用就是无价值。由此,人对物的奴役、压迫和掠夺,被推向极端,因为"人是目的"嘛。

怎么会这样? 只缘不科学地对待科学,以为科学是万能的,科学能征服一切。

① 马克思.论蒲鲁东[M]//马克思,恩格斯. 马克思恩格斯选集:第二卷.北京:人民出版社,1995:620.
② 原载:中学历史教学参考,2003(6).

于是,科学渐渐被异化成另一种上帝,被人疯狂追求着,连我们的蒙童谈自己的理想,一出口就是"当一个科学家"。何以迷信膜拜至此？实因错误地以为科学可以无往不胜地助人役物,满足人的一切欲望。

但其实,人类的发展是有限的,科学的发展也是有限的。这两条很重要的认识,近二三十年来被世界上一些科学家和人文学者所认同,但他们的大声疾呼,响应者寥寥。这是值得担忧的!

人类历史早就证明了"有限"论的价值。举例说,病与人的关系。潘多拉盒子里几种传染病毒跑出来,就让全世界付出了远逾历次战争死亡人数总和的生命代价,叫人类恐慌不已。但恐慌是没用的,无助于祛病除魔。无可怀疑,正是靠科学,大多病魔缴械投降了。所以,人们还是觉得自己太伟大了,于是话还得说回来——人类是不可战胜的!

然而,毕竟科学对许多未知还是无知的,以至 SARS 出来,全世界的科学家都不认识。我相信科学是有办法的,但有一点很明白,所有传染病的被制服,都难免"马后炮"之虞。至于科学有没有十足的能力,使"人定胜天"无一例外地变成铁的事实,从而让"天"服服帖帖安然下来,同时也让"人"坚信人类中心主义没错,也未可知。

人类不是孤岛,离开了大自然,无以存在。其实,人与其他动植物一样,都是大自然的组成部分,犹如大自然的毛细血管,其真正的供血中心,却是大自然本身,人吃呀喝呀呼吸呀……赖以生存生活的资源,不都取乎大自然吗?! 所以,就"人—物"关系看,大自然才是真正的大"本",这就难怪古今中外有识之士都津津乐道于"顺乎天而应乎人"了。

要不,就得警示人们:只有彻底超越了人类中心主义,人类才能获得最终拯救;人类只有学会终极关怀——关怀整个宇宙(自然－社会－个人)生命,才能真正有效地关怀人,进而终臻实现"以人为本"。毋宁说,人文关怀就是世界生命关怀。只囿于人与人、人与社会的关怀,而缺失对大自然的关爱和敬畏,无疑是狭隘的、短视的、肤浅的,更是危险的!

这里重复有识之士的意思,但愿它也是您的意思——

休矣,休矣,休矣,人类中心主义!

十一、最重要的历史教训①

"假使我们不去打仗,/敌人用刺刀/杀死了我们,/还要用手指着说:/'看,/这是奴隶!'"②

谁不需要和平! 可战争恶魔却反之,至如濒临毁灭的德国人,仍不改其疯狂的心理:"享受战争,因为和平将是地狱。"③看来,要维护和平,还得以血还血,把战争恶魔关进"地狱"!

图5-11 胜利之日 (这是1945年8月15日的美国纽约时代广场,在人们欢庆第二次世界大战结束、世界人民反法西斯战争胜利的时候,一位凯旋的海军战士在广场上亲吻着一位素不相识的护士。由艾尔弗雷德·艾森斯塔特拍摄的这幅照片将战争结束后人们"异常"欢快轻松的心情推向极致,成为表现"二战"胜利的经典之作。)

---

① 原载:中学历史教学参考,2003(8).

② 田间.假使我们不去打仗(1938年)[M]//田间.抗战诗抄.北京:新华书店,1950.

③ 杰弗里·帕克.剑桥战争史[M].傅景川,译.长春:吉林人民出版社,1999.

"二战"结束了,备受战争蹂躏和惊吓的地球人怎能禁得住别一种狂热:欣喜!是啊,和平之来,多么不易——那是用热爱和平者连同法西斯战争狂魔的血换来的。既然来了,欣喜迎之,应该,应该;但,珍之惜之,更为人人所必须!

这种必须,是一种对人类和平由里而外、由此及彼、由己及人的负责和爱护。实现这必须,千方万法,恐怕都离不了历史,离不了历史教育。从历史里,至少人们可知什么路该走,什么路不该走。但是仅有历史而没有历史教育,这一切都将落空,还有可能重演历史悲剧。何况,人类历史本来就越来越成为教育和灾变之间的一种竞争。

然而,迄今为止,人们做得还远远不够。一些人对历史教训竟那么麻木,一些人竟恣意歪曲和抹杀历史……咦! 旨在维护和平的战争,远未导致和平的结果,现实里太多的不安全事,足以叫人为和平捏一把冷汗。归根结底,恰如英国作家奥尔德斯·赫胥黎(Aldous Leonard Huxley)所说:

"人们没有充分吸取教训是最重要的历史教训。"

图 5-12 重返法国诺曼底的美国七旬老人 (这位老人是"二战"期间诺曼底战役的冲锋者,1994 年重返法国诺曼底,下悬崖,走向奥马哈海滩,在这片曾经抛洒热血不惜牺牲的热土上,追寻自己和同伴们早已消失了的足迹。)

十二、责任由谁来负?①

教育是干啥吃的？说不好。但教育有两面性是无疑的,可悄悄助人成长,可慢慢戕害生灵。关键在教育者的价值观。现在的教育概念多被狭隘地囿于学校,而学校门槛的趋高(不独中国如此)和校门对一些孩子的关闭,问题之大,似又超出了"教育",这等教育困顿,单靠教育化解,恐怕大都靠不住!

图5-13　喀布尔非法学校里的小女孩 （哈里特·洛根/摄,20世纪90年代。阿富汗在塔利班的统治下,女孩的教育被停止了。为了继续求学,一些小女孩只能偷偷去私人家庭办的非法学校里读书,倘被发现,这些孩子及其家属尤其是他们的老师,都要受到极其严厉的惩罚。)

教育倘真姓"人"了,才能算是好的。尽管教育不能当饭吃,但却能影响人们对待"饭"的情感、态度和价值观——没饭吃怎么办,吃而不饱复如何,吃饱了吃撑了又该怎么做(人活着不啻为了饱食吧)……问题恰在这里:衣食不足的孩子能受什么教育?古曰:仓廪实而知礼节,衣食足而知荣辱。我看未必! 世上肮脏事,不全是饥肠辘辘者所干;人间美善事,也不尽是脑满肠肥者所为。窃想这世界中止了教育的状态,会否黑白颠倒人鬼混淆,未可知;但要世界更阳光一些,似乎须臾离不得教育。然而,寻求解决教育问题的途径,却多半在教育之外……

---

① 原载:中学历史教学参考,2003(9).

图5-14　道德风化　(佚名/摄,1926年。伦敦一群男孩在海德公园赤身裸体游泳,一位女警察正在驱赶他们。)

教育之于人的命运,不能决定,却能改善。举目全球失辍了教育机会孩子们的种种劫难,感觉人类的心墙似乎要倒塌……责任究竟由谁来负?岂不在拥有权力者和拥有权利者身上!无疑——在家,归父母长辈;在外,归社区社会;在上,归官员,抑或归"观音"归"苍天"?……孩子当然有"天天向上"的责任,但在真正沐浴教育甘霖之前,断无理由对其进行问责。

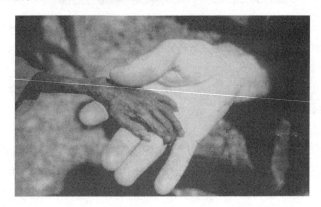

图5-15　手　(迈克·威尔斯/摄,1980年。这像干瘪鸟爪,又似考古现场出土文物的"东西",正是传教士白皙大手对照下乌干达儿童的手,尽管传教士的手充满善意,前来援助出于自愿,但饥荒的非洲与富裕的西方,其霄壤之别,何须言喻。)

当偶见肥富白皙大手捏揣黑人小孩干瘦小手的时候,人们也许不会记起白人打在他们连同育养他们的大地母亲身上和心上的旧痛,甚或忽略了责问"世界公民"的良知;当非洲孩子可怜得穿不起裤子只能光着屁股靠救济苟延生命的时候,西方人却温文尔雅地为孩子们光着屁股游泳而害臊;当"希望工程"把东方一些孩子从梦想拉入现实的时候,塔利班统治下本来正在上学的女孩们却无端丧失了接受"文明"熏陶的良机……

责任,究竟由谁来负? 如果连如此简单的问题都弄不清,就别再提什么"平等博爱""以人为本"了,免得没面子!

十三、精神国防:"捐耻"引发的思绪①

古人云:"礼义廉耻,国之四维;四维不张,国乃灭亡。"四者之中,无疑又以"耻为尤要"。这由来已久的精神国防概念,如今似乎渐渐被淡忘了,很少有人提起。并非说当今的爱国主义教育,全然没有国防的意义,只是毋庸讳言的假大空说教,早已"冒而不革,习与成昵"了,不独不能触及爱国真谛,反而懈怠了人们对有损国格可耻行为的约束机制的关注,到头来我们不得不面对这样尴尬的困局:一边爱国主义口号喊得震天响,一边对可耻行为显出少有的麻木,甚至有人自己就恬不知耻,更甚至还加入了不要脸的"捐耻"者行列。

"一个人的品质其实被无数人悄悄拥有着"。在精神国防的意义上,这意味着,国民中任何一位的表现,都与自己息息相关。就若日本侵华,中国之耻,莫此为甚。我军民同仇敌忾"大刀向鬼子们的头上砍去",何愁不能"荡清国耻",却偏偏有同胞充当日寇的走狗,"弃礼义,捐廉耻",祸国殃民。这才让人们惨痛地知道,原来抵御外侮需要全民团结一致的精神国防做保证。这在和平时期,同样具有非凡的意义,用古人的话简言之,就是"修齐治平",人人都应当天天向上。或问:是谁让"天下兴亡,匹夫有责"了? 说来说去,正是自己,正是每一位与更多的另一位互联互动着的匹夫!

要建立起真正巩固的精神国防,从起点意义上讲,所有的匹夫都须断然从远离"捐耻"行为开始,育养我们对于国家的尊严感和忧国忧民的情怀,然后方可图"自强不息",报效国家。古人说不治其心、只修其外,是谓"大废",更何况"未有身自溺而能拯人之溺者也"。我想,治疗国民精神上的"大废",对于一个国家的重要性,乃无疑为关键之关键,古今中外同此一理,毫无二致! 为什么鲁迅先生非要

① 原载:中学历史教学参考,2003(10).

毅然决然弃医从文了呢？因为他就是看透了个中要害——医学只能改善人的体格，而难以医治心灵之瘫。然而，"凡是愚弱的国民，即使体格如何健全，如何苗壮，也只能做毫无意义的示众的材料和看客……所以我们的第一要著，是在改变他们的精神"①。

这深沉的呐喊，唤醒了无数颗"中国心"，然而现在看来，却不是唤醒了每一个中国人的心……

图5-16　战后的法国　（佚名/摄，1945年。几个法国女人其中一个还被剃光了头，被拉上街头示众。人们指责她们在"二战"期间与德国占领军同流合污。）

国庆将临，在这样的内心难免欣喜兮兮、耳际不停回荡着"中国人从此站立起来了"豪言的日子里，我反而写下了这样不高兴的文字，内里颇觉对不起我的祖国。然而，这多半因为新近发生在"9月18日"前后的"珠海事件"——日本380男与中国500女之间的大规模集群性"买春—卖春"丑闻坏了心情，还骤然增添了难已的屈辱和愤怒，也就抑不住要胡言乱语起来。呸！这帮日本的人面兽和中国的人面禽之间的另类罪恶勾当，难道不是昭然告诉世人，我们的精神国土已经开始在一些地方沦陷了吗？

旧耻未荡尽，新耻又袭来啊……

也许无数颗"中国心"与我一样在这段日子里，梦中不断纠缠着"越忧越爱，越爱越忧"的情绪，剪不断，理还乱……

---

①　鲁迅.呐喊·自序[M]//鲁迅全集:第一卷.北京:人民文学出版社,1981:417.

十四、反噬一口岂能聋盲一世之人

——忍无可忍说日本对待历史教育的态度①

第二次世界大战期间,日本造孽亚洲,邻国受虐,惨绝人寰,无论按天理,还是秉人心,日本必当淘肝洗肺自省自悟,彻底改过、退恶、进善,世人尚可宽而宥之。然而,日本的表现,却往往出人意外!

"二战"过去数十年了,日本在世人眼里,革面洗心的真迹象几乎没有,所见最多者反而是屡次篡改历史教科书、颠倒黑白、美化侵略、歪曲历史。更有甚者,在2005年,谁都知道在这世界反法西斯战争胜利60周年之际,各国理当面对历史做更多事,戒前人蹉跌,警后人行为,然而日本却反之,悖逆世界人心之举,不仅没有任何收敛,而且变本加厉,其一些政客不独拒绝承认最不善的历史教育在日本,反而对受害国中国的历史教育指手划脚。据中新网3月5日报道,日本外相町村信孝声称将要求中国"改善"历史教育,包括北京的抗日战争纪念馆的展示方式等。日本外务省官员说,日方过去在事务级别上曾向中方提出"中国的爱国教育几乎等同于抗日"的指责,而在阁僚级别上日方提出历史教育问题尚无先例。

真是鸭子死了嘴巴硬,自己颠倒黑白,居然还反噬一口!试看今日天下之历史教育,谁国最恶秽?唯数日本。中国的历史教育并非无可挑剔,比如当今中国"台独"分子所搞的历史教育,就堪与日本比臭,犹如大驴屙粪、小驴也跟着屙。而中国大陆和港澳特区的历史教育,纵使不完美,也不管怎样地不完美,但是在教中国人追求真善美、维护世界和平上,却是始终如一的。中国的历史教育,倘按日本人的意思加以"改善",恐怕既非中国之福,也非日本之福,更非世界之福。故而,"改善"云云,语出恶秽之口,岂能聋盲一世之人?

古语曰"入鲍忘臭",意思是人在鲍铺久了就会忘记什么叫腥臭了。日本难道因为屡行不义习惯了,不辨善恶是非了吗?不完全是。日本知名人士池田大作和松下幸之助在《人生问答》一书中,还曾专门谈到了《关于"耻"的意识的评价》呢,他们说"在日本人的思想方法和文化的根底中有着'耻'的意识,行为的是非","所谓耻,就是对他人感到羞愧","所谓知耻,可以说与服从正确是同样的意思","对他人无羞愧,换句话说,就等于对正义无羞愧,对良知无羞愧,对天地无羞

---

① 原载:中学历史教学参考,2005(4).

愧"。① 而日本文部省颁布的中小学《学习指导要领》也同样说得比较好听,如说历史教育"既要以客观公正的资料为基础,指导学生正确地理解史实,也要培养学生通过多方面、多角度的考察,养成公正的判断能力。尤其要着眼于核武器的威胁、防止战争、用民主的方式实现和平的国际社会等重要课题的认识"。看来,善恶是非之别在日本还是存在的。所以,我们没有必要像"愤青派"那样把日本的历史教育说得一团糟、把日本人看得都很坏。

然而,问题还有另一面,日本的最可悲之处也正在于此。说得好不等于做得好,何况从善犹如登山,是需要费气力的。可世人皆知,日本尚未用真行动登此善山,起初嘴上还喊过,现在则公然作恶,连喊都不喊了,伪善也不要了。其恶行既表现在历史教科书的修订上,也表现在历史教育的其他方面,乃至给中学生的历史考试题,也公然讨论这样的问题:"日本跟中国100年打一次仗……21世纪如果日本跟中国打仗,你认为大概是什么时候? 可能的远因和近因在哪里? 如果日本赢了,是赢在什么地方? 输了是输在什么条件上? 分析之。"由此不难看出,其险恶用心弥漫之甚。近来日本制造的一系列非和平事件,如蓄意挑起中日钓鱼岛之争、韩日独岛(竹岛)之争等,也足证日本已不是真正的和平国家。所以人们有理由这样说:这样的日本历史教育效果越"好",其对人类和平的危害就越大。何以见得? 德不称,其祸必酷。这就难怪乎日本会落下个"一为不善,众美皆亡"的下场!

别有用心! 一切症结都在于此。既然别有用心,恐怕这病就得从"心"上去根治。用日本人池田大作的话说,必须"从根本上变革人的心灵深处的生命"②。

前事不忘,后事之师。只要人类善于吸取历史教训里的最大者,一切就都好办了。所谓最大的历史教训,恰恰指人类不善于吸取历史教训。所以,历史教育才显得须臾不可或缺,因为它的好坏始终影响着人类的走向,也便需要全世界共同来做。

要做好,谈何容易! 说这话的直接背景是,今天刚刚从报纸上看到,在多数国家的反对声中,联合国秘书长安南表示日本有望成为扩大席位后的安理会常任理事国。呵呵! 如此来理"安全",世界焉有宁日? 正犹让狼替羊把门,安得公理?

走,同人们,别停止脚步,本刊编辑始终与你同行。我们的路长着呢!

倘若地球人都用良知来协助,就不用怕。

---

① 池田大作,松下幸之助. 人生问答[M]. 卞立强,译. 北京:中国文联出版社,2000:426.

② 池田大作,松下幸之助. 人生问答[M]. 卞立强,译. 北京:中国文联出版社,2000:462.

十五、我们都发疯了,谁来忏悔……①

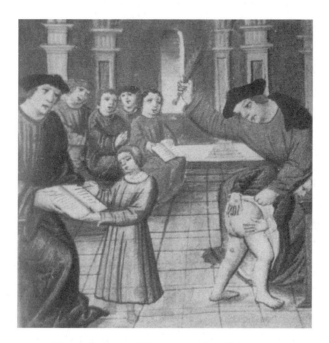

图 5 – 17 中世纪法国的一所学校,老师正在用藤条责打不听话学生的屁股,这似乎与学生所学赞美诗等课程的意趣难以相谐,看上去令人浮想联翩。

很早就想说一句话:"对待孩子,对待教育,现在我们都发疯了,整个社会似都发疯了,所以我们做过和正在做着伤害、折磨、摧残孩子们的事情。"一直不敢!缘由是这样说,有惹犯众怒之虞,因为很多人并不以为自己疯了,何况我们之中就有人沾沾自喜地呼喊"中国的基础教育加上美国的高等教育"就是人间最好的教育,真是滑稽到头了。说我们疯了,人们反而要目我为疯子,随之我被唾沫淹死。其实纵被淹死了,我一点也不冤,就如何教育自己的孩子来说,我就是道地的一疯子,像打儿子屁股之类便是疯症的一端。我的疯还表现在经常自觉不自觉地盲目从众。是啊,"人家都那样了嘛!"于是我在众疯子的暗示明示中渐至沉疴难起。瞧!我用了"众疯子"一词,其实大半是有事实所本的。因为,像我这样的"我们"

---

① 原载:中学历史教学参考,2004(5).

实在太多了——不光父母,也不光老师。正是由于太多了,习于耳闻目睹,也便不再能辨别谁是疯子了。黑白颠倒到如此程度,岂不正好说明:我们真的发疯了,以至疯到不知自己是疯子的程度。毋庸讳言,现在我们的一些中小学生,难道不正是掉进了一个由我们设计的缺少人性关怀的学习陷阱里去了吗?

既然疯了,就必有疯的原因。其根由,似在教育价值观的扭曲。对兽,可讲驯化,声呵之,鞭笞之,无可厚非;对人,才讲教育,自应与驯兽有根本的不同。其实人们都会说得很好,教育的根本信念是关注、关怀、帮助、促进人的健全成长。我在这里有意回避了流行的"全面发展"一词,因为在知识层面说,这是不可能的,也是不必要的。要说它有意义,也只合乎人格层面,人格不健全自然难言顺利成长。但是,我们现在恰恰把重点放在了知识层面上,而大大忽略了对人格的关注,显然是扭曲了教育本身就是一种关怀、一种对人的关怀的根本信念。那么相应地,我们就特别看重孩子们的"学习"——偏嗜知识的掌握而缺失人格养成的一种学习。危险性恰恰潜伏在这里。价值观扭曲了,人性就可能扭曲,疯病就不免要发作,父母会变疯,老师会变疯,孩子也自然要跟着变疯。谁不知道,现今的父母们、老师们为孩子们所做最多之事,就是逼迫孩子们拼命地迈向这样的目标:"分数! 成绩! 升学! 就业! ……分数! 成绩! 升学! 就业! ……"而且如我等一样的疯子,还从来不愿意承认对孩子过度的"强迫关怀"实际是最害关怀本义的离心离情离德之举,倒是很会把恐怖主义和阿Q主义兼而用之,要么没完没了地冲孩子们咆哮:"前途就在这里,否则你一辈子就完蛋!"要么语重心长地诉导:"听话,啊,孩子! 这全是为了你好啊,孩子!"

孩子应该听什么样的话呢? 这同样应该服从于教育理念。理念具有理论观念和行为信念的双重含义,是有正邪之分、良莠之别的。父母、老师的话错了怎么办? 自然可以不听。但似乎从来很少有人关心"不听是可以的",倒是关心"不听是不可以的"人特多。于是孩子不听话就得受罚、就得挨打,似乎成了天经地义。这在古代,不止图片上的法国如此,恐怕中外各地概莫能外。只是让我们替学生感到很痛的是,当时法国的学生是被揭起了衣袍露出屁股而挨藤条抽打的。

时间一天一天进步着,过去了千百年之后,再来看现实世界,原来所谓"不听话"的学生挨板子、挨鞭子、挨笤帚乃至耳朵被撕掉、脸被刀划伤或被刻字、头皮被揭离头骨等诸如此类的事件仍然屡屡发生着。不过,反其道而行之的事,也终于由少渐多地发生了。至少在有了一些"文明"气息的地方,孩子们毕竟多了不少自由,学习有了自主性,生活有了更多乐趣,他们或多或少有了"人"的尊严、自由和权利。只是孩子们应该拥有什么、能够拥有什么,很大程度上仍然取决于大人们的"恩赐"而不是孩子们成长的内在需求。但孩子们能够获得这样的恩赐,毕竟是一大进步,来之不易。

人们担心,给学生自由与课堂秩序失控是一个一体两面的矛盾,因为这确是一个自古以来就存在的两难困局。我想,有困局很正常,没有困局才是怪事。其实生活的另一含义就是处理种种两难困局,教育也是。正如生活上的困局可以解决一样,教育上的两难困局也是完全可以解决的,其关键仍然在于用怎样的理念去指导教育实践。用人文关怀的办法,强调师生之间和学生朋辈之间的交互主体性,必会造就自由、和谐、互动、活而不乱的课堂文化和教学氛围,而用“师管严”“独角戏”“一言堂”的办法则可能效果相反,至于用辱骂、讽刺、拳威等疯子办法,兴许会侥幸维持所谓课堂秩序,但所导致的更大后果恐怕是对学生“人生”的伤害、摧残和毁灭。

说到底,教育的根本宗旨,必须定格在对人性的关怀上。只有这样,我们方可走出疯子陷阱。学生,正由于其价值观不健全,才需教育来引导,才需给予关怀和帮助。然而,我们也万万不要忽视了另一面,那就是对正在发着疯的父母和在学校里对学生负有替代父母责任的老师,断然无疑更应该给予关怀。因为,我们这些父母们和替代父母们,有一些人自身的价值观就是扭曲的,心理是变态的,行为是偏执的,说得严重些就是疯魔缠身了。要救孩子,得先救救我们这些疯子!

忧就忧在,忽视了对这些父母和替代父母的关怀,这发疯的事必定还会继续。都疯了,谁来忏悔呢?

十六、春节:中华民族宝贵的文化遗产①

春节的起源,说法多,无须去纠缠。春节的意义,对中华民族来说,却无穷无尽。

今年是中国农历丙戌年,俗称狗年,封面选登了有关狗的历史图片,这里又来了一只泥质陶狗,意思都是在为狗年做提示和庆贺。瞧!出土于河南南阳的东汉泥质陶狗(图5-18),乃汉代守门犬的形象,通体红褐釉,体态瘦,颈颇长,尾很短,双耳竖,脸显长,两眼圆睁,蹲坐于地,目视前方,张口做“旺旺旺……”状,那机警的神态,还真让人觉得可爱呢。

每年正月初一的“年节”,想想哪个中国人不重视啊。历朝历代留下的岁朝图,虽然表现了不同时代的年节习俗,但其中所蕴涵的文化和民俗的气氛总是浓

---

①　原载:中学历史教学参考,2006(1/2).

浓的。宋人绘的岁朝图（图5-19），展示的恰是
正月初一的拜年活动，主人送往迎来，家中备酒待
客，儿童在院内燃放鞭炮烟花，大门上贴着门神
像，这节日气氛多么浓郁呦。

　　是啊，提起春节，人人都有一大堆说不完的感
受。百姓，家不论大小，无不洒扫门闾，去尘秽，净
庭户，换门神，贴春联，放鞭炮烟花，家人团聚，守
岁尽孝，思忆过去，祈福来年，祭祖祀宗，走亲访

图5-18　东汉泥质陶狗

友，磕头拜年……这样的历史传统，虽因时因地有
了一些形式的变化，内容也稍有损益，但实质却都没变。呵呵，"过新年，穿新衣"
何尝是小孩对春节的盼望啊，看这幅20世纪20年代中国年画（图5-20）中的美
女，分明都大人了，但也穿着靓丽的新衣嘛，谁看了不陡添喜气！

图5-19　宋人所绘岁朝图

图5-20　1920年代年画

　　春节，是中华民族的文化传统盛宴，充满欢乐、祥和、吉利和希望，处处给人欢
欣鼓舞。春节的因子，经过了几千年，已经浸入我们的血液。谁说春节不是我们
民族内涵最为深厚和灿烂的优秀文化传统之一？

　　春节，根深着呢，我想不用那么担心会被中华民族丢失。只要我们好好去品

味它,享受它,珍惜它,保护它,一代又一代,一代又一代!

十七、"三八":叩问沧桑月无言①

《诗经》曰:"哀哀父母,生我劬劳。"其言善哉,谁可否认?

单说母亲和母亲角色之外意义上妇女的劬劳吧,她们什么时候做得比男人少啊?然而人间最不公道的事恰恰在,她们做什么,她们如何做,却大抵由男人规定着。历史只有一种例外,那就是母系社会的男人不具有这种特权,而是一切由女人说了算。

人类文明最直接的试金石,乃妇女的地位。可妇女历史地位的降低,恰恰开始于人类跨进"文明"门槛的那一刻。公元前5世纪,史学家希罗多德(Herodotus)眼里的如下情况已经不多见了,他环游古代世界时惊奇地发现:埃及人似乎将人类的一般传统熔铸于自己的风俗习惯中,各阶层的妇女竟至享有当时其他各国所未知的权利。看这个塑像(图5-21),一妇女为死者携带祭品,头上顶着一筐啤酒罐,手里拽着一只鸭——这只是古埃及男人留在家中织布,妇女却奔波于市场、在田间耕作、在参与节庆等社会活动的一个小侧面。而当时希罗多德所习见的希腊妇女的处境是什么呢?——大都深居闺中,于社会之事,既无权力,又无影响。

图5-21 古埃及妇女雕像
(公元前5世纪)

古代文明,许多人言必称希腊罗马,但希腊罗马的文明与他国何异,隐在"文明"背后的,正是更大的不文明,人对人的奴役真正开始于斯,妇女更是从此坠入了暗无天日的深渊。《拍卖奴隶》(图5-22)油画说的是,在古罗马帝国,奴隶被当作物品肆意买卖,看那拍卖现场,女奴被扒光衣服站在台前,台上台下的卖主买主竞价叫喊,声势颇显疯狂,看重的仅仅是她健康漂亮的身体,哪管她为人的尊严啊。还有更凄惨的呢,那

---

① 原载:中学历史教学参考,2006(3).

就是立在一旁的母亲，一边被迫无奈卖女儿，一边怀中还抱着快要死去的孩子。

图5-22　格罗姆（1824—1904）所作油画《拍卖奴隶》

古代世界奴役妇女的悲惨状况，在资本主义生产关系开始萌生时才有了改变，那时妇女在自家商店做卖货、记账一类的工作越来越多见，有些妇女甚至在丧夫后还勇敢地继承了丈夫的贸易活动。看14世纪中欧佛兰德家庭珠宝行图（图5-23），一对夫妇正在自己的珠宝行里接待顾客，虽然柜台前方的地上人们驯养的猴子正在用一根骨头戏弄狗的事，被史家斥为人类的一种浮华无聊，但谁都知道毕竟富裕了妇女才逐渐有了劳动和生活的自由。

图5-23　中欧佛德兰14世纪的家庭珠宝行

女人最伟大之处，在于其孕育和教养儿女的母性。油画《带孩子的洗衣妇》（图5-24）是法国画家奥诺雷·杜米埃（Aonre Daumier，1808—1879）用19世纪的眼睛观察社会底层劳苦妇女生活和疾苦的产物。画面是平凡不过的生活情境——母亲挎着一篮洗好的衣服,携着一个无法离开她的孩子,顶着大风急速地奔跑着,身体负重前倾,裙子与孩子的头发一样被风吹起,一个为生活而不辞辛劳、不惧奔波的伟大母亲的形象跃然也,于今天我们看到的许多母亲无异,真像一座纪念碑,永恒!

图 5 - 24　奥诺雷·杜米埃(Aonre Daumier,1808 - 1879)所作油画《带孩子的洗衣妇》

无论古今,也无论中外,时代再进步,社会再文明,女人付出的总是远比男人多。她们孕育,她们哺养,她们教诲,她们劳累,她们忍让,她们牵挂,她们哭泣,她们欣喜……为了谁?为了什么呀?然而,她们又得到了什么,得到了多少?她们计较了什么,计较了多少?

并非到"三八"妇女节了,才想起与做儿女的、做丈夫的说这个话题。倘不能把对母亲和女人的关怀浸渗在每年每月每日每时每刻的点点滴滴里,那我们就真该经常闭上眼睛,把手搭在心坎上,反复叩问自己——我从哪里来,将到哪里去……面对母亲,面对女人,我究竟做得怎么样,能否够得上像样的儿子,能否够得上像样的女儿,能否够得上像样的丈夫……

十八、薛福成故居拜思记①

丙戌春,同人聚集无锡,研讨人教版高中历史实验教科书,顺便探访古迹多处,薛福成故居算一个。在这个号称江南第一豪宅,且是光绪皇帝"钦使第",被当地百姓称作"薛府"的地方,我逗留仅约一个钟头,未跟听导游讲解,只顾走马观花,拍了一些照片,便随队匆然离去。

图 5-25 薛福成故居的议事厅,位当正厅西,三间房大小

走进"钦使第",我并没有多少惊叹。宅院三轴分布,前窄后宽。中轴线由门厅、轿厅、正厅、后堂、转盘楼、后花园组成;东轴线由西式弹子房、薛仓厅、对照厅、枇杷园、吟风轩、戏台组成;西轴线由传经楼、西花园、佛堂、杂房组成。整个看来,气势之豪,环境之美,何须待言。然而这一切,终未能引起我的兴致,毕竟它表面上只是一种物质旧迹而已。

我关心的是,曾经是这个宅院主人的薛福成,一辈子都做了些什么。我想尤其,当地政府把薛福成故居列为爱国主义教育基地,就更该对此探个究竟了。离开无锡返长安,此念萦绕难去,因为孤陋,倍感心虚。遂求诸史书,不料淹没其中,难理头绪。只觉有些许印象,不妨说说,聊作引玉之砖。

_____

① 原载:中学历史教学参考,2006(4).

图 5－26　薛福成故居四面通达的转盘楼

图 5－27　薛福成故居后花园一角

一者,薛福成做李鸿章幕僚办外交,1875 年与英国交涉马嘉理案,奋笔《论与英使议约事宜书》,痛陈利害,坚称不应迁就英国无理要求,建议李鸿章择要设防,以备英军可能的行动,爱国之心,昭然可掬。当然还有一点应该提及,那就是在对待洋人上,他也曾提醒国人,须先正确判断洋人的要求是否合理,再定拒绝或接受,尽量免除"无谓"之祸。他在 1879 年所作的《筹洋刍议》,振聋发聩,力主一边要坚决反对外侮,一边又要师夷法、改政治、振工商、求富强,方可"学以致用"站得更高"俾西人不敢蔑视中华"。他的心迹告诉人们,一切"洋"的东西,任何时候都须冷静待之,既不可盲从,也不能盲拒。

二者,1879年,总理衙门酝酿总海防司(即海军)由谁出任领导人,拟定人选正是那个曾操控中国海关近半个世纪的英国人赫德。薛福成闻讯,深感事态严重,痛呼如此"则中国兵权饷权,皆入赫德一人之手",速作《上李伯相论赫德不宜总司海防书》,并献计:告诉赫德,总海防司与总税务司不可兼职,若任总海防司,则必须亲赴海滨练兵,赫德必不愿放弃总税务司之职,如此事情就好办了。李鸿章欣纳此言,令总理衙门依计而行,赫德阴谋终被挫败。此国家大事,薛福成成之,堪称敏锐果断。

三者,1889年,薛福成奉光绪皇帝之命,担任出使英、法、意、比大臣。驻欧四年,走访众多欧国,详察欧洲诸项制度和社会生活,并笔耕不辍,天天写日记,期有裨中国,终成《出使四国日记》,辨中西差异,析个中原因,发人深省。在欧四年,他还从洋务派思想家转变为维新派思想家了,并具体提出"求新法以致富强"等21条"最要之新法",且认为西方立国之法"以议院最良",主张实行君主立宪。毫无疑问,他身在异国,却心系华夏,勤劳为国,绝不养尊处优,尤可嘉矣。

四者,使欧期间,薛福成身体力行,督办众多具体外交事务。如1892年他与英国就滇缅划界和通商条约问题谈判多次,据国际公约,擅刚柔并用,敢碰硬克难,最终迫使英国同意签订《续议滇缅界务商务条款》,且同意中国在南洋、缅甸等地设立领事。中国因此不独收回了滇边2万多平方千米领土,而且中国政府有效保护境外华侨权益的力度也有了加强。晚清国势积贫积弱,能获此外交胜利,殊不易也。

1894年,薛福成四年任满回国。钦使第——本来就是对薛福成奉命出使的褒奖,也是他在出洋前亲自筹划,交由长子薛翼运负责建造的。钦使第历时四年终在1894年建成了,但薛福成却没有来得及享用,这年他回国抵沪不久,就于六月去世了。

哦,薛福成! 钦使第的议事厅还等着你接待外宾、商议国家大事呢,钦使第的吟风轩还等着你吟诗诵词呢,钦使第的戏台也等着你邀请乡亲们来看戏凑热闹呢,钦使第花园的迷人景色更不能缺了主人你的欣赏啊……

薛福成,你走了,身后留下了后人所给的我国清末著名的外交家、思想家、政论家和早期资产阶级维新派代表人物等多个桂冠,但,你留下来的还有很多很多未被人们完全了解,就像我,才说出了以上点滴还担心说错,自然就很难谈得上从你身上学习更多有益的东西了。

我想,从你身上挖掘更多有益的东西,对我个人和对我们整个民族来说,都是应该的。

十九、我们要闻闻花香

——由劳动节历史想到的①

我们要把世界变个样，
我们厌倦了白白的辛劳，
光得到仅能糊口的工饷，
从没有时间让我们去思考。
我们要闻闻花香，
我们要晒晒太阳，
我们相信：
上帝只允许八小时工作日。
我们从船坞、车间和工场，
召集了我们的队伍，争取
八小时工作，八小时休息，
八小时归自己！

这是流行于1886年5月1日美国芝加哥大罢工工人当中的"八小时之歌"。此歌的影响，并未因历史腥风血雨的消散而淡去，随着1889年7月14日国际社会主义者代表大会决议把每年的五月一日确定为国际劳动节，它的印记被赋予了更多"以人为本"的历史意义后，它就越来越深地烙在了地球人心中。

我们要闻闻花香！我们要晒晒太阳！然而，对百年前美国砖厂里的童工（图5－28）来说，这只是一个黯淡无比的奢望，不独美国如此，资本走到哪里，这样的劳动悲剧就演到了

图5－28　1910年美国砖厂里的童工

①　原载：中学历史教学参考,2006(5).

哪里。一个社会倘把生存的重担过早地压在孩子们肩上,毋宁说这"劳动"从头到脚,每个毛孔都滴着血和肮脏的东西,除了摧残人性、劫掠生灵外,哪还有什么荣光?

我们要闻闻花香!我们要晒晒太阳!然而,1932年德国工人游行支持希特勒(图5-29),给法西斯恶魔卖命,不仅没有使自己闻到花香、晒上太阳,还使全世界陷入黑暗的战争汪洋。原来,纵使劳动者共有一个效力祖国的愿望,也须劳有思想,动有立场,至少得辨清这"祖国"姓善还是姓恶。若没了思想,没了立场,谁敢肯定"劳动"不会为虎作伥?

图5-29 1932年德国工人游行支持希特勒

我们要闻闻花香!我们要晒晒太阳!然而,在圣雄甘地的心目中,这一切只有在祖国印度赢得自由、摆脱了英国殖民统治之后,才能有望。为了这一天,他心甘情愿受苦受难、做苦行僧式的劳动者,带领同胞劳动自救、教育自救……对英国采取非暴力、不合作的抵抗。几十年来,萦绕在世人脑海里的那个剃着光头、赤裸上身、皮肤黝黑、总是随身携带一架木制纺纱机、一有空就纺起纱来的甘地形象(图5-30),谁能否认其背后蕴涵着的,除了"劳动"的悲壮和高尚,不正还有一个民族正在站立起来的尊严和希望?

我们要闻闻花香!我们要晒晒太阳!然而,我们所要的不是玩命劳动丧失了身体"本钱"之后,或者被迫失去了劳动"权利"之后,才去闻花香和晒太阳——把休息与有闲,变成一种活着的死亡,一种无奈的流浪,一种新的忧伤。别的不提了,就说孩子们吧,在保障不辍学的基础上,他们无论在校,还是在家,除了学习、学习、再学习,恐怕还应该有足够的时间去睡觉、休息、运动,有更多机会走出去探问户外世界的精彩。很可惜,一如1954年雅典放风筝的人群(图5-31),摩肩接踵只见大人身影,青少年学生在哪里,责乎天问乎地,真正为之清夜扪心者谁?

图 5 – 30 圣雄甘地(或称"斋日里的甘地")

玛格丽特·伯克 – 怀特 1946 年摄于印度

图 5 – 31 1954 年希腊雅典放风筝的人们

学习,其实是青少年学生最重要的劳动,别以为他们只有做家务是劳动,打扫教室是劳动,进工厂下乡村干活是劳动,而"学习"就不是劳动。况且任何学习,均非熟练行为,因而学习意义上的劳动,无疑是更艰苦的劳动,更需要解放头脑、手脚、空间、时间,更需要有思想和行动的自由,更需要走进大自然、走进社会、走进生活……

我们要闻闻花香! 我们要晒晒太阳! 对今日中国的成人们尤其担任官员、教师、父母角色的人来说,最需提醒的是:应该把这种机会和自由,更多地还给孩子,还给青少年学生。

"杀了'现在',也便杀了'将来'。"①人们现在对鲁迅这句话,似乎极有必要去反复掂量。

二十、国际儿童节:"利迪策惨案"催生的节日②

"六一"国际儿童节,本是全世界儿童最快乐的日子,却缘起于"二战"时期的一场人间惨案,这一点多少超出了现在一些人的意想。

儿童节在"二战"之前,其实就已经存在。1925 年 8 月,54 个国家的代表聚集在瑞士日内瓦举行"儿童幸福国际大会",倡议建立儿童纪念日,并通过了《日内瓦保障儿童宣言》。宣言对于儿童精神上应有的享受、贫苦儿童的救济、儿童危险工作的避免、儿童谋生机会的获得、怎样救养儿童等问题的主张,得到了国际社会的热烈呼应。大会之后,不少国家设立了儿童节,比如 1931 年中国国民政府就将每年 4 月 4 日定为儿童节。不过,那时各国的儿童节,还谈不上"国际"意义。

儿童节的真正国际化,应在 1949 年之后。这年的 11 月,为了悼念在"利迪策惨案"和全世界所有在法西斯侵略战争中死难的儿童,反对帝国主义战争贩子虐杀和毒害儿童,保障儿童权利,国际民主妇女联合会在莫斯科召开执委会,正式决定每年的 6 月 1 日为国际儿童节。从此,世界少年儿童才有了一个共

图 5 - 32　一饭难求　(摄于 1938 年,摄影者佚名。日本发动侵华战争,中国无数儿童失去了父母成为孤儿,他们无家可归、流离街头、衣食无着。)

① 鲁迅.热风·五十七:现在的屠杀者[M]//鲁迅全集:第一卷.北京:人民文学出版社,1981:350.
② 原载:中学历史教学参考,2006(6).署名为笔名"雨人"。

同的节日。中华人民共和国中央人民政府政务院也于 1949 年 12 月规定"六一"国际儿童节为中国儿童的节日,旧的"四四"儿童节随之被废除了。

"利迪策惨案"究竟是怎么回事呢? 这里参照《光明日报》驻布拉格记者任鹏等人的报道简单说说。

利迪策村,在捷克斯洛伐克首都布拉格郊区,距布拉格 20 多千米,1942 年 6 月遭到德国法西斯的残暴洗劫。据说这是德国因掌管捷克斯洛伐克摩拉维亚地区的纳粹头目海德里希被杀,而采取的报复行动。

众所周知,1938 年 9 月英法德意签署《慕尼黑协定》,强行把捷克斯洛伐克苏台德等地区割让给德国,次年纳粹德国控制了捷全境,希特勒派遣海德里希掌管捷的摩拉维亚地区。海德里希曾是纳粹国家安全局局长,本来就是个杀人狂,他一到捷就大肆逮捕捷爱国人士,杀害 400 多人。为此,流亡英国的捷克斯洛伐克政府决定对海德里希实施暗杀行动。1942 年 5 月,名叫库比什和加布契克的两名捷伞兵从英国空降于捷,成功地暗杀了海德里希。这一行动引来了纳粹的疯狂报复。6 月 4 日,纳粹开始疯狂搜捕。6 月 9 日夜,根据海德里希第一助手弗兰克的命令,由党卫军上尉马科斯·罗斯托夫带领一个连的纳粹保安警察包围了利迪策村,将所有村民强行集中在村长霍拉克的宅院中,次日村里的成年男子全被杀害、无一幸免,妇女和儿童则被强行隔离,分别送往不同的集中营。约百名儿童中,只有极少数经纳粹种族专家鉴定被送到德国强制接受"日耳曼化"教育外,大部分在集中营被虐待而死,几十名妇女和在集中营里出生的婴儿亦大都死于纳粹毒手。在这场惨案中,利迪策村的房舍等建筑物均被烧毁,整个村庄被夷为平地。

图 5-33　"利迪策惨案"中被杀害的捷克斯洛伐克平民

儿童是世界的未来。利迪策,在这个曾名不见经传的小村庄所发生的惨案,震惊了当时的整个世界,连生命幼弱的儿童都不放过,从根本上讲完全是灭绝人性、根绝人类未来的恶行。毋宁说利迪策之痛，是捷克斯洛伐克之痛，也是全世界人民之痛。

图5-34　逃避美国凝固汽油弹的孩子们　（尼克·厄特摄于1972年。反映了1961—1975年越南战争期间，越南孩子们悲惨遭遇的一个侧面。）

记住历史，重要的是汲取教训。在这一点上说，国际民主妇女联合会的举动不可谓不伟大，虽然这个世界要完全实现"六一"国际儿童节的本来宗旨，还有一段很长的路要走。

二十一、蓬巴杜夫人：一个不可小觑的女人①

蓬巴杜夫人，原名让·安托瓦内特·普瓦松，出生于巴黎一个金融资本家家庭，美貌倾国，才智过人，富有教养，受到国王路易十五的疯狂追求，被晋封为蓬巴杜侯爵夫人。路易十五是个爱美人胜过爱江山的人，有了蓬巴杜夫人这个"比谁都好"的美人做情侣或用中国话叫爱妾，他自以为一生什么都可以不再多想了。

蓬巴杜夫人因深得国王的宠爱，而无可置疑地成了18世纪法国最有权势、最有影响力的女人。她以才智美貌双全闻名，却也不免贪求虚荣的俗肠，动辄干预起宫廷政治军事外交事务来，还以文化的"保护人"自居，以特有的强力左右着当时的艺术风尚，有人甚至都称她是"洛可可艺术之母"了。其实，这也并非说过头了的虚言。她在文化方面的确享有盛名，个中另一原因便是她主办的沙龙活动在

---

① 原载:中学历史教学参考,2006(7).署名为笔名"雨人"。

当时法国是最具号召力的,伏尔泰、卢梭、狄德罗、阿朗贝尔等启蒙运动的知名人士,都经常参与其中,探讨思想文化,谈论现实问题。

图 5 - 35　莲巴杜夫人

蓬巴杜夫人酷爱艺术,尤以倡导视觉艺术最为热心,其实也有借艺术之力进一步张扬自己名气的意图在里边。她的多处住宅里都悬挂着多幅当时著名艺术家为她所作的肖像和雕像,无非希望自己的"红颜"炫耀当时、传之后世。

这里选登的布上油彩画《蓬巴杜夫人》,乃蓬巴杜夫人特别推崇的画家弗朗索瓦·布歇(Francois Boucher)所作,她认为这幅画是她肖像画中最为出色者之一。

布歇的这幅画,使蓬巴杜夫人这位主导着西方世界时尚的显赫女人的形象,活生生地跃然于画布之上。画中的她显然是好学习、爱艺术的,镜子里的书橱、桌下的书籍及脚旁的画轴就暗示了这一点。夫人斜倚羽绒衾床,华贵的缎裙,缀满多彩花饰,胸前一大朵蝴蝶结,这些要素相得益彰,愈加衬托了她的美艳。她的左手支靠在绣花枕头上,右手拿着一本还在阅读的书,这一点自然引起人们对她那若有所思神态的注意。她的脚前,蹲着一只乖巧的爱犬。爱犬旁的地板上,散放着铜版画的雕刻工具,印证了她练习画技的说法。画面左下角的洛可可式小茶几上,是她使用过的鹅管笔、封信火漆和一封尚未发出的信……

整个画面上的蓬巴杜夫人,一方面看上去是那样地傲慢而聪明,一方面看上去又拥有一个"开花的身体",无论服饰还是气质,都显得无比矫饰、华丽、优雅、高贵——写实性地展现出一种浓厚的洛可可趣味。这个魅力四射的女人总是这样穿着打扮,频频出现在凡尔赛宫的庆典仪式等各种重要场合,便使这"洛可可趣味"不胫而走,不仅为法国贵族女性所热烈追趋,且迅速弥漫于整个欧洲了。

蓬巴杜夫人的历史作用不可谓不大,但历史上人们对她的评价却褒贬不一。贬之者或指其骄奢淫逸、俗不可耐,或责其干涉朝政、祸害国家,不一而足。不过她的功绩却未因此湮没。单就对法国文化艺术的积极推动看,她的作用无疑是举足轻重的,某种程度上她甚至决定着洛可可艺术的走向。她是一位学识渊博的女性,历史学家后来发现,她的藏书有 3500 卷之多,其中关于政治、军事、经济的书籍占有相当大数量,"这反映了她博采众长的品位"。关于她的为人,她的好友伏尔泰(Voltaire)曾说过这样一句话:"她灵魂正直,心地公平,如此名姬,实为旷世罕见。"究竟如何,没有深究过。有兴趣的话,可以参阅更多资料,《理性时代·法兰西(公元 1660—1800)》①一书,就写得既精彩又详细,可以找来一读。不过,要做出恰切的评价,最好秉诸更多史实。

1764 年,蓬巴杜夫人死在了凡尔赛宫,仅活了四十几岁,年纪轻轻地,就带着她的美艳奢华走了。然而,这个风光了一世的女人,给当时的法国带来了多方面影响,一个时代的风尚都因她而改变了,以至西方世界当今流行的时尚元素里,仍抹不去她的影子。仅此一点说,恐怕谁都无法小看她吧。

二十二、《共和国》:油画上的祖国母亲②

中国人对"祖国母亲"的字眼再熟悉不过了。然而,祖国母亲被艺术家用绘画和雕塑等非常具体的艺术形象表现出来,则不太常见,但笔者在阅读有关欧洲特别是法国大革命的历史时,却在不经意间发现了一些蛛丝马迹。

这里选登的由法国绘画大师奥诺雷·杜米埃(Aonre Daumier)创作的油画作品《共和国》(1848),就径直给人一种"祖国母亲"用自己的乳汁哺育她的子女——人民的亲切的形象。无独有偶,倘若再联系、联想杜米埃之前的艺术家德拉克洛瓦(F. V. E. Delacroix)创作的油画《自由引导人民》(1830)、弗朗索瓦·吕德(Francois Rude)创作的雕塑《马赛曲》(1836)等艺术作品,就不难发现在法国大革命前后,女性的乳房被政治化或者哺乳女性形象被神化的现象,是非常典型的。

虽然,对女性或母性的崇拜,是人类历史中较为普遍的现象,不过这种崇拜情结主要表现在对女性或母性的生殖、繁衍和丰收的自然喻意方面,人们把地球对

---

① 时代–生活图书公司.理性时代·法兰西[M].王克明,译.济南:山东画报出版社,2001.
② 原载:中学历史教学参考,2009(12).

于人类的恩赐常常以大地母亲喻之,也不过是崇拜对象在女性与大地之间来回转换而已。但是,此一现象在"文艺复兴"之后逐渐消失了,乃至相反地,女性成为世俗情色化描述的对象,地位一落千丈,女性崇拜情结也几乎难觅踪迹。那么,女性崇拜何以在法国大革命前后又奇迹般复活且有盛于前?那些同样有情色嫌疑的暴露乳房的女性形象,其地位何以骤然变得显赫无比?笔者查阅了很多资料,终难得详解,但有些线索似乎可供参考。

图5-36　奥诺雷·杜米埃
《共和国》

原来,谜底可能是女性崇拜内涵在法国发生历史变化的结果。研究者称,这种变化始于卢梭(Jean - Jacques Rousseau)等人对奶妈喂养孩子弊端的批评和对母亲亲自喂养子女德行的褒赞。重要的是,卢梭把他对母亲的这一褒赞与国家的前途命运联系了起来。卢梭是当时享誉遐迩的思想家,其观点很快传播开来,甚至获得了西欧各国的响应。不过,其他国家并未像这时的法国人那样,非常明显地把对女人母性的崇拜开始由自然崇拜转向了带有浓厚的政治化色彩。洞察个中堂奥,可以发现,它既是对文艺复兴以来文明演进过程中女性和女性艺术情色化的反叛,又将"共和"与大地之母、凡人母亲的神圣授乳连接在一起,进而成为法国人当时强烈张扬的自由、博爱、平等、爱国、正义、慷慨与丰饶等共和理念的标志。

自由女神成为被广泛崇拜的对象,也可能肇始于此,亦即肇始于法国人在大革命前后的观念变化。研究者称"从此以后,国家被经常比喻为丰饶的母亲责任的向往和追求,以饱满的乳房满足所有百姓需要"。

不难看出,在法国大革命前后的历史里,"祖国母亲"的起初喻意,与人们现在的理解是有些不同的。起初虽然可能并不忽视国与民之间义务和情感的双向关系,但起初的"祖国母亲"喻意,更多地却是偏重强调祖国爱人民的责任,只是演变到后来似乎才变了样,逐渐地不再追问国家对人民怎么样,不再思虑国家本身是否值得爱,而是过分强调另一端,即人民对国家的义务,从而使"爱国主义"在很多地方变成盲目的情感,乃至演变成了"害国主义"悲剧。这是颇值得深思的!①

二十三、龙的传人应懂得龙文化真谛②

　　龙——中华民族最具象征意义的文化符号,中国是"龙的国度",中国人亦是"龙的传人"。带着万象更新、天地人同春希望的又一个龙年来了,怎能不由衷生喜呢? 我们憧憬龙年的美好,更体悟龙文化的精神,因为龙文化本身就指向美好的一切。

　　龙年说龙,自应懂得龙文化的内涵和精髓究竟是什么。中国人喜欢龙、崇拜龙,其实大都不是因其外形,而因其文化内涵。我想,至少不能因为龙形看上去张牙舞爪,就认为龙文化代表"威严而自信"吧。作这样的理解,是不是太过表面? 但最近有人在媒体上就这么解说,恐怕多少有误导公众忽略龙文化内涵之嫌。

　　龙,是人为的文化创造,而不是具体的物。龙非物,却有超强神性。龙,在中国神话传说中,能隐能显,能巨能细,能短能长,能上能下,以至欲小则化如蚕蠋,欲大则藏于天下,升天入地,变化无时,有沟通天地人的全能神力。世间哪有"龙"这样神异无比的动物啊? 没有。所以说,它是中国人伟大的文化创造。

　　龙的艺术造型,在历史上经历了诸多演变,一直到有了"九似"之说,才渐趋规范和固定。"九似"之说认为,龙是九种动物的神异合一体,只是由哪九种动物的形象合成,说法不一而已。或云角似鹿、头似驼、眼似兔、项似蛇、腹似蜃、鳞似鱼、爪似鹰、掌似虎、耳似牛;或云头似牛、角似鹿、眼似虾、耳似象、项似蛇、腹似蜃、鳞似鱼、爪似凤、掌似虎;或云嘴似马、眼似蟹、须似羊、角似鹿、耳似牛、鬓似狮、鳞似鲤、身似蛇、爪似鹰;或云头似驼、眼似兔、耳似牛、角似鹿、项似蛇、腹似蜃、鳞似鲤、爪似鹰、掌似虎……

　　不管构成"龙"的九种动物怎样置换,龙终归还是"九似",亦可谓"九像九不像"。闻一多所持"图腾合并说"虽遭到质疑,但他和后来的研究者都认可一个铁的事实,那就是,龙是形而上的、具有超凡能量神性的中国文化精神。中国人崇拜龙,崇拜的恰是龙这一文化符号所代表的文化精神。

　　那么,龙文化的精髓究竟是什么呢? 至少不能含糊地认为是所谓"威严而自

---

　　① 本文重点参考文献:玛莉莲·亚隆.乳房的历史[M].何颖怡,译.2版.北京:华龄出版社,2003;房龙.人类的故事[M].刘海,译.西安:陕西师范大学出版社,2007.
　　② 原载:中学历史教学参考,2012(1/2).

信"吧。有学者早就指出,单从表面造型看,龙的形象本身就承载着重要的文化信息,概括说来就是,龙文化蕴涵着中国人天人合一的宇宙观、仁者爱人的互主体观、阴阳交合的发展观、兼容并包的多元文化观。循此本质,中国人的世界观、价值观、人生观也不再迷茫,一个追求天人关系和谐、人际关系和谐、阴阳矛盾关系和谐、多元文化关系和谐的理想目标,就变得非常明晰可见了。如果要提炼几个关键词,我愿意用"天人合一,多元包容,仁爱相得,与时俱进,变通发展,和谐世界"来概括龙文化最主要的内在精神。我以为,以这种内在精神为导向和契机的行动追趋,恰是中国龙文化的精髓所在,因为它已浸透在中华文化的基因里,无处不在,根深蒂固。

龙文化精神是博大精深的,但也有被扭曲的时候,比如"龙"文化符号在历史上被专制帝王独霸,就悖逆了龙文化的内在精神。何况,一个人的"龙文化"是没有生命力的。那些帝王们所霸得的,也不过是表面的"威严而自信"而已,哪有实际的自信可言?殊不知,要赢得威严和自信,毫无疑问,就得让龙文化无处不在,变成所有人的精神,变成所有人的行为。否则,想得到一切,反而丧失一切。

历史也一再表明,赢得一切的最好办法,正是能在知与行上,贯彻龙文化的内在精神。愿我们这些"龙的传人",深彻明乎此中道理,坚定地守望龙的精神,做真正称职的"龙的传人"。而且,在当今纷乱不堪的世界,强调龙文化精神的普世性价值和意义,也尤为重要,不仅关乎中华民族的伟大崛起,还关乎世界的和谐发展。

衷心祝愿读者朋友龙年吉祥、新年新气象、人生好境界!

二十四、丰子恺的漫画《听诊》[①]

丰子恺先生没有用文字解读过他的漫画《听诊》究竟是什么含义,或许漫画本身比文字更具表达力吧。其实,漫画的含义就在画本身,不同的观者,可以有不同的想象和不同的理解。

不过,有一点理解或许你是同意的,那就是地球生病了,医生正在给它听诊。这医生看上去愁眉苦脸的,给人以忧心忡忡之感,至少说明地球病得不轻啊。至于听诊之后,地球究竟得了什么病,怎样去治这病,则似乎需要每一观画者置换角色,自己充当"医生",开出药方,对症下药。

---

① 原载:中学历史教学参考,2013(7).

漫画中的地球,是用地球仪代替的,极
具诙谐讽刺意味的"漫"效果,表面看似乎
非常可笑,实则寓意深刻而非凡。地球仪,
其实象征地球、象征世界、象征人类。听诊
地球,就是给人类世界看病,就是要引人去
思考"宇宙人生"是否健康和怎样去维护
健康。

图 5-37 丰子恺《听诊》

这样来解读,或许是符合丰子恺先生
本意的。因为在丰子恺先生心里,"宇宙是
一大艺术",而且"宇宙间没有可以独立存
在的事物。倘不为全体,各个体尽是虚幻
而无意义了"。那么,作为个体的"我",又
是怎样的呢?"自然不是独立存在的小我,
应该融入于宇宙全体的大我中"①。丰子
恺先生在很多文章里讲,艺术家的境涯应
是"物我一体"的,世间一切"在美的世界中均是有灵魂而能泣能笑的活物"②。这
一点对于人来说之所以是重要的,乃因为"美术是感情的产物,是人生的慰安"。
丰子恺先生还对人类丧失"物我一体"感情的后果提出警示,特别强调说:"人类倘
然没有了感情,世界将变成何等机械、冷酷而荒冷的生存竞争的战场!"③

漫画《听诊》的深意,恰在于此。因为,"只有人类能够知道自己在做什么,并
能够作出审慎的选择",所以,"也只有人类才有作恶的能力"。④ 正是在这个意义
上,人们不难洞悉问题的要害,也就是说,地球是否健康,其另一面恰指人类是否
健康,而听诊地球,本质上也毫无疑问地正是要听诊人类。

如此,病根似乎已然不在地球本身,而是在栖居于地球上的人类了。于是,需
要作出改变的,就不言而喻地只能是人类。何况,人类已经病得不轻,甚至有沉疴
难起之虞,因为正如美国学者拉兹洛(Ervin Laszlo)在《人类的内在限度》一书里所

① 丰子恺.艺术三昧[J].藏画导刊,2013(10).
② 丰子恺.美与同情[M]//丰陈宝等,编.丰子恺文集:艺术卷二.杭州:浙江文艺出版社,浙
江教育出版社,1990:583.
③ 丰子恺.绘画之用[M]//丰陈宝等,编.丰子恺文集:艺术卷二.杭州:浙江文艺出版社,浙
江教育出版社,1990:587.
④ 阿诺德·汤因比.人类与大地母亲——一部叙事体世界史[M].徐波等,译.上海:上海人
民出版社,2001:11.

说:"我们苦苦思索,想要改变地球上的一切,唯独没想过改变我们自己。"①

人啊,人类啊,我们可以发明飞机,却无法发明天空,可以发明船舰,却无法发明海洋……可以发明"一切",却无法发明地球。有健康的人类,才会有健康的地球。宇宙人生都健康了,人在地球上好好地生活才有可能,人诗意地栖居才不是梦。

人啊,人类啊,清醒一点吧!

二十五、"三不猴"究竟意味着什么?②

下面两幅图,一为铜雕,一为石雕,均为"三不猴",形象相似,年代不详。

图 5-38 "三不猴"铜雕

图 5-39 "三不猴"石雕

① 欧文·拉兹洛.人类的内在限度:对当今价值、文化和政治的异端的反思[M].黄觉,闵家胤,译.北京:社会科学文献出版社,2004:5.

② 原载:中学历史教学参考,2016(2).

三只猴子,分别用双手掩嘴、捂耳、蒙眼,意为不说、不听、不看,故名"三不猴"。其寓意,一说源出佛家典故,表现佛教超然处世态度,一说源于《论语》"非礼勿视,非礼勿听,非礼勿言"(加上"非礼勿动"便有"四不猴")的克己复礼规矩,一说源自《老子》"视之不见名曰夷,听之不闻名曰希,搏之不得名曰微"的清静无为境界。

据说东汉时就有"三不猴"土偶,后世"三不猴"则从广场雕塑、拴马桩雕饰等大件,到室内绘画和雕塑形式的挂件、摆件,再到项链、手链等小饰品,种类繁多,分布地域甚广。不止中国如此,"三不猴"还走向了日本、美国、澳大利亚、意大利等世界多地。

自古及今,人们对"三不猴"寓意的理解见仁见智。历史上人大多认为"三不猴"是人们对处世经验中"少说为佳""祸从口出""不见不烦"等认识的形象表达,警示人们为人做事要懂得分寸、严于律己、谨言慎行,而"三不"观点正是对这种认识的智慧提炼,可谓传统文化中人生哲理的精华,而"三不猴"形象直观,既易于广泛传播,亦有助发挥教育作用,故应给予高度评价。

然而,亦有不以为然者,从另一角度做别样诠释,认为"三不"恰恰是导致世事弊端的"人为"根源,这种"人为"因素的最突出特征恰恰是"不作为"——事不关己、高高挂起,习惯于知而不言、听而不闻、视而不见。"三不"是让人用自我封闭、拒绝交流、逃避现实的方式来保护自己、避免痛苦,但结果往往事与愿违。无数历史事实证明,倘若盲目遵从"三不"观点,反而可能导致更大痛苦、酿成更大悲剧。

问题的症结,从根本上看,其实在于"三不"的价值取向。仅就社会层面看,在臣民意义上,"三不猴"的寓意当然有不可低估的"好"处;但在公民意义上,对"三不猴"的寓意,则须廓清真假、善恶、美丑,彻知什么该"不"、什么不该"不"而后谋行动,否则就有害无益。言及此,不禁想起以赛亚·伯林(Isaiah Berlin)"消极自由""积极自由"之说,想起中国群己观中的"独善""兼济"之说,实因这些观念当中有更值得玩味的人生哲理。篇幅所限,就不展开了。

怎样看待"三不猴"寓意,关乎人格与世界的祸福。"三不猴"究竟意味着什么?确实是个问题,不可以简单待之。

二十六、《雅典学院》左下方局部画面中的人物①

雅典学院是古希腊著名哲学家柏拉图兴办的,意大利文艺复兴"三杰"之一著名

① 原载:中学历史教学参考,2017(3).

画家拉斐尔(Raffaello Sanzio)于梵蒂冈宫绘制的巨型壁画《雅典学院》,便是以雅典学院为题的。《雅典学院》描绘了七种自由艺术(语法、修辞、逻辑、数学、几何、音乐、天文)领域的众多著名学者聚集在雅典学院里进行学术讨论的热烈场面。

这幅《雅典学院》局部画面,位于整个画面左下方。关于画面中诸人究竟为谁,尚有不同说法,这里取其中一种加以介绍。实在因为此画本身意蕴颇值得玩味,很想推荐给读者欣赏,但这些介绍文字只可参考,并不具有严格意义上的学术价值,更不可以完全信以为真。为谨慎起见,特做此提示。

图5-40　拉斐尔《雅典学院》局部(左下方)

古希腊著名哲学家、数学家毕达哥拉斯是全画左下方这一局部画面的中心人物,就是画面中蹲坐着正在演算数学题的那位秃顶老人。其左侧有一年轻人在给他扶着小黑板,右侧一秃头老人为哲学家德谟克利特,正眯缝着眼专注地边听边记。头缠白巾的阿拉伯著名医学家、哲学家阿维洛伊也站在毕达哥拉斯身后,微俯身子,手搭胸口,作认真听讲状。站在毕达哥拉斯左上方、内穿黄衣、外罩紫袍的哲学家巴门尼德也被吸引,回头看着毕达哥拉斯。巴门尼德身后是希帕蒂亚,这位被史学家们想象有雅典娜女神般美貌的女性,乃希腊化古埃及哲学家、数学家、天文学家和优秀教师,学术贡献涉及多个领域,最受推崇的贡献是发明了天体观测仪和比重计。

关于希帕蒂亚,这里多说几句。据爱德华·吉本(Edward Gibbon)《罗马帝国衰亡史》等书所述,希帕蒂亚貌美如春花初绽,却思想成熟、为人谦恭,在雅典和亚历山大里亚两地公开讲授柏拉图和亚里士多德的学说。她的讲学因为精彩,总是引得门前车马冠盖云集,各方显赫人士亦不远千里而来,迫不及待地以一睹其风采为快。然而不幸的是,希帕蒂亚正因为影响巨大、名重一时,也成了政治嫉妒的受害者,于是在基督徒中谤言四起,说她是阻碍罗马省长与主教和解的唯一障碍,不清除不罢休。四旬斋期间某日,狂热的基督徒发狠了,毫无人性地将希帕蒂亚扯出车子,剥光衣服,拖到教堂里去,将她杀死,还用蛤蜊壳割下她的肉,并把她还在颤抖着的肢体抛入火焰中。关于希帕蒂亚之死的说法有多种不同版本,遭受暴民暴力攻击而死只是其中一种,有兴趣者可做进一步了解。

拉斐尔将包括希帕蒂亚在内的五十多位著名学者安排在同一画面中,无疑是对人类爱慕智慧、追求真理旗帜鲜明的表彰。人们从中或许会悟彻一个历史常识:欲得天下吉宁,必须兴人文、爱智慧、求真理、祛愚昧!

第六章

历史教育要探真

一、论熙丰农田水利法实施的地理分布
及其经济社会效益①

在中国封建社会众多的政治改革家中,王安石无疑是一位卓荦不群的人物,他以自己渊博的学识、杰出的才能、远大的报负、顽强的毅力、非凡的勇气和辉煌的政绩而彪炳史册。然而,在所有的改革家中,王安石似乎又是最为不幸的,以至于在他身后 900 多年的今日,他的思想及政绩仍不能获得人们一致的承认,这是很不公平的。这与其说是王安石的不幸,不如说是中国史学之不幸。

尤其令人不解的是,在对王安石的一片非难声中,作为直接发展了社会生产力的农田水利法,也遭到了无端的抨击。或指其"不实不当""徒劳烦扰",或责其"劳民费财""甚非善政",如此等等,不一而足。其中虽然也有不少论著对之持肯定意见,却大都停留在法令条文或静态结果的表面分析上,对于农田水利法实施发展过程中的诸种不同因素及其错综复杂的关系和演变,则缺乏更为全面深入的探讨,以至于农田水利法本身固有的创造性及其所产生的巨大历史功绩,一直不能得到充分的肯定。这实在是一种历史的误会,有必要加以廓清。

关于农田水利法的经济思想及熙丰农田水利生产的动态规模,笔者拟作专文论述,本文仅就熙丰农田水利法实施的地理分布及其经济社会效益,进行专题考察,以期收到抛砖引玉之效。

---

① 本文为与杨德泉合撰,先后载三处,内容略有不同:中国历史地理论丛,1988(1);中国宋史研究会编.宋史研究论集[C].石家庄:河北教育出版社,1989;衣川强.刘子健(James T. C. Liu)博士颂寿纪念宋史研究论集[G].日本同朋舍(Dohosha),1989.

（一）熙宁农田水利法实施的地理分布

有人认为农田水利法的实施"事实上只涉及一小部分人口和耕地"，没有"遍行各地"，其效果则是"民劳而无功""费大而不效"，①并企图为这样一个论点寻找依据，即熙丰巨额财富的积累决不是发展生产的成绩，而是"加赋""聚敛"的结果。其实，这种既缩小农田水利法实施的地理范围（以至人口范围），又不深究其效益真相的看法，与历史的事实往往是不相符合的。

笔者认为，史籍关于熙宁三年至九年兴修水利田3600多万亩，以及元丰间垦田比治平间净增1260多万亩的统计并不准确；根据我们的考察，熙丰农田水利生产的总规模当在1亿亩左右。大概正是基于这种原因，王安石才自信地说："自秦以来，水利之功，未有及此。"②这一评论当非虚语。从地理分布上看，熙丰农田水利法的实施不仅遍行各地，而且改变了中唐以后农业经济"南重北轻"的畸形分布状态。以下试分三种类型加以讨论。

1. 灌溉型

熙丰时期，对全国各地已经湮废的各种灌溉工程，几乎都进行了重建或扩建，同时选择水源丰富的河湖川原地带，大规模兴修新的灌溉工程。其中，修复和新建的较大规模的灌溉工程，南方有淮南濠州钟离县长安堰，定远县楚汉泉，淮西寿州古芍陂，宿州临涣、横、斜三沟，万安湖小河，两浙太湖，湖州松江堤，长淮洪泽河、龟山河、捍海堰，苏州运渠及震泽望亭古堰，扬州陈公塘，天长县白马塘、沛塘等三十六陂，古盐河，越州鉴湖，福建莆田县木兰陂等，还有其他各种中小型的河湖塘堤陂港浦等，星罗棋布于两浙、淮南东西诸州和福建、江南东西、荆湖南北、广南东西路（包括海南岛）的大部地区，向西逐渐减少。北方较大的则有开封府界中牟县曹村水挞京东西汴河沿岸，汴南诸水，京、索、金、汜、洛、蔡、惠民、广济等河，房家、黄家、孟王等陂及附近其他三十六陂，许州邢山溵河、石限等河，济阴县古堤河，共城县三渡河旧河槽，金州西城县长乐堰，唐州东西邵渠、马仁陂及九字等十五陂，襄州古淳河陂堤，京东梁山泊、张泽泊，济州南李堰，濮洲马陵泊，河北诸州黄河、滹沱河、葫芦河、御河、无棣河、二股河、清水河、鱼肋河、秦河、新河、沙河，西起太行东至海滨的缘边塘泊，河东汾水、丹河、晋祠水利，永兴军万年县灞、浐河，武功县六门堰，邠州石门堰至云阳、泾阳之间郑白渠、泾水堤堰，耀州漆水

① 李焘. 续资治通鉴长编·卷225·熙宁四年七月丁酉（刘挚语）[M]. 北京：中华书局，1985.
② 李焘. 续资治通鉴长编·卷263·熙宁八年闰四月乙巳[M]. 北京：中华书局，1985.

堤,秦凤路渭水中上游、洮水流域等。史料所示北方灌溉工程的地理分布比南方更为广泛。

值得一提的是,在农田灌溉事业的大规模发展过程中,出现了全国大范围的水利技术交流现象,比如开封府界的大量官荒地,就是"募诱闽蜀民"兴修水利而种上了水稻的。① 特别是熙宁五年调发淮南、两浙、江南、荆湖、成都、梓州等府路"谙晓耕种稻田农民"罪犯300人前往洮水流域的熙州等地;②熙宁八年又"募京西、江南陂匠"前往洮水至渭水上游开渠堰、作陂堤以溉田。③ 可见北方灌溉工程已经扩展到西北边陲的洮渭流域。

粗略估计,熙丰灌溉型农田水利工程的受益面积,占农田水利生产总规模的40%左右,即4000万亩以上。

2. 淤田型

淤田是一种比较特殊的水利田。史称"当时人淤田,只要(河水)泛淤","随地形筑堤,逐方了当,以此免淹浸之患,遂有成功"。④ 神宗耳闻目睹了熙宁间淤田的大量成就之后也懂得"大河源深流长,皆山川膏腴渗漉,故灌溉民田,可以变斥卤而为肥沃"。⑤ 程师孟自嘉祐以来在河东主持淤田,总结其经验编成《水利图经》一书,惜今已佚。但程师孟在熙宁九年的一次奏语,却为我们留下了了解淤田基本情况的根据:"臣昔提点河东刑狱兼河渠事。本路多土山高下,旁有川谷,每春夏大雨,众水河流,浊如黄河矾山水,俗谓之'天河水',可以淤田。绛州正平县南董村旁有马壁谷水,劝诱民得钱千八百缗,买地开渠,淤瘠田五百余顷。其余州县有天河水及泉源处,亦开渠筑堰,皆成沃壤。"⑥可见,淤田工程的方法是,依自然地势,由高趋低开渠筑堤,设立斗门闸口,引"天河水"淤溉瘠地,使之变为膏腴,并防止"淹浸之患"。

与灌溉工程相比,淤田工程受自然条件更多限制。首先,投入淤田的水资源必须含有较高的腐殖质,即因水土流失造成的"山川膏腴渗漉","浊如黄河"的矾山水泥流——天河水,当时流经黄土川原的黄河各干支河流正好具备这种条件。其次,淤田的季节性较强,受季风气候的影响,只能在降水量集中且能够形成"天

① 李焘. 续资治通鉴长编·卷247·熙宁六年十月丁丑/卷293·元丰元年十月乙卯[M]. 北京:中华书局,1985.
② 李焘. 续资治通鉴长编·卷239·熙宁五年十月甲辰[M]. 北京:中华书局,1985.
③ 李焘. 续资治通鉴长编·卷263·熙宁八年闰四月壬寅[M]. 北京:中华书局,1985.
④ 李焘. 续资治通鉴长编·卷264·熙宁八年五月甲戌注[M]. 北京:中华书局,1985.
⑤ 李焘. 续资治通鉴长编·卷295·元丰元年十二月甲辰[M]. 北京:中华书局,1985.
⑥ 李焘. 续资治通鉴长编·卷277·熙宁九年八月庚戌[M]. 北京:中华书局,1985;参阅: 徐松. 宋会要辑稿·食货7之30[M]. 北京:中华书局,1957.

河水"的雨季进行。

"淤田之法,其来盖久",时人沈括认为汉代"泾水一斛,其泥数斗,且粪且溉,长我禾黍"的"粪"就是"淤"。① 汉唐各代少数地方确有一些淤田事例。然而,由国家主持进行大规模淤田,乃始于熙丰。熙宁间的淤田规模最大,以至政府设有独立机构即淤田等司专理其事。

熙丰淤田实际地理范围,大致遍及黄河中下游的京畿、京东西、河北、河东、永兴军等路。其中比较集中的地方有泾渭下游与黄河之间的朝邑、同州、解州、河中府,黄河沿岸的安昌、澶州、酸枣、阳武,汴河沿岸的中牟、祥符、陈留、雍邱、南京(商丘)等地,以及汾水、滹沱河、葫芦河、漳河、清水河、沙河、新河沿岸各地。淤田总面积估计占熙丰农田水利生产总规模的25%左右,即2500万亩上下,这在中国封建社会几乎是绝无仅有的。

3. 干旱半干旱垦荒型

主要分布于干旱半干旱及降水量并不太低但较少灌溉条件的地区,以人烟稀少的山区和缘边、次边地区为多。马端临说"天下荒田未垦者多……治平、熙宁间相继开垦",②范围非常广泛,大致呈"S"状分布,较为集中的地点有河北牧地,河东路的麟、府、丰、忻、代、宪、宁化等州军,永兴军路的鄜、延、绥德、环、庆等州军,秦凤路的原、泾、德顺、陇、渭、秦、熙、河、兰、会、通远、洮、岷、阶等州军,京西南北二路的唐、邓、许、汝、蔡、襄等州,京东郓州东平等地,荆湖北路的沅州,川峡路的南平军、泸州,广南西路的桂州、黎峒(海南岛)等地。熙丰所垦干旱半干旱耕地的面积,约占熙丰农田水利生产规模的35%以上,即3500万亩以上。

综上可见,熙丰农田水利法的实施几乎遍及全国各地,而且与中唐以后农田水利生产的地理分布形成非常鲜明的对照。

中唐以后,我国经济重心日趋南移,"赋出天下,江南居十九"③,"国家根本,仰给东南"④;而北方地区往往"人烟断绝,千里萧条"。北宋中期以前,因受到与辽夏频仍交兵的影响,全国经济发展的不平衡状态仍很严重。财政开支主要仰赖南粮北漕,每年漕额凡六百万石以上,造成南方养活北方的尖锐矛盾。至北宋中期,旱涝连年,朝政偷惰,"慢于农政",甚至连正在发展着的南方农田水利也听任

① 沈括. 梦溪笔谈·卷24·杂志一[M]. 北京:中华书局,1961.
② 马端临. 文献通考·卷4·田赋考·历代田赋之制[M]. 北京:中华书局,1986.
③ 韩愈撰,马其昶校注. 韩昌黎文集校注·卷19·送陆歙州诗序[M]. 上海:上海古籍出版社,1986.
④ 脱脱,等. 宋史·卷337·范祖禹传[M]. 北京:中华书局,1979.

湮废,圩埠河塘"大半隳废"。① 王安石曾就此大声疾呼:"固有地不辟,兼陂塘失修治,或修治不完固,或沟洫圩埠废坏,州县吏失提辖,此地利所以未尽也。"②一些仁人志士如范仲淹也曾力图改变这种局面,收效却都极微,而熙丰政府"除历世之弊","振非常之功",才基本改变了这种局面。

熙丰政府推行农田水利法,不仅一改南方农田水利"大半隳废"的局面,而且使北方的农田水利事业获得迅猛发展,与南方基本并驾齐驱。前述灌溉工程的一半之多,垦田的绝大多数,淤田的全部,都分布在北方,总计约占熙丰全国农田水利生产总规模的65%左右。由于农田水利生产的发达,京东"地富谷粟",③富冠全国,河北淤溉工程密如蛛网,时人称其"丰富如京东",④京畿、河东、永兴军等路大规模淤田、灌溉,每每使沙碱瘠薄盐卤之地"尽成膏腴",⑤而缘边、次边垦荒则使一些地区如鄜延路几乎"无闲田可耕"。⑥ 这就迅速改变了中唐以后农田水利生产"南重北轻"的畸形地理分布格局。

(二)熙丰农田水利法实施的经济效益

经济效益是社会效益赖以发挥的直接基础,熙丰农田水利法实施的经济效益究竟如何,史书没有全面准确的统计,但从一些零散记载也可推知大略。

就南方而论,史称"江淮荆楚之地,民业窳薄,率以水田为生"。但熙宁以前却是"虽有耕耘之劳,而罕勤堤防之利",不管怎样精耕细作,终或不免旱涝之虞。以至水利曾很发达的一些地区,都逃不脱"频岁力耕疾种,不潦则旱"之劫运。⑦ 经过熙丰时期大规模兴举水利灌溉工程,增强了农业的抗灾能力,加上集约耕作,土壤结构得以改善,地力大为提高,虽然旱涝天灾无岁不有,但高产稳产面积仍在迅速扩大。如熙宁八年,福建莆田县建成木兰陂后,"后人墢海而耕,皆仰余波。计其所溉,殆及万顷,变潟卤为上腴,更旱暵为膏泽……自是南洋之田,天不能旱,水

---

① 范仲淹. 范文正公政府奏议·卷上·答手诏条陈十事[M]//范文正公集. 上海:商务印书馆,万有文库,1937.

② 李焘. 续资治通鉴长编·卷214·熙宁三年八月丙子[M]. 北京:中华书局,1985.

③ 李焘. 续资治通鉴长编·卷348·元丰七年八月丙戌[M]. 北京:中华书局,1985.

④ 李焘. 续资治通鉴长编·卷236·熙宁五年闰七月辛亥[M]. 北京:中华书局,1985.

⑤ 李焘. 续资治通鉴长编·卷277·熙宁九年八月庚戌[M]. 北京:中华书局,1985;参阅:徐松. 宋会要辑稿·食货7之30[M]. 北京:中华书局,1957.

⑥ 马端临. 文献通考·卷7·田赋考·屯田[M]. 北京:中华书局,1986.

⑦ 徐松. 宋会要辑稿·食货7之21、22[M]. 北京:中华书局,1957.

不能涝"。① 在王安石的诗里也可以看到当时南方许多地区"陂水渐多""青秧漫漫""陂麦连云"的景象,即使山区也是"麦行千里不见土,连山没云皆种黍"的美好田园图景。由于农田水利工程功能的良好发挥,过去一家一户普遍使用的抗旱工具龙骨车都在被弃而不用:"水秧绵绵复多余,龙骨长干挂梁梠","倒持龙骨挂屋敖,买酒浇客追前劳;三年五谷贱如水,今见西成复如此"。② 所谓谷贱如水,亦绝非无稽之谈。史载"熙宁五年,苏、湖大稔,米价视淮南才十之五"③。从此,"淮浙连岁丰稔,谷贱"④。元丰三年,又是"逐路今岁秋熟,物价甚贱"⑤。淮南诸州自熙宁七年以来"二麦丰熟",于是"及时兑籴出散,不得积留以致陈坏"⑥。后来,"水利司于淮南收籴下小麦万数不少","计元籴价"使"运致入京,比都下市直犹贱"⑦。广西也往往"大稔,粒米狼戾",非常有利于南边国防"蓄积"⑧。甚至连极力反对新法的司马光也不得不承认熙丰年间南方许多地区谷米"狼戾",⑨苏辙亦谓"诸路米无所售"⑩。这些事例可以说明,由于农田水利生产发达,熙丰时期南方农业在先前的基础上获得了更为迅速长足的发展。

与南方相比,北方农田水利生产的经济效益亦毫不逊色。

京畿、京东西、河北、河东地区水源丰富,熙丰时期兴复的灌溉工程遍布黄河各干支流域,浚河筑堤,引水排水,灌溉田地的结果,使"向时鸿卤,今皆肥壤",单位面积产量成倍增长。如熙宁四年,修复济州南李堰、濮州马陵泊,排泄积水,建立灌溉工程,得良田 42 万余亩,夏秋两熟,产菽麦约二百至三百万石,平均亩产4.76 至 7.16 石,已超过了江浙的一般亩产量,于是余粮大增,"散在公私,以备饥岁"。⑪

值得称道的是,熙丰间的淤田,由于利用腐殖质较高的"天河水",既淤溉瘠

① 林大鼎《李长者传》,转引自吴泰《熙丰新法散论》(《宋辽金史论丛》第一辑,中华书局,1985).

② 王安石. 临川集·卷27·南荡·春郊·陂麦/卷1·后元丰行·元丰行示德逢[M] //王水照. 王安石全集. 上海:复旦大学出版社,2016.

③ 李焘. 续资治通鉴长编·卷248·熙宁六年十二月戊寅 [M]. 北京:中华书局,1985.

④ 李焘. 续资治通鉴长编·卷300·元丰二年十月辛丑[M]. 北京:中华书局,1985.

⑤ 李焘. 续资治通鉴长编·卷307·元丰五年八月乙卯[M]. 北京:中华书局,1985.

⑥ 李焘. 续资治通鉴长编·卷275·熙宁九年五月辛巳[M]. 北京:中华书局,1985..

⑦ 李焘. 续资治通鉴长编·卷281·熙宁十年四月丙戌[M]. 北京:中华书局,1985.

⑧ 李焘. 续资治通鉴长编·卷348·元丰七年八月戊子[M]. 北京:中华书局,1985.

⑨ 苏轼. 苏轼文集·卷16·司马温公行状[M]. 北京:中华书局,1986.

⑩ 苏辙. 栾城集·卷37·论发运司以籴籴米代诸路上供状[M]. 上海:上海古籍出版社,1987.

⑪ 徐松. 宋会要辑稿·食货1之29 [M]. 北京:中华书局,1957.

地,又防止干旱,兼收施肥、灌溉和改良土壤三利,其经济效益尤为明显。譬如开封府界所"淤田土,视之如细面然"。据一寺僧说,此地"旧有田不可种,去岁以淤田故,遂得麦"。① 有些淤田的淤层至有"如面厚尺余","极有深处"者。② 元丰元年,"二府奏事,语及淤田之利",神宗说他曾遣官"往取淤土,亲自尝之,极为细润"。③ 淤田的肥力增高后,地价也随之上升。熙宁五年起规定,所淤官田"赤淤"地价每亩二点五至三贯,"花淤"地价每亩二至二点五贯,有承买者则"作三年限输纳,仍于次年起税",百姓争相租买,为了不失良机,甚至有"愿添钱或近限输纳者"。④ 需求量急剧增大,无疑是因为淤田的使用价值提高的缘故。同时,政府给官吏的赏地、职田也多变为淤田,显然已被列为"上腴"。大概所淤私田的效用比所淤官田更高,价格也高,程师孟在绛州淤田,自嘉祐五年至熙宁九年,历 17 年间,地价提高 3 倍,由每亩二至三贯,提高到每亩六至九贯;亩产由 0.5 至 0.7 石,提高到 2 至 3 石,亦在 3 倍左右,⑤ 已赶上了宋仁宗时江浙的亩产水平。此外,"河弃高地"或改道之后留下来的河床滩地,经开垦,与人工淤田有同等效用,可视为特殊的淤田。比如"漳、洛河人户数十人经待漏,谢朝廷与开河出美田三四百里";⑥ 熙宁九年,朝廷差官吏"用浚川杷于二股河上下疏浚,夺过水势,却归二股河行流,兼退滩内民田数万顷,尽成膏腴"。⑦ 所谓"开河出美田"和"退滩膏腴",说的就是这种特殊淤田。

熙丰北方农田水利经济效益的增长主要还表现在以下几个方面。

第一,水稻生产纬度迅速提高。早自中唐以后,黄河流域的水稻生产日趋衰落,北宋时许多人甚至已不敢相信汴水、泾水流域可种水稻。熙宁初,变法者欲在汴水流域修水利种水稻,苏轼就反对说:"汴水浊流,自生民以来不以种水稻。秦人之歌曰:'泾水一石,其泥数斗,且溉且粪,长我禾黍',何尝言长我粳稻耶!"⑧ 司马光亦以为"决汴水以种稻……道路之人,共所非笑"。⑨ 但事实是,熙丰时期,不

---

① 李焘. 续资治通鉴长编·卷 221·熙宁三年三月戊子[M]. 北京:中华书局,1985.
② 李焘. 续资治通鉴长编·卷 223·熙宁四年五月乙未[M]. 北京:中华书局,1985.
③ 李焘. 续资治通鉴长编·卷 295·元丰元年十二月甲辰[M]. 北京:中华书局,1985.
④ 李焘. 续资治通鉴长编·卷 230·熙宁五年二月壬子[M]. 北京:中华书局,1985.
⑤ 李焘. 续资治通鉴长编·卷 277·熙宁九年八月庚戌[M]. 北京:中华书局,1985;参阅:徐松. 宋会要辑稿·食货 7 之 30[M]. 北京:中华书局,1957.
⑥ 李焘. 续资治通鉴长编·卷 236·熙宁五年闰七月辛亥[M]. 北京:中华书局,1985.
⑦ 李焘. 续资治通鉴长编·卷 278·熙宁九年十月丁酉[M]. 北京:中华书局,1985.
⑧ 苏轼. 苏轼文集·卷 25·上神宗皇帝书[M]. 北京:中华书局,1986.
⑨ 司马光. 司马文正公传家集·卷 44·乞罢条例司常平使疏[M]. 上海:商务印书馆,万有文库,1937.

仅汴水及京、索、金、澳、石限等水两岸及泾渭二水中下游流域的大量"荒闲地土""牧马草地"被开辟而种上了水稻,①而且河北二股河、清水河、鱼肋河、滹沱河等河沿岸,以至深州、保州、雄州、沧州沿边都大兴水利,扩大了水稻种植面积。② 特别是西北边境的洮河流域,本来已久不识水稻,也因灌溉工程的建立而开始有所种植。据王韶说,"近洮可为稻田,欲得善种稻者",因而有大批南方农民被征调往洮渭流域。③

第二,粮食连岁丰收,边计大半自给,漕运显趋减少。北宋与辽夏兵事频繁,"冗兵""冗费"极为严重,国家穷于应付,而"扰扰之形见于江淮之间"。熙丰间则以大力发展农田水利生产而力求自给。前述缘边、次边地区采用兵农相参方法大举垦荒的主要目的就是解决边计,"不惟地利,可助边储",④以自给自足为目的,所占土地宽绰,人均最低限度 100 亩,有马者再加 50 亩,租赋较低,"免支移折变",于是垦辟益广,水利日兴,"边民始复有稼穑之利"。⑤ 虽或不免"广种薄收",但个体劳动生产率并不低,大可实现自给以有余。如元丰七年,"延州秋稼丰稔,民户不能蓄积,以待价"。⑥

陕西、河东号称"难值丰岁",但自从熙丰时期大兴农田水利以来,几乎连年都获得丰收,余粮大增,收成后多"入粟于缘边、次边",⑦军粮基本上借助"住籴",即就地购买解决,漕粮大为减少。比如熙宁九年,熙河乃"本路岁丰",设法"广籴"。⑧ 陕西转运使皮公弼奏云:"本路今岁极丰……乘贱计置。若他岁物价稍高,则缘边已有蓄积,不烦朝廷供亿。"⑨元丰元年,河东都转运使陈安石言:"年谷屡登,当广行计置,乞于河北权住籴……以备朝廷缓急移用。"⑩据司农寺奏,此年

① 李焘. 续资治通鉴长编·卷 218、264[M]. 北京:中华书局,1985;徐松. 宋会要辑稿·食货 7 之 28、61 之 104 [M]. 北京:中华书局,1957;脱脱,等. 宋史·卷 95·河渠志五[M]. 北京:中华书局,1977.

② 脱脱,等. 宋史·卷 95·河渠志五[M]. 北京:中华书局,1977;李焘. 续资治通鉴长编·卷 293[M]. 北京:中华书局,1985;徐松. 宋会要辑稿·食货 7 之 20、21[M]. 北京:中华书局,1957.

③ 李焘. 续资治通鉴长编·卷 239·熙宁五年十月甲辰[M]. 北京:中华书局,1985.

④ 李焘. 续资治通鉴长编·卷 331·元丰五年十二月癸丑[M]. 北京:中华书局,1985.

⑤ 李焘. 续资治通鉴长编·卷 344·元丰七年三月庚申注[M]. 北京:中华书局,1985.

⑥ 李焘. 续资治通鉴长编·卷 347·元丰七年七月丙寅[M]. 北京:中华书局,1985.

⑦ 李焘. 续资治通鉴长编·卷 276·熙宁九年六月丁亥[M]. 北京:中华书局,1985.

⑧ 李焘. 续资治通鉴长编·卷 277·熙宁九年九月戊寅[M]. 北京:中华书局,1985.

⑨ 李焘. 续资治通鉴长编·卷 278·熙宁九年十月戊子[M]. 北京:中华书局,1985.

⑩ 李焘. 续资治通鉴长编·卷 288·元丰元年二月庚午[M]. 北京:中华书局,1985.

"诸路蚕麦丰熟"。① 元丰三年,全国"是岁大稔"。② 元丰六年,河东转运司又言:"岁甚丰,粮草价贱",利用诸府州封桩钱"补助籴买"。③七年,范纯仁云"今秋陕西田稼丰稔,将来军民必皆足食",④知永兴军刘庠亦说"今夏丰稔,可以广籴"。⑤河东路经略使吕惠卿言:"河外缘边秋稼登稔,可市粮草,以便公私。"⑥

河北亦是连续丰收,"异于常岁"。⑦ 作为重要军事基地,其军粮自元丰二年就基本靠当地余粮解决,专设"河北籴便司,更不计置"。⑧ 元丰六年增修北京东西济、胜、定州衍积、宝盈,以及瀛州等五仓,"各二千楹"收籴余粮。⑨ 至次年,据措置河北籴便吴雍说,"见管人粮、马米总千一百七十六万石,奇赢相补,可支六年,河北十七州边防大计,仓廪充实"。⑩

处于内地的京畿、京东西则更有甚之。仅开封府界淤田,每岁就可增出余粮数百万石。⑪ 连司马光也说京师已"有七年之储""米益陈",⑫大概主要也是储存了当地余粮。京东西的"襄、邓间,比年丰稔,仓廪充实",⑬"山东沿海州郡地广,一遇丰岁则谷价甚贱"。⑭ 元丰七年,京东西各州"夏秋丰稔","菽麦斗六七钱",⑮与江淮一样,也是"谷米狼戾"。政府通过和籴、封桩及小范围的转往缘边、次边,对充实边计起了至为重要的作用。

陆佃曾说:熙宁间"积贮如丘山,屋溢漏不能容,又别置库增广之……迨元丰年间,年谷屡登,积粟塞上,盖千万石"。⑯ 这些积贮主要是靠北方自给,而不是南粮北调。司马光忧虑地说:"东南钱荒,而米狼戾,今不籴米而漕钱,弃其有余,取其所无,农末皆病矣。"⑰是否"农末皆病"姑不论,北方粮食大范围实现了自给有

① 李焘. 续资治通鉴长编·卷289·元丰元年五月乙亥[M]. 北京:中华书局,1985.
② 李焘. 续资治通鉴长编·卷305·元丰三年六月己未[M]. 北京:中华书局,1985.
③ 李焘. 续资治通鉴长编·卷337·元丰六年七月丁卯[M]. 北京:中华书局,1985.
④ 李焘. 续资治通鉴长编·卷345·元丰七年五月辛酉[M]. 北京:中华书局,1985.
⑤ 李焘. 续资治通鉴长编·卷348·元丰七年九月戊午[M]. 北京:中华书局,1985.
⑥ 李焘. 续资治通鉴长编·卷348·元丰七年八月辛未[M]. 北京:中华书局,1985.
⑦ 李焘. 续资治通鉴长编·卷338·元丰六年八月庚子[M]. 北京:中华书局,1985.
⑧ 李焘. 续资治通鉴长编·卷296·元丰二年正月甲申[M]. 北京:中华书局,1985.
⑨ 李焘. 续资治通鉴长编·卷336·元丰六年闰六月辛卯[M]. 北京:中华书局,1985.
⑩ 李焘. 续资治通鉴长编·卷343·元丰七年二月庚午[M]. 北京:中华书局,1985.
⑪ 李焘. 续资治通鉴长编·卷265·熙宁八年六月戊申[M]. 北京:中华书局,1985.
⑫ 苏轼. 苏轼文集·卷16·司马温公行状[M]. 北京:中华书局,1986.
⑬ 李焘. 续资治通鉴长编·卷276·熙宁九年六月壬子[M]. 北京:中华书局,1985.
⑭ 李焘. 续资治通鉴长编·卷249·熙宁七年正月辛酉[M]. 北京:中华书局,1985.
⑮ 李焘. 续资治通鉴长编·卷349·元丰七年十月乙酉[M]. 北京:中华书局,1985.
⑯ 陆佃. 陶山集·卷11·神宗皇帝实录叙论[M]. 北京:中华书局,1985.
⑰ 苏轼. 苏轼文集·卷16·司马温公行状[M]. 北京:中华书局,1986.

余,漕粮大多代之以漕钱,则是确凿无疑的事实。熙宁七年,神宗也说:"今岁江淮上供粮实至京师者,比元额不及三分之一。"①这正如吕惠卿所言"坐仓得米百万斛,则省东南百万之漕"。②

熙丰间漕运减少的另一面是,汴河等漕河水大量被用于灌溉和淤田,有人却对此进行大肆非难。张方平就言之甚烈:"汴河之于京师,乃是建国之本,非可与区区沟洫水利同言也。"然而,他所说"近岁已罢广济河(漕运),而惠民河斛斗不入太仓",却是事实;担忧汴河之政"屡作改更,必知汴河日失其旧",也属事实。而所谓"大众之命,惟汴河是赖"③乃是"旧"事,而今的确很有可能成为历史的陈迹。这些,恰恰是"沟洫水利"的功效所在。王安石等变法派认为"沟洫水利"乃治国养民之根本,而不是什么漕运,无疑是非常正确的。因为漕运只能造成财富的转移而不是增殖。南粮北调,往往富不了北方,却穷了南方。但这在反变法派眼里却成了王安石的一大罪状,认为"安石乃于根本之地(漕河),数出高奇之策以动之,其罪大矣"。④ 这是毫无道理的。

总之,熙丰农田水利法的实施,在全国各地产生了巨大的经济效益,改变了中唐以后农业经济"南重北轻"的地理分布格局,南北农业基本并驾齐驱,而且都获得迅猛发展。水利田(灌溉田和淤田)扩展至6500多万亩,产量比以前普遍提高2—3倍,若以北宋一般亩产量(二至三石)计之,则每年就可产粮一万三千至一万九千五百万石;又新开垦干旱半干旱耕地3500多万亩,即使以北宋一般最低亩产量(一石左右)估算,每年产粮最低也在三千五百万石以上。这样,仅农田水利生产的发展,每年就给社会增加一万六千五百万石,最高可达二万三千万石以上的粮食,这是熙丰年间巨额财富的主要来源,也是熙丰年间整个社会经济走向繁荣的基础,同时也雄辩地证明了这一巨额财富主是要发展生产的结果。

(三)熙丰农田水利法实施的社会效益

然而,有人却认定熙丰巨额财富的积累绝不是发展生产的成绩,而是"加赋""聚敛"的结果,"王安石变法的重点,是加强对贫民下户的搜刮"。其中一个根据便是:熙丰财富的"主要来源"不是田赋,"农田水利法对发展生产起了某些作用",但所增加的田赋"显然是有限的",因而"只能作为评价变法的次要方面"。

① 李焘.续资治通鉴长编·卷257·熙宁七年十月乙酉[M].北京:中华书局,1985.
② 苏轼.苏轼文集·卷16·司马温公行状[M].北京:中华书局,1986.
③ 李焘.续资治通鉴长编·卷269·熙宁八年十月壬辰[M].北京:中华书局,1985.
④ 马端临.文献通考·卷6·田赋考·水利田[M].北京:中华书局,1986.

这就几乎完全抹杀了农田水利法实施的全部社会效益。

评价农田水利法实施得失的最终依据理应是:生产了多少财富,这些财富又以怎样的形态存在于社会,从而给社会带来了多少实利。其实,农田水利法的经济思想本身就贯穿了极其强烈的社会效益原则:满足"富国""裕民"的社会需要。笔者认为,农田水利法的经济思想从属于王安石的"理财之道"和"急农"原则,即要达到这样的目标:"因天下之力以生天下之财,取天下之财以供天下之费";①"理财以农事为急,农以去其疾苦、抑兼并、便趣农为急"。② 事实上,这种思想和原则在农田水利法实施过程中就得到了非常充分的体现。主要有以下几点。

1. 讲求水利,赈济灾民。

北宋"自庆历以来,南北饥馑相继"。但朝政苟且,虽有赈济之策,却大都消极无效,"其术不过发常平、敛富民、为饘粥之养、出糟糠之余"。这在财政"积贫"已甚的北宋中期,无异于扬汤止沸,并非治本之法。王安石深砭其弊说:"以有限之食,给无数之民,某原其活者,百未有一,而死者白骨已被野矣。此有惠人之名,而无救患之实者也。"③

当时至为流行的是所谓"食粥赈济法","减灾者皆聚民城郭中,为粥食之"。④然而,其所付代价有增无减,收益反而有减无增。煮粥散饥民,"蒸为疾疠,及相蹈藉,或待哺数日不得粥而仆。名为救之,而实杀之"。⑤ 不仅不能绝失业流亡之路,反而往往"出粟不继,是诱之失业而就死地也"。⑥

在王安石看来,救灾的根本办法乃是发展经济,讲"富民化俗之道","建长久之策,兴大来之功",使"上有善政,而下有储蓄之备",而不是"见患而后虑,见灾而后救"。⑦ 一言以蔽之,就是要改变"一切惟务苟且"的弊政,实行"今及未困,募之兴利"的政策。⑧ 农田水利法正是贯彻了这一思想并取得重大成绩的最主要的政策之一。史称当时"募人兴修水利,既足以赈救食力之农,又可以兴陂塘沟港之

① 王安石. 临川集·卷39·上仁宗皇帝言事书[M]//王水照,主编. 王安石全集. 上海:复旦大学出版社,2016.
② 李焘. 续资治通鉴长编·卷220·熙宁四年二月庚午[M]. 北京:中华书局,1985.
③ 王安石. 临川集·补遗·再上龚舍人书[M]//王水照,主编. 王安石全集. 上海:复旦大学出版社,2016.
④ 脱脱,等. 宋史·卷313·富弼传[M]. 北京:中华书局,1977.
⑤ 脱脱,等. 宋史·卷313·富弼传[M]. 北京:中华书局,1977.
⑥ 脱脱,等. 宋史·卷316·唐淑问传[M]. 北京:中华书局,1977.
⑦ 王安石. 临川集·补遗·再上龚舍人书[M]//王水照,主编. 王安石全集. 上海:复旦大学出版社,2016.
⑧ 李焘. 续资治通鉴长编·卷264·熙宁八年五月丙寅[M]. 北京:中华书局,1985.

废"。① 南宋人董煟称颂这一惠政是"以工役救荒者也",治流民根源而"易为力"之法也。②

熙丰兴举农田水利工役救灾,虽然有些地方官"多且如旧,不肯推行",③但推行范围仍相当广泛,几乎遍及内地缘边,渗透于灌溉、淤田、垦荒等各类生产。以唐州最早大规模推行,被称为"唐州例",作为范例在全国施举。史称唐州招淮、湖、河北之民万余户,"辟田疏水","殆无旷土",④经济日趋繁荣,民户安居。邓、汝、蔡、济州类此。南京(商丘)、宿、亳、泗、庐、寿、濠、歙、秀、常、润、真、扬、江宁、徐、单、沂、淮阳等州军的农田水利生产基本都是借助了此法的。值得注意的是,随着北方粮食逐步走向自给,南方的上供粮大量被允许截留,用于招募"缺食人""饥民"兴修水利。而常平仓、和籴仓、省仓等储粮在其中也起了很大作用。比如,熙宁五年,就给浙西赐拨十万石上供粮;⑤给南京、宿、亳、泗州十万石常平粟。⑥熙宁六年,又给真、扬、润州赐拨常平粮各三万石。⑦ 次年,两次给淮南东路拨上供米共十万石。⑧ 熙宁八年,又给江浙、淮南上供米三十万石,⑨等等。北方兴工救灾的范围更广。京畿、京东西、河北、河东大都募人兴修水利,永兴军耀州的漆水堤也是发省仓募流民修治的。缘边、次边各地,则主要招募汉蕃弓箭手及厢军耕垦,成绩尤为突出。

诚如朱熹所说:"赈济无奇策,不如讲水利。到赈济时成甚事?""平居须是修陂塘始得,到得旱了赈济,委无良策。然下手得早,亦得便宜。"⑩讲求水利,正是熙丰变法派推行的赈济"良策",在全国各地收到了不可低估的经济社会效益。其一,由政府把原来用于赈济的谷米,转变为雇募投资费用,以雇募饥民流民兴修农田水利,与单纯赈济相比,二者投资费用相同,而所产生的效用却悬殊于"就死"与

① 李焘. 续资治通鉴长编·卷237·熙宁五年八月辛丑[M]. 北京:中华书局,1985.
② 董煟. 救荒活民书·卷2[M]. 北京:中华书局,1985.
③ 李焘. 续资治通鉴长编·卷264·熙宁八年五月丙寅[M]. 北京:中华书局,1985.
④ 李焘. 续资治通鉴长编·卷192·嘉枯五年七月壬寅及注/卷233,熙宁五年五月壬辰[M]. 北京:中华书局,1985.
⑤ 李焘. 续资治通鉴长编·卷230·熙宁五年二月壬子[M]. 北京:中华书局,1985.
⑥ 李焘. 续资治通鉴长编·卷238·熙宁五年九月壬子[M]. 北京:中华书局,1985.
⑦ 李焘. 续资治通鉴长编·卷247·熙宁六年九月戊申、壬午/卷248·熙宁六年十二月癸未[M]. 北京:中华书局,1985.
⑧ 李焘. 续资治通鉴长编·卷252·熙宁七年四月乙卯、壬午/卷258·熙宁七年十二月辛未[M]. 北京:中华书局,1985.
⑨ 李焘. 续资治通鉴长编·卷269·熙宁八年十月辛丑[M]. 北京:中华书局,1985.
⑩ 黎靖德. 朱子语类·卷106·浙东·南康[M]. 北京:中华书局,1986.

"救活"之间。恰似王安石所说如此则"官所费无加,而饥民得实惠"。① 其二,充分调动流民等闲散劳力"就业",减轻了对社会安定的冲击。其三,兴修农田水利于灾荒未发、流民未滋之时,防止失业者积聚,有力地推动了整个社会经济的稳步发展。如熙宁间,蒋之奇在淮东,当时"岁恶民流,之奇募使修水利以食流者",溉田 90 万亩,活民 8.4 万人。② 再如,熙宁农田水利官程昉,募民修治滹沱河,出好田 100 万亩,又引滹沱河淤却 40 万余亩良田,修漳河退出三县民田,免遭淹浸之害,"百姓群至京师经待漏院,出头谢朝廷差到程昉开河,除去百姓三二十年灾害"。③ 可见,熙丰农田水利生产的财富存在的形态之一是用于赈济灾民流民,调动他们充分"就业",发展生产,在去农疾苦,"便趣农"上显示了十分可观的社会效益。

2. 摧抑兼并,均济贫弱

北宋中期,"贫者欲耕而或无地,富者有地而或乏人"的现象特别严重。④ 农业劳动生产率由此沦于衰敝。土地兼并使丰富的土地资源与大批的劳动力相分离。地主"田广而耕者寡,其用功必粗";农民则"山林薮泽原隰之地可垦辟者往往而是",然而,由于贫困,"食不自足,或地非己有,虽欲用力,末由也已"。⑤ 变法派通过多种渠道"摧抑兼并,均济贫弱"以解决这个问题。农田水利法理所当然是关键,因为农田水利生产碰到的问题首先就是与土地所有权密切相关的土地兼并。有人认为王安石回避了"土地兼并"问题,其实并非如此。

变法派最为直接的作法是:剥夺或转换兼并地主之家妨碍农田水利生产的有关土地所有权,并对这些土地的使用权重新进行调配。比如,黄河北流后,大名至乾宁跨十五州退出田地甚广,深虑权豪横占,于是连同那些"元旧地主因水荒出外",尚"未知归请"的田地,熙宁初年就开始专差朝臣前往,与本地当职官吏"同行标定","纽定租税,均行给受",租佃给贫苦无地的农民以事耕垦,即"募人耕植"。⑥ 如果说这种剥夺土地所有权的做法是乘地主之危,尚不足当作摧抑"兼并"的力证,那么,下面以法律手段剥夺或转换土地所有权的事例,则是更具有说服力的。

---

① 李焘. 续资治通鉴长编·卷 264·熙宁八年五月丙寅[M]. 北京:中华书局,1985.

② 脱脱,等. 宋史·卷 343·蒋之奇传[M]. 北京:中华书局,1977.

③ 李焘. 续资治通鉴长编·卷 249,熙宁七年正月甲子[M]. 北京:中华书局,1985.

④ 李觏. 李觏集·卷 6·国用第四[M]. 北京:中华书局,1981.

⑤ 李觏. 李觏集·卷 16·富国策第二[M]. 北京:中华书局,1981.

⑥ 徐松. 宋会要辑稿·食货 1 之 27[M]. 北京:中华书局,1957;马端临. 文献通考·卷 4·四赋考·历代田赋之制[M]. 北京:中华书局,1986.

农田水利法明文规定："水利可及众,而为人占擅;或田土去众用河港不远,为人地所隔"等"但干农田水利事件"、"有碍条贯"者,"即奏取旨"。① 并且鼓励百姓陈述包括兼并之害在内的农田利害,有功则奖励以至拜官。在推行过程中又不断重申,对于徇情枉法的官吏严加惩处,规定"如明见管内官吏百姓所陈农田利害,可以兴除,妄有沮废……重行降黜,亦不在去官及赦原之限"。② 大概当时与土地兼并的斗争很激烈,被苏轼称为"冒佃之讼",并取得很大成效。熙宁四年,苏轼奏《上皇帝书》,极力非难农田水利法,却恰恰从反面说出了变法派当时把权豪横占的大量田地收归国有,"招人耕佃",转换给农民佃耕的事实。其云:"四方遗利,盖略尽矣。今欲凿空访寻水利……岂惟徒劳,必大烦扰……如此则妄庸轻剽、浮浪好人,自此争言水利矣……格沮之罪重,而误兴之过轻……且古陂废堰,多为侧近冒耕,岁月既深,已同永业。苟欲兴复,必尽追收,人心或摇,甚非善政。又有好讼之党,多怨之人,妄言某处可作陂渠规坏,所怨田产,或指人旧业以为官陂,冒佃之讼,必倍今日。臣不知朝廷本无一事,何苦而行此哉?"③所谓"侧近冒耕"之名,无法掩盖"权豪横占"之实;"好讼之党"可能正是变法派,"多怨之人"当然也主要是备受兼并之苦的贫困农民。"追收"权豪之家"冒耕"的"古陂废堰"变为"官陂",不是所谓"冒佃""妄兴",而是"摧抑兼并,均济贫弱"的表现。熙丰间,也正是由于诸色人"争言水利",才使"四方"所谓地利经过"兴役","盖略尽矣"。这怎么能说"甚非善政"!

毋庸讳言,熙丰间对土地兼并的直接"摧抑",偏重于"抑"而稍轻于"摧"。比如,在无碍"条贯",不干扰农田水利生产的情况下,一般地主兼并之家的土地几乎原封未动。因生产所占用的兼并地主的土地,基本上都"计其顷亩"在其他地方如数"拨还",甚至拨还的大都是上等好田,或者"两倍其值"以货币形式偿还。④ 然而,这也意味着土地使用权甚至所有权的流动,给兴修农田水利扫清了障碍,也非常有利于农民租佃更多的田地和好地,进而在一定程度上改善了农业生产关系。

另外,还有一种比较间接的"摧抑兼并,均济贫弱"的方式,即迫使兼并之家按规定出资,增加农田水利生产投资。规定"工役浩大,民力不能给者",一方面"劝谕"他们按青苗钱例"出钱借贷",既限制"以邀倍息",又助民"缺乏";另一方面,也通过法律手段,迫使势豪兼并之家按工程大小、占田多寡出备人工、物料和钱

---

① 《农田利害条约》,见:徐松. 宋会要辑稿·食货1之27、28[M]. 北京:中华书局,1957. 下引不再注明。
② 徐松. 宋会要辑稿·食货1之29[M]. 北京:中华书局,1957.
③ 苏轼. 苏轼文集·卷25·上神宗皇帝书[M]. 北京:中华书局,1986.
④ 徐松. 宋会要辑稿·食货7之23、24[M]. 北京:中华书局,1957.

粮,"如有人户不依元限开修,及出备名下人工、物料,有违约束者,科罚钱斛"。如浙西兼并之家数十户,有一户出役钱六百贯的,当然"或非情愿",而尚能如此,是因为他们"惮刑责而已"。用王安石的话说,"然所以摧兼并,当如此"。王安石并明确指出:摧抑兼并,与修农田水利以救凶年,不仅是农田水利法的目的,同时也是青苗、免役等法的目的。① 尽管这种投资与政府投资和农民投资比起来极其有限,但却有不可忽视的意义。兼并之家因此不得不在一定程度上降低地租出租土地,或者极其有限地放弃土地占有量。这对改善土地和劳动力的结合关系,进而改变农民"末由"用力和地主"用功必租"的土地经营方式,提高劳动生产率,仍是有积极作用的。

3. 减免田赋,丰裕民财

对农民来说,倘若租赋较高,无利可图,必然无意于耕作。如此,则农田垦而复荒、水利兴而又废的悲剧自不可免。熙丰变法派为了发展农田水利生产,针对这一状况,遵循了王安石"民不加赋而国用饶"②的"急农"原则。比如,农田水利法正式开始全面推行的熙宁三年,河北西路农民苦于"起立粳稻米水税",多不愿兴修水利,于是规定"依旧管税,更不增添水税名额"。此例并推行于河北东路和陕西路等种稻区。神宗曾就此说:"所贵人户各肯兴修水利。"③熙宁四年,全国各地所修水利"民已获利",然"虑州县遽欲增税",自是规定"应兴修水利,垦开荒梗,毋增税",④终熙丰时代而未改。

马端临说:治平、熙宁间所开荒田"凡百亩之内,起税止四亩(即4%),欲增至二十亩(即20%),则言者以为民间苦税重,再至转徙,遂不增……而遗利之在民多矣,此仁厚之泽所以度汉唐欤"!⑤ 由此不难看出,熙丰农田水利生产的财富(田地及粮食)的96%,最低可能在85%左右主要以私有形态存在于承佃农民,而田赋仅占了4%,最高可能在15%左右。这与号称"盛世"的汉唐时期"三十税一"的最低田赋限额相比,也是相差不多的。

此外,熙丰时期,把包括新增加的农田水利田在内的耕地,按肥瘠程度,分为五等征税,受灾八分以上者,大都得到减税免税的优待。尤其对新垦辟的荒田瘠地,几乎都免去三至五年田赋然后起税,而受灾二至三分以上的田地,就可减税

---

① 李焘. 续资治通鉴长编·卷237·熙宁五年八月辛丑[M]. 北京:中华书局,1985.
② 司马光. 司马文正公传家集·卷42·延英奏对[M]. 上海:商务印书馆,万有文库,1937.
③ 徐松. 宋会要辑稿·食货7之20,21[M]. 北京:中华书局,1957.
④ 脱脱,等. 宋史·卷95·河渠志五[M]. 北京:中华书局,1977.
⑤ 马端临. 文献通考·卷4·田赋考·历代田赋之制[M]. 北京:中华书局,1986.

免税。①

政府对贫弱农民租赋的宽优,不仅刺激了农民劳动生产的积极性,而且更为重要的是,由于"遗利之在民多矣",大大改变了农民的贫困处境,在很大程度上丰裕了农民财富,为扩大再生产提供了一定物质基础。这正是熙丰农业劳动生产率在全国取得普遍迅速提高的重要保证。王安石有诗云:当时"家家露积如山垄,黄发咨嗟见未曾","丰年处处人家好,随意飘然得往还"。② 这些诗句说明新法是给农民带来了"五谷丰登""家给人足"的极大实惠的,何以能说只是"加强"了对农民的"搜刮"!

4. 摆脱积贫,国用丰饶

王安石认为:"夫水旱者,天时之常有也。仓廪财用者,国家常不足也。以不足之用,以御常有之水旱,未见其能济焉。"③基于这样的认识,王安石力行农田水利法,既收到了"御水旱"之实效,又实现了"富民化俗""民不加赋而国用饶"的实利。有人否认这一点,将"国用饶"归因于"加赋""聚敛",显然是不合事实的。

首先,熙丰田赋较低,是指单位面积而言,由此并不能推出实施农田水利法对增加田赋"显然有限"的结论。因为经过大规模兴举农田水利,田亩总数在不断增加。单位面积田赋虽"不增",但田赋总数却逐步在大幅度增加。仅熙丰兴修农田水利田就高达 1 亿亩左右,每年总产粮食一万六千五百至二万三千万石,即使以4%的最低田赋限额计算,每年田赋就增加六百六十至九百二十万石,超过原先南方六百多万石的漕额还有余。若加上原来其他田亩所增田赋,数目就更大了。

其次,应该指出,熙丰间丰富的粮食储存,有很多不是通过征税而是通过收买、和籴余粮为渠道获取的。前举河北专设"籴便司"收籴余粮,致"边防大计,仓廪充实",主要也是"因藉丰年"。④ 这些事例也可证明"民不加赋而国用饶"这一事实。

最后,熙丰国家一改过去"积贫"局面,致"中外府库,无不充衍";⑤同时,民间也是谷米"狼戾""家给人足"。被"搜刮"得"食不自足""生灵涂炭"的情况与前后各代比较起来,为数确系不多。这正是仰赖了农业劳动生产率在全国各地普遍

① 马端临. 文献通考·卷4·田赋考·历代田赋之制[M]. 北京:中华书局,1986.

② 王安石. 临川集·卷27·歌元丰[M]//王水照,主编. 王安石全集. 上海:复旦大学出版社,2016.

③ 王安石. 临川集·补遗·再上龚舍人书[M]//王水照,主编. 王安石全集. 上海:复旦大学出版社,2016.

④ 李焘. 续资治通鉴长编·卷343·元丰七年二月庚午[M]. 北京:中华书局,1985.

⑤ 脱脱,等. 宋史·卷328·安焘传[M]. 北京:中华书局,1977.

提高,"连岁丰稔"的结果。

综上可见,由于农田水利法的成功实施,熙丰时期在农业上,不仅"民不加赋"而实现了"国用饶",而且同时又丰裕了民财,宽优了民力。这不正是"抑兼并、便趣农""取天下之财以供天下之费"的最好证明吗!

(四)熙丰农田水利法的历史价值

熙丰(1068—1085 年)农田水利法在全国各地大规模的推行,改变了中唐以后农业经济"南重北轻"的畸形地理分布格局,南北方农业发展基本趋于平衡,创造出一系列为人震惊叫绝的经济社会效益。第一,增加农田水利田 1 亿多亩,每年总计增产粮食达一万六千五百至二万三千万石。这是一笔巨大的耕地和粮食财富,显示出农田水利生产的辉煌经济效益。第二,这些财富是在改善了封建农业生产结构的前提下创造的。熙丰变法派通过摧抑兼并,减免田赋,招募农民"就业",有力地推动了农田水利生产的发展,克服了"食粥赈济"诱民"就死"的弊端,既宽优了民力,丰裕了民财,又极大地刺激了农业劳动生产率在全国各地普遍迅速的提高。第三,顺利地摆脱了"积贫"困境,为"富国强兵"奠定了比较坚实的物质基础。熙丰北方粮食大范围自给有余,边计军费大都赖以自给,漕运显趋减少,南方农业也因而减轻了漕粮负担,从而获得了更为迅猛的发展。第四,熙丰"中外府库,无不充衍",关键是仰赖了农业生产的迅速发展。

由此可以断然肯定:王安石变法中最关键的变法——农田水利法之实施是成功的。其发展了农业以至整个社会生产力的经济社会效益是辉煌的,政绩是显著的。这一点是谁也无法抹煞的。

二、陕西在宋代的历史地位[①]

古代的陕西,曾经以其优越的自然环境和杰出的贡献而闻名中外,声震遐迩。早在距今百万年之前,陕西的蓝田就有了人类活动的踪迹,说明陕西地区是古代人类的重要发祥地之一。在以后中华民族发展的文明史上,陕西又是周秦汉唐等十数个王朝建都之地,成为当时全国政治、经济和军事文化的中心。然自唐末国都东迁以后,陕西的历史遂不为人所重,其实这是颇失公允的。本文拟从经济、军

---

①　本文为与杨德泉合撰。原载:漆侠. 中日宋史研讨会中方论文选编[C]. 保定:河北大学出版社,1991.

事和文化等方面对陕西在宋代的历史地位做一比较全面的论述。不当之处,尚望得到专家学者的指正。

(一)陕西在宋代经济方面的发展

宋代陕西路行政区划实际分为永兴军和秦凤两路,包括今陕西省大部和甘肃省东南部,兼及今青海、宁夏、山西、河南诸省各一隅。

从社会经济上进行考察,陕西在宋代,一改中唐以后日趋凋敝的局面,开始走向复苏,并在很多领域获得了空前发展。

其间成绩最为显著、对社会经济影响最大的首先当推农田水利的恢复与发展。享誉古今的关中郑白渠,秦汉时期溉田面积高达44500顷,而自唐中后期只有6200余顷,[①]到宋初不及2000顷,仅为秦汉时代的1/22,[②]其衰败程度可想而知。但经北宋真、仁、神历朝多次修复,渐至"水利饶足,民获数倍",[③]徽宗大观四年修竣全部工程,赐名"丰利渠",溉田增至35090顷。[④] 按现今市制折合,秦汉1大亩≈0.69市亩,唐1大亩≈0.54市亩,而宋1亩≈0.9市亩,[⑤]则郑白渠溉田面积历代最高纪录约为:秦汉30700市顷,唐5400市顷(以永徽间1万顷为最高计算),[⑥]而宋(丰利渠)31500市顷,显见宋略高于秦汉,竟是唐代的五六倍。不止如此,以后各代也都未能超过宋代。尽管元代又开王御史新渠,《元史》等谓"溉农田四万五千余顷",[⑦]但显系夸大,元人李好文实地考察才得"渠下可溉五县九千余顷"。[⑧] 且《明史》亦载"元犹溉八千顷",同时称明代最高纪录"溉五县田八千四百余顷",[⑨]清代基本因旧未增,[⑩]迄今(泾惠渠)也不过13500市顷。[⑪] 于是宋代"功大而利久"的丰利渠,就理所当然地成为关中水利史上一座空前绝后的历史丰碑。还应指出,郑白渠区自宋仁宗以来,还是各地学习水利技术的中心。天圣间,

---

① 杜佑. 通典·卷2·食货二[M]. 北京:中华书局,1988.
② 徐松. 宋会要辑稿·食货7之2,3[M]. 北京:中华书局,1957.
③ 脱脱,等. 宋史·卷94·河渠志四[M]. 北京:中华书局,1977.
④ 李好文. 长安志图·卷下、中[M]. 西安:三秦出版社,2013.
⑤ 参阅:吴慧. 中国历代粮食亩产研究[M]. 北京:农业出版社,1985.
⑥ 杜佑. 通典·卷2·食货二[M]. 北京:中华书局,1988.
⑦ 宋濂,等. 元史·卷65·河渠志二[M]. 北京:中华书局,1972;柯劭忞. 新元史·卷54·河渠志三[M]. 北京:中国书店,1988.
⑧ 李好文. 长安志图·卷下、中[M]. 西安:三秦出版社,2013.
⑨ 张廷玉. 明史·卷88·河渠志六[M]. 中华书局,1974.
⑩ 刘於义,等修. 沈青崖,等纂. 陕西通志(习称"雍正《陕西通志》")·卷39[M]. 上海:上海古籍出版社,四库全书.
⑪ 陕西师范大学地理系. 西安地理志[M]. 西安:陕西人民出版社,1988:154.

监察御史王沿建议修复漳河渠堰,遭到洺州通判王轸等人的反对,王沿遂举郑白渠例驳"轸等不知溉田之方,作堰之法",并数次上疏"请命(河北)水工诣郑白渠观疏导之利",或者像"徙江南罪人"一样,郑白溉区犯罪百姓"令皆徙相州,教百姓水种陆莳之利",则漳渠之复,"谋易成矣"。① 又如,长安韦曲等地还使用了既能碾谷麦,又能磨面粉的具有多种功能的水磨,宋人张舜民《水磨赋》谓:韦曲一带"麦禾山积,碓臼相直,齿牙相切,碾磨更易,昼夜不息……不匮一夫之力,曾无崇朝之久,而可给千人之食,如是则驴马不用,麦城任坚,农夫力穑,知者图焉"。② 这表明,宋代关中人民不仅治渠作堰的本领居于北方领先地位,用王沿的话说可与江南媲美,而且利用水利资源于工业的技术也名列前茅,韦曲水磨技术在当时也是领先于世界的。

在陕南,久已堙废的兴元府(今汉中)山河堰,在北宋时也得到了修复,由"六堰"组成,"灌溉甚广",南宋初又废,孝宗时再次"尽修六堰,浚大小渠六十五",溉田2300余顷。③

在秦凤路,水利亦呈勃兴势头。如徽宗政和间,修渠引邈川(即湟水)溉田1000顷,受益湟人,号之为"广利渠"。同时附近的汉唐故渠也得到修复,溉西宁、湟、廓等州善田26000顷。《宋史》赞其功"为他路最"。④

水利的发展,不仅抑制了中唐以后水田渐缩之势,使泾渭以至洮湟边陲都大量种上了水稻,⑤而且提高了粮食产量,熙宁间秦州沿渭亩产3石,⑥关中自不在其下,虽稍次于同时期的江浙(亩产3—4石),却超过了唐代京畿良田亩产2石的最高纪录。

主要分布于沿边地带的山区丘原,则重点采取了进筑堡寨,包占良田,招募汉蕃百姓充当乡兵,以耕战兼备的营屯垦荒等措施,效果最好的要数所谓"陕西弓箭手营田法",曾使昔日屡遭破坏的沿边经济复苏,多致"人户庄园物业繁富",⑦"郡邑既已雄盛,人民既已富庶……谷日益贱"。⑧

在封建社会,人口的增长,与经济尤其农业的发展往往是互为因果的。宋元丰初,永兴军、秦凤二路各计有户962318,崇宁初增至14513822户,这一数字,既

① 李焘.续资治通鉴长编·卷104·天圣四年八月辛巳[M].北京:中华书局,1985.
② 李好文.长安志图·卷下、中[M].西安:三秦出版社,2013.
③ 脱脱,等.宋史·卷95·河渠志五[M].北京:中华书局,1977.
④ 均见:脱脱,等.宋史·卷357·何瓘传[M].北京:中华书局,1977.
⑤ 李焘.续资治通鉴长编·卷239·熙宁五年十月甲辰[M].北京:中华书局,1985.
⑥ 徐松.宋会要辑稿·食货1之29[M].北京:中华书局,1957.
⑦ 李焘.续资治通鉴长编·卷500·元符元年七月辛亥[M].北京:中华书局,1985.
⑧ 李焘.续资治通鉴长编·卷460·元祐六年六月丙午[M].北京:中华书局,1985.

打破了在同一区域上①西汉116328户及唐天宝初881181户这两个历史的最高纪录,又是金元明数百年间远所莫及的里程碑。② 与同期各地比,崇宁初永兴军路1001498户,在北方诸路居首位,在全国23路中犹居第四。③ 这种人口大幅度增羡的背景,正在于农业劳动生产率的普遍提高。如果以嘉祐四年为界分北宋为两段,则前期100年间(960—1060年),陕西"户口滋息,农桑丰富","温衣饱食……熙熙相乐",④关中粮食除完全自给外,尚有大量剩余通过漕运支援外地。如宋初的东京便是"岁仰关中谷麦以给用……历三十年,国用无阙"。⑤ 太平兴国年间,江淮漕粮始通东京,陕西漕粮遂减至80万石粟菽,但这在北方诸路中仍为最大漕额。

嘉祐四年以后的97年间(1060—1127年),关中粮食基本中止外运,但农业仍在发展,以至曾有"四五十万之兵,连年仰食",⑥也未出现太大困难。与汉唐东粮西调支援陕西相反,北宋陕西最苦恼的不在缺粮,而在兵力分布不均导致的移粟支边。事实恰是,除陕北绥州等极个别边地因道路遥险偶尔仰食于邻近的河东外,陕西其他地区根本就从未有过粮食受外地支援的事(虽不无议论)。神宗时常见"陕西路并边丰稔",⑦甚至"民户不能蓄积以待价",⑧所谓"积粟塞上,盖千万石",⑨正是当时陕西的写实。哲、徽二朝,陕西"诸路丰熟"亦颇多闻,⑩只因连年用兵粮价常贵而已,占全国1/3的驻兵始终如欧阳修早已预言的"惟取足于西人而已"。⑪

农业劳动生产率的普遍提高,为社会分工提供了多种可能,专门从事工商业的人数增多,城乡商品经济也借此得到了发展。

就手工业看,首先,酿酒业就直接仰赖了粮食生产的大量剩余而显得非常发

---

① 参阅:谭其骧,主编. 中国历史地图集:第二、五、六册[M]. 北京:中国地图出版社出版,1982.
② 梁方仲. 中国历代户口、田地、田赋统计[M]. 上海:上海人民出版社,1980.
③ 梁方仲. 中国历代户口、田地、田赋统计[M]. 上海:上海人民出版社,1980.
④ 司马光. 司马文正公传家集·卷41·论横山疏/卷34·乞罢刺陕西义勇第四札子[M]. 上海:商务印书馆,万有文库,1937.
⑤ 脱脱,等. 宋史·卷274·侯赟传[M]. 北京:中华书局,1977.
⑥ 马端临. 文献通考[M]. 卷25,国用三[M]. 北京:中华书局,1986.
⑦ 徐松. 宋会要辑稿·食货39之23至40之12[M]. 北京:中华书局,1957.
⑧ 李焘. 续资治通鉴长编·卷347·元丰七年七月丙寅[M]. 北京:中华书局,1985.
⑨ 陆佃. 陶山集·卷11,神宗皇帝实录叙论[M]. 北京:中华书局,1985.
⑩ 徐松. 宋会要辑稿·食货39之23至40之12[M]. 北京:中华书局,1957.
⑪ 欧阳修. 欧阳文忠公集·卷45·通进司上书[M]. 上海:上海书店,四部丛刊初编,1989.

达。北宋陕西熙宁前后有酿酒务 300 多个,①规模一般都较大,如秦州每年造麹水碨户变磨"用麦数万石",②税收极厚,军费尤资其利。史载熙宁十年以前,全国酒税年额在 20 万贯以上的州府有 10 个,其中陕西竟有 5 个(即秦州、京兆府、延州、渭州、凤翔府,酒税合计 1369933 贯),同时,陕西还有 4 个州军酒税在 10 万贯以上,14 个州军在 5 万贯以上,5 万贯以下的州军还有一些。③ 照此,陕西此时的酒税额在 246 万贯以上。超过了唐代陕西不说,还远超过了唐代全国酒税最高时的年额总数(天宝间酒税最高,全国总计 156 万贯④)。

自唐代兴起的耀瓷生产,至宋熙丰间也臻于鼎盛,无论其规模、产品种类,还是专业化程度和技术,都远逾前代。元丰七年所立《德应侯碑》⑤有云,耀州"居人以陶器为利,赖之谋生","为衣食之源",又谓耀瓷的工艺水准"巧如范金,精比琢玉","击其声,铿铿如也;视其色,温温如也"。在宋人看来,耀瓷(尤其上贡青瓷)与当时号称"秘色"的名牌产品越瓷相伉俪。耀瓷的销路也甚广,且不说国内食肆"以其耐久,多用之",⑥还远销到朝鲜、日本、东南亚、伊朗和东非等地。

在造船业方面,北宋陕西凤翔府的斜谷造船场在全国就举足轻重,由天禧末年全国 11 个大型造船场的年产船数可见⑦:虔州 605,凤翔府(斜谷)600,吉州 525,谭州 280,鼎州 241(一作 240),明州 177,台州 126,温州 125,婺州 103(一作 105),楚州 87,嘉州 45。宋代陕西自洮渭至黄河,商品、军饷的转徙"舳舻远属",⑧正是借助了兴旺发达的斜谷造船业。

作为社会经济一大支柱的矿产坑冶手工业,如果说唐代还仅限于商州一隅的铜矿采冶,那么到宋代,无论是坑冶种类还是其空间分布,都比唐代有了飞跃发展。宋陕西矿产及其开采地大致为⑨:金—商(州);银—秦、陇、凤、商、虢;铜—

---

① 徐松. 宋会要辑稿·食货 19 之 6 至 9[M]. 北京:中华书局,1957.

② 徐松. 宋会要辑稿·食货 8 之 33[M]. 北京:中华书局,1957.

③ 徐松. 宋会要辑稿·食货 19 之 1 至 8[M]. 北京:中华书局,1957;马端临. 文献通考[M]. 卷 17,征榷四[M]. 北京:中华书局,1986.

④ 欧阳修,宋祁. 新唐书·卷 54·食货志四[M]. 北京:中华书局,1975;参阅:刘昫,等. 旧唐书·卷 49·食货志下[M]. 北京:中华书局,1975.

⑤ 《德应侯碑》,今存西安碑林博物馆。

⑥ 陆游. 老学庵笔记·卷 2[M]. 北京:中华书局,1979.

⑦ 马端临. 文献通考[M]. 卷 25·国用三[M]. 北京:中华书局,1986;徐松. 宋会要辑稿·食货 46 之 1[M]. 北京:中华书局,1957.

⑧ 脱脱,等. 宋史·卷 304·王济传[M]. 北京:中华书局,1977.

⑨ 马端临. 文献通考·卷 18·征榷五[M]. 北京:中华书局,1986;脱脱,等. 宋史·卷 185·食货志下七[M]. 北京:中华书局,1977.

陕、耀、同、坊、仪、凤、凤翔、虢;铁—凤翔、陕、虢、仪;锡—商、虢;水银—秦、阶、商、凤;丹砂—商。时人写延州谓"沙堆套里三条路,石炭烟中两座城"。① 表明陕西的煤已有大量开采,不仅居家已普遍把煤当柴烧,还用作工业燃料,著名的耀州瓷器就是用煤烧造的。前代人所谓"石脂",被沈括名为"石油",在陕西鄜、延境内也已被大量利用,居民已知"采入缶中",作为生活燃料,并用来制墨,有名之为"延川石液"者,②而且还用在军事上作为"猛火油"。宋人曾说"西北边城防城库,皆掘地作大池,纵横丈余,以蓄猛火油。不阅月池上皆赤黄,又别为池而徙焉"③。北宋东京广备攻城作坊中有"猛火油作",④其原油可能主要采自陕北,这在当时世界上是最为先进的。就冶铸产量讲,以铸钱为例,元丰年间全国铜钱冶铸年额为506万贯,而陕西60万贯,居其12%;全国铁钱总年额889234贯,其中陕西75万贯,竟占84%。⑤ 换言之,铜铁钱合计,陕西铸钱规模几近全国的1/4。尤应指出,宋代陕西一地的铸钱年额(只计铜钱)竟然几乎是唐代全国最高年额总和的两倍(天宝间最高,岁铸铜钱才32.7万贯⑥)。而且陕西铸钱技术高超,各地铸钱遂多"仿陕西",或"用陕西式",或"依陕西料例"。⑦

就商业看,丝绢矾药瓷漆器牛羊骡驼皮毛等商品的转贩既广且远,尤其以解盐—川茶—蕃马为主的三角贸易市场更是久盛不衰。宋初的买马市场就多设在陕西,自仁宗以后则尽被陕西所囊括。熙丰以后,茶马贸易始趋繁盛,"国马专仰市于熙河秦凤矣",⑧最高年额不止3万匹,绍圣间规定了最低定额,也不下2万

① 庄绰. 鸡肋编·卷上[M]. 北京:中华书局,1983.
② 沈括. 梦溪笔谈·卷24·杂志一[M]. 北京:中华书局,1961.
③ 康与之. 昨梦录[M]. 北京:中华书局,1991.
④ 徐松. 宋会要辑稿·职官30之7[M]. 北京:中华书局,1957;王得臣. 麈史·卷上·朝制[M]. 上海:上海古籍出版社,1986:4.
⑤ 马端临. 文献通考·卷9·钱币二[M]. 北京:中华书局,1986.
⑥ 司马光. 资治通鉴·卷242[M]. 北京:中华书局,1956;欧阳修,宋祁. 新唐书·卷54·食货志四[M]. 北京:中华书局,1975;马端临. 文献通考·卷8·钱币一[M]. 北京:中华书局,1986.
⑦ 脱脱,等. 宋史·卷180·食货志下二[M]. 北京:中华书局,1977.
⑧ 马端临. 文献通考·卷160·兵十二[M]. 北京:中华书局,1986;脱脱,等. 宋史·卷198·兵志十二[M]. 北京:中华书局,1977;徐松. 宋会要辑稿·兵24之8、30[M]. 北京:中华书局,1957.

匹,①以至南宋时期秦州买马市场也占相当比重。② 熙丰间,陕西茶马市场多达332处,茶货主要来看四川41个买茶场(包括今陕西汉中在内)及京西路金州(今陕西安康)6个买茶场,后来东南茶也开始贸于陕西,这一市场如此深宏广阔,以至税收年额曾自50万贯逐渐增至100万贯,③相当于同期全国商税总收入的1/10左右。④ 其盛况,正如时人所云:"蜀茶总入诸蕃市,胡马常从万里来。"⑤

北宋时陕西与西夏为邻,国家出于军事需要对陕西市场颇多干预,但陕西始终仍是商贾云集、贸易繁荣之地。按诸史籍,卢甘、丁吴、于阗、吐蕃、回鹘等处商人赴陕贸易者,牵马担货,不远万里,纷至沓来,甚至其中不少人还"多缘互市家秦陇间"。⑥ 国内各地商贾亦骈集于此,图谋厚利,所谓"关陕以西至沿边诸路,颇有东南商贾,内如永兴军、凤翔府数处尤多"。⑦ 不过,在西北市场上起主导作用的,还是陕西商人,主要大宗商品如茶盐的贸易就几乎被他们所垄断。《宋会要》谓"陕西诸州客旅,无问老少,往来道路,交错如织",自来"兴贩解盐入川,却买川茶于陕西州军货卖,往还获利最厚"。熙宁间陕西商人平均每年贩卖入川的解盐达10万席,贩回川茶6万驮,约用本钱201万贯,⑧相当于整个茶马市场税收年额的2倍有余。陕西商人的这种实力还反映在南宋初年材料中,当时迁居杭州的西北人"辐辏骈集,数倍土著,今之富商大贾,往往而是"。⑨

宋代陕西的城乡商品经济也异常繁荣,熙宁十年以前,陕西设有216个商税务,后又增至264个,⑩不仅遍及城镇,还分布在草市、关、堡等地。像人口众多、市镇密集环绕的京兆、秦、凤翔、华、耀等地,则更是商业发达的大都会。如京兆府,元丰初有户223312,崇宁初增至234699,各县平均人口密度既高于汉唐,又超过了

① 马端临.文献通考·卷160·兵十二[M].北京:中华书局,1986.脱脱,等.宋史·卷198·兵志十二[M].北京:中华书局,1977;徐松.宋会要辑稿·兵24之8、30[M].北京:中华书局,1957.
② 马端临.文献通考·卷160·兵十二[M].北京:中华书局,1986.脱脱,等.宋史·卷198·兵志十二[M].北京:中华书局,1977;徐松.宋会要辑稿·兵24之8、30[M].北京:中华书局,1957.
③ 脱脱,等.宋史·卷184·食货志下六[M].北京:中华书局,1977.
④ 据《宋会要辑稿》食货15至17,熙宁十年全国商税878万多贯.
⑤ 吴曾.能改斋漫录·卷7·事实·蜀运茶马利害[M].上海:上海古籍出版社,1960.
⑥ 李焘.续资治通鉴长编·卷101·明道元年七月甲戌[M].北京:中华书局,1985.
⑦ 李焘.续资治通鉴长编·卷344·元丰七年三月癸丑[M].北京:中华书局,1985.
⑧ 徐松.宋会要辑稿·食货24之9至10,55之39,30之13[M].北京:中华书局,1957.
⑨ 徐松.宋会要辑稿·食货38之19[M].北京:中华书局,1957.
⑩ 徐松.宋会要辑稿·食货15之14至20[M].北京:中华书局,1957.

北宋的京畿。商税熙宁十年为 82475 贯,比之前的 56904 贯增长了 45%。① 再如秦州,"与西蕃诸国连接,蕃中物货四流","商旅之利尽归民间",②"最号繁富"。③沿边城寨也多都不乏繁华景象,如渭州笼竿城、羊牧隆城、静边寨、得胜寨就"生齿繁多",而笼竿城尤其"蕃汉交易,市邑富庶"。④

还应指出,北宋长安发生的两次罢市风潮,⑤不仅充分显示了宋代长安工商业者阶层的群体意识继唐代之后又有了新的增长,而且说明以工商业者为主体的市民等级已逐渐成长为一支不可轻觑的社会力量。这都进一步表明了宋代陕西商品经济的长足发展。

(二)陕西在宋代政治、军事方面的重要性

陕西自古不仅以经济发达而昭称"天府""陆海",而且山河形胜甲天下,又是自古逐鹿建都重地,政治、军事地位颇为重要。

地理环境在古代对政治、军事的重大影响是众所周知的,有人说自中唐而后,以迄宋元,所谓天下"地气"已转向东北,关中的军政地位因而失重。⑥ 这是极不科学的。道理很简单,国都的迁移并不意味着地利或者说"地气"与前代有何不同。若将关中(即永兴军路)和陇右(即秦凤路)合而观之,则宋代的陕西西依青藏高原,东北两面襟带黄河,北仰横山,南屹秦岭,本为出战入守极为有利之地。尤其是这种山川形势,迤向陇山之东的关中,则更趋险绝,"自高而下,牵连而来,倾跌而去,建瓴而落",⑦其间的散漫川谷,则有潼关、散关、武关、萧关等关隘控扼通道,战易胜,守易固,战国时苏秦谓其"四塞之国",⑧汉初娄敬亦以"被山带河,四塞以为固"来形容,⑨田肯更以"持戟百万,秦得百二焉",⑩劝汉高建都关中。不仅如此,天下地势又西北高东南低,而陕西的这种"四塞百二"之形势,恰恰处在

① 杨德泉. 试谈宋代的长安[J]. 陕西师范大学学报(哲学社会科学版),1983(4).
② 徐松. 宋会要辑稿[M]. 食货 37 之 14[M]. 北京:中华书局,1957.
③ 司马光. 司马文正公传家集·卷 22·论张方平第三状[M]. 上海:商务印书馆,万有文库,1937.
④ 李焘. 续资治通鉴长编·卷 139·庆历三年正月丙子[M]. 北京:中华书局,1985.
⑤ 参阅:江少虞. 宋朝事实类苑·卷 10·文潞公[M]. 上海:上海古籍出版社,1981;脱脱,等.宋史·卷 317·钱即传[M]. 北京:中华书局,1977.
⑥ 赵翼. 廿二史札记·卷 20·长安地气[M]. 北京:中华书局,1963;汪之昌. 青学斋集·卷 28·书赵云崧《论长安地气》后[M]. 北京:中国书店.
⑦ 王士性. 广志绎·卷 3[M]. 北京:中华书局,1981.
⑧ 司马迁. 史记·卷 69·苏秦传[M]. 北京:中华书局,1959.
⑨ 班固. 汉书·卷 43·娄敬传[M]. 北京:中华书局,1962.
⑩ 班固. 汉书·卷 1 下·高帝纪[M]. 北京:中华书局,1962.

西北部,犹天下之"头脊",枕西北而蹬东南。正如明代人顾祖禹所说,"陕西据天下之上游,制天下之命者也"。① 就是宋人亦莫不认为,"长安四塞,天府之国",②"陕右乃天下根本",③"秦中之强弱,常为天下之重轻"④。

具体来看,北宋建都东京(开封),然此地四野平旷,"形势涣散,防维为难",⑤加之辽金北雄,夏国西扰,名为"天下根本"的国都有时难免不稳固,因而所谓根本之地却在紧邻辽夏的河北和陕西。但是"河朔地平,去边千里",除恃黄河以为固外,"绝无险扼之地",⑥以至辽兵长驱澶渊,略无阻制。所以,宋人有评:"天下之势莫如雍",⑦"论本朝屏翰之势,莫重关中"⑧。有人甚至尖锐地指出:"关辅静,则蜀货吴财交至","四方无虞……四夷无事",相反"关辅乱,则剑阁、江南各有所守",⑨倘使"贼兵外扰,群盗内侵","恐朝廷宵旰之忧,不在一方矣"。⑩ 惟其如此,君臣对陕西无论是外患还是内忧的重视都远胜于他地,以至西夏首领李继迁、元昊前后两次犯边,稍致关中骚乱,即"朝廷旰食,怀西顾之忧"。⑪ 而灵州、永乐之败,神宗竟"当宁恸哭,宰执不敢仰视"。⑫

问题正在这里,终北宋一代,陕西之所以取得安定局面,主要是由于国家对陕西政治、军事建设的重视。其一,在兵力分布上,宋初为备辽夏,时而增兵,然数不极多。大概自仁宗宝元、康定宋夏战争后,发生了重大转折,主要表现在陕西驻兵比宋初"十增七八",⑬庆历初屯陕禁军达 21.5 万,⑭治平末增至 28 万,⑮占全国禁军总数(116 万)的五分之一以上。熙宁推行"将兵法",全国共置 130 将,⑯其中

————————

① 顾祖禹. 读史方舆纪要·卷52·陕西方舆纪要[M]. 北京:中华书局,1957.

② 李心传. 建炎以来系年要录·卷6·建炎元年六月辛未[M]. 北京:中华书局,1988.

③ 徐梦莘. 三朝北盟会编·卷180·炎兴下帙八十[M]. 上海:上海古籍出版社,1987.

④ 汪藻. 浮溪集·卷14·辛企宗乞免秦凤路经略安抚使不允诏[M]. 北京:中华书局,1985.

⑤ 顾祖禹. 读史方舆纪要·卷40[M]. 北京:中华书局,1957.

⑥ 李焘. 续资治通鉴长编·卷126·庆历二年五月戊午[M]. 北京:中华书局,1985.

⑦ 秦观. 淮海集·卷13·安都[M]. 北京:中华书局,1959.

⑧ 刘挚. 忠肃集·卷9·答永兴安抚启[M]. 北京:中华书局,2002.

⑨ 李焘. 续资治通鉴长编·卷41·至道三年七月丙寅[M]. 北京:中华书局,1979.

⑩ 李焘. 续资治通鉴长编·卷136·康定元年三月庚申[M]. 北京:中华书局,1979.

⑪ 李焘. 续资治通鉴长编·卷42、123、136、150[M]. 北京:中华书局,1979.

⑫ 邵伯温. 邵氏闻见录·卷5[M]. 北京:中华书局,1983.

⑬ 续资治通鉴长编[M].卷125,宝元二年闰十二月壬子.李焘. 续资治通鉴长编·卷125·宝元二年闰十二月壬子[M]. 北京:中华书局,1979.

⑭ 李焘. 续资治通鉴长编·卷132·庆历元年六月己亥[M]. 北京:中华书局,1979.

⑮ 苏辙. 栾城集·卷21·上皇帝书[M]. 上海:上海古籍出版社,1987.

⑯ 李心传. 建炎以来朝野杂记·甲集卷11·统制统领官[M]. 北京:中华书局,1985.

北方诸路 79 将,而陕西达 42 将,①竟居全国的三分之一,北方的二分之一。时人云,国家虽"以西、北二边为意",②但后来兵力愈趋不均,以至形成河北"军政少弛",③"京师屯卫则差减",④"边兵止备陕西"⑤的格局。其二,设职遣官也是如此,如陕西自庆历、熙宁以来,长期并存两种路制,一种以原有的永兴军、秦凤并称陕西二路,各设转运、提点刑狱等司,侧重经济民政;一种以秦凤、熙河、泾原、环庆、鄜延并称陕西五路(加永兴军则为六路),各置经略、安抚等司,由将帅统领,专理军机。⑥ 后一种路制除河北外,仅此一例。庆历间有人还指出:"前河北用兵,减冗官以省费,今陕西乃日增员",⑦并且所遣官员多为朝廷重臣或巨帅。据不完全统计,北宋 71 位宰相中至少有 27 位,240 位执政中至少有 54 位,曾先后担任陕西经略、安抚、转运等使副和知州一级以上职务,⑧分别占宰、执总数的 38% 和23%,宰执合观也多达 1/3。这表明,陕西不光是军事重区,政治地位也是很重要的。其三,开边进筑亦很有作用。吐蕃据黄河之上游,为关陇的屏障,宋初与中原修好,西夏"病于牵制"。⑨ 但后来吐蕃分裂,宋廷甚恐为西夏所并,进而南牧关陇,于是熙丰、绍圣以来,先后"招纳蕃部",收复了熙、河、兰、会、通远、洮、岷、湟、廓等州军,"以断西夏右臂",⑩占据了这一带的"险固""形胜",据其上游,"可以控其腹背而临制其国"。⑪ 同时进筑城堡,驻兵守护,又招募弓箭手大兴营田,巩固了这一成果,曾导致郡邑"雄盛"、人民"富庶"、法令"整备"、边防"盛强","费日益减"。⑫ 到北宋中后期,自熙河、泾原、环庆、鄜延以至河东,已臻于城寨关堡林立,"边面"均各"相通"的境地。⑬ 范纯粹论其效果曰:这种据险进筑,"连城比帅,并统重兵"的举措,使边面城寨"左右相援,首尾相副,声势相接,心一而力同,

① 马端临. 文献通考·卷153·兵五[M]. 北京:中华书局,1986.

② 李焘. 续资治通鉴长编·卷122·宝元元年十一月甲辰[M]. 北京:中华书局,1979.

③ 苏轼. 苏轼文集·卷36·乞增修弓箭社条约状[M]. 北京:中华书局,1986

④ 李焘. 续资治通鉴长编·卷124·宝元二年九月丁巳[M]. 北京:中华书局,1979.

⑤ 李焘. 续资治通鉴长编·卷125·宝元二年闰十二月壬子[M]. 北京:中华书局,1979.

⑥ 徐松. 宋会要辑稿·方域5之36至37[M]. 北京:中华书局,1957;脱脱,等. 宋史.
卷87·地理志三[M]. 北京:中华书局,1977.

⑦ 李焘. 续资治通鉴长编·卷132·庆历元年七月己酉[M]. 北京:中华书局,1979.

⑧ 刘於义,等修. 沈青崖等,纂. 陕西通志·卷21[M]. 上海:上海古籍出版社,四库全书;
吴廷燮. 北宋经抚年表[M]. 卷3. 北京:中华书局,1984.

⑨ 魏泰. 东轩笔录·卷3·北京:中华书局,1983.

⑩ 邵伯温. 邵氏闻见录·卷5[M]. 北京:中华书局,1983.

⑪ 李焘. 续资治通鉴长编·卷460·元祐六年六月丙午[M]. 北京:中华书局,1979.

⑫ 李焘. 续资治通鉴长编·卷460·元祐六年六月丙午[M]. 北京:中华书局,1979.

⑬ 李焘. 续资治通鉴长编·卷510·元符二年五月癸亥[M]. 北京:中华书局,1979.

气远而势重",恰是"中国之所以能坐制西夏"的关键因素之一。① 北宋奉冗兵、养冗官、开边进筑于陕西,目的始终未离"虽则直御戎寇,盖亦旁备它盗",②以求安定陕西的形势,尽管这些措施曾一再困竭关中并殃及四方,很有适得其反的可能,但事实上北宋正是在这种危险中基本稳定了关陕进而借此延祚了百数十年的。

宋金元之间,在时人看来,天下战略契机仍在陕西。早在北宋之末金兵南犯时,韩世忠、蔡儵等大臣就认为"东京必不可守",只有"移都长安",才可"反据形势以临之……下兵以图收复,此万全矣",而东京纵陷,不过"疥癣"之患。③ 遗憾的是,徽、钦二帝虽知其中利害,但行动迟缓,仓皇间靖康祸作,坐陷东京,也丢失了关陕,北宋终告灭亡。高宗继祚南渡,李纲、唐重、曲端等主战派颇不以为然,或谓"议巡幸……天下形势,关中为上"。④ 因为"自古中兴之主,起于西北则足以据中原而有东南,起于东南则不足以复中原而有西北",⑤或言"定都关中,据山河百二之势",不仅可"植根本之地",而且还能"杜瓜分之渐"。⑥ 总之莫不认为"关中据天下之上游,未有舍此而能兴起者"。⑦ 建炎初,遣重臣张浚宣抚川陕就出于这个目的,但张浚措置失当,轻与金将宗弼(兀术)决战,丧师富平,失地60州,关陇五路形势之地几被断送净尽,再一次失去了收复良机。尽管后来抗战派在江淮一带血战屡捷,加之绍兴九年金人归还陕西,宋人莫不庆幸以为良机复至,"愿择大帅为必守之计,秦中根本既固,则中原之复可冀"。⑧ 然而,次年金人背盟再取陕西,遂彻底铸成了陕西与江南首尾相离、宋室偏安之局。尔后,君臣虽不时讲"趋陕"以图恢复之计,但已无济于事,只能徒洒清泪。其中原因很多,有投降派的破坏,更有经营关中的失误,时人议论便一针见血:"本朝之不能复中原者,其失有四:不保全名将,不信任豪杰,不招纳降附,不先据关中。"⑨南宋文人武士抒发偏安之恨亦谓:"不向关中兴事业,却来江上泛渔舟!"⑩

① 李焘. 续资治通鉴长编·卷368·元祐元年闰二月乙亥[M]. 北京:中华书局,1979.

② 李焘. 续资治通鉴长编·卷124·宝元二年九月丁巳[M]. 北京:中华书局,1979.

③ 徐梦莘. 三朝北盟会编·卷27·靖康中帙二[M]. 上海:上海古籍出版社,1987;脱脱,等. 宋史·卷364·韩世忠传[M]. 北京:中华书局,1977.

④ 李心传. 建炎以来系年要录·卷6·建炎元年六月庚申[M]. 北京:中华书局,1988.

⑤ 脱脱,等. 宋史·卷358·李纲传上[M]. 北京:中华书局,1977;李心传. 建炎以来系年要录·卷7·建炎元年七月乙巳[M]. 北京:中华书局,1988.

⑥ 徐梦莘. 三朝北盟会编·卷104·炎兴下帙四[M]. 上海:上海古籍出版社,1987.

⑦ 朱熹. 晦庵先生朱文公文集·卷95·张浚行状[M]. 上海:上海书店,四部丛刊初编,1989.

⑧ 李心传. 建炎以来系年要录·卷135·绍兴十年五月丁丑[M]. 北京:中华书局,1988.

⑨ 周密. 浩然斋意钞[M]//陶宗仪. 说郛·卷20[M]. 上海:上海古籍出版社,1988.

⑩ 脱脱,等. 宋史·卷369·曲端传[M]. 北京:中华书局,1977.

金人取中原却恰是以先据关中为上策，认为"陕西与西夏为邻，事重体大"，而"河北不足虞，宜先事陕西"。① 靖康初金兵南捣东京的同时就西陷长安，并以重兵5万扼潼关，相继派重帅守关陕，正所谓"女真入关中，而宋室之中原遂不可复"。② 事实上，蒙元灭金图宋，也是先据关中为犄角，认定："关内既定，长河以南，在吾目中矣"。③于是，元太祖首先攻取陕西，借而定西域、灭西夏，并遗嘱"假道于宋"以灭金（时金室已迁汴，并力守黄河保潼关④）。元太宗遵嘱三路包抄会攻汴、蔡，终灭金国，主力军便在由凤翔越秦岭沿汉水而下的西路。⑤ 后封忽必烈镇关中，借"地广兵强"，⑥绕道青藏征服大理，积极准备包抄南宋。元宪宗八年"分三道而进"，一路攻鄂州，一路攻沔州，而主力由帝亲率过散关入四川，⑦虽进展不利，却对南宋形成了钳形攻势，宋室灭亡已成定局。世祖忽必烈继位，又曾将陕蜀等地划为一省，⑧并封其子为安西王强化对关中的统治，⑨作为控扼西、南之助，终于实现了一统天下的宏业。这都从反面证明了陕西政治、军事地位的重要。

陕西军事地位的重要性还表现在，这里又是两宋精兵良将的重要来源地，恰如当时人所说："秦陇之俗，以知兵善战闻天下"，⑩"陕西五路，劲兵良将所出"，⑪"实军国之根本"⑫。

北宋驻陕兵种，素以中央"禁军"和地方武装"乡兵（土兵）"为主。实际上，保毅、弓箭手、义勇等番号繁多的乡兵，其素质远非禁军所比。宋初咸平间，陕西戍边保毅68775人，⑬仁宗时陕西编组乡兵185指挥，⑭治平至熙宁初陕西义勇156873人，弓箭手并砦户（即寨户）46300人，合计20余万。⑮ 以元丰三年为界，陕

① 脱脱，等. 金史·卷74·宗翰传[M]. 北京：中华书局，1975.
② 顾祖禹. 读史方舆纪要·卷52·陕西方舆纪要[M]. 北京：中华书局，1957.
③ 宋濂，等. 元史·卷149·石天应传[M]. 北京：中华书局，1972.
④ 宇文懋昭. 大金国志·卷26·义宗皇帝[M]. 北京：中华书局，1986.
⑤ 宋濂，等. 元史·卷115·睿宗传[M]. 北京：中华书局，1972.
⑥ 顾祖禹. 读史方舆纪要·卷52·陕西方舆纪要[M]. 北京：中华书局，1957.
⑦ 邵远平. 元史类编·卷1·宪宗纪[M]. 上海：上海古籍出版社，续修四库全书；宋濂等. 元史·卷2·宪宗纪[M]. 北京：中华书局，1972.
⑧ 宋濂，等. 元史·卷60·地理志三[M]. 北京：中华书局，1972.
⑨ 宋濂，等. 元史·卷7·世祖纪[M]. 北京：中华书局，1972.
⑩ 脱脱，等. 宋史·卷410·曹彦约传[M]. 北京：中华书局，1977.
⑪ 李心传. 建炎以来系年要录·卷127·绍兴九年四月庚午[M]. 北京：中华书局，1988.
⑫ 李心传. 建炎以来系年要录·卷131·绍兴九年八月庚午[M]. 北京：中华书局，1988.
⑬ 脱脱，等. 宋史·卷190·兵志四[M]. 北京：中华书局，1977.
⑭ 脱脱，等. 宋史·卷190·兵志四[M]. 北京：中华书局，1977.
⑮ 马端临. 文献通考·卷156·兵八[M]. 北京：中华书局，1986；李焘. 续资治通鉴长编·卷203·治平元年十一月甲子及注[M]. 北京：中华书局，1979.

西以数字高达 317623 的义勇、保甲,①成为戍陕的主要兵力,禁军渐次退居其后,原因就在乡兵比禁军更能征善守。庆历初宣职陕西的要员田况就指出:"蕃落、广锐、振武、保捷,皆是士兵,材力伉健,武艺精强,战斗常为士卒先。"②治平间,司马光说屯陕禁军"临敌难用""唯弓箭手及熟户蕃部……材气勇悍,不惧战斗,从来国家赖之以为藩蔽"。③ 元祐六年,章粢认为,对付西夏,"蕃汉弓箭手最为可任"。④直到靖康初年,"陕西恃弓箭手为国藩篱"的局面仍没有改变。⑤ 西夏人也认为宋之禁军"皆不足畏",而最惧弓箭手的"勇悍善斗"。⑥ 自熙宁以后,陕西兵马才开始走向全国,"南平蛮,西南事羌,皆用秦卒以取胜"。⑦ 北宋末期,征辽御金,也主要靠秦卒,以至东京亦"倚秦兵为爪牙"。⑧ 南渡以后,不仅宋室靠陕西兵来拱卫,即所谓"行在兵多西人",⑨江淮一线亦颇倚西兵为屏蔽,时人说"今三大帅所统,颇多西人"。⑩ 川陕方面更不例外,在宋金长期交战中,不仅宋人悉闻"西兵骁勇,异于他卒",⑪而且金兵也"皆服西兵劲锐善战"。⑫ 尽管南宋也有人很不服气"吴人怯而汧陇之人勇"的说法,却终究无法否认"今国家所赖者,止知有西北之兵,不知有东南之士"这种铁的事实。⑬ 上述已见,宋室恢复中原的进程每况愈缓,当与陕西兵马的"岁久消减"⑭密切相关,恐怕不是偶合吧。

宋代陕西的将帅亦层出不穷、贡献卓著,如陕北种世衡"威动羌夏",其子种古、种谔、种诊,孙种朴、种师道、种师中,三代有功于边防,"号山西名将",种古兄弟被关中人呼为"三种"。⑮ 再如姚兕、姚麟兄弟长期御夏"并有威名",在关中也

---

① 李焘. 续资治通鉴长编·卷305·元丰三年五月丙戌[M]. 北京:中华书局,1979.

② 李焘. 续资治通鉴长编·卷132·庆历元年五月甲戌[M]. 北京:中华书局,1979.

③ 司马光. 司马文正公传家集·卷33·言陈述古札子[M]. 上海:商务印书馆,万有文库,1937.

④ 李焘. 续资治通鉴长编·卷466·元祐六年九月壬辰[M]. 北京:中华书局,1979.

⑤ 马端临. 文献通考·卷156·兵八[M]. 北京:中华书局,1986.

⑥ 司马光. 司马文正公传家集·卷35·言西边上殿札子[M]. 上海:商务印书馆,万有文库,1937.

⑦ 陈师道. 后山居士文集·卷10·上曾枢密书[M]. 上海:上海古籍出版社,1984.

⑧ 李心传. 建炎以来系年要录·卷1·建炎元年正月甲寅[M]. 北京:中华书局,1988;脱脱,等. 宋史·卷447·唐重传[M]. 北京:中华书局,1977.

⑨ 李心传. 建炎以来系年要录·卷19·建炎三年正月戊戌[M]. 北京:中华书局,1988.

⑩ 李心传. 建炎以来系年要录·卷87·绍兴五年三月壬寅[M]. 北京:中华书局,1988.

⑪ 李心传. 建炎以来系年要录·卷7·建炎元年七月丁未[M]. 北京:中华书局,1988.

⑫ 李心传. 建炎以来系年要录·卷87·绍兴五年三月壬寅[M]. 北京:中华书局,1988.

⑬ 徐梦莘. 三朝北盟会编·卷156·炎兴下帙五十六[M]. 上海:上海古籍出版社,1987.

⑭ 李心传. 建炎以来系年要录·卷89·绍兴五年五月乙酉[M]. 北京:中华书局,1988.

⑮ 脱脱,等. 宋史·卷335·种世衡传·及诸附传[M]. 北京:中华书局,1977.

有"二姚"之称，其子辈姚雄、孙辈姚古，韬略过人，均以战功官至节度、经略。① 吴玠、吴磷及磷之子吴挺、孙吴曦，亦是"三世为将"，南宋时相继坚守川蜀、屡次败金兵、收复关陕失地，使金国名将常恐"吾属无类"。② 还有一位守蜀名将张珏，人称"四川鸠将"，实亦陕西(凤州)人。③ 川蜀而下，虎踞江淮中下游的南宋中兴四帅"世称张韩刘岳"，④除岳飞外，张俊、韩世忠、刘锜都是关陇人。此外，张宗颜、刘光世、郭浩、王德、杨政、曲端、解元、王渊、李显忠、张确、朱昭、王进、吴革等，都是两宋之交陕西籍的名将，⑤所以，"将士多陕西人"，⑥乃遐迩闻名，为一朝盛事。陕西名将与精兵相辅相成，的确不负所谓"边防藩篱""军国根本"的盛誉。

(三)陕西在宋代文化方面的发展

陕西在宋代不是国都所在，文化的整体气象确已不如汉唐繁盛，但这里文化基础雄厚，不少领域仍有重大突破和发展。

理学是宋代学者对儒学的重大发展，而关中学者张载(字子厚，人称横渠先生)所倡导的"关学"作为其中的重要流派，为理学的形成和发展做出了重大贡献。因此，洛学大师程颐就曾说："横渠道尽高、言尽醇，自孟子后儒者，都无他见识。"⑦南宋著名学者陈亮也赞其"扩前圣所未发"(引自程颐语)"昭乎其如日星也"。⑧ 北宋人并称关学与洛学为"张程学"，⑨后人又与濂闽二学合称"濂洛关闽"，元明清广为流传以至成为开科取士必习之学。关学作为理学的重要创始学派之一，其地位是不可低估的。

关学在社会实践中，不仅培养了大批理学人才即所谓"关中学者郁兴"，⑩如蓝田吕大防、吕大忠、吕大钧、吕大临、武功苏晒、天水刘愿、华阴侯仲良、三水范育、长安李复等，而且还在变革社会风气方面显示了重大意义。其中蓝田吕氏《乡约》就是张载"以礼为先"思想的集中表现，曾使"关中风俗为之一变"，包括"德业

① 脱脱,等. 宋史·卷349·姚兕传. 及诸附传[M]. 北京:中华书局,1977.
② 脱脱,等. 金史·卷72·毂英传[M]. 北京:中华书局,1975.
③ 脱脱,等. 宋史·卷451·张珏传[M]. 北京:中华书局,1977.
④ 脱脱,等. 宋史·卷369·张俊传[M]. 北京:中华书局,1977.
⑤ 赵翼. 廿二史札记·卷26·宋南渡诸将皆北人[M]. 北京:中华书局,1963.
⑥ 李心传. 建炎以来系年要录·卷23·建炎三年五月戊寅[M]. 北京:中华书局,1988.
⑦ 程颢,程颐. 河南程氏遗书·卷18·伊川先生语四[M]//二程集. 北京:中华书局,1981.
⑧ 陈亮. 陈亮集·卷23·《西铭》说[M]. 北京:中华书局,1987.
⑨ 吴曾. 能改斋漫录·卷12·记事·张程学[M]. 上海:上海古籍出版社,1960.
⑩ 黄宗羲. 宋元学案·卷17·横渠学案上[M]. 北京:中华书局,1986.

相劝""过失相规""礼俗相交""患难相恤"四大内容并辅有奖罚条例,①这无疑标志着封建礼俗文化的纵深发展,尤为当世所瞩目。二程论之曰:"子厚以礼教学者,最善,使学者先有所据守",②"自是关中人刚劲敢为"。③ 张载自己也觉得"关中学者,用礼渐成俗"。④ 由于各地风俗不同,这种礼俗文化更显得独秀一域,如"东方"就"恐难肯向风"。⑤

宋代是我国山水画艺术空前繁荣的时期,而开风气之先者,首推关中山水画派。关仝(长安人)、范宽(耀州华原人)、李成(原籍长安,后迁居营丘),作为关中画派宗师,号称宋初三大家。宋人邵博认为,画山水者唐代名家王维、李思训不如五代荆浩,然荆浩又不如本朝关、范、李三家之"绝艺","故本朝画山水之学,为古今第一"。⑥ 郭若虚也认为画山水者唯此三家"智妙入神,才高出类,三家鼎峙,百代标程"。⑦ 关中其他山水名家还有一些,如许道宁。时人评曰:"'李成谢世范宽死,唯有长安许道宁。'非过言也。"⑧ 米芾《画史》以为,关中画师,"其徒甚多",亦擅时名。如华州李希成,学李成,在画院大显所长,"众虽睥睨,无及矣"。⑨ 田和,"陕人,学李成,意韵深远,笔墨精简,熙丰间罕能及者"。⑩ 耀州刘翼,"学范宽而有自得处,不知者以为宽笔"。⑪ 耀州黄怀玉,也学范宽,"至有误蓄者,盖相去不远耳"。⑫ 又如许道宁的学生侯封(邠人),"工画山水寒林","笔墨调润,自成一体"。⑬ 值得注意的是,关中画派还拥有许多关外学生,如东京刘永、洛阳王瑞就是"专学关仝","得其要旨"而名于当世的。⑭ 学关仝、范宽出名的还有王士元、商

---

① 黄宗羲. 宋元学案·卷31·吕范诸儒学案[M]. 北京:中华书局,1986.

② 程颢,程颐. 河南程氏遗书·卷2上·二先生语二上[M]//二程集. 北京:中华书局, 1981.

③ 程颢,程颐. 河南程氏遗书·卷10·二先生语十·洛阳议论[M]//二程集. 北京:中华书局,1981.

④ 程颢,程颐. 河南程氏遗书·卷10·二先生语十·洛阳议论[M]//二程集. 北京:中华书局,1981.

⑤ 程颢,程颐. 河南程氏遗书·卷10·二先生语十·洛阳议论[M]//二程集. 北京:中华书局,1981.

⑥ 邵博. 郡氏闻见后录·卷27[M]. 北京:中华书局,1983:214.

⑦ 郭若虚. 图画闻见志·卷1·论三家山水[M]. 北京:人民美术出版社,1983.

⑧ 郭若虚. 图画闻见志·卷4·纪艺下·山水门[M]. 北京:人民美术出版社,1983.

⑨ 郭椿. 画继·卷6·山水林石[M]. 北京:人民美术出版社,1983.

⑩ 郭椿. 画继·卷6·山水林石[M]. 北京:人民美术出版社,1983.

⑪ 郭椿. 画继·卷6·山水林石[M]. 北京:人民美术出版社,1983.

⑫ 刘道醇. 圣朝名画评·卷2·山水林木门第二[M]. 上海:上海古籍出版社,四库全书.

⑬ 郭若虚. 图画闻见志·卷4·纪艺下·山水门[M]. 北京:人民美术出版社,1983.

⑭ 刘道醇. 圣朝名画评·卷2·山水林木门第二[M]. 上海:上海古籍出版社,四库全书.

训、纪真等。① 而郭熙、宋复古、李公年、王诜、陈用志等学李成"亦足名一世"。②如此等等,灼然表明,关中山水画派及其学生遍天下,声名彰著,除董源、巨然等极少数画家外,实罕与其匹,不光为繁荣两宋画坛做出了卓越贡献,也为明清山水艺术的发展奠定了良好的基石。

宋代陕西在诗文书法方面虽已逊色于东南,但也有不少颇具影响的人才。如宋初邠州陶谷"文翰为一时之冠"。③ 长安宋湜"美文词……笔法遒媚……当世士流,翕然宗仰之";④万年王陶"美书翰,博学能文";⑤长安韩溥"善属文……尤善笔札,人多藏其尺牍";⑥万年李涛"工为诗,笔札遒媚";⑦华州寇准以诗知名,"深入唐人风格",颇有"警绝"之作。⑧ 华阴姚嗣宗,人称"关中诗豪","豪放能文章";⑨华州张宗永"善为诗","句甚多,往往脍炙人口"。⑩ 华州李廌曾两谒苏轼,轼谓其"笔墨澜翻,有飞沙走石之势",大叹曰"子之才,万人敌也","张耒、秦观之流也"。⑪ 李廌于是成为著名的苏门六大弟子之一。

陕西在宋代能获取这些文化成就,与当时印刷革命导致的文化普及、学校教育和科举制度的发展等所提供的雄厚基础密切相关。宋初,陕西是各地学者兴办私学的胜地,即所谓士者"慕他岐于天府……英豪之流,例入京兆",⑫如洛阳隐士种放在终南山办书院,"后生从之学者甚众","名动海内"。⑬ 仁宗以后州县官学代之而兴,关学大师"执经满座,多所兴起",更使陕西教育盛极一时,⑭如元丰初"诸路惟大郡"派学官全国共 53 员,其中陕、华、耀、邠、秦、熙、永兴、凤翔、河中各

---

① 郭若虚. 图画闻见志·卷4[M]. 北京:人民美术出版社,1983;刘道醇. 圣朝名画评·卷2[M]. 上海:上海古籍出版社,四库全书.

② 汤垕. 画鉴[M]. 北京:人民美术出版社,1962.

③ 魏泰. 东轩笔录·卷1[M]. 北京:中华书局:1983.

④ 脱脱,等. 宋史·卷287·宋湜传[M]. 北京:中华书局,1977.

⑤ 王偁. 东都事略·卷85·王陶传[M]. 上海:上海古籍出版社,四库全书.

⑥ 脱脱,等. 宋史·卷440·韩溥传[M]. 北京:中华书局,1977.

⑦ 脱脱,等. 宋史·卷262·李涛传[M]. 北京:中华书局,1977.

⑧ 文莹. 湘山野录·卷上[M]. 北京:中华书局,1984.

⑨ 文莹. 湘山野录·卷中[M]. 北京:中华书局,1984;邵伯温. 邵氏闻见录·卷16[M]. 北京:中华书局,1983.

⑩ 江少虞. 宋朝事实类苑·卷35·张宗永[M]. 上海:上海古籍出版社,1981.

⑪ 脱脱,等. 宋史·卷444·李廌传[M]. 北京:中华书局,1977.

⑫ 李焘. 续资治通鉴长编·卷42·至道三年九月壬午[M]. 北京:中华书局,1979.

⑬ 江少虞. 宋朝事实类苑·卷42·种放/卷36·王嗣宗[M]. 上海:上海古籍出版社,1981.

⑭ 冯从吾. 关学编·自序[M]. 北京:中华书局,1984.

一员,①占总数的1/5,既说明朝廷对陕西教育的重视,也表明陕西教育在当时仍颇有影响。

综上可见,宋代无疑是陕西自身社会经济发展史上最为富庶发达的波峰期之一,一些反映当时陕西经济发展的指标乃至超过了唐代全国的总和,甚或在陕西古代历史上达到了几乎空前绝后的高度,因而那种认为陕西在宋代已完全失去了"天府""陆海"称号的观点是严重违背了历史事实的。在宋代业已失去了国都地位的陕西,也并未失去政治、军事地位的重要性,相反,陕西的地理环境和精兵良将优势在宋代君臣心目中仍是"莫如"其比的"根本"重地。北宋重视陕西政治、军事建设以安天下百数十年的历史经验和南宋"不先据关中"而永远失去了恢复中原良机的惨痛教训,莫不证明"秦中之强弱,常为天下之重轻"。宋代也是陕西文化发展的重要时期,虽然总体上似乎不能与汉唐和同时期江南相提并论,但在一些具体门类上仍取得了不少蜚声当时并对后世发生了深远影响的重大进步和卓荦成就。

陕西在宋代的历史地位有力地证明,中唐五代经济文化重心的日趋南移,绝不是北方长期萧条停滞的代名词,宋代恰恰就是南北经济文化都获得了空前发展的时期。陕西在宋代对中华民族文明发展所做出的杰出贡献,是谁也无法抹煞的。

三、宋真宗的《劝学诗》②

富家不用买良田,书中自有千钟粟。

安房不用架高梁,书中自有黄金屋。

娶妻莫恨无良媒,书中有女颜如玉。

出门莫恨无随人,书中车马多如簇。

男儿欲遂平生志,六经勤向窗前读。

这是宋真宗赵恒的《劝学诗》,引自坊间本《绘图解人颐》卷一。此诗流传很多版本,字词略有差异,但大义基本一致。宋人黄坚《古文真宝》前集卷一称此诗

---

① 马端临. 文献通考[M]. 卷46,学校七[M]. 北京:中华书局,1986;脱脱,等. 宋史·卷1677·职官志七[M]. 北京:中华书局,1977.

② 原载:中学历史教学参考,2015(7).

为《真宗皇帝劝学文》，内容与上引仅一句不同，"书中有女颜如玉"变成了"书中自有颜如玉"。周德昌主编的《北宋教育论著选》、苗春德主编的《宋代教育史》分别根据这两个版本收录了此诗。网友转帖的内容比较混乱，毋可轻信。

此诗传世近千年，影响甚为广远，几近妇孺皆知。然而人多在乎诗的内容，并不在意作者是谁。一旦知晓这首读来朗朗上口的"俗诗"是身为皇帝的宋真宗所作，究竟是惊讶，还是生疑？有人就质疑作者是宋真宗，认为自晚唐古风诗兴起，文人写诗多有讲究，皇帝写打油诗，实在太降低"自尊"，还以《全宋诗》并未在宋真宗名下收录此诗为据。

恕笔者孤陋，没有查到这首《劝学诗》更权威的版本，但据史实推断，否认作者是宋真宗，无足够根据。相反，包括宋真宗在内，宋人针对蒙童教育撰写通俗易懂诗文蔚成风气的例证，倒是颇多。《三字经》《百家姓》《千家诗》《名物蒙求》《续千文》《蒙训》《童蒙训》《小学》《启蒙初诵》《性理字训》《童蒙须知》《初学须知》《幼学须知》《十七史蒙求》《书言故事大全》《历代名医蒙求》《敏求机要》等宋人新编的蒙学读物，就多出自名家之手，仅载入史籍者就多达上百种。

宋真宗本就嗜好文学，在位期间屡御制诗文赐臣下。据《宋史·真宗本纪》，某日他召近臣观御制文词，似不无炫耀地表白说："朕听览之暇，以翰墨自娱，虽不足垂范，亦平生游心于此。"其实，写通俗诗文也是宋真宗所爱，他的《恤民歌》等未流传下来的文字，想必也与《劝学诗》一样通俗易懂。自己的好主张，谁不欲直达人心？但表达不当，易与愿违。宋真宗写《劝学诗》这样的文字，莫非深谙哪种传意方式更佳？说他不可能写这种诗，会不会冤枉了他？

宋真宗屡诏劝学，但劝学文字见于正史者不多。好在，除了《劝学诗》，宋真宗还有一《劝学谕》被收入《传家宝》二集卷五《时习编》三集而见于后世了，内容大意和风格与《劝学诗》酷相仿佛。由此亦可再窥真宗劝学之心真意切，甚至连《三字经》当中"犬守夜，鸡司辰，苟不学，曷为人？蚕吐丝，蜂酿蜜，人不学，不如物"等语义，亦可在这里找到蓝本。这篇《劝学谕》是这样说的："为学好，不学不好。学者如禾如稻，不学者如蒿如草。如禾如稻兮，国之精良，世之大宝；如蒿如草兮，耕者憎嫌，锄者烦恼。他日面墙，悔之已老。"

笔者多年前读到宋真宗的《劝学诗》就想转发在本刊，以资历史教学等参考。当然，真要用好这一资料，必须有历史意识做判断才行，若净用现时眼光去苛责，就失去了意义。有几个角度，萦于心已久，虽非妥当，亦可供思考批判，兹列如下。

第一，《劝学诗》实为一种承诺式宣言，宣扬"书中自有（一切）……"论，实际上是向男性公民（排除了女性）承诺，只要好好读书，就可以"朝为田舍郎，暮登天子堂"，这种被充分彰显了的"学而优则仕"价值观，出自御制，无异天宪，对宋代人才培养发生了何种影响？宋人谓，一方面"满朝朱紫贵，尽是读书人"，①另一方面"国家以科举造士，束天下豪杰于规矩尺度之中，幸能把笔为文，则可屈折以自求达"，②这对宋代社会政治和教育生活又意味着什么？

第二，《劝学诗》写作的背景是宋代"取士不问家世"，"工商、杂类人，内有奇才异行、卓然不群者"亦许报考，③并且惟以考试成绩论取舍，这对彻底结束隋唐以来"朋比贵势，妨平进之路"④亦即士族垄断科举的局面，提供了最大可能，若能实现十之八九，就有非常重大的历史意义，实际结果怎样呢？

第三，一首诗或许没有太大号召力，但《劝学诗》与权力捆绑在一起，情况就会不一样。北宋人晁冲之《夜行》诗描述偏僻乡村夜读景象说："老去功名意转疏，独骑瘦马取长途，孤村到晓犹灯火，知有人家夜读书。"南宋则有谚语曰："世无科举，人不教子；朝无利禄，士不读书。"⑤如何看待这两种描述中似有差异的历史现象？

第四，《劝学诗》劝人读书，显然会受到突飞猛进发展的雕版印刷业的助推，宋代官私刻本都很盛行，所刻之书遍及儒家经典、史书、子书、类书、诗文集、医书、算书、政书、小学等各方面，可读的书远多于科举所需，如此则宋人所读书，有多少是学而有用或学非所用的，从而激活或妨害了社会创造力？

第五，《劝学诗》以及后来宋人所作诸多劝学诗，在认定读书的重要性上，几乎惊人一致地认同"万般皆下品，惟有读书高"观点，⑥那么宋人不读书、读书少的男女究竟占多大比例、因何缘故？他们的生活追求何在、人生价值如何体现？怎样理解陆游《观村童戏溪上》诗句"三冬暂就儒生学，千耦还从父老耕。识字粗堪供赋役，不须辛苦慕公卿"⑦所反映的倾向？

第六，《劝学诗》多被今人诟病，认为"书中自有……"句式背后的指向实乃"惟有做官高"，功利目的至上，价值目标单一，贻害社会无穷。衡之今日标准，如此批评极对。不过，不顾及古今差异、离开特定历史背景、不注意历史事物的联系和发展路向，对《劝学诗》及其相关历史妄加评论，会否遮蔽历史现象背后的更多意义，而抹杀更多历史认知价值？

宋代是思想文化大变革、大发展的时代。陈寅恪在《金明馆丛稿二编》中有

① 流行于宋时的《神童诗》，传为汪洙所作.
② 陈亮. 陈亮集·卷34·东阳郭德麟哀辞[M]. 北京:中华书局,1987.
③ 徐松. 宋会要辑稿·选举14之15至16[M]. 北京:中华书局,1957.
④ 欧阳修,宋祁. 新唐书·卷49·选举志上[M]. 北京:中华书局,1975.
⑤ 林之奇. 拙斋文集·卷9·答黄晦叔仙尉[M]. 上海:上海古籍出版社,四库全书.
⑥ 流行于宋时的《神童诗》，传为汪洙所作.
⑦ 陆游. 剑南诗稿·卷1[M]. 上海:上海古籍出版社,1985.

言:"华夏民族之文化,历数千载之演进,造极于赵宋之世。"①在变革大背景下,其具体动因或许更多,如政府政策制度劝学兴学、民众教育文化自觉、雕版印刷出版传播、变革传意方式推广……或可再追问一句,宋真宗的《劝学诗》及其实践效应,与这些历史境况有何关联?

四、《杨德泉文集》后记②

德泉先生赍志以殁,著述未竟,就学者这层意义来说,无疑是学界的不幸,也是他终生最大的憾恨。因而,将他最好的遗著汇集成册付梓刊行,把他的渊博学说广传于世,以益于文化科学事业,似乎也成了对他的最好纪念。如今,可以告慰德泉先生的是,《杨德泉文集》终于问世了。

文集共收论文23篇30余万言,只是德泉先生遗著的选编。限于篇幅,其余部分就只能割爱了。遗著的整理结集是由学生我来完成的。由于时间仓促以及限于水平,编选时大致只稍稍注意了德泉先生学术活动的特点。经济史是他一生独有所钟的研究主题,而他在人物史、地方史和农民战争史等领域的研究也多有建树,文集所收论文便是据此选取并粗略分类加以编次的,失妥之处,有以幸鉴。由于先生手稿已佚,结集时所据基本上都是正式发表过的文章,因当时排校不善,还有不少误漏,故重新勘雠的任务非常繁重,尽管我校读了全部文稿,订误补罅,做了一些努力,但未尽原意之处定还不少。倘见此种不逮,尚请读者见谅。

不管怎么说,这本文集是德泉先生在史学领域辛勤耕耘的结晶。嵌崎磊落的笔触,血汗痕深的字句,处处都映照着他嵌崎磊落的为人和严谨求实的学风。这一切,与他艰难曲折的治学经历和人生旅程是无法分开的。1934年德泉先生出生于陕西蒲城,1951年开始攻读历史学专业,先在陕西师大读本科,后入东北师大读研究生。据知者言,他求学七载如一日,手不释卷,常至不暇寝食,患过贫血病,白了少年头。但坚实了治学基础,因而刚走上工作岗位,便能教学科研并举,独当一面。他的履历表上还显示出,1958年研究生毕业后开始在扬州师院工作的12年里,他编写了50万字的《宋元史讲义》,完成了《中国十大农民战争史》专著中5万字的撰写任务,发表了十几篇论文,其中如洋洋5万言的《唐代后期经济发展的特

---

① 陈寅恪.邓广铭宋史职官志考证序[M]// 陈寅恪集:金明馆丛稿二编.北京:生活·读书·新知三联书店,2001:277.

② 写于1993年12月。原载:杨德泉.杨德泉文集[M].西安:三秦出版社,1994.

点和市民等级的成长》,还是国内研究市民等级历史的第一篇力作,方家至今仍称之为空谷足音。在扬州工作的最后几年里,他学会了喝酒,他的同学告诉我,那是时势使然,内心苦闷无告的折照。1970年,他返回家乡蒲城,度过了自认为没有发表过一个字的极度平凡的八个春秋,学界也以为他失踪了。但生活的极端艰困没有改变他嗜学的初衷,上侍双亲,下养妻儿之外,没有忘记秉灯夜读,他固执地期待着重返讲坛。1978年调入陕西师大历史系,20世纪80年代初担任系副主任。繁杂的行政事务占去了他不少时间,而重操旧业的喜悦似乎给了他无穷的精力,心织笔耕屡屡继烛以至深耕不辍,勤苦不减当年,于是有《唐宋行会制度之研究》和《张浚事迹述评》等十几篇力作接连问世,博得海内外史家交口赞许。而他却每称惭愧,视之为对自己的更大鞭策。1986年,他奉调筹建现代化的陕西历史博物馆(出任筹建处主任),从此,他把它当作生平又一最重要最严肃的事业,全身心地投入,夜以继日地操劳,简直成了"工作狂",实在已没有多少暇隙来深读著述了。当时他给我说,建馆是首务,但废学如断织,俟馆建成,一定要尽快完成关于市民等级历史的第一部专著《唐宋商品经济与市民等级》,他说这个题目他已经思考了几十年了。谁料天厄其人,万恶的肺癌夺走了他的生命。在绸缪病榻的日子里,病情稍有好转,他就决然强起,用读代药,思以有为。如是者几近两年,虽然思致日有所加,也愈臻深刻纯熟了,可这时的他哪有能力再挥毫立说呢!1991年2月12日,他离开了我们,终年58岁。他故去不足半年,陕西历史博物馆告竣开放,他为之尽瘁终生,可以问心无愧了,而他更多的学识却随着他的生命一起去了,遗憾悠矣。思慕之流问噩,无不泣涟,为史学界失去了这样一位杰出的人才而惋惜。

　　整理德泉先生的遗著,我不禁想起了许多往事,百感交集,不免墨沉泪痕。德泉先生是我值得敬重骄傲的业师,忝愧师门八年间,我们由师生而至忘年交,情深意笃,溘然相离,感憾何已!八年来,我们经常朝夕相处,谈人生,谈治学,谈历史,谈时事,谈中国,谈世界,无所不涉。没有主题时,随意洒落,如行云流水,意趣无穷,有了主题,问难质疑认真起来,不至水落石出,往往不肯罢休,一切都出之自然,畅言无忌,根本不用考虑什么话该说,什么话不该说。他视徒如此,对学生爱护备至,以学生是否进步为乐忧。譬如做学问,怎么读书、怎么思考、怎么选题、怎么写作,不论请教与否,他都娓娓不倦,举一反三,多方启发,纵为顽愚,也会乐听忘疲茅塞顿开的。有谚曰,与良师一席话,胜读十年书,信矣。然而业师从来又是一个不尚空谈的人,他总欲实践为先,以身作则,把锲而不舍的敬业精神和严谨求实的治学方法不失时机生动活泼地浸入学生的求学过程,严格督教学生在实践中自学自悟。我发表的第一篇论文,写作时间长达三年,先后八易其稿,所以如此艰难,固因后学不敏,亦由于业师要求之严格。三年间,他引导我反复苦读,反复深思，反复修改，逼得我为此昼夜无荒无怠，头生华发，同时他还细读了此文各稿，每次都提出了非常具体的修改意见，并亲自修改三遍，如此生动直接的教诲和一丝不苟的严格训练，足以使学生倏忽恍然，纰漏自儆，走出迷津，绝处逢生，别见一重天。正是在这种一而再、再而三艰难的实践过程中，我才渐渐发觉了许多自身过去难以发觉的不足，初步懂得了治学是怎么一回事。业师这种舍己为人，对学生的求学实践加以生动严格训练的施教精神，求之今古，都是极不易得，难能可贵的。我由衷感激业师，昔日的提耳之诲当永远引以为自豪和惕励。业师教学生如此为学，也教学生如此做人，常常告诫弟子们为学要严，为人要正。1986 年他曾以"精诚所至，金石为开"八个字书赠我，一语双关，意味深长，至今仍是我的座右铭，没齿难忘。往事历历，宛在眼前，知遇深情，渊海难较，笔端怎能尽意。师徒试听壤隔将近三年，我方始草此短记，断断续续，间延数月，辄写辄撕，岂啻是才智尽了，何尝不也缘嗟逝怀旧，思绪纷萦，哀恸无由自已。

德泉业师去了，永远去了，可我不时觉得他似乎还活着，在整理他遗著的日日夜夜里，这种感觉愈发强烈了。文集的刊行，或许会唤起世间更多的同感，我企盼业师的诸亲诸友和诸弟子，能借此忍悲节哀，忘却天翁的冷酷，转而乐喜于人间的真情，因为，文集的出版过程，就的一确二地充满了这种真情。来自多方面的支持，来自诸多人的关心，把哀思和纪念融进了无限，业师倘真在天有灵，亦定会减许多憾恨，添无限慰藉，含笑九泉了。

德泉先生的文集得以在他去世之后且出版经费十分紧张的情况下顺利问世，与陕西省文物局、陕西历史博物馆和三秦出版社的大力支持是难以分开的。尤应特别指出的是，原陕西省副省长孙达人教授、陕西省文物局局长王文清先生、副局长张廷皓和李炳武先生、陕西历史博物馆馆长陈全方先生、副馆长尹盛平和韩伟先生、馆科研处处长李西兴和张铭洽先生、省文物局办公室主任何锐先生对出版工作做了精心筹划安排；陕西师大史念海教授、华东师大裴汝诚教授、陕西历博韩伟研究员在百忙中挥毫赐序，嘉许德泉先生的德学，浓情厚谊，跃然纸上；中国宋史研究会会长漆侠教授，河北大学姜锡东先生，陕西师大上官鸿南、杨礼未、刘九生、王育民、薛平拴、陆三强、肖太全诸先生，陕西省社科院张玉良先生，秦俑博物馆徐卫民先生，渭南师专刘树友先生等一大批学者，曾先后多次函商面议，为文集的编选工作提出了不少宝贵意见；陕西历史博物馆的翟晓岚、文军、叶荣等几位同志则不辞辛劳，认真校对了全部文稿；通过其他方式对出版文集予以关心支持者则为数更多，他们主要来自中国宋史研究会、扬州师院、陕西师大、西北大学和陕西省史学界、文博界，尤其陕西历史博物馆等团体和单位。在此，后学谨向以上各方贤达特致衷心感谢。我深信，如此珍贵的情义与功绩，将与业师文集一样不朽，昭垂后世。

德泉先生已矣,但他将永生在道德文章上,也将永远活在我心中!

五、王先胜《中国远古纹饰初读》
《中国上古纹饰初读》序①

中国古代纹饰,远离今人视线,即令考古发掘使其重见天日,世人偶有所闻所见,但于其根柢和魅力,或知之极少,或屡有误解。王先胜先生所著两书《中国远古纹饰初读》《中国上古纹饰初读》的问世,对改善此窘况或是一种强烈刺激,当为教育、文化、学术界之幸事。

拜读王先生书稿,感觉宇宙人生真奇妙,不禁反复默赞王先生过人的真知灼见,以至料想认真读过两书者,无论谁都会对王先生报以真诚的谢意。

从科普意义上说,两书系统全面地提供了中国远古和上古纹饰的入门知识,内涵触及历史学、考古学、天文学、易学、文化学等诸多领域,这对广大读者尤其是中小学教师和中学生增知益智、丰富想象力、发展创造性思维,无疑是一种福音。它们不仅提供新的资源和方向,更可能带来探究意趣与创新思维的激发。

从学术意义上看,两书渗透了王先生多年潜心研究的创新见解,这些新见往往有颠覆性的学术贡献,之前已引起历史学、考古学、天文学、易学、文化学等许多专业学术领域专家们的高度关注和极好评赞。两书基于科普性质而著,但读来总能感到一种深厚的学术支撑力使其内容显得不同凡响。它们开启了纹饰学专学的新路径,既有学术拓展之益,更有学术匡救之功,相关专业人士研读,亦必会获益匪浅。

纹饰,无论古今,总与人的生活息息相关,意义不可小觑。特里锡德(Jack Tresidder)在《象征之旅:符号及其意义》中说,"科学的发展大大削弱了远古符号的想象含义,但具有象征意义的符号仍在不断更新,为人类的生活增添内涵……其力量是理性的语言永远无法比拟的"。② 在古代和史前,纹饰与符号的象征力量应有过之而无不及。

---

① 原载:王先胜.中国远古纹饰初读[M].北京:学苑出版社,2015;王先胜.中国上古纹饰初读[M].北京:学苑出版社,2016.
② 杰克·特里锡德.象征之旅:符号及其意义[M].石毅,刘珩,译.北京:中央编译出版社,2001:引言.

普列汉诺夫(Plekhanov,Georgi Valentinovich)在《论艺术》(亦即《没有地址的信》)中认为,"使用价值是先于审美价值的"。① 读王先生的书可知,先民刻画纹饰,恰是为生活中的表达和交流提供方便——一个漫长和富有创造性的文化生成之旅也由此开始。毋庸置疑,中国古代纹饰不仅有令人惊叹的审美效力,其实用功能更是第一性的,诸如表达天文、五行、八卦等不同种类和风格的纹饰,融科学和艺术为一体,个中蕴含的非凡智慧,实在撼人心魄。

"文"与"纹"在古汉语中最初是相通的,《易》有"物相杂,故曰文"之说,许慎《说文》径释"文"本义为"错画"。无论"文",抑或"纹",均指一种刻画和纹饰("文,华也""文,犹美也"等是后来才有的含义)。所谓"文明",不独与文字相关,其与纹饰也是连筋带骨的关系。远古无文字,纹饰就是文明的载体和最高体现。

在系统文字产生之前,中国文化显然存在过一个图案与符号传承方式及知识系统,其历史比文字更加悠久,但这个传统到秦汉后发生了断裂而归于沉寂。王先生的工作,在某种程度上激活了这个久已归于沉寂的传承方式及知识系统,中华传统文化因此有望焕发更多新的生命力,这是极为可喜的。

《易》言:"刚柔交错,天文也;文明以止,人文也。观乎天文,以察时变;观乎人文,以化成天下。"人们常引此语,于其真义却未必了然。倘借纹饰这种中国传统文化史前之根一路探索下来,人们终究会认识到,中国传统文化强调"天地人"和谐一体,其实是在整体考量宇宙人生诸种关系的基础上,再来谈"人"应该怎样的。

因于此,我们对太史公"究天人之际,通古今之变,成一家之言"或可拓展解读:探究人与大自然的利害关系,通晓古今变化之道,把握人类发展方向,经独立思考形成自己的认识、判断和选择,方能更好地服务自己的人生、社会以及世界。

这是我对广大读者尤其中小学教师和学生阅读这两本书应得感悟的美好期待。

---

① 普列汉诺夫.没有地址的信:第四封信[M]//普列汉诺夫美学论文集.曹葆华,译.北京:人民出版社,1983:427.

第七章

教育期刊要有魂

一、历史教育必须走出上位不清下位糊涂窘境①

历史教育的根本目的,乃帮助学习者成长、进步、发展,健全人格和公民素养是其重点,"人"是目的,其他皆为手段。这也体现了教育的完整旨趣,正所谓"教育是一种文化传播的社会活动,其明确的目标是让受教育者的性格和精神福祉(人格)产生持久的好转变化,而且,间接地,让更广泛的社会环境发生好的变化,最终延伸至整个世界"。② 我们究竟需要怎样的历史教育观,并非不言自明。这个问题解决不好,历史教育就难以进步。认清要害很重要!

历史教育,就教学实践看,目标、价值、意义等"上位"概念重在灵魂指引和精神内涵,而路径、程序、策略等"下位"概念重在操作方法和实践智慧。上位定路向、路标,下位择走法、步伐。上下位实交集于"人"的培养,在教学上本是相得益彰的关系。欲得教育真效果,二者皆须谋清晰具体。遗憾的是,上位不清、下位糊涂的历史课屡见不鲜。问一些老师你这节课的教学目标是什么,答复竟是"哦,对不起,这个我还没想过"。有的历史课看似上下位俱在,而实多流于形式,经不起推敲。如在价值引领上,常见异题异课却几乎唱同一空泛的调,诸如"为祖国伟大复兴而好好学习"之类。上下位不清晰不具体,教育效果必大打折扣。怎样改进才对促成学习者的健全人格和公民素养更有益,这不是小课题。

无史料肯定不成历史课,但近年"史料教学"之说泛滥,殊不知历史教育绝不止于教学史料。史料者,是非、善恶、美丑混杂之物,既不等于真相,更不等于真

---

① 原文题目为《历史教育必须走出上位不清下位糊涂窘境——〈中学历史教学参考〉深度服务教研的一些想法》。原载:中学历史教学参考,2015(10).

② 菲利普·W.杰克森.什么是教育[M].吴春雷,马林梅,译.合肥:安徽人民出版社,2012.

理。历史教育,求"是"(事实判断)是前提,但要指引学习者健全成长,则必须求"应该"(价值判断)。探究历史,虽需根据因果、逻辑等多种要素做综合判断,但于历史教育,则"是"与"应该"判断更重要,此二者本亦一体两面,万不可顾此失彼。只顾求事实(关乎历史知识),而不顾求应该(关乎人生智慧),就无异于放弃对人生指引的担当。缺失了价值引领,就无从谈真正的历史教育,岂不深以为忧?

历史教育有责任培养学习者具备做合格公民所需的史学素养,学习者应该学会用史学家思考历史的方法认识宇宙人生,但这并不意味着非要把他们培养成史学家。于此,中学历史教师与史学家的职责,亦略异其趣。仅拿史料占有说,史学家可以"贪多务得",但中学历史教师的侧重点,则在善用历史常识,为的是判断历史价值、生成教育智慧、帮助学习者认识世界,通过正确认识世界来更好地认识自己。一言以蔽之,一切应以服务人生为依归。中学历史教师必须熟知史事,但占有史料似乎不必追慕史学家做法或把自己打扮成史学家。面对浩如烟海的史料,中学历史教师关键的务本之为,乃做好对知识的选择。选用于教学中的素材,应凸显"历史"与"教育"两面一体的内在关联性特征,既可周全而非偏颇片面反映历史真相,又符合培养合格公民之历史教育目的。选择知识的基本原则,便是关顾这两面一体,不可割裂,不可偏废。倘不辨个中主次轻重,或许"有历史,无教育"乃至"无真历史,亦无真教育"的现象还会蔓延,实非福音。

好多东西表面看,无甚差别,其实非也。如"兴趣"(多为本能反应)与"动机"(必含价值取向),人多不事甄别,等同待之。常见教研文章,屡引爱因斯坦"兴趣是最好的老师"一语,却忘了爱因斯坦更强调了解人的动机、幻想和疾苦,认为教育是要培养"和谐发展的人"而不是"受过很好训练的狗"。站在大教育高度审视学科教育,则历史教育亦不能例外。教学不问动机、只问兴趣,则难免有利弊风险不测之虞。有兴趣固然重要,但感兴趣的究竟是什么东西,其对学习者成长将发生何种诱惑和影响,这个更重要,断不可走偏。

还如历史意识和史观的关系。历史意识往往是内隐的(根本上决定如何观史),犹如人的内在本性,遇任何史事均会按既有意识本能地做出反应和判断。史观则往往是外显的(虽不排除也反映意识),有一套理论体系,学习掌握了才可有效运用。当然,史观熟稔了亦可转化为意识。历史意识和史观,或内或外,原是可以互相转化的,省察转化奥妙,对教学是一挑战。可以这样说,教育最显著的有效性,莫过于把目标、价值、意义变成为学习者的内在本能。然而,教育是有两面性的,能悄然助人成长,亦可慢性害人性命。这一点需特别警惕,决定性因素在价值导向是否正确。此于历史教育而言,必是审问教学的历史意识和史观是否良善。是好是坏,一旦化为本能,再责彻改,难矣! 不能不慎待。

"教学转化"是历史教育实践一大难题,实因"教"与"学"之间往往鸿沟存焉。评价教得好不好,依据定在学得好不好。如何由"教"之效,转化为"学"之果,当中涉及教师的教学设计、教学策略、教学艺术等诸多本领。在其另一面,还有一个用何种途径和方法才能有效评价学习者学得好不好的问题。显然,充分暴露(外显)学习表现,才能获得可靠可信凭据。怎样暴露? 除书面测验外,目前公认的更重要的良法是对话,即让学习者"说出来"。对话能力,公民素养所必需,亦当今中学生普遍所欠缺,故须重视。此举一面关乎学习素养鉴定,一面关乎教法效果评估,整合于行动,无疑需责求"教学转化"方式的改进。此中契机在教师智慧,焦点在学习者学习,落脚点则在究竟怎样做才"恰到好处"。

我们考虑的问题还有很多。譬如,如何引导学生正确认识文明与文化、传统与现代、发展与进步、战争与和平等历史演变复杂现象背后的实质;如何引导学习者从个人与社会、民族与人类、国家与世界整体关联性或建设或破坏的历史悲喜剧中来领悟宇宙人生道理;如何引导学习者正确认识人类地位,超越人类中心主义,建构全新的地球命运共同体价值观;如何引导学习者作为主体自己去建构和诠释对历史的理解;如何促进学习者对历史终生持有兴趣从而使历史成为服务人生真正有价值的美好精神资源,如此等等,不一而足。

上述想法,或有不当之处,敬请读者朋友批评指正。不过,这些想法中所涉问题、角度和观点,是本刊全体编辑时常议及的,当然也渗透了与赵亚夫、齐健、李月琴、费驰、戴加平、郭富斌、王雄、束鹏芳、唐琴、张汉林、吴磊、戴羽明等很多同人在讨论交流中形成的一些看法。其实近几年,我们已就上述问题拟过多个选题,读者朋友广泛响应参与研究,本刊也择优刊发了不少研究成果。热忱盼望读者朋友针对上述想法,寻找有价值的问题、角度和思路,深度参与研究,踊跃投稿本刊。目的只有一个,有力推动中国历史教育进步,帮助孩子们健康成长。

为此,我们对读者朋友赐稿支持抱有颇多期待。真诚拜托!

二、历史教育:现在·思想·人格①

历史教育——这是办刊第一关键词,是指用历史对学生进行教育,目的是帮助学生通过学习历史,来认识自己、做好自己,一言以蔽之就是"服务人生"(亦即

---

① 原文题目为《历史教育:现在·思想·人格——对〈中史参〉当下办刊关键词的思考》。原载:中学历史教学参考,2008(7).

帮助学生健康成长）。正是基于对"人生"的关怀，"历史教育"才是一个完整的不可分割的词语，"历史"与"教育"是其一体的两面，缺一面必伤害另一面。用"伤害"一词旨在作一提醒，并非所有的历史知识和教育方式都天然的、积极有益的，其实有些是良莠混杂的，甚至是消极有害的，故而用怎样的标准加以"选择"就显得非同小可。不论历史知识的选择也好，还是教学方式的选择也罢，倘若不以促使学生健康成长为依归，那就很有可能误入歧途，需要严肃审慎对待。目前方兴未艾的对"有效教学"和"有效评价"的研究是否有效，同样取决于我们对"历史教育"这个关键词内涵的理解和把握是否完整、准确。

现在——人无不活在当下，那么一种能够服务人生的历史教育，就不能只是一味回顾过去、展望未来而独独忘了"现在"的历史教育。历史教学有效性的第一要素，就在是否关切学生的"现在"人生。历史教学久陷低谷，从教者中有的已丧失了自信，这是万万要不得的。其实放眼观之，最有助于学生"现在"人生的学科，历史赫然居其一焉，历史教学做得好的，在学校莫不大受欢迎。恰因借助历史，人们才能把过去、现在、未来联系起来，在"历史"的大时空中寻找到自己的"现在"人生坐标，进而洞察出在人生的多种路向中，自己更适合走哪一条人生道路。显然，不用历史作参照，人就会淹没在当下纷繁复杂的现实中，或浮躁不堪，或陷于迷茫，不知"北"在何处。现在历史教育存在的最大问题，恐怕恰恰在于，"现在"意识淡漠、"现在"关切缺乏。看看一些学生对"现在"人生问题往往交了很糟糕的答卷甚至白卷，就断不能说历史教育没有责任啊。

思想——究竟如何参照"历史"服务学生的"现在"人生呢？关键靠"思想"。思想是历史教育的魅力之源，历史教育帮助人们对过去、现在甚至具有未来意味的各种"思想"加以思想，借以清晰地辨别、确定人生的方向和意义，恐怕这一点就足够引人喜爱了。思想只是手段，人生才是目的，真善美就是人生的"北斗星"。标榜追求"自由和公正"却在汶川大地震中置学生于不顾而只管自己逃命、被网友戏称为"范跑跑"的那位教师，就颠倒了目的和手段而为人所不齿。一个人怎样看历史，他就有可能怎样看人生，历史思想、历史观、人生观，本就是同义语的不同表达。应该说，中国的历史教育对"思想"不是缺少追求，而是对有些思想或史观的本质本身就不甚了了，如此也就很难谈得上有什么真思想。

比如文明史观，当我们在课堂上为西方近代"文明"历史唱足赞歌的同时，可曾揭露其另一面——不文明的"野蛮"本质？接受了"落后就要挨打"观点的国家和民族，可曾意识到上了"丛林法则"——强盗逻辑的大当？历史确在表明，世间野蛮事"文明人"干了不少，你落后他要打你，你先进他更要打你，西方媒体"妖魔化"中国，根由恐怕恰恰在这里。他们唯恐中国强大，唯恐中国不乱，唯恐中国人民爱自己的国家。

由于世人对以西方(主要是欧洲)中心论为基础的文明史观多有不满,于是西方一些史学家借"全球化"理论风靡全球之际,不失时机地弄出一个表面上无中心论的全球史观,这样其实也难掩世人耳目。试问,由文明史观到全球史观,其本质变了吗?没有,而是变本加厉了。全球史观的现实依据——全球化理论,是一切以赢利为目的的众多跨国公司操纵媒体宣传的结果,其本质是要削弱国家和民族的区隔,以便使其对"天地人"实施奴役和剥削,在所谓"公平"竞争的幌子下,变得更加"自由"无碍。万勿误会,我并不反对真正无弊的全球化理论和全球史观,倘以"为全球谋福利"为前提,那么我甚至会比全球史观走得更远,宁愿拥护一种"天地人一体"的史观。

全球史观,绝非一个"全球视野"可以了得!至少目前,还看不出它有什么真切的全球关怀,更谈不上有司马迁"究天人之际,通古今之变,成一家之言"史观的全面、高度和意旨。盲目从之,或许恰如布迪厄(Pierre Bourdieu)在《遏止野火》中所担忧的那样,多元多样的文化会被瓦解,爱国主义亦将被化为虚无,世界在全球化的"野火"中将无复宁日。谁不明白,丧失了国家的保护,任何个人的人生境地将会怎样?过度"开放"追求全球化,放弃独立自主,已使一些国家崩溃了,越南最近刚刚倒下,这眼前发生的事,洞悉文明"历史"者,恐怕早就看出端倪了吧。至于"全球化"阴谋,地球人正在上当过程中,我们亦常见讲全球经济一体化的课堂上,赞美声不绝于耳,冷静的省察者则少之又少。如此,不要说假如你的学生将来当了国家领导人,纵使作为普通的劳动者,他如何能把握好他的国家或他的人生呢!

人格——无论学生将来做领袖,还是做普通百姓,最最紧要的事,莫过于具备健全的人格。历史教育服务人生所应达到的最高境界,就是人格。由于人的个体性和社会性共在,马克斯·舍勒(Max Scheler)把人格分为个体人格和总体人格,个体人格和总体人格不是两种不同的人格,更不是哪个从属哪个的人格,而是总体和个体相互负责的人格,是人格的一体两面。中国古人的"独善""兼善"观念,与此说有些类似。在独立"个体"和总体"关系"(或曰作为个性的"我"和作为公民的"我")两个维度看历史教育的终极取向,那么"人格"这一认识自己、做好自己的人生重大课题,也正是历史教育中谁都无法回避的课题。

个体人格是"做好自己"的基础,特指有个性的人格,亦即个人对生活中的一切、人生的种种运作,俱靠自己独立思考、独立判断、独立选择、独立负责,其核心特征是不盲目从众、不盲目从俗、不随风而倒。个性人格在历史教学中的表现,应如陈独秀所说,绝不能"扶得东来西又倒"。我经常想,在大家都"与时俱进"的时候,我们的学生能够停下脚步来,对"时代"特征和"时代"走向,冷静地做一番审视,然后再决定要否和怎样"与时俱进",这是历史教育给他的福分,或许这也正是历史教育最珍贵的价值所在。学生一旦具备了有"思想"做支撑的个性人格,他的持续健全成长,也许就不会有多大问题。

然而,人毕竟活在"关系"中,人生意义必借"关系"而凸显。就此而言,仅仅"独善其身"虽说已很不错,但对更高价值的人生来说仍嫌不够,还得"兼济天下",此即所谓"天下兴亡,匹夫有责"是也。其实,在很多大师眼里,人格更是"交流",人格更是"关系"。克里希那穆提(Jiddu Krishnamurti)、别尔嘉耶夫(Nicolas Berdyaev)、雷蒙·潘尼卡(Raimon Panikkar)等人,都把人格看作一个整体,直言"人格就是小宇宙",你就是世界,我就是世界。这一点与中国天、地、人"三才观"的人格观点,是完全一致的。也就是说,人要认识自己、做好自己,就得认识"他者"就是另一个"自我",就得学会与他人交流、与万物和谐相处。布鲁纳(J. S. Bruner)等著名教育家亦反复指出,教育的最高目的,就是要帮助学生学会与整个世界和谐相处。换言之,完整的、健全的人格,恰是所谓艺术人生的奥秘所在。历史教育,可以说就是为揭示这一奥秘而存在的。

康德(Immanuel Kant)说:"有两样东西,人们越是经常持久对之凝神思索,它们就越是使内心充满常新而日增的惊奇和敬畏:我头上的星空和我心中的道德律。"对历史教育来说,还有一样更值得我们"惊奇和敬畏"的东西,那就是学生的生命成长、学生的人生境况。

我和我的同事们,无不戚戚于一个个活生生的孩子们,希望他们因历史教育而能活得更好,能拥有更美好的人生。惟其如此,才有了如上思考,虽不很成熟,但却无比真诚,愿以此与诸历史教育工作者交流。

当然,我们希望《中史参》是有"人格"的。我们从来不小看《中史参》,因为它是我们的,更是大家的。我们认识自己,就是为了做好自己。

三、只缘牵挂"人"太多,我们渴求来相会[①]

人是这样的"怪物"——人心在看法与事实之间,对看法的倚重和受看法的影响程度,远胜于事实。正如心理学大师阿德勒(Alfred Adler)所言,"我们的心理最

---

① 原文题目为《只缘牵挂"人"太多,我们渴求来相会——写在"探索新时代历史教育——核心素养与教学改革"全国学术研讨会召开前》。原载:中学历史教学参考,2018(6).

为奇妙之处,是我们对事实的看法,而不是事实本身,决定了我们的行动方向"。①
阿德勒一针见血,堪称洞见。事实上,自古及今,人类正是通过改变对事实的看法
(理解和解释),来改变人,改变社会,改变世界的。

历史正是这样,它的构成主体,恰恰是这样两部分内容——历史事实和人们
对事实的看法。人们关心历史,聚焦重点无非也是"历史事实究竟是怎样的"和
"究竟怎样看待这些历史事实"两个方面。用学理术语说,它要求的正是"是"与
"应该"两种判断,亦即"事实判断"和"价值判断"。

毋庸提醒皆知,仅怎样看待历史事实这一项,又可分为两类:一类是今人(后
来人)对历史事实的看法;另一类是历史中当事人的观点。唯应提醒的是,历史中
当事人的观点在性质上有些特殊,它既是对事实的看法,也是历史事实的有机构
件,因而具有"事实"与"价值"两面一体的特质。深而察之,"事实"与"价值"本来
是不可分割的。历史学根本的使命和责任,就在于除了做好事实判断,还应做好
价值判断。事实判断,重在求"是",给人们正确的历史知识;而价值判断,重在求
"应该",小而言之它应能给人们当下和未来的生活以正确的引领,大而言之它应
有利于促成社会和世界最深广的团结和进步。不是说事实不重要,而是说价值担
当不可漠视。难怪雅思贝尔斯(Karl Jaspers)认为,人们对历史有新认识,"这并非
意味着历史的事实有所改变"(当然历史事实随着史料证据的增加也会改变),他
重点强调的是,"应改变的是我们对历史事实的评价"。②

很遗憾,一些史学家早已将历史学的"人学"本质抛诸九霄云外,所选课题虽
亦有关乎人学的,但却甚少有对于人文、人性、人格的深刻引领,对于人类要生活、
生活得好、生活得更好的意愿的表达,不啻内容服务跟不上,对视野、观念、思想的
启发,亦即对提升人们历史价值鉴赏力的帮助,更显匮乏无力。史学的这一窘境
用泰戈尔(Rabindranath Tagore)的话来比喻,就是"有码头没有河水,有船却不能
航行"。③

历史教育境况又如何?很多人的感觉是一言难尽。当然,有一点可以肯定要
好于史学的状况,那就是大多数历史教师都能认识到,历史是人文学科,真史学是
人学,真历史教育乃人格教育,因而也知道把学生培养成为人格健全的合格公民
是历史教育的根本目的,同时也注意在教学实践中设法达成这样的目的。不过,

① 阿尔弗雷德·阿德勒.儿童的人格教育[M].彭正梅,彭莉莉,译.上海人民出版社,2006:
  20.
② 雅斯贝尔斯.什么是教育[M].邹进,译.北京:生活·读书·新知三联书店,1991:58.
③ 泰戈尔.泰戈尔论教育[M].白开元,编译.北京:商务印书馆,2010:84.

全国各地就此展开的历史教学探索,形式千差万别,效果亦参差不齐。

问题不少固然可忧,但人们对问题已开始广泛关注和深刻探讨,则是忧中之喜。最大的问题,大致源自对"什么才是真正好的历史教育"(换言之即"新时代究竟需要怎样的历史教育")的理解不完整。比如,历史课堂每天都在生产着历史知识,但这些历史知识对学习者有何意义,却并非被每个历史老师深究过。至少,必须廓清一个一体两面的问题:一面是学生的疑问"我们为什么要知道这些",一面是教师的解惑"什么知识值得学习"。倘若对此置之不理或有所误解,而只知去授课,就有可能导致无视历史上"人"与当下现实生活中"人"之间的关联、对话、影响。如此,历史教育作为人文学科的本性,就可能削弱了,甚至丧失了。殊不知,生产一种人文知识其实就是在策划一种生活。历史课堂生产的知识,自然应该对学习者的健康成长负责,进而应对社会和世界的全面进步,有所启迪和引领。人们发现,不领悟或误解了何为真历史教育的根本要义,就难保历史课堂不出问题。

问题的关键恰在于此。深度洞察问题症结、讨论改革应对之策、指导历史教师专业发展、促进历史教育改革健康发展,正是本刊何以要策划主办"探索新时代历史教育——核心素养与教学改革"全国学术研讨会的初衷所在,同时也是本刊持续开展"新时代究竟需要怎样的历史教育——历史新课标与教学改革研究"征稿活动的目的所在。

新时代究竟需要怎样的历史教育?《普通高中历史课程标准(2017年版)》给出了指向性和规范性的要求,它对初高中历史教学改革来说均是重要文件。但众所周知,在课程标准"要求"与历史教学"行动"之间,起关键"转化"作用的是教师。教师怎样理解历史教育,就有怎样的历史教学行动。到底怎样理解呢? 一切都归结在一个根本点上,这个根本点就是关于"人"的良知。正是由于牵挂"人"——老师们和孩子们的健康成长太多,全国各地历史教育界朋友才跨千山、越万水,来宜昌倾心相会、交流思想、交换意见。

全国各地顶级的专家名师们基本上都想要来参会,本刊主办的历届年会上大家见到的名家几乎都已报名,团队集体报名人数比往年多出太多。踊跃报名的情况每天都在继续,之所以如此火热,全因同人对本刊的信任和对研讨会的认可。

的确,我们重视会议主题和形式的策划,也非常在乎质量和影响力。这次大会的几场专题学术报告的主讲专家,是全国公认最有影响力的著名历史学家、历史教育家、历史高考全国卷命题研究专家。学术报告围绕大会主题展开,内容涉及以下几点:怎样正确认识唯物史观及其与其他各种史观的关系;国外历史教育界关于历史教育改革的研究和实践;学生发展核心素养、历史学科核心素养与历史教学实践改革。此外,大会的四大专题论坛和初高中两节公开课上课评课等议程,将有专家"百人团"成员光临现场,参与互动研讨,奉献思想和智慧。

雅斯贝尔斯(Karl Jaspers)说:"在历史中我们可以看见自己,就好像站在时间中的一点,惊奇地注视着过去和未来,对过去我们看得愈清晰,未来发展的可能性就愈多。"①我要说,在本刊"探索新时代历史教育——核心素养与教学改革"全国学术研讨会上,我们将更多地知晓怎样在历史中看见当下这个时间点中的自己,更清晰地觉察用什么办法通过看清过去来看清未来发展的方向和路径。

只缘牵挂"人"太多,我们渴求来相会。来吧,朋友们! 让我们相聚宜昌,把这份渴求化为真切的现实。

四、刊物的风格及其策划②

(一)刊物的风格

走出去别人没看到脸就先认出你,这就是风格。这是指人。人没有风格,可以宽容地看待,然而刊物没有风格却难以容忍。

《辞海》解释"风格"非常精练:风度品格。"风度"有好有坏,"品格"有高有低。"风"肯定是变的,它可以是主动的,也可以是被动的:风貌、风神、风骨、风髓、风雅、风土、风俗、风情、风化、风月、风流、风光、风味、风采、风姿、风韵、风气、风纪、风生、风华、风云、风骚等,千变万化,各有所指。"格"可以不变,也可以变:格调、格律(体制)、格式(法式)、格物(大学)、格言(法则、守则)、格度(量度)、高格、贵格、入格、低格、无格、贱格、降格、弱格、丧格等。

有人说,风格是独特的,风格是有人性的。其实风格就是一个意思:与众不同!

我说,这不全面。风格的核心内涵,固然是个性,是特色,但个性和特色不是风格的全部。因为这样说,会掩盖了个性中的共性和特色中的不特。

"适合自己的才是最好的。"不特和共性有时也是重要的、不可舍弃的。这就是"特而不特论"。我们动辄都讲特色,其实共性比个性更重要。办刊如果要争取

---

① 雅斯贝尔斯.什么是教育[M].邹进,译.北京:生活·读书·新知三联书店,1991:58.

② 此文为笔者 2006 年 9 月 13 日在陕西师范大学出版总社期刊青年编辑培训会议上的讲座内容要点.

最广大受众的支持,要解决的恰恰是求大同、存小异的问题。在新时期,办一份杂志,要特别,又不要太特别。

这在教育上,就有一个很大的问题被人忽视了:那就是教育的本质到底是"社会化"还是"个性化"? 恐怕应该是两者的和谐吧!

千人一面,一个格调,你喜欢吗? 不喜欢,但可以容忍。

千刊一面,一个格调,你喜欢吗? 不喜欢,但不可容忍。

对刊物来说,同样也是。没有个性,肯定死路一条。只有个性,却也会脱离受众。所以,刊物的风格也应该是个性与共性相得益彰,应该具有"人无我有,人粗我精,人有我新,人新我变"的独创性、灵活性和多变性。

只是,对办刊来说,个性更重要,它代表着别人难以模仿和替代的风格,这就是刊物核心竞争力的源泉所在。否则,就只有一般竞争力,一般竞争力容易被击垮、被替代,靠不住啊。

谁都明白,风格决定期刊的命运。那么什么决定风格呢? 思想! 说到底,风格乃思想的表现,而形式是内容的自然延伸。具体到我们教育刊物来说,思想是关键。这思想,包括两方面,一是对学科的思想;一是对教育的思想。

我们的优势是,擅长学科知识,但也可能有劣势,即昧于教育思想。后者是致命的,有些编辑就不具备完整的教育思想,不懂得教育的真谛。比如,"别让孩子输在起跑线上"是错误的口号;"以教师为主导,以学生为主体"也是过了时的错误理念;"非智力因素"的提法存在把智力与情感对立的危害;"综合能力测试卷"的名称存在价值导向缺失问题;"坚持人文主义教育理念"的说法存在一定的历史误会。

诸如此类,这些都是长期被人们认可的但很多是错误的东西,被大众媒体宣扬久了,根深蒂固,我们办刊人很多也是糊里糊涂,这是缺乏思想的表现,缺乏对教育的深度思考和研究。

说出和纠正这些大众错误,是很难的,因为话语权的强势在大众媒体一边。但顶着压力说出来,这是我们的责任,这就是大众媒体和我们小众专业媒体的区别所在。毋宁说,这是我们与大众媒体的协调与抗争。这也正是我们刊物避免一般化、平庸化的要求所必须的。

大众主流媒体往往引导着舆论的走向,具有强势影响,而专业教育刊物是小众平民媒体,在某种意义上看,只能引导小舆论的走向,不具有强势影响。

但无论大众媒体还是小众媒体,都不能不警惕如下一些舆论之弊:文化的缺失、思想的缺席、真理的掩盖、实践的歪曲。尤其应特别警惕一些媒体媚俗的后果。媚俗往往意味着缺乏洞察力与判断力,严重者会污染心灵、贻害社会、恶化风俗。

我们绝不能"黄河里的尿泡——随大流"。我们要担负起专业化引领的责任，为了每个人，为了民族。我们小，我们是平民刊物，但我们专业。绝不能漠视价值引领，也就是说，不能读者要什么就给什么，而是应站在更高起点上引领读者。专业媒体更应该承担起受众"媒介素养"的培养责任。

英国教育早就很注意教育学生如何"抵抗"媒介，这一教育理念和实践被称为"免疫"范式，目的是教会学生学会区别、判断和欣赏媒体，很重视由抗拒立场转变为培养辨别能力的立场，形成健康的媒介素养。

媒介素养是现代公民必备的素质，媒介素养教育的核心任务是培养理性看待信息的公民。这对我们教育期刊来说，显然是一个新任务。

小刊要想获得舆论影响能力，就不仅要有效提供信息，成为人们更好的信息源，更要成为人们的思想源。刊物的思想就像一个人的气质、风度、音容、笑貌，是内在精神的洋溢。毕竟，思想的力量是最有力的。所以，对我们来说，见识起着关键作用，要有高人一筹的见识，要有足够的前瞻判断。正是鲜活而深刻的思想、独到的识见与主张，决定了我们刊物的风格，也决定了刊物的影响力。

（二）刊物的风格策划

风格的影响力，取决于风格策划。这包括对办刊理念、经营理念、服务理念、行为理念、视觉理念等方方面面的策划。但最主要的还是对选题的策划，看有没有思想，有没有创意，有没有创造性。我想，我们选题的高境界是：选题的扎实的学科色彩＋深刻的教育思想＋引发持续的讨论。这便是我们最显要的刊物风格。

笼统地讲，风格策划必须把握四大环节：①准确的读者定位（精彩策划，抓住读者）；②内容的差异性和不可替代性（内容为王，打动读者）；③独特的表达方式（图文并茂，吸引读者）；④避免雷同化和低层次重复（特色选题，赢得读者）。

还必须避免一个滥用，那就是滥用个性和特色：记住经典木桶效应理论，一个木桶所能装的水取决于最短的那块木板。刊物各种类型的"木板"：版块结构、栏目、选题，既要突出个性，也要容纳共性。既不媚俗，也不媚雅。绝不能读者喜欢什么，我们就给他什么。乍一看，为人民服务，但服务里边若缺乏选择和导向就会有危险。要克服片面追求"新""奇""怪""难"的倾向。

选择：编辑的历史使命与社会职责。选择产生导向，传媒的"把关人"理论（"守门人"理论）所讲重点其实正在于选择。编辑就是一个非常重要的"把关人"。毫不夸张地说，编辑们的选择，既导向了受众（读者、听众、观众），又导向了作者，并以整体的选择行为，导致了社会文化的流向。

选择的约束与自由:真理走过头一步,就成了谬误。影响和约束编辑选择("把关")行为的因素主要有以下几点:①编辑所处的社会环境:占支配地位的政治观、哲学观、道德观、文化观、政策法规等;②由媒介内容的公众性而形成的压力和约束:编辑及讯息的选择是公开的,受到公众审查,公众常从心理、舆论、要求履行某种职责和义务来给编辑选择以约束。③编辑对讯息的选择,特别重要的是,必须考虑受众的需求与兴趣。④编辑所处的工作群体:编辑很少是单独行事的,他必须与周围的同事和专家互动交流,相互帮助,相互依靠,因此其选择意识必然在某种程度上受到了工作群体的规范与价值观的影响与限制;5.来自媒介的压力与约束:每一媒介都向编辑提出不同的选择要求,而各媒介的宗旨和风格不一样,讯息的载体也不一样,选择的标准当然相异。

做好选择,必须注意避免导致三种后果:①社会责任缺失;②受众思维僵化;③公信度下降。

1. 内容风格的策划

就内容来说,选题必须围绕"学科"和"教育"两个不可分隔的重心来策划,应该把"学科的知识和思想"与"教育的知识和思想"看作我们刊物策划的"一体两面",哪一面都不可少,都不可偏废!

衡量传媒实力与运行有效性的最重要标准是影响力。如果一个传媒失去了作为人们的信息源和思想源的地位,失去了人们思想、行动、决策的基本参照系与指导者的位置,那这个传媒就会失去影响力,虽形式尚在,但本质上已趋向消亡。

我以为,在新课程改革背景下,我们的刊物最缺的恰恰不是"学科的知识和思想",而是"教育的知识和思想"。教育的知识和思想,这一课补不上来,我们就难以有引人入胜的法宝,就会混同于其他刊物,就会缺乏风格,缺乏竞争力。

"把关人"理论的意义:主编、编辑的学习与研究,知识和思想,导向和运作。综合性能力,杂志,杂家,但不是没有选择,不是没有审稿改稿过滤。因为教育的主要责任就是帮助人们学习怎样分辨事物的善恶、美丑、是非。教育期刊理应担好这个责任。

2. 形式风格的策划

当然,内容是关键,但形式也重要。刊物的性格,往往是从细节中被人们感受到的。就像看一幅中国画一样,除了内容好,恰切的落款与印章也是需要的。

目录:目录是第一张脸。看目录可以看到整个杂志的心气。要清新,一目了然。要善于为主题服务。

栏眉:刊眉是点睛之处。好的栏眉可以改变整个杂志的风格气质,它还真是杂志的眉毛,这个部位要像画家一样珍惜笔墨,让它显示出精神来。

题头:亦即标题设计。这是刊物较为活跃的部分,切忌乱和死,不能没有设计。

跨页:重要文章的题目和版面,必要时可采用跨页设计,以凸显文章的地位,就好像造了一个大房间,给人以开阔感和视觉冲击,形成阅读的小高潮,调节整本杂志的内容布局和阅读节奏。

图片:图片是刊物睁开着的眼睛,好不好看就要看图片的内涵和形式了。没有图片,就没有鲜活感,就不起眼,就不好看,但与文章内容的相关性差的图片,效果也可能适得其反,所以图片的内涵和形式都要讲究。

字体:字体是刊物表情,从字号大小、字型模样可见这表情是夸张还是含羞。用什么字体还可以看出这本杂志是新潮还是陈旧、是高雅还是俗套,如果一本杂志选用字体像一个书法家创作作品一样讲求风格的话,刊物就会好看。一本刊物中的字体不宜用得太多,不然就会有很乱的感觉。

色彩:我们只限于封面,既不能又花又乱,又不能像一壶白开水。走极端不可取。有三四种色就足够了,目的是给阅读的人以视觉上的休整。切不可用的是那种又鲜又浅的粉色,还有渐变色也尽可能少用。

文体:"文本危机"与呈现方式的改革。不管采用怎样的呈现方式,两个要素必须凸显:一是可读性;二是思想性。

这些都是杂志的细节,往往是这些细节才显示出杂志的品格。因此,做杂志不光要注重栏目和选题的整体策划,还要特别注重细节,那怕是一个页码。

刊物贵在有个性、有特色,卓尔不群才能卓尔不凡。但刊物的外在风格应该跟它所提供的内容相适应,否则将造成错位。

知识很重要,但关于知识的教育思想更重要。因为教育有两面性是无疑的,可悄悄助人成长,亦可慢慢毒害生命。教育之于人的命运,不能决定,却能改善。关键正在于教育者的价值观,在于如何看待教育。

所以,今天讲刊物的风格和风格的策划,我最想强调的是,要办好我们的刊物,必须有自己学科共性的知识,更应该有关于学科知识教育的思想!

为了有真思想,我们会很苦,但也会很快乐!

五、关于总社期刊转型创新的思考①

上篇　转型创新赢在切实行动

（一）突破点：利用机会，而不止是解决问题

"明智"的人适应环境，不"明智"的人让环境适应自己，所有的进步都是依靠那些"明智"的人才实现的。

——乔治 · 萧伯纳（George Bernard Shaw）

响誉全球的未来趋势大师约翰 · 奈斯比特（John Naisbitt）在其《世界大趋势：正确观察世界的 11 个思维模式》一书②中，反复提醒人们：

当探寻未来时，你应该去寻找机会、利用机会，而不是仅仅解决问题。

机遇就像是在风暴中没有关好的窗户，可能突然被打开，又突然被关上。想抓住它们，你必须要做好充分的准备。

机会错失了，损失无法挽回，等着你的只有败局。默多克（Rupert Murdoch）批评英国随报纸附送 DVD 的促销手段，他认为这一做法必须停止，"我个人非常痛恨这种对 DVD 的狂热"。

请记住：成功靠的不是解决问题，而是利用机会。不管给顾客送的是 DVD、咖啡机还是收音机，他们都仅仅是附属品，最重要的还是商品本身。它们都只渐渐提高人们对赠品的期望值，而不是从根本上解决读者流失的问题。（传统照相机—数码照相机）

机会寻找者明白，未知的未来能够带给自己机遇，而问题解决者处理的都是昨天的问题。

解决问题的人和寻找机会的人之间存在着巨大差异。

变革的时代就是机遇的时代，人们与周围环境之间的关系发生变化就会带来新的需要和欲望，从而产生新的机会，你应该关注那些机会寻找者，并与他们合作。

---

① 此文为笔者 2012 年 9 月 26 日在陕西师范大学出版总社期刊转型创新研讨会上提交的交流内容.

② 约翰 · 奈斯比特. 世界大趋势：正确观察世界的 11 个思维模式[M]. 魏平，译. 北京：中信出版社，2010.［说明］本文多处引用此书内容，故凡引自此书者，不再一一详细注明.

奈斯比特的这些话振聋发聩,联想到总社期刊转型创新,我不禁陷入深思,在紊乱的思绪中,总有几根思绪,觉得需要抓住,好好审视:

①我们有没有机遇啊?

②我们的机遇是什么?

③我们怎样抓住机遇?

◆我们有机遇!

整个国家和世界处在变革中,变革的时代就是机遇的时代。

◆机遇在哪儿?

①国家大力推进基础教育改革发展,这就是机遇;

②基础教育一线有改革发展的诉求,这就是机遇;

③各级政府、全民都重视教育投资,这就是机遇。

◆怎样抓机遇?

①认真研究基础教育领域由于"人们与周围环境之间的关系发生变化"而带来的"新的需要"和"欲望"究竟是什么,倘若能够设法满足这些"新的需要"和"欲望",就会抓住机遇。

②目前基础教育领域"新的需要"和"欲望"并不全都清晰可见,但至少以下有几个方面已经不算模糊、不可小看。

◆由于方便、兴趣和习惯,人们在阅读需要和阅读欲望上,电子媒体、网络媒体,愈来愈超过纸质媒体。

○抓机遇办法:既要办好纸质期刊,更要办好电子期刊、网络期刊。必须高高举起"一刊引领"旗帜,多媒并举,多媒联动,用差异化服务,满足不同受众的差异化需要和欲望。

○关键之所在:关键恰在于此,这个机遇之窗虽然如今到处都被打开了,它看上去给出版者的机会似乎是均等的,但其实它的份额却是绝对有限的,谁占有了份额(窗户),就拥有了机会,对其他人来说这扇机遇之窗就关上了。就此而言,"优先占有"在战略上远远胜过"优势占有"。动作一定要快!

◆由于课程改革助推,教师在专业发展上的欲望强烈了、要求提高了、路径也多元了,人们不再满足于通过阅读书刊、撰写和发表论著来促进专业发展的单一办法,而是更喜欢"面对面"的直接对话、直接交流、直接互动。

○抓机遇办法:举好"一刊"旗,聚集专家名师优质资源,盘活和用好专家名师优质资源,进行基础教育专业研究开发,带着教学思想、教学智慧和实践经验,走向教师和学生,走进教学现场,通过"面对面"等多种方式,深度介入基础教育,深度服务基础教育。基础教育战略合作项目是一个能够抓机遇、也抓住了机遇的好举措,只是推进力度尚待加强,服务策略尚待创新和改进。

○关键之所在:必须要做好充分的资源积聚、项目策划、服务行动方面的准备。否则,就会在值得我们敬重的竞争者面前丧失机遇。的确因为,这种机遇正像是在风暴中没有关好的窗户,在突然被打开时你就必须抓住它们,否则就又突然被关上了。

◆课程改革推进虽已过十年,但对中国人来说,课改仍是有待进一步探索的新事物,人们对它的认识至今很难健全,面对纷繁复杂的种种课改观点,一线教师亟需正确的理论引领和实践指导,而真正能够满足其"优先需要"(解决当下最困惑的问题)和"核心欲望"(提高超越困境能力的急迫心态)的服务者并不多,服务效果无法令他们满意。

○抓机遇办法:做好教育教学改革"问题"和"难题"的高端研究,提供"问题"的答案和"难题"的解决方案,引领教改方向,指导教学实践,满足一线教师的"优先需要"和"核心欲望"。正如总社《关于调整管理模式加快期刊转型创新的决定》指出的那样,要以中学教育教学的实践性研究为定向,及时准确反映中学教育教学改革动向,展示创新成果,坚定不移地为中学教育教学服务,为中学教师的专业发展服务,把准中学的实际需要,真正受读者欢迎。

○关键之所在:下大气力,做实做好"专业开发",走"综合发展"之路,载体可以是"书刊盘网"全面开发,尽可能在创新办刊、会议推广、活动延伸、产品跟进、服务优化方面做统筹谋划,形成立体传播、天女散花格局,收受众各取所爱之效。当然,避免盲目开发是必须的。专业开发的选题策源地和归宿地都在于市场——受众的需要和欲望,而不是我们自以为是给受众的强加。

《决定》对此认识是到位的,比如强调要抢抓机遇,利用杂志资源,加快单一纸质期刊向数字化、多媒体转型,向资源综合开发转型,向跨越式发展转型。

机遇说穿了其实是我们自己创造的,里边渗透着我们敏感的事业心。奈斯比特认为:"所谓事业心就是在机会面前擦亮眼睛,并且创造性地好好利用机会。"他再次引用了乔治·萧伯纳(George Bernard Shaw)的一句话提醒我们:

> 人们总是喜欢抱怨周围的环境,但我不迷信环境。那些成功的人们总是自己去寻找机遇,如果他们没有找到合适的机遇,那么他们就去创造机遇。

(二)关键点:增长资源,在更高层次上重组

资源增长就是更高层次上的重组。人类、机构和社会的发展就是不断在更高层次上重新定义自己的角色或任务。

——约翰·奈斯比特《世界大趋势》

奈斯比特的话很有深意。总社的核心竞争力在基础教育,基础教育的核心竞争力在期刊,期刊的核心竞争力在资源。

我们的资源优势在哪里?我们告诉外界的,在这样几个方面:

①学科期刊成群,媒体力量极强;

②信息上通下达,教育资源丰厚;

③教育专家荟萃,高端引领到位;

④名师团队强大,实践指导切实;

⑤编辑团队优秀,整体组织有力;

⑥教研影响巨大,媒体推力强劲。

与其说这是在描述我们基础教育资源的"事实",毋宁说是在描述我们聚集基础教育资源、发挥基础教育资源优势的"希望"。我们目前的状况,其实处在我们所描述的"事实"与"希望"的过渡地带。我们希望把"希望"变成"事实",而不是相反。

因为,我们可能都明白:用智慧运筹力量,比力量本身更有力量!

运筹力量的"智慧"何在?重组资源,在更高层次上重组资源。

怎样重组才叫"更高层次"的重组呢?根据转型创新的核心需要——就目前来说就是围绕"一刊引领,专业开发,综合发展"方针,根据转型创新"优先"原则,为解决转型创新面临的"问题"和"难题",重新分类、组合、调配、运作以上6类资源,其中核心是人力资源(专家名师和编辑团队等),目的是让这些资源通过重组和运筹,形成更加强大的粘合力、影响力、号召力,从而增长资源,促使资源优势和效能的最大化,为转型创新提供核心保障。

举例来说,《决定》所强调的,要长远着眼,扎根固基,将正在推进的战略合作基地项目坚决做好,真正建立长效的读者网络、作者网络、研发网络、营销网络、服务网络,并使其稳步扩大,就是一种增长资源、运筹力量的明确指向。

(三)着力点:创意设计,做足特色和影响力

设计和创新是发达国家的公司所能够具备的主要竞争优势之一,而且在将来,这可能是它们所剩下的唯一优势。

——伦敦设计节主席本·埃文斯(Ben Evans)

15年前公司间竞争的是价格,现在是质量,将来则是设计。

——哈佛大学商学院荣誉教授罗伯特·哈耶斯(Robert Hayes)

这两句话,虽然说的不一定包括出版业,但我认为很适合出版业。出版是创

意行业,创意——设计和创新,是出版业的内在本质要求。创意,产生核心竞争力。

所谓核心竞争力,简单地说,是企业在经营过程中形成的不易被竞争对手效仿的、能带来超额利润的、独特的能力,其特性通常被描述为"独一无二""与众不同""难以模仿"或"偷不去、买不来、拆不开、带不走和流不掉"。比较而言,一般竞争力是易变、易模仿、易替代、不具备竞争优势的,所以企业要立于不败之地,惟有依赖核心竞争力。核心竞争力须靠持续的改进来培育和提升,因而,创新是核心竞争力的灵魂。

总社期刊转型创新,究竟要求我们怎样设计和创新呢? 这里仅就办刊来看。

1.改名、分版,逐渐涵盖中小学受众

目前,上半月刊(上旬刊)普遍比下半月刊(下旬刊)做得好,但都面临发展困境。尤其下半月刊(下旬刊),一定要探寻新的更安全、更有前途的办刊路径。

为长远计,总社领导可否把改名、分版当作大事提上议事日程,全面调研中小学需求,为期刊转型创新拓宽发展路径。

我的建议是:一种是把"中学教学参考"中的"中学"两个字拿掉,改为"××教学参考";另一种是完全叫个新名字,叫"中外××教育"或"××教育参考"或别的什么名。

改名,便于分版,为分出"高中版""初中版""小学版"甚至"高校版"做铺垫,以便条件成熟时,顺利进行操作。这也是下半月刊(下旬刊)下一步做变更的比较好的归宿。

2.内容创新,重在突出特色和影响力

要求之一是,靠导向性和实用性实现重点创新突破。

内容创新,一要在导向性和实用性上实现重点突破。导向性和实用性,是统领其他各种特色的关键特性。

导向性意味着,期刊不能仅仅停留于满足读者需要的低目标上,而应该站在更高起点上,引领读者,指导读者,帮助读者,提高读者。实用性意味着,期刊在引领、指导、帮助、提高读者上做出了关键性贡献,充分展示了读者所最看重的价值。没有导向性,不可能把期刊办成主流刊物;没有实用性,也难以使期刊永久保持销量最大。

具体而言,无论是对教育教学与课程改革的理论引领,还是实践研究,无论是对教师的专业化教育培训,还是对教师教学提供的知识性和资料性参考,无论是对中考、高考等考试改革走向的深度探讨,还是对复习备考的具体点拨指导,各大板块的重点栏目,每期都必须有2—3篇拳头文章,为突出导向性和实用性做强力支撑。

要求之二是,用栏目创新和选题创新凸显期刊特色。

栏目创新和选题创新的共有要素是:特色和影响力。其细小的区分是,栏目侧重于内容的特色,而选题侧重于内容的影响力,二者是互补、互动、相得益彰的关系。

栏目创新。各刊现有栏目大多特色鲜明,但也有一些栏目显得陈旧,特色不够鲜明。所以栏目的创新,必须坚持打造品牌栏目、精品栏目、名牌栏目的高标准,既要认真斟酌栏目名称,又要准确界定栏目的特色。

选题创新。选题的策划,重在扩大影响力。一方面要善于抓全局性、前沿性、争鸣性的重点、焦点和热点问题,发动和掀起讨论热潮;另一方面要想方设法提升编者、作者、读者在选题上的连续互动效果,增强读者后续参与探索与争鸣的兴趣和积极性,使选题的互动能够向更开放、更深刻和可持续的方向发展。

开放办刊。开放办刊,就是善于借助读者力量扩大刊物影响。从长远看,要提升刊物核心竞争力,就必须借助读者力量,开放办刊。可以先在栏目和选题的创新上进行尝试:一是由编委会统一调研、策划适宜于各科共用的栏目和重大选题,建议各刊组织研究;二是重点栏目和选题可以面向全国征集创新操作方案;三是面向全国招聘特约编辑和栏目主持人;四是个别栏目交由名师工作室或有影响力的学校教研组轮流承办。

2.形式创新,重在封面装帧和版式设计

要达到这样的设计制作效果:美观、新颖,既有特色,又善变化。具体需要做好四件事:一是搞好封面装帧;二是内文版式的创新;三是各刊规范版权内容和著录格式;四是提高印刷质量。

总之,全体编辑都一定要认真学习领会总社《关于调整管理模式加快期刊转型创新的决定》关于确保期刊影响力提升的精神指向和六条标准。《决定》指出,无论出版形式如何变化,期刊的内容质量绝不能降低,影响绝不能缩小,引领中学改革创新和教学实践研究的作用一定要不断增强。为此,必须达到以下六条标准:

①对教育实验、课程改革、教育热点、学科变化始终保持高度敏感和快速报道、跟踪;

②准确把握教学重点、难点,不断推出一流水平的观点、思路、方法、实例及系统解决方案;

③专业特色突出,期刊内容新意多,可读性强,吸引力大,引起多数学校、教师、教研机构的关注,引用率高,转发面广;

④设计制作美观、新颖,既有特色,又善变化;

⑤质量优秀,经得起各种检查;

⑥期刊订数稳定增长。

中篇　转型创新赢在转变思想

(一)心态非常重要,接收什么信息结什么果

传播不是说话,而是使人说话;信息不是知晓,而是使人得知。助动词'使'表明这其中涉及一种操作,而不仅仅是一种行动。

——法国社会学家鲍德里亚(Jean Baudrillard)

心态就是我们接收信息的方式,这才是问题的关键。

——约翰·奈斯比特《世界大趋势》

我们把刊物办得不死不活,或者往往把事情办砸,原因虽然很多,但肯定与我们的心态有关。心态决定思维模式。奈斯比特说:"思维模式就像是雨(信息)所灌溉的土壤,土壤的不同会导致植物的不同,而不同的思维模式则会促使人们得出不同的结论。"

我们忘记了期刊的生命力在于"使人说话""使人得知"而不在于只是我们自己"说话"和"知晓"。所以,首先要保持心灵的"开放"。对于期刊编辑来说,理想、胸怀、视野、担当,是不可缺失的素养,而思考、对话、协商、互动等,也是不可或缺的能力。

众所周知,"打破教条是很困难的"。教条,是办刊的魔鬼,编辑不善于学习和思考,固步自封,墨守成规,就容易变成"魔鬼"。问题恰在于此:人们总是习惯于用自己已经形成的固有原则,来训练自己的思维、过滤周围的信息。这种态度严重了,甚至会只想听喜欢听的,只愿意看喜欢看的,而对于不喜欢听、不喜欢看的,纵使特别特别重要,也往往漠然待之,长此以往就会丧失了判断力、创造力,甚至导致严重的后果,还不愿意认账。

我们需要一种开放的良好心态,不抱怨,善学习,善倾听,善创造。正如美国学者米德在《心灵、自我与社会》所说:

需求的态度中包含着一种参与,各人置身于另一个人的态度中,知道交换对双方分别具有的价值。……在交换或援助中,本来敌对的人可能采取合作的态度。

（二）行动非常重要，生与死就在做与不做间

一位谦虚的反叛分子——爱因斯坦的故事：

　　对于一位年轻人来说，这可不是一个好的开始。他在苏黎世联邦工业大学攻读物理学时，毕业论文被导师否定。"你很聪明，"导师告诉他说，"但是你有一个致命的缺点，那就是从来不听别人的意见。"这似乎是对那些相信"盲从权威是发现真理最大的敌人"的人们的一个非常恰当的评价。

　　在 20 世纪初的时候，这样的态度可不吃香。尽管这位年轻人发出了一大堆求职信，但最终还是没能找到一个在大学教书的职位，而这样求职失意的毕业生在他们班只有 4 个。尽管如此，他的自信却没有受到丝毫影响，他仍旧坚持："傲慢万岁！它是我在这个世界的守护神。"在沙夫豪森（Schaff-hausen）的一所学校做了一段时间老师之后，他最终被瑞士伯尔尼专利局录用为技术员，从事发明专利申请的技术鉴定工作。这个年轻人就是阿尔伯特·爱因斯坦（Albert Einstein）。

奈斯比特据此感慨地说，我们中的大多数人都无法达到爱因斯坦的境界，但是即使我们所追求的目标并没有那么远大，但是不求完美的意义是同样重要的。追求真理，而不是谁对谁错，这一原则适用于各个领域：个人生活、商业和政治活动。

期刊的转型创新，比之爱因斯坦面临的挑战，简直不足挂齿。

我们这些年来，思路对的时候很多，一些同事提出的好多思路都是对的，可是，为什么总是不能一一落实？原因很简单：不缺想法，缺乏行动；有了行动，缺乏激励或激励不到位，也缺乏持续的过程监管，致使行动不能持续，很是可惜。

最可惜的是，我们习惯于纠缠过去的问题，习惯于回顾历史，而不善于正视现实和面向未来，致使好多突然间打开的窗户又被关上了。机遇一次一次错过，根源不在眼光，根源主要在于行动迟缓！

追求完美没错，但要等到完美了，黄花菜都凉了，这无异于说求完美就是求死。生死就在做与不做之间。把对完美的追求放在追求完美的过程和行动中吧。方向对了，就果断行动吧！

（三）坚守非常重要，好多事其实只变了做法

我们不要太恐惧这个世界出现的变化，不要对出版业的大变革只会喊"狼来了，快跑"。看看奈斯比特怎么说：

很多事情变了，但大多数事情没有变。很多情况下，发生变化的并不是事物本身，而是我们做事的方式。不管别人的宣扬是如何铺天盖地，只要我们能够分辨出常量与变量，我们就能够有效地应对新的市场，并且从变化中获利。

"唯一不变的是变化"这一论断虽然非常普遍，但却是十分荒谬的。我认为，起码在商业领域中，这一论断是无法成立的。

是啊，冷静想想，我们所从事的工作，办刊的服务对象变了吗？办刊的基本宗旨变了吗？办刊的基本内容变了吗？这一切，40年并没有太大变化，而且始终强调不但不能变，还得坚守，在好多读者心目中，我们的这种坚守已经成为受人敬重的品质。

那么，我们变化了和需要进一步改变的是什么呢？变化了的和需要进一步改变的，主要是我们的看法、思路，我们纠结的恰恰是在"看法决定办法，思路决定出路"这个关键点上，害怕冒风险。

我们的转型创新，说穿了，也主要是围绕看法和思路。清楚这一点，问题反而简单了，重心仍然落在了"看法—办法""思路—出路"上。我们真正需要澄清的正是"看法"和"思路"，需要明晰的是"办法"和"出路"。

所以，我们根本无需过于恐惧目前的困境。何况，我们这次转型创新方案的持续、反复的研讨和检视，就是回到了根本上的消灭恐惧的行动，对于大家深刻认识什么该坚守、什么该改变大有好处。

总社《关于调整管理模式加快期刊转型创新的决定》对此也有明确提法，比如强调在数字化和多媒体的历史新时代，中学教学参考杂志的引领作用绝不可忽视，一定要坚守，一定要提升，其思想引导、成果展示、内容生产、资源聚集的平台作用要继续发挥。

明确了，一切都好办，关键是要按照明确了的去办。

下篇　转型创新赢在机制保障

（一）清晰的价值观是机制灵魂，引领行动力

总社《关于调整管理模式加快期刊转型创新的决定》，非常清晰地勾画了期刊转型创新的价值观——基本价值观和操作价值观，毫无疑问是期刊转型创新的纲领性文件。

总社《决定》本身就这样指出，这一决定是办刊40年经验的总结，是适应出版

转型,抢抓我国文化大发展大繁荣的历史机遇的重大决策,是切实增强期刊方阵实力,走集约化、大运营、高效益之路的正确选择。全社上下要统一认识,转变观念,以全新的精神状态,认真学习贯彻,形成新的团队力量,为建立中国一流的基础教育出版创新平台,成功实现总社基础教育经营的再创业而团结奋进,持续努力。

"价值观是指什么是人们认为应该的"(反题:"什么是人们认为不应该的")。

基本价值观是指应该坚守的、不能随便更改的价值观,如人性的真善美需要永远坚守,假丑恶需要永远反对。比如,中学教学参考杂志办刊 40 年,在中国基础教育领域具有很大的影响力,很高的声誉,形成了品牌,是出版总社的核心竞争力,是陕西师大出版事业的宝贵财富,要十分珍惜,倍加爱护,比如,我们对待工作要有高度的事业心、责任感,公道正派,主动积极,勤奋廉洁,以身作则,等等。这些都应是基本价值观,任何时候都得坚守。

操作价值观则是可以与时俱进、根据时势变化加以变革的,如办刊的方法、沟通的手段、服务的策略等。如《决定》指出的,办好中教参期刊必须深入学校,深入教师,深入教学实践;必须主动策划,主动采访,主动服务。那种坐收稿件,来料加工的懒汉作风和不作为思想绝对要不得。这些都属于可以不断调整、改进的操作价值观。

机制保障的首要任务不是奖罚等管理措施,而是让《决定》精神转化为全体员工自己的价值观,形成一种强有力的"精神机制",引领大家的行动,进而形成强大的团队行动力。

(二)要让人们能看到、得到收益,激发行动力

"给予是由更多的给予引起的。"

"要变革,先让人们看到收益。"

"只有脚下的东西有足够的价值,你才会弯腰。"

这几句话听起来有些没境界,但实际上它无关境界,而恰恰与正常的人性有关,而且适合于所有利害相关者,如读者与编者之间、领导与员工之间,等等。

奈斯比特指出:当然,有些人对于改变的抵制也可能是由于固执或者无知,但是希望在生活中进步的人们一般都不会因为无法承担变革的代价而抵制它。相反,当人们察觉到潜在的利益时,大家通常都会热烈欢迎变革的……让公众明白变革的好处是那些引领潮流的人们的责任。领导者如果想要成功地实现变革,就必须要让下属明白变革的好处。普通民众并不是变革的倡导者,除非他们真的相

信变革能给自己带来好处,否则他们是不会支持的。

就我们总社来说,"收益"激励应该有正确的、全面的"收益"观,某些时候,精神激励与物质激励具有同等效力,但永远不要再偏执一端,而是要两者达到相对平衡。

"收益"激励应该制度化,制度形成的效力和影响是可持续的,比任何临时性的措施要好。

(三)改革是一场马拉松式比赛,需保持行动力

历史事实一再提醒我们,我们所期待的事情总比我们预期的来得要慢,因为几乎所有的变化都是进化性而不是革命性的。

新的富有挑战性的事物,它的发展总是需要时间的,我们在转型创新过程中,对此要有充分的心理准备,项目要充分调研、论证、策划,不能盲目冒进,确定了的项目要注意扶持,要有耐心、耐力和恰当的策略去做一些事,就是像参加马拉松比赛那样。

比如,总社《决定》对期刊转型创新的一个重大创新举措,就是要通过大项目带动,显著提高资源开发效益。这是完全正确的选择。正如《决定》指出的那样,办好期刊是总社基础教育出版经营的基础,但不能走单纯办刊、分割经营、小打小闹的老路,必须走大项目带动,整体运营,综合开发的创新之路。因为,大项目既是运筹力量的有效载体和好平台,而且是抢抓机遇、用好机遇、创造机遇的机遇生成之路。具体的规定就充分说明了这一点:

①大项目策划重在创品牌,谋长效。要着眼优质资源,抓准教育一线的真实需求,着眼大市场,追求大效益,谋取可持续发展;

②大项目运营重在机制创新,增强活力。要以项目组为单位,以适应市场变化为标准,加大企业化的运营力度,增强内驱力和灵活性,多种方式整合社会资源,扩大对外合作;

③大项目实施要集中总社力量,从政策、资金、人力等各方面给予支持,确保运营效率;

④鼓励学科编辑部在不影响办刊和积极参与大项目的前提下,经论证审批,开发具有学科特色和长久生命力的创新性项目。坚决禁止有损期刊影响力、阻碍资源整体开发的行为。

许多人都喜欢玩捉迷藏的游戏。我喜欢的藏身地之一就是窗帘后面。
社会的一些重大变革就像是藏在窗帘后面的小男孩,发现他们并不困难,关

键就是不要被窗帘蒙蔽了眼睛,而是要掀开它看一看。

基本变革都是各种因素综合的结果,很少是由于单一的因素所引起的。因此,在做出判断之前,人们最好先考虑一下是否有多种因素在推动事物向不同方向发展。

——约翰·奈斯比特《世界大趋势》

我们面对的不止一个"小男孩"(一种变革),好多"小男孩"(好多种变革)都躲在窗帘后面,我们需要经常揭开窗帘,看看究竟。再调皮的"小男孩"也会被人发现。再复杂的变革,也会被我们发现!

我想,我们知道揭开窗帘,知道怎样去认识和把握变革的契机!

六、历史与未来:我们应担当什么样的责任①

"历史与未来:我们应担当什么样的责任",话题的重点在于,让历史服务未来,而不是伤害或断送未来。这话题太俗气了,也被人用滥了。但我想强调的关键词,虽未出现在题目当中,大家也知道这个关键词是"现在"。我们"现在"应该担当的责任是什么,我们"现在"究竟怎样做才能更有利于做好我们正在做的事情。做不好"现在",就无法跨越"历史"与"未来"之间的鸿沟。无法说太多,我只想强调以下两个角度。

(一)一个角度是:是谁的历史? 是谁的未来?

不是仅止于王侯将相的未来,不是仅止于中国一国的未来,而是中国每一个人和中华民族的未来,是整个人类和世界的未来。人非孤岛,国也非孤岛,何况在多个方面已经全球化的现在,只有认识他者,才能更好地认识自己,在视野上必须认真对待关注"谁"和"哪些人"的问题。

《中国国家历史》虽以"中国"为重心,却应有"世界的中国"和"中国的世界"的视野。不能像我们"现在"中学历史课程的世界史内容那样,一方面反对"西方中心"观,一方面又自陷于"西方中心"观,过于关注欧美,而忽视亚、非、拉,以至连我们的周边如日本、韩国、越南、印度等国的历史都甚少关注,它们变成了我们非常"熟悉"而又极其"陌生"的邻居。

---

① 此文是笔者 2013 年 5 月在南京师范大学《中国国家历史》策划论坛上的发言内容。

谁都知道,即使在一国之内,"国以民为本"的信念和态度恐怕是必需的,这要求人们把关注"国家"的眼睛更多地向下、再向下,因为"民"与"国"休戚与共,事实上,有借穷民来富国的,也有借弱民来强国的,结果总是噩梦一场。民富才是真富、民强才是真强这么简单的道理,在我们这里却很难变成常识,原因主要缘于国民的历史视野。

不改变我们"现在"对历史所持的狭隘视野,当然就无法很好地联系"历史"和"未来",不仅会害历史,也会害未来。

只有多种角度,才能造成趋近全面的视野。只要我们承认,没有一种角度是可以全面看待历史的,那我们就得采用更多角度来看待历史。我相信,角度愈多,偏见愈少,而偏见愈少,智慧就愈多。我们要造就智慧的中国人和中国,而不是制造愚昧的中国人和中国。

(二)另一角度是:怎样看历史? 怎样看未来?

我们常说你如何看历史,就如何看未来。我们承认历史对人有很大影响,历史可能促进或限制我们前进的脚步,但事实上,这种影响往往并不来自历史本身,而是来自我们对历史的看法,正是来自我们对历史的价值观。

强调这一点,我的意思是说,《中国国家历史》应该坚持这样的宗旨:"事实"判断与"价值"判断并重,"真相"与"真理"并重,"是"与"应该"并重,"求真"与"求善、求美"并重。

究竟什么是"价值"呢? 我们常常不辨其义,滥用、误用、错用。其实,抓住一个核心关联词——"应该"或"应当"来解读,就好理解了。复杂一些说,"作为一般概念,'价值'包括有意识的主体视为'应当'的一切态度、判断、影响与行为偏好"。[1] 简单一些说,可以一言以蔽之,"价值观是指什么是人们认为应该的"。[2]

史实(事实)和真相很重要,这不用多说,这里为什么要特别强调价值也很重要呢? 至少从反面看,好多历史认识、历史观念之所以酿成悲剧,其实都是价值引领的谬误导致的。强调价值重要,就是要拨乱反正,纠正对历史的错误价值观。

反过来我还要强调,价值始终存在主观性风险和危害,所以,强调价值引领不是要撇开史实,而是相反地,要用史实做"证据"来证明所主张的价值不是谎言、不

---

① 德尼·古莱. 残酷的选择:发展理念与伦理价值[M]. 高铦,高戈,译. 北京:社会科学文献出版社,2008:331.
② 乔安娜·勒梅泰. 课程与评估架构中的价值观和宗旨:对十六国的考察[M]//环境与课程. Bob Moon,Patricia Murphy,编. 陈耀辉,冯施钰珩,陈瑞坚,译. 香港:香港公开大学出版社,2003:152.

是骗局。永远不要割裂"是"与"应该",也不要用一个排斥另一个!

我不同意"事实"与"价值"二元对立论,也不赞同"价值中立论",还因为在教育意义上,价值引领须臾不可或缺。《中国国家历史》定位是普及历史知识、提高国民历史素养,就意味着负有教育国民的意义性责任,意味着把"价值"和"国民"连接在一起,意味着担负起对国民现在和未来生活的价值引领责任。

第一,教育的对象是作为"人"的国民,那么国民的健全成长才是目的,其他一切都只是手段。只提供史实,亦即纯粹的事实知识,它就只关乎"是"的判断,而不关乎"应该",如此则国民面对的历史无疑是善恶、美丑、对错、是非混杂不堪的"一堆乱麻",究竟什么"应该"什么"不应该",是无从分辨的。读了历史也无法"明智"。

第二,世间一切人要更好地生活,价值观是如影随形的必备要素,《中国国家历史》自应借助历史对生活做价值观照,因为这是国民在生活上的一种天然需要,国民生活在理论与实践上需要寻求恰当的"配合"。谁不期望,在生活上拥有一种可以清晰辨识什么"应该",什么"不应该"的能力呢?

第三,服务现实"人生",本来是历史学在更高层次上的核心主题。苏格拉底说"未经省察的人生不值得过",就是指人活着必须反思、判断生活中什么是"应该"的、什么是"不应该"的,更好地认识自己、认识世界。

法国历史学家布洛赫将优秀的历史学家比喻为神话中善于捕捉人肉气味的巨人(妖怪),他闻到哪里有人肉,就出现在哪里,"人才是他追寻的目标"。① 余英时综合考察了中外史学家的观点后也说:"真正的史学,必须是以人生为中心的,里面跳动着现实的生命。"②余英时提醒"应该有人随时做这类工作",我们说参与《中国国家历史》的人做的应该正是"这类工作"。

当今中国和世界,价值多元、价值争鸣,对立甚至冲突不断。就此,贝纳尼(Aziza Bennani)曾敏锐地指出,"我们今天所面临的危险并不像有人宣称的那样是文明的冲突,而是缺乏共享的价值"。③ 这也正是强调《中国国家历史》价值引领的奥秘所在:教国民学会在价值判断和价值协商中增长智慧:多一些共享价值,中国就多一些和谐和福祉;多一些共享价值,人类就多一些和谐和福祉。

《中国国家历史》为协商更多共享价值做贡献,就是在增加人类的和谐与福

---

① 马克·布洛赫(Marc Bloch).为历史学辩护[M].张和声,程郁,译.北京:中国人民大学出版社,2006:21]

② 何俊,编.余英时学术思想文选[G].上海:上海古籍出版社,2010:278.又见:余英时.史学、史家与时代[M]//余英时文集(第一卷).广西师范大学出版社,2004:90.

③ 热罗姆·班德,主编.价值的未来[G].周云帆,译.北京:2006:3.

祉。责任光荣,也不可旁贷。

我期望,《中国国家历史》能够起到这样的教育效果——启发、帮助、指导中国人学会做更好的中国人,既不人云亦云,也不顽固不化。

半个月前(2013年5月16—17日)在中韩历史教育研究者国际学术研讨会上,韩国宋相宪教授提交的论文《历史教育的未来指向性性质》,把"自由、民主、繁荣、人权"作为历史教育未来指向性价值观,我希望中国人借助《中国国家历史》也能够拥有对未来有清晰指向性的历史价值观。

七、办刊要有精彩策划①

精彩策划的目的:吸引读者,抓住读者,打动读者,赢得读者。

一、刊名策划:塑造整体形象(这个已经定好了,可以不再考虑)

二、内容策划:构思你的创意(板块,栏目,选题,内容)

1.读者定位:高中师生,重点是高三,应兼顾高一高二。初中要不要考虑?

2.风格定位:审美的诉求——表达或呈现的方式。

什么叫风格? 走出去别人没看到脸就先认出你。风格就是一句话:与众不同! 见识与艺术结合。风格既独特,又充满人性。

风格来自创意。创意又怎么来呢? 有人说,创意是捕捉出来的点子,是创造出来的奇招……这些讲法都说出了创意的一些特点。实质上:

○创意其实只是改变了表达方式、呈现方式、传递方式,让人耳目一新。

(如改"单向传播"为"互动反应传播"等,读者可参与,主动)

○创意只是重新组合了现有的各种优势要素,而显出了特别的吸引力。

(如栏目和选题的重心拿捏、特色把握等,更有启迪性和推动力)

千万不要把一种习惯、一种偏好、一种擅长、一种自然流露说成是风格。

创意=创造:其精髓是恰到好处(更适合师生的备考学习)。

整个地看一本期刊的风格策划,恐怕必须把握四大环节:

①准确的读者定位;

②内容的差异性和不可替代性(内容为王,打动读者);

③独特的表达方式(吸引读者);

④避免雷同化和低层次重复(特色选题,赢得读者)。

---

① 此文是笔者2014年4月5日在《考试》杂志创新座谈会上的发言提要。

3. 价值定位：办刊人诉求——应该做什么，不该做什么

价值观是指"什么是人们认为应该的"。办刊必须有清晰的价值观，知道什么应该、什么不应该，懂得什么必须做、什么不可以做。解放读者，帮助读者，成就读者。凡有效的备考都需要吃苦，轻松备考其实是不可能的，但减少浪费时间和精力，避免无效、低效备考，却是可能的，也是应该的（特别是弥补"短板"）。还有，视野要更开阔些。为了考试，还得超越考试，站在服务人生的高处服务"人"的考试，因为生活本身就是考试。一是人生励志，二是智慧激扬，三是心灵抚慰，四是成长促进。麦克卢汉（Marshall McLuhan）："媒介即是讯息。"套用这一警语，似乎可以说："媒介即是文化。"（"媒介是人的延伸。"）

4. 目标定位：能够做什么——内容与用途，期望的结果

杂志鲜明风格（个性）的建立，是依赖于内容和用途的。期望的目标：基于高端、精准、实用、高效——鲜活的内容，深刻的思想，独到的识见，合理的主张，智慧的方法，理想的结果？

三、封面策划：比内容更有特色，瞅一眼就先认出你。（此不用多言）

【附】栏目设置思路（略）